掌尚文化

Culture is Future

尚文化·掌天下

国家社科基金规划研究项目"环境规制驱动中国城市经济高质量发展的机制与路径研究"（19BJY071）结项成果

环境规制视角下

中国城市经济

高质量发展
路径研究

乔美华 著

经济管理出版社
ECONOMY & MANAGEMENT PUBLISHING HOUSE

图书在版编目（CIP）数据

环境规制视角下中国城市经济高质量发展路径研究/乔美华著. —北京：经济管理出版社，2021.7

ISBN 978-7-5096-8182-4

Ⅰ. ①环…　Ⅱ. ①乔…　Ⅲ. ①城市经济—经济发展—研究—中国　Ⅳ. ①F299.21

中国版本图书馆 CIP 数据核字（2021）第 151012 号

策划编辑：张　昕
责任编辑：张馨予
责任印制：黄章平
责任校对：陈　颖

出版发行：经济管理出版社
　　　　　（北京市海淀区北蜂窝 8 号中雅大厦 A 座 11 层　100038）
网　　　址：www. E-mp. com. cn
电　　　话：(010) 51915602
印　　　刷：唐山玺诚印务有限公司
经　　　销：新华书店
开　　　本：710mm×1000mm /16
印　　　张：19. 25
字　　　数：356 千字
版　　　次：2022 年 4 月第 1 版　　2022 年 4 月第 1 次印刷
书　　　号：ISBN 978-7-5096-8182-4
定　　　价：98. 00 元

前　言

伴随着中国经济向高质量发展转型，如何实现环境与经济发展质量的双赢成为亟须解决的问题。基于此，本书测度了城市经济发展的全要素生产率、发展质量综合指数，在考察其时空演进特征的基础上，实证检验环境规制对城市经济发展质量的门槛效应、空间溢出效应、差分效应及创新传导效应，并将环境规制、技术创新和城市经济发展质量纳入一个整体的研究框架中，以长三角城市群为例对其作用机制进行了深入探讨。还考察了质量文化对经济发展质量的影响，以期为中国健全环境治理体系、优化环境规制工具组合提供理论基础和实践参考。鉴于以上思考，本书从以下六个方面展开：

（一）中国城市经济发展质量测度

首先，利用2005~2017年中国286个地市级及以上城市数据测度其技术效率、技术进步及全要素生产率。构建非期望产出的超效率SBM模型和全要素生产率评价模型，测度各指标统计值，对比分析了各地市在技术效率、技术进步和全要素生产率的空间区域差异和随时间推移的变动趋势。其次，选取经济发展的创新、协调、绿色、开放和共享5个一级评价指标并在综合考虑数据的可获得性、权威性和科学性的基础上，筛选出17个二级指标，构建了城市经济高质量发展评价指标体系。为了更好地对城市经济高质量发展进行评价，本书利用熵值法、主成分分析方法以及熵值法—主成分分析方法相结合的三种方法对原始数据进行处理。最后，选取熵值法测度各指标数据，对比分析了国内286个地级城市在经济发展综合情况和区域异质性。

（二）环境规制对城市经济发展质量的复杂影响关系分析

首先，选取中国省域面板数据分析环境规制与经济发展质量的经耦合协调关系。其次，考察公众参与型的环境信息披露工具如何影响城市经济发展质量，经济发展面临趋紧的环境约束和高质量发展要求的"两难"格局，探寻适度环境规制成为破解"保环境、促发展"这一"两难"格局的关键路径。基于2008年开始执行的环境信息披露制度作为天然外生冲击，以2005~2017年248个地级及以上城市的数据构造准自然实验，在测度各城市经济发展质量的基础上，使用 PSM-DID 方法系统评估环境信息披露对该地区经济发展质量的影响。最后，在测度城市经济发展质量的基础上，考察空间相关性，探析环境规制对经济发展质量的空间外溢效应，进一步采用门槛面板模型考察环境规制对经济高质量发展的门槛效应。

（三）环境规制的技术创新效应分析

新时代发展背景下，环境规制的内涵有了新的时代特色，信息披露作为一种公众参与型非正式环境规制工具在解决环境问题中的作用也逐渐凸显。本书从地市级城市宏观和企业微观双视角验证了其影响，并基于 2007~2016 年中国省际工业面板数据，立足技术效率视角，采用动态面板系统 GMM 回归以及分位数回归方法考察环境规制对 R&D 效率的"双重效应"。本书补充了环境规制的创新补偿效应观点，对中国制定环境规制政策驱动绿色创新发展有一定的启发作用。在新时代发展的背景下，环境规制的内涵有了新的时代特色，信息披露作为一种公众参与型非正式环境规制工具在解决环境问题中的作用也逐渐凸显，本书从地市级城市宏观和企业微观双视角验证了环境规制对经济发展质量影响的创新驱动效应。

（四）典型区域环境规制对城市群经济发展质量的影响

长三角城市群作为高经济密度、高发展潜力的城市集群，是我国经济发展城市集群的重要阵地，目前也是我国城市体系发展最好的城市群之一，但城市人口集聚、空间急剧扩张和经济高速增长，伴随而至的是资源短缺、环境恶化等问题的困扰，在资源约束趋紧、环境生态保护压力形势下，如何实现环境生态质量和经济发展质量的双赢是亟须探讨与解决的现实问题。本书在长三角城市群各城市经济发展质量的测度基础上，采用面板平滑转移模型考察环境规制对长三角城市群技术创新、经济发展质量的非线性影响关系，并基于系统 GMM模型深入分析长三角城市群环境规制对经济发展质量影响的技术创新传导效应。本书对环境规制的城市经济发展质量效应给予一定的现实回答，为当前长三角区域生态环境保护与长三角城市群经济高质量发展提供一定的理论基础，也为相关层面的政府部门进一步制定和实施区域差异化环境规制政策提供了决策参考。

（五）质量文化对经济发展的影响分析

质量管理大师朱兰指出"21 世纪是质量世纪"，党的十九大报告也指出

"没有高度的文化自信，没有文化的繁荣兴盛，就没有中华民族伟大复兴"。质量文化是组织在长期的质量活动中形成的文化方式的总和，本书在测度经济发展质量、质量文化综合得分的基础上，考察其时空演进特征，并实证分析了质量文化系统与经济发展质量系统之间耦合协调的特征，探析质量文化对绿色全要素生产率水平的影响机制。

（六）经济高质量发展的环境规制路径建议

根据本书第三章至第九章的相关研究结论，同时借鉴第十章国内外环境规制经验，思考如何从环境规制视角促进城市经济高质量发展。然后从总体思路、基本原则、环境规制工具优化和保障制度四个方面提出环境规制路径建议。

虽然笔者从环境规制对城市经济发展质量的影响机理进行了理论分析，并实证检验环境规制对城市经济发展质量的复杂影响，包括耦合协调度、门槛效应、空间效应、差分效应等，但是，环境规制对城市经济发展质量的影响也是错综复杂的，故在今后的研究中，可进行进一步的探讨和拓展。当然，受水平所限，书中出现错漏和不当之处在所难免，有些观点亦不完全正确，恳请广大同行和读者提出宝贵意见。

目　录

第一章 绪 论

近年来，中国经济高速发展，能源过度耗费、产业结构失衡、创新驱动不足等经济发展质量问题逐渐凸显，实现环境和经济双赢的中国经济高质量可持续发展的任务艰巨。

本书研究的问题是：如何构建中国城市经济高质量发展指标评价体系，测度中国城市经济高质量发展指数，城市经济高质量发展的影响因素有哪些，环境规制政策是如何具体影响城市经济高质量发展的？并借鉴国外环境规制经验，最终提出驱动城市经济高质量发展的环境规制建议。

第一节 研究背景和意义

一、研究背景

近年来，我国经济高速发展，1999 年国内生产总值为 90564.4 亿元，经过 20 年的飞速发展，我国国内生产总值达到 990865 亿元，接近 100 万亿元；人均国内生产总值从 1999 年的 7199.8 元增加到 70892 元，接近 10 倍的增长，按照年平均汇率折算达到 10276 美元，2019 首次突破 1 万美元大关。按照年平均汇率折算，我国经济总量达到 14.4 万亿美元，与日、德、英、法四国国内生产总值之和大体相当，稳居世界第二位。[①] 20 年来，国内生产总值年均增幅达 12.7 个百分点，2019 年全球经济增速放缓，但我国国内生产总值比上年仍增长 6.1%，明显高于全球经济增速，在世界主要经济体中名列前茅。农业基础地位进一步巩固，第一产业增加值从 2009 年的 14549 亿增加到 70467 亿元，年均增幅 8.08 个百分点，2019 年比上年增长 3.1%，全国粮食总产量 66384 万吨，为历史新高。工业体系日益完善，第二产业增加值从 20 年前的 41079.9 亿元增加

---

① 资源来源：《中国统计年鉴》计算。

到 386165 亿元，年均增幅 12.0 个百分点，2019 年比上年增长 5.7%，制造业增加值连续 10 年稳居世界首位。服务业保持较快增长，第三产业增加值从 2009 年的 34935.5 亿元增加到 2019 年的 534233 亿元，2019 年比上年增长 6.9%，占国内生产总值的比重达到 53.9%。我国呈现基础设施更加完善、消费发展进入新阶段、产业结构不断优化等发展势头，基础设施建设方面全国铁路营业里程达到 13.9 万公里以上。其中，高速铁路营业里程突破 3.5 万公里，稳居世界第一。现代科技应用不断拓展，信息通信体系日益完善，5G 商用稳步推进，大数据、云计算、人工智能等现代信息技术快速发展。消费发展进入新阶段，居民消费能力快速提升，消费升级态势更加明显，中高端消费需求不断释放，服务消费较为活跃。全国居民人均服务性消费支出占全国居民人均消费支出比重为 45.9%，比 2018 年提高 1.7 个百分点；全国居民恩格尔系数为 28.2%，下降 0.2 个百分点，城镇化水平进一步提升，常住人口城镇化率首次突破 60%，将为投资增长和消费扩容创造巨大空间。我国发展的可持续性进一步增进。产业结构优化调整，发展新动能不断壮大。中国制造向中高端迈进，高技术制造业、工业战略性新兴产业增加值分别比 2018 年增长 8.8% 和 8.4%；现代服务业发展势头良好，信息传输、软件和信息技术服务业，租赁和商务服务业增加值分别增长 18.7% 和 8.7%。居民收入与经济增长基本同步，老百姓"钱袋子"越来越鼓；全国居民人均可支配收入 30733 元，首次突破 3 万元，比 2018 年实际增长 5.8%。贫困人口进一步减少。我国人均国内生产总值稳居上中等收入国家行列，与高收入国家差距进一步缩小。

我国城市经济高速增长，在创新引领、生态文明、转型升级等方面取得了显著成绩，但我国经济发展水平与发达国家相比仍有较大差距。从人均指标来看，2019 年我国人均国内生产总值相当于发达国家平均水平的 20% 左右，人均基础设施存量与发达国家还有不小差距。从产业发展看我国服务业增加值比重明显低于发达国家 70% 左右的平均水平；高技术制造业占规模以上工业增加值的比重为 14.4%，同发达国家相比差距明显；全员劳动生产率不到发达国家平均水平的 20%。从城镇化水平来看，我国常住人口城镇化率为 60.6%，明显低于发达国家 80% 左右的平均水平。多年来，我国粗放式发展模式与 GDP 锦标赛的传统思维，也导致城市经济增长出现了诸如资源要素依赖、环境污染严重等一系列问题，严重制约了城市经济高质量可持续发展。2018 年生态环境部年度公报显示，2018 年，全国 338 个地级及以上城市（以下简称 338 个城市）中，121 个城市环境空气质量达标，占全部城市数的 35.8%，比 2017 年上升 6.5 个百分点；217 个城市环境空气质量超标，占 64.2%。338 个城市平均优良天数比例为 79.3%，比 2017 年上升 1.3 个百分点；338 个城市发生重度污染 1899 天次，比 2017 年减少 412 天；严重污染 822 天次，以 PM2.5 为首要污染物的天数占重度及以上污染天数的 60.0%，以 PM10 为首要污染物的占 37.2%，以 PM03 为首要污染物的占 3.6%。2018 年，酸雨区面积约 53 万平方千米，占国土面积的 5.5%，比 2017 年下降 0.9 个百分点；全国地表水监测的 1935 个水质断面（点位）中，Ⅰ~Ⅲ类比例为 71.0%，比 2017 年上升 3.1 个百分点；劣Ⅴ类比例为 6.7%，比 2017 年下降 1.6 个百分点。544 个重要省界断面中，Ⅰ~Ⅲ类、Ⅳ~Ⅴ类和劣Ⅴ类水质断面比例分别为 69.9%、21.1% 和 9.0%。主要污染指标为总磷、化学需氧量、五日生化需氧量和氨氮。2018 年，全国近岸海域水质总体稳中向好，水质级别为一般，主要污染指标为无机氮和活性磷酸盐。监测的 417 个点位中，优良（Ⅰ类、Ⅱ类）海水比例为 74.6%、Ⅲ类为 6.7%、Ⅳ类为 3.1%、劣Ⅳ类为 15.6%。2018 年，全国生态环境质量优和良的县域面积占国土面积的 44.7%，主要分布在青藏高原以东、秦岭-淮河以南及东北的大小兴安岭和长白山地区；一般的县域面积占 23.8%，主要分布在华北平原、黄淮海平原、东北平原中西部和内蒙古中部；较差和差的县域面积占 31.6%，主要分布在内蒙古西部、甘肃中西部、西藏西部和新疆大部。

2002 年经国务院批准，《两控区酸雨和二氧化硫污染防治"十五"计划》要求各地做好本地区酸雨和二氧化硫污染防治工作，实现"十五"期间的污染控制目标，切实改善酸雨控制区和二氧化硫污染控制区的环境质量。中国政府制定了一系列环境规制政策并取得了一定成效（Cai et al.，2016）。2007 年 2 月生态环境部（原国家环保总局）下发了试行的《环境信息公开办法》，针对地方政府与企业两方的环境信息披露作出规范性要求，旨在推动地方环境信息披露制度的建设。2016 年，党中央、国务院高度重视生态环境保护工作。"十二五"以来，坚决向污染宣战，全力推进大气、水、土壤污染防治，持续加大生态环境保护力度，对生态环境质量有所改善，完成了"十二五"规划确定的主要目标和任务。"十三五"期间，经济社会发展不平衡、不协调、不可持续的问题仍然突出，多阶段、多领域、多类型生态环境问题交织，生态环境与人民群众需求和期待差距较大，为了提高环境质量，加强生态环境综合治理，加快补齐生态环境短板，制定了《"十三五"生态环境保护规划》。

为了全面提高质量，推动中国经济发展进入质量时代而制定了《中共中央、国务院关于开展质量提升行动的指导意见》法规，2017 年 9 月 5 日，由中共中央、国务院发布指导意见指出提高供给质量是供给侧结构性改革的主攻方向，全面提高产品和服务质量是提升供给体系的中心任务。经过长期的不懈努力，我国质量总体水平稳步提升，质量安全形势稳定向好，有力支撑了经济社会发展。但也要看到，我国经济发展的传统优势正在减弱，实体经济结构性供需失衡矛盾和问题突出，特别是中高端产品和服务有效供给不足，迫切需要下最大气力全面提高质量，推动我国经济发展进入质量时代。破除质量提升瓶颈，改革完善质量发展政策和制度狠抓督察考核，探索建立中央质量督察工作机制，强化政府质量工作考核，将质量工作考核结果作为各级党委和政府领导班子及有关领导干部综合考核评价的重要内容。以全要素生产率、质量竞争力指数、公共服务质量满意度等为重点，探索构建符合创新、协调、绿色、开放、共享发展理念的新型质量统计评价体系。

环境规制是解决上述问题的重要手段，但目前我国主要运用"命令-控制"型环境规制，致使环境治理处于"政府主动、企业被动、公众不动"的尴尬境地，环境规制驱动城市经济高质量发展面临工具不健全、效果不佳、机制不完善等问题。为此，本书在测度城市经济高质量发展指数的基础上，探析环境规制驱动城市经济高质量发展的过程及机制，并健全环境规制治理体系、完善环境规制工具，为新时期我国如何推动城市经济高质量发展提供相关的环境政策建议。

二、研究意义

（1）学术价值。研究构建城市经济高质量发展的指数评价体系，考察环境规制驱动城市经济高质量发展的过程与机理，以及如何完善环境规制治理体系有效驱动城市经济高质量发展这一重要理论与实践问题。本书对有关理论的构建提供理论依据和方法积累。

（2）应用价值。测度中国 285 个地市级及以上城市经济高质量发展综合指数，比较系统地回答了中国城市经济发展质量现状如何，为城市经济高质量发展绩效评价提供参考。探寻环境规制驱动经济高质量发展的机制与路径，为中国健全环境规制治理体系、完善环境规制工具提供理论基础和实践参考。

三、研究目标

（1）测度城市经济高质量发展综合指数、环境规制强度综合指数，并把握城市环境规制、经济高质量发展的动态演进与空间外溢效应。

（2）把握环境规制—城市经济高质量发展的协调度，掌握环境规制驱动城市经济高质量发展的作用过程与驱动机制，并定量分析驱动城市经济高质量发展的最优环境规制强度。

（3）探寻环境规制驱动经济高质量发展的内在机制，并借鉴国内外的成功经验和主要做法，系统提出驱动城市经济高质量发展的环境规制建议。

第二节 文献综述

一、经济高质量发展内涵与测度

（一）经济发展质量内涵

2012 年 11 月，党的十八大明确提出，要把推动发展的立足点转到提高质量和效益上来。同年 12 月，习近平总书记在中央经济工作会议上强调指出，要以提高经济增长质量和效益为中心。由此，中国质量发展开启了新篇章，迈向了新时代。质量是人类社会的不懈追求，不仅能反映一个企业和产业的核心竞争力、一个国家的综合实力，也能反映一个民族的整体素质。党的十八大以来，党和国家把质量提到了更加重要的战略高度，作出了许多具体部署。习近平总书记强调要推动"三个转变"——中国制造向中国创造转变、中国速度向中国质量转变、中国产品向中国品牌转变。在 2016 年底召开的中央经济工作会议上，习近平总书记明确提出供给侧结构性改革的主攻方向是提高供给质量，提升供给体系的中心任务是全面提高产品和服务质量，要树立质量第一的强烈意识，下最大气力抓好全面提高质量，开展质量提升行动，提高质量标准，加强全面质量管理。李克强总理指出，我们所追求的发展必须是提质增效升级的发展，提质就是要全面提高产品质量、服务质量、工程质量和环境质量，从而提高经济发展质量。从经济学范畴来看，经济发展质量是经济发展的一系列固有特性满足经济发展固有要求程度的反映。袁晓玲等（2019）、洪银兴（2019）和曾宪奎（2019）等探讨了中国经济高质量发展的内涵及理论逻辑。袁晓玲等（2019）梳理了经济发展质量的历史渊源和内涵，分析了经济高质量发展与经济增长、经济增长质量间的关系，探索了经济高质量发展的影响因素和制约条件，探讨了目前中国经济高质量发展存在的困惑，指出中国应该进一步完善高质量发展理论内涵、机理和评价指标体系。洪银兴（2019）研究了高质量发展的理论渊源，指出了高质量发展的内涵，并思考了实现高质量发展的基本路径。曾宪奎（2019）指出中国高质量发展与他国有一定的共性，也有自身特有的属性。钞小静和薛志欣（2018）研究了新时代中国经济高质量发展的理论逻辑与实践机制。

随着中国经济由高速增长阶段转向高质量发展阶段，中国特色高质量发展将成为新时代中国特色社会主义经济发展的重要内容之一。高速经济增长仅仅是工业化时期发生的过渡历史现象，我国进入工业化深化期后，经济发展由量向质转变。在理论层面，马克思主义政治经济学对中国经济发展质量具有指导意义，经济发展从动力、结构和效率三个维度发力；在实践层面，中国在该三个层面上提升仍有约束，唯有通过三维创新驱动、结构再平衡支撑以及发展效率提升，三个维度综合不断形成新驱动力，驱动中国经济高质量发展，众多学者也提出了自己的见解。任保平（2018）在新时代中国经济从高速增长转向高质量发展的理论阐释与实践取向中指出，新时代反映的经济发展的阶段性变化表现在由低收入阶段转向中等收入发展阶段，数量型增长转向质量效益型增长，摆脱贫困转向基本实现现代化。进入新时代意味着我们必须扬弃过去数量型的经济发展模式，探索高质量发展道路。高质量发展是比经济增长质量范围宽、要求高的质量状态。高质量发展的理论导向表现在提高供给的有效性。伴随着中国经济增速的下滑，中国进入了以"三期叠加"和"四大红利衰减"为特征的新常态，在新的发展阶段背景下，支撑中国持续发展的主要因素已经由生产要素的大规模扩张转向提高效率、技术进步和创新等因素（郭立宏，2018）。徐现祥（2018）尝试考察经济增长速度目标与发展质量目标的权衡，并揭示了中央政府降低经济增长目标值，地方政府将政策工具转向创新驱动地方经济发展，可以实现中国经济高质量和可持续发展，终结经济崩溃论。

Barro（2002）突破狭义的经济变量，对经济发展的质量方面，包括健康、生育、收入分配、政治制度、犯罪和宗教问题进行了一系列研究，揭示了一些规律性的模式，即经济发展伴随着更高的预期寿命和更低的生育率，政治制度的合理化可以提高生活水平，收入不平等的变化并不显著影响经济发展的总体水平，犯罪率与发展水平关系不大，但与收入不平等的关系更为密切，宗教信仰通过教育水平影响经济发展等。钞小静和任保平（2011）认为经济增长质量是指经济增长内在的性质与规律，并从经济增长质量分析的框架入手进行考察，具体通过经济增长的结构、经济增长的稳定性、福利变化与成果分配以及资源利用和生态环境代价四个维度探索了中国经济增长结构转化与经济增长质量之间的关系。Mlachila等（2014）提出了一种新的发展中国家增长质量指数，涵盖了增长的内在性质和社会维度，发现尽管绝大多数发展中国家收敛速度相对较慢，但是增长质量一直在提高，并且发现政治稳定、宏观经济稳定、制度质量以及对外贸易等方面是影响高质量发展的主要外部因素。杜爱国（2018）从新制度经济学的制度逻辑认为高质量发展的制度内涵在于推动经济发展的质量变革、效率变革和动力变革。任保平和李禹墨（2018）认为高质量发展的内涵应该包括经济发展高质量、改革开放高质量、城乡建设高质量、生态环境高质量、人民生活高质量五个方面。邝劲松（2019）认为中国经济由高速增长转向高质量发展，是发展经济学历史上一个崭新的理论命题，也是从以 GDP 为中心转向以人为中心的发展逻辑的思想飞跃，聚焦经济发展逻辑转变这一关键问题，追溯传统发展经济学主流思想的演变过程，提出以 GDP 为中心的发展是传统发展经济学的共同思想基因，分析和阐释以人为中心的经济高质量发展理论框架及其内涵特征。赵剑波等（2019）认为，可以从系统平衡观、经济发展观、民生指向观三个视角理解高质量发展的内涵，高质量发展既是发展观念的转变，也是增长模式的转型，更是对民生水平的关注，认为高质量发展体现在宏观经济、产业、企业三个层面，受经济发展阶段、社会文化环境、政策法律环境的约束，以要素质量、创新动力、质量技术基础为基础条件，目标是为了满足人民日益增长的美好生活需要。高质量发展一定是充分、均衡的发展，是包含发展方式、发展结果、民生共享等多个维度的增长和提升。任保平和张星星（2019）认为高质量发展阶段的新变化从八个方面开拓了中国发展经济学的新境界：一是开辟了中国发展经济学发展观的新境界，二是开拓了中国发展经济学发展目标的新境界，三是开拓了中国发展经济学发展任务的新境界，四是开拓了中国发展经济学发展模式的新境界，五是开拓了中国发展经济学发展动力的新境界，六是开拓了中国发展经济学发展动能的新境界，七是开拓了中国发展经济学发展战略的新境界，八是开拓了中国发展经济学发展形式的新境界。

就目前的研究现状而言，关于经济高质量发展的内涵并未达成完全一致的意见，绝大多数一致相同的部分是提高经济效率是经济高质量发展的关键。对此，一些国内学者从生产率角度衡量经济的发展质量。陈诗一和陈登科（2018）采用劳动生产率来度量经济发展质量，主要通过对环境方面的研究，探索雾霾的污染与治理对中国经济高质量发展的影响。随着中国社会主要矛盾的变化，区域经济发展进入向高质量发展阶段转变的关键期，但区域经济不平衡不充分发展的矛盾仍是区域经济高质量发展的制约因素，应从科技创新、市场机制、社会组织参与、政府制度供给四个维度阐述促进区域经济高质量发展的作用机理（刘国斌和宋瑾泽，2019）。师博和韩雪莹（2020）将实体经济高质量发展分解为发展的基本面和发展的社会生态成果。张鸿等（2019）和宋洋（2019）基于数字经济背景探析中国经济高质量发展，张鸿等综合运用熵值法、耦合协调度模型、探索性空间数据分析方法，对我国 30 个省、自治区、直辖市地级及以上城市 2006~2015 年的城市化质量和经济发展水平进行综合测度。研究结果发现，2006~2015 年我国各省份的城市化质量和城市经济发展水平总体得到一定幅度的提升，其空间分布特征与我国的区域经济发展现实相似，呈现出东部地区高于中西部地区的状态。大多数省份的城市经济发展水平超前于城市化质量，多属于经济导向型的城市化。

（二）经济发展质量测度

1. 测度指标体系构建

经历了近 40 年的经济高速增长，我国经济发展取得了骄人的成就，正如美国经济学家约瑟夫·斯蒂格利茨所点评："像中国如此大规模而又持久的经济发展，在世界上从未出现过。"但在经济总量和速度高速增长光环的背后，也蕴藏着经济发展质量与效益不高的风险，经济结构性矛盾凸显，如发展质量和效益不高、产业升级缓慢、自主创新能力不足、资源环境承载压力逼近临界阈值、贫富差距扩大等问题（刘晓旭，2017）。朱卫东等（2019）从创新、协调、绿色、质量、结构、可持续等十个维度出发，构建包括 137 个细分项目指标体系，并进行实证测算。考察发现，中国经济发展质量总体呈上升态势，但各维度发展并不均衡。宋明顺等（2015）从竞争质量、民生质量、生态质量三个维度共选取 8 个指标测度宏观质量指数，进行实证测度。郭淑芬等（2019）认为高质量发展从动力变革、效率变革和质量变革三个维度构建高质量发展评价体系，选取 24 个指标构成完整指标体系，采用熵权法测度中国高质量发展指数。徐瑞慧（2018）从经济增长基本面、社会发展、环境保护等方面综合衡量发展质量。何伟（2013）认为经济发展质量是经济增长过程中国民经济在有效性、协调性、创新性、持续性、分享性和稳定性等方面的优劣程度。任保平和文丰安（2018）总结出衡量高质量发展的标准包含经济发展的有效性、协调性、创新性、持续性、分享性五个方面。张云云等（2019）将主客观法相结合，从经济效益、创新发展、人民生活、可持续发展 4 个维度 17 个指标来构建衡量经济发展质量水平的指标体系。冷崇总（2008）具体列出了各个方面的评价指标，用劳动生产率、投资产出率、贷款产出率和耕地产出率评价经济发展的有效性；用经济增长率、就业弹性指数、生产能力利用率衡量经济发展的充分性；用产业结构比、城市化率、对外开放指数衡量经济发展的协调性；用资源供求系数、单位产值能源消耗量、环境质量成本变化率评价经济发展的持续性；用研究与开发投入占 GDP 的比重、高技术产业增加值占 GDP 的比重、专利授权指数衡量经济发展的创新性；用经济增长波动率、价格指数波动率评价经济发展的稳定性；用居民收入增长率、恩格尔系数、城乡居民收入比衡量经济发展的分享性。师博和任保平（2018）将经济增长质量指标体系分解为增长的基本面和社会成果两个维度，其中增长的强度、稳定性、合理化、外向型四个方面构成基本面，人力资本和生态资本构成社会成果，研究发现经济增长质量进入新的上升周期并将持续攀升，但地区间经济增长质量会在较长时期内维持不平衡态势。

师博和张冰瑶（2019）立足新时代，基于五大"新发展理念"，从发展的基本面、社会成果和生态成果三个维度测算全国地级以上城市经济高质量发展水平。肖祎平等（2018）通过探索城市化质量的内涵，从城市自身发展质量、城市化推进效率、城乡一体化程度和城市可持续发展能力四个方面构建了城市化质量的综合评价指标体系。陈强和胡雯等（2014）以城市发展观的历史发展脉络为线索，在梳理国内外主要研究成果的基础上，对有关城市质量及其测评的文献开展研究和评述。李丽莎（2011）把单纯的经济增长划归为经济发展的数量方面，将经济发展分为数量与质量两个方面，并基于这个划分角度构建了经济发展指标体系，提供了构建经济指标体系的一个新视角。梁东黎（2012）以居民收入在国民收入分配中的比重这个指标为判断标准，对经济发展质量是否提高以及经济发展方式是否转变进行宏观考察。还有一些学者通过构建测度指标分析国际上其他国家的数据，从而为我国经济增长质量提高提供经验教训。刘思明等（2019）运用国际上40个主要国家的数据，将科技创新和制度创新同时纳入考量范围，以比例指标和强度指标为主，同时纳入部分规模指标来兼顾创新活动的规模效应和创新国际影响力，编制创新驱动力指数，全面度量各国创新驱动力，并通过面板数据模型考察其对经济高质量发展的影响。陈德铭（2018）更是分析了目前我国经济高质量发展所处的国际环境，尤其是美国、欧盟和日本对我国发展质量提升的态度，表明我国面临的国际环境虽不宽松，但经济高质量增长的趋势不会改变。

国内学者针对经济发展质量的具体评价方法主要有主成分分析法、因子分析法、熵值法、相对指数法和标准离差法等。黄庆华等（2019）采用熵值法综合测度经济高质量发展水平，分析经济高质量发展变化趋势及特征。张震和刘雪梦将主客观赋权法和聚类分析相结合，对2016年我国副省级城市经济高质量发展水平进行探讨。周吉等（2019）运用主成分分析法对江西省经济发展质量指数进行测算。新时代我国经济高质量发展的内涵体现为具有经济增长速度稳定和经济结构合理的发展基础，能够激发兼具社会和生态效益的发展成果，助力平衡而充分的经济发展，最终服务于富强民主文明和谐美丽的社会主义现代化强国和人的全面发展。徐志向和丁任重（2019）采用熵值法测算了1999～2016年中国省级经济发展质量综合指数。钞小静和惠康（2009）采用主成分分析法（PCA）确定各指标的权重，并以基础指标的协方差矩阵作为输入，以避免使用标准化方法和相关系数矩阵所造成的对不同指标相对离散程度的低估或夸大。朱子云（2019）采用均方差赋权法与专家咨询法组合赋权，并与达优指数法相结合构造综合指数算法模型，并采用结构分析法构造经济增长质量变动的因素贡献分解模型，发现经济性质量已经成为抑制经济质量增长的因素，而创新性质量、协调性质量、负面性质量对我国经济增长质量提升的作用越来越明显。一些学者以不同地区为依托进行经济发展质量评价,如程启智和马建东(2019)运用改进的熵值法对西部地区经济发展质量进行综合评价。张红(2015)在梳理国内外有关经济发展质量问题的基础上,结合经济发展及其质量的相关理论,界定了经济发展质量的内涵和属性,从经济发展有效性、协调性、分享性、创新性和持续性五个维度构建了测度经济发展质量的指标体系,运用主成分分析法与聚类分析法将长江经济带上各市的经济发展质量进行了测度与分析。

2. 区域经济发展质量测度研究

罗植(2019)通过索洛余值法核算了2008~2017年京津冀、长三角和珠三角城市群的全要素生产率及指数。刘强和李泽锦(2019)以产业发展质量测度为切入点,在提出等权重综合全要素生产率测算方法的基础上,给出测度区域产业发展质量不平衡的"空间几何法",从省级和区域整体两个视角对京津冀和长三角的差异变动进行比较研究。杨友才和陈耀文(2019)对东中西部经济增长速度和经济质量水平的互动机制进行考察研究,研究发现经济增长速度和质量发展水平对于各种冲击效果不显著;中部地区的经济增长速度对经济质量水平的冲击为负,质量水平对增长速度的冲击方向为先负后正;西部地区的冲击方向与中部存在很大差别,增长速度对质量水平的冲击为正,质量水平对增长速度的冲击持续为负。从要素贡献率来看,虽然东中西部的增长速度对质量水平贡献率差异不大,但质量水平对增长速度的贡献率同样呈现东部最高,中部次之,西部最低的趋势。程启智和马建东(2019)也对中西部经济发展质量进行了研究,指出2006~2017年西部地区经济发展质量不断提升,但年均增速相对较小。

长三角作为中国参与国际竞争的重要平台、经济社会发展的重要引擎,其发展质量演化趋势对于探讨中国经济实现高质量发展具有典型性和示范性。范金等(2018)设计出包含强盛性、有效性和包容性等特性的经济发展质量评价指标体系,并采用主成分分析法对1985~2016年长三角城市群整体和部分地区的经济发展质量演化过程进行了测算和分析。谢尚和邓宏兵(2018)从动态因子分析着手建立长江中游城市群城市发展质量评价体系,对2010~2016年的长江中游城市群发展质量进行了评价。马静等(2016)以2006~2013年长江中游城市群31个地级市城市发展质量数据为基础,对城市发展质量系统的协调性及其区域差异性进行分析。范金等(2019)也采用主成分分析法对长江经济带11个省市1985~2015年的经济发展质量演化趋势进行了测算和分析。此外,郭湖斌和邓智团(2019)深入分析长三角区域经济一体化高质量发展特征,指出新常态下长三角区域核心城市经济总量与上海的差距逐渐缩小，多中心匀质化发展趋势明显；区域经济增长率变异系数逐年降低，一体化趋同性特征显著，长三角产业升级及制造业结构区域经济一体化发展质量逐步提升。

京津冀城市群经济发展质量研究方面也是诸多学者关注的热点之一。李磊和张贵祥（2017）基于城市经济能级模型对京津冀城市群内各城市进行等级划分，借助引力模型分析城市间经济联系的变化，并利用城市群发展质量评价指标体系和空间自相关分析，对京津冀城市群和群内城市发展质量以及京津冀、长三角、珠三角三大城市群内核心城市发展质量进行评价。梁志霞和毕胜（2020）指出京津冀城市发展质量整体呈稳步提升态势，城市间发展质量的差距并未随着时间的推移而降低，城市发展质量水平较高的地区主要位于"三轴"上的核心城市，其他低质量水平的城市零星或呈片状分布在高质量城市周围。

中亚国家是"丝绸之路经济带"上与我国地缘最近、贸易合作基础最好的国家，其经济发展质量对双方经济合作水平，乃至"一带一路"建设质量均有重要影响。李金叶和许朝凯（2017）从经济发展的有效性、开放性、分享性、稳定性和可持续性五个方面构建评价体系，对中亚国家经济发展质量进行测度，研究表明：中亚国家经济发展整体质量水平有待进一步提升，具有较强的资源依赖性，并呈现出对外开放自主性小、可持续发展能力弱等特点。李豫新和王振宇（2017）依据丝绸之路经济带战略的基本发展理念对新疆经济发展质量进行评价。结果表明：2000~2014 年新疆经济发展质量呈上升态势，开放性和共享性是新疆经济发展质量不断上升的核心动力，安全性为新疆经济发展质量的持续改善奠定坚实基础；新疆经济发展效率不断上升，但与理想值仍存在较大差距；短期内新疆经济发展质量仍将保持不断上升的趋势；最后提出促进新疆经济发展质量提升的建设性意见。

魏博通和王圣云（2012）测度中部六省的经济发展质量并进行综合评价和比较分析。各省经济发展质量也是学者和各省政府部门关注的焦点，省域发展质量的研究数量以江苏为首。陈长江（2019）通过主成分分析法对江苏发展质量进行测度和分析，研究发现 2001~2017 年江苏高质量发展指数年均增长9.64%，2012 年之后增速放缓。丁涛和顾金亮（2018）运用灰色关联理论，以2015 年江苏省 13 个市的相关指标为依据，对江苏省科技创新和经济高质量发展之间的关联程度进行分析。李子联和王爱民（2019）认为江苏高质量发展总体水平较高，但近两年出现了提升缓慢的迹象。陈小卉和郑文含（2017）通过江苏各城市发展的指标值数据标准化以及指标权重计算，对江苏省各设区市和县（市）城市发展质量的单项质量以及综合质量进行了客观评价。欧向军等（2012）根据城市化的内涵及推进城市化的目的，对 2001~2009 年江苏县市城市化在质量进行综合测度，认为 2001~2009 年江苏区域城市化在质量差异总体扩大的基础上呈现先扩大后缩小趋势。

其他各省的研究也不在少数，宋耀辉（2017）研究发现 2005~2015 年陕西省经济发展质量指数呈不断上升趋势，且与社会福利、成果分配等指数变动趋势相近，社会福利与成果分配、环境治理形成陕西省经济发展质量提升的主要影响因素。姚升保（2015）采用组合赋权法实证分析湖北省经济发展质量的时序演变特征。孟祥兰和邢茂源（2019）在供给侧改革背景下采用加权因子分析法对湖北 16 个地市高质量发展水平进行综合评价，认为湖北在高质量发展过程中存在着区域和领域间发展不平衡不充分的问题。王德利和王岩（2015）基于数据包络分析法及标准值法对北京市的经济发展质量进行了测度分析，研究发现 1990~2013 年北京市的经济发展质量与经济增长速度呈相反态势。伍凤兰（2014）利用 2005~2011 年的深圳市相关数据，采用层次分析法对深圳市经济发展质量进行测算。俞花美等（2012）以海南省环境质量作为研究对象，结合海南经济发展的现状构建评价指标体系，运用 DEA 模型对海南省环境质量与经济发展有效性进行评价。

二、环境规制的演进与测度

环境规制作为社会性规制的一项重要内容，是指由于环境污染具有外部不经济性，政府通过制定相应政策与措施对厂商等的经济活动进行调节，以达到保持环境和经济发展相协调的目标，具体包括工业污染防治和城市环境保护。

市场失灵和政府失灵是环境恶化的两大原因。环境破坏往往是人们的行为造成的。在市场可以正常工作的情况下，市场机制是有效配置资源的手段。在市场不能正常工作的情况下，出现市场失灵，市场失灵是环境恶化的原因之一。市场失灵为政府干预制造了借口，但是政府干预并不一定比市场失灵更好，我们把政府干预的失败叫作政府失灵，政府失灵是环境恶化的又一个重要原因。环境污染的外部性意味着市场失灵，无法依靠市场来解决环境污染问题，所以进行环境规制。环境规制的方法有排污费、使用者收费、产品收费、排污权交易、预付金返还、补贴，等等。

环境规制是目前公认的纠正制度失灵的比较好的手段，已经被许多学者和环境规制部门所认同并付诸实践。环境规制目前包括的主要内容有以下三点：

（1）界定环境资源的产权公共物品的特点就是一些人的使用不会排斥其他人对该物品的使用。但是对于环境资源这种特殊的公共物品来说，一些人对环境资源的使用有可能不考虑社会的公平性和整个社会的意愿，很容易发生"搭便车"的行为或是"公地的悲剧"。所以明确地界定环境资源的产权就显得尤为重要。斯蒂格利茨认为，产权私有并不重要，重要的是产权的分配。能够保证经济高效率的产权应具有以下特征：产权必须明晰，避免产生不确定性；产权必须是排他的或专一的；产权必须是安全的；产权必须是可转让的；产权必须是可行的，具有可操作性。

（2）对环境资源进行合理定价的目的是将环境的外部成本内部化，促进环境资源的合理配置。对环境资源进行定价，意味着产品的价格中要包含环境资源的因素，企业或是将这种成本转嫁给消费者，或是自己内部消化，取决于产品的属性和价格需求弹性。无论采取哪种方式，都会对企业的竞争力产生影响。因此，对环境资源进行合理定价，能够促进企业加大对节能降耗研发的投入，促使对资源得到持续有效的开发利用。在此基础上，促进产业结构的升级，加速经济增长方式的转变。

（3）污染者负担原则。1972 年，经济合作与发展组织（Organization for Econo-mic Co-operation and Development，OECD）提出了污染者负担原则，即为了维护公众的利益，污染者必须承担污染治理的责任，明确了环境损害中的责任赔偿者。这个原则有利于促进保护和合理利用环境和资源，防止并减轻环境污染损害，改变"企业赚钱污染环境、政府出资治理污染"的极不公平的社会现象，实现公平负担。"污染者负担原则"不等同于"污染付费原则"，后者只是前者的一部分。在环境规制中，"污染者负担原则"表明污染者不仅具有治理自身污染的责任，还具有防治区域环境污染的责任和参与区域污染控制并承担相应费用的责任；不仅具有经济责任，还具有一定的社会责任。环境规制按照其对经济主体排污行为的不同约束方式可以分为命令控制型环境规制和市场激励型环境规制。以下就对这两种类型的环境规制政策进行具体的分析。

命令控制（Command and Control，CAC）是一个环境术语，表明运用排放标准和其他一些规章来满足环境质量目标，它与经济激励相对应。环境部门发布规章或命令来要求污染者采取行动以满足环境目标，然后管理部门通过监控看规章是否得到执行；管理部门可以对不遵守规章者加以制裁，对遵守规章者给予奖励。环境标准简单而直接，通过设定明确具体的环境目标来反映社会控制和削减环境污染的意愿，政府和司法机关通过界定和阻止非法行为，为标准的实施创造了有利条件。命令控制型环境规制政策主要包括环境标准、基于环境标准的排放标准、技术标准以及其他形式的规章等工具。

以市场激励为主（Market-Based Incentive，MBI）的环境经济手段能够把外部性纳入到企业内部，使企业的商品或服务的价格包含或反映环境成本，促进对资源的有效利用。通过在污染者之间有效地分配污染排放削减量，降低整体的污染控制费用。环境经济手段还可以产生一种持续刺激、鼓励企业积极进行创新、促使排污者不断寻找减少污染排放的技术和方法，将环境污染控制成本降到最低。这种刺激不仅会促进企业提高资源生产率，而且还会降低产品的真实经济成本，提高产品的真实经济价值。该政策主要包括排污权交易制度、排污收费（税）制度、补贴和押金返还制度、自愿性协议制度。总体来说，市场激励型的规制政策主要遵循的是"等边际"原则，因此在实际的环境规制中，排污收费和排污权交易的费用有效性要优于排放标准。污染物的排放标准在污染物排放的确定性方面具有明显的优势，但是在费用的确定性方面不如另两种工具，这是由于污染者往往不会向环境规制部门提供足够的或准确的费用信息。在排放标准下，排污者具有将污染治理的资金用于其他用途的动机，所以排污者往往延迟达标。而在排污收费和排污权交易下，如果污染者不进行污染治理，就会支付较高的排污费，或者污染者面临着能够达标的多种选择，所以这两种政策工具都会促进污染者尽早达标。相对于排污标准，在排污收费和排污权交易下，污染治理费用的分配更重地落在了污染者的头上，但是因为污染者具有较大的自由决定污染削减的水平和方法，通过开发和实施有效的污染削减技术可以获得一定的经济收益，所以排污收费和排污权交易对技术革新的促进作用更强。

对于环境规制的认识，国际学术界经历了一个不断深入的过程。最初，学者们将环境规制的含义界定为政府的直接规制，Pargal 和 Wheeler（1995）指出环境规制还包括基于市场的激励型环境规制和自愿性协议等非正式规制（Pargal and Wheeler，1995；Kathuria and Sterner，2006；Kathuria，2007）。中国非政府环保组织数量较少，环境规制主要定位于正式环境规制，如史贝贝等（2017）、傅京燕和李丽莎（2010）等。张红凤和张细松（2012）构建了环境规制需求与供给理论。原毅军和谢荣辉（2014）、王俊豪和王岭（2010）、肖兴志和张伟广（2018）、戚聿东和李颖（2018）等研究了规制理论及中国规制经济学发展轨迹、特征及热点。

三、环境规制对经济发展的作用机制研究

1. 整体影响机制研究

余泳泽等（2013）分析了中国经济由高速增长向高质量发展的时空转换特征研究，将包含环境因素的绿色全要素生产率作为经济高质量增长的代理指标，深入分析中国高质量增长的区域差异。国家发展改革委经济研究所课题组认为经济发展质量变革、效率变革、动力变革是推动经济高质量发展的根本途径。

中国经济发展质量、效率、动力和持续性均出现深刻变化，但与主要发达国家相比尚存较大差距。当前及今后一个时期，发展理念转变不到位、经济发展中的两难多难问题突出、科技创新瓶颈突破难度大、国际经济政治环境复杂多变、治理体系和治理能力现代化不适应要求等，使中国经济高质量发展面临挑战。

安淑新（2018）综述分析了促进经济高质量发展的路径，指出我国经济发展质量存在传统制造产业和服务业质量不高、生态环境质量问题仍突出、科技创新能力不足、城乡建设质量需要提升等问题。李佐军（2018）认为区域协调与共享、区域创新发展、主体功能定位、产业布局与转型升级、区域环境容量与绿色发展、区域科技发展、产业梯度转移与升级、特色小镇建设与区域质量品牌打造等问题再次成为中国区域经济实现质量提升需要关注的重点。李豫新和王振宇（2017）研究发现经济安全和经济规模对经济发展质量具有促进作用；消费、生态存量、物质资本和生态保护经费对经济发展质量具有一定的负面影响；贸易规模、知识存量、人力资本和生态消耗量对经济发展质量的影响较弱。徐瑞慧（2018）实证分析表明，政府治理、改革开放（中国融入全球化的程度）、金融发展、财政支出等因素对发展质量存在显著的促进作用。新时代县域经济高质量发展的实质是县域经济由不平衡、不充分发展向高效、集约、公平、均等化发展转轨。县域经济高质量发展是实现乡村振兴、加快城乡全面融合发展、深入推进新型城镇化建设的必经之路，是县域经济转型升级、产业结构优化调整及发展新旧动力转化的综合体现，需要创新县域经济发展新模式，培育县域经济发展新动能，打造县域经济发展新机制；加强新技术、新产品的应用和推广，多支点推进县域经济高质量发展；加强高素质人才队伍建设，为推进县域经济高质量发展提供助力（刘国斌和韩宇婷，2019）。史丹和李鹏（2019）表示创新与协调对我国经济高质量发展的带动作用相对不足，并发现：投资效率偏低、高技术产品出口附加值不高、产出波动较大、收入分配差距仍待缩小等方面是经济高质量发展的短板。

中国共产党第十八届中央委员会第五次全体会议强调，实现"十三五"时期发展目标，破解发展难题，厚植发展优势，必须牢固树立并切实贯彻创新、协调、绿色、开放、共享的发展理念。开放发展的要义是解决发展内外联动问题，崔大沪（2004）认为开放对经济的影响是两方面的，一方面开放经济能够使我国传统的产业增长模式得到进步，另一方面开放也会增加我国经济发展的国内外制约因素，因此要同时注重产业增长的内源性和外源性增长质量。王洪庆（2015）将我国地区开放型经济发展水平评价指标体系划分为开放程度、开放质量和开放效益三个维度，通过测算得出各地区的开放型经济发展水平不尽相同。

　　杨旭等（2020）从制度环境视角入手，探讨了金融集聚对经济发展绩效与经济发展质量的非线性影响。结果表明：金融集聚对经济发展绩效的影响总体为正，随着制度环境的优化，这一正向影响强度有所提升；金融集聚对经济发展质量的影响随着制度环境的改善而由负转正；与中西部地区相比，东部沿海地区金融集聚对经济发展绩效及经济发展质量的促进作用更加强烈。张治栋和廖常文（2019）基于全国2007~2016年258个地级市面板数据，采用固定效应方法检验全要素生产率对经济高质量发展的影响，并结合门限回归分析了不同政府干预程度导致全要素生产率对经济高质量发展效应的差异。研究发现，全要素生产率的提升能显著促进经济高质量发展，而政府干预对经济高质量发展的影响呈现倒"U"型特征；政府干预与全要素生产率对经济高质量发展具有协同作用，且当政府干预力度达到阈值时，全要素生产率对经济高质量发展产生显著的促进作用；此外，城市群城市的全要素生产率主要依靠技术进步推动经济高质量发展，而非城市群城市则主要凭借技术效率的提升。为此提出，在依托于提高全要素生产率推动经济高质量发展的同时要以针对性的政府干预作为支撑，进而更好地推动经济高质量发展。陈昭和刘映曼（2019）认为，财政支出是财政政策的主要工具之一，对维持我国经济稳定发展和提升经济质量有重要的影响作用。通过构建经济发展质量评价体系，利用我国除西藏外30个省份2007~2016年的面板数据，全面研究了财政支出作用于经济发展质量的影响效应。徐盈之和顾沛（2019）使用长江经济带2004~2016年108个地级及以上城市的面板数据，借助系统广义矩估计的动态面板模型与中介效应模型，实证考察了官员晋升激励、要素市场扭曲与经济高质量发展三者间的内在关系。研究发现，在传统的经济绩效考核下，地方官员迫于晋升压力而扭曲生产要素市场的行为会对经济发展质量产生显著负影响，且要素市场扭曲的中介效应存在明显的区域异质性。进一步地，在纳入"新型"考核指标后，官员晋升激励对经济高质量发展的影响逐渐转为正。薛军民和靳媚（2019）构建了2002~2016年的省份面板数据进行实证研究，同时把产业结构升级分解为产业结构合理化和产业结构高级化两个方面来探讨消费结构升级引起经济高质量发展的理论机制。结果显示，无论是东部还是中西部地区消费结构的升级都有效促进了经济发展质量的提高，并主要通过产业结构合理化来促进发展质量的提高。基于此，在不断扩大中等收入群体规模、释放潜在消费需求拉动经济发展的同时，各地区应该在发展经济的过程中牢固树立和贯彻五大发展理念，不能盲目追求经济发展速度。黄永明和姜泽林（2019）在自由资本模型的基础上，构建了包含金融结构的新经济地理学模型，推导出金融结构最优时产业集聚亦可达到最佳状态，进而提高经济发展质量等结论。汪宗顺等（2019）基于长江经济带11个省市 2004~2017 年的数据，构建 PVAR 模型，通过 GMM 估计、脉冲响应函数、方差分解分析产业结构、金融规模与经济高质量发展之间的关系。结果显示：产业结构与经济高质量发展正相关，尚不显著；金融规模与经济高质量发展负相关，但不显著；产业结构和金融规模彼此间存在正向冲击效应，金融规模对经济高质量发展的贡献度要高于产业结构。彭文斌和文泽宙（2019）指出受分工发展的影响，绿色创新对经济发展质量发挥作用并非是单一线性的，而是随着分工水平的高低表现出分阶段特征：绿色创新对经济发展质量在低等分工水平下促进作用较高，在中等分工水平下促进作用减弱，当达到高等分工水平时促进作用最强且最显著。黎文勇和杨上广（2019）研究发现城市功能专业化对经济发展质量的正向作用受市场一体化影响。赵玉龙（2019）立足于经济高质量发展，基于 2003~2015 年 279 个地级及以上城市的数据，采用系统 GMM 模型和中介效应分析了金融发展、资本配置效率与经济高质量发展之间的关系。廖祖君和王理（2019）选取 2004~2013 年中国 282 个地级及以上城市面板数据为研究样本，采用人均实际 GDP 来度量经济发展质量，实证检验了城市蔓延对区域经济发展质量的影响。茹少峰和周子锴（2019）基于 1994~2016 年的省级面板数据，通过构建经济高质量发展指标体系，计算我国各省经济发展质量指数，再运用倾向得分匹配-双重差分方法（PSM-DID）检验西部大开发战略的政策净效应。马威（2019）基于商贸流通业发展对经济发展规模和经济发展质量理论剖析的基础上，采取贵州、四川和重庆三个地区 2013~2017 年的面板数据，就商贸流通业发展水平对经济发展规模和经济发展质量两个不同维度的经济发展水平的影响效应进行了实证研究。研究发现，商贸流通业的发展能够产生规模效应促进经济发展，而经济发展水平的提升能够反哺商贸流通业。李勇和任保平（2019）针对中国经济增长"高数量、低质量"的情形，从一个新的视角——转换成本讨论其与地方经济增长质量之间的关系，结果发现转换成本对于经济增长质量的提升具有阻碍作用，转换成本越大，地方经济增长质量就越低。郭周明和张晓磊（2019）认为高质量开放型经济发展的内涵包括三个层面：一是发展的速度目标以"稳"为基；二是发展的质量目标向国际一流看齐；三是发展的重点领域由出口和利用外资向进口和对外投资拓展。鲁永刚和张凯（2019）基于世界银行对中国主要城市的独特调查数据，考察资源依赖对政府效率的影响，并探究这种影响对经济发展质量的传导。研究发现资源产业依赖显著降低城市的政府效率，异质性检验显示资源依赖对小城市政府效率的负向影响显著高于大中城市，在低制度质量城市资源依赖对政府效率的负向影响较为显著，超过一定制度临界值负向效应不再显著，以人均用水量作为资源依赖工具变量的分析显示基准回归结论比较稳健。唐雪梅和黎德福（2018）认为高质量发展需要基于自主的原发的制度创新与技术创新，促进创新必须同时激发地方政府与企业的充分竞争。双层锦标赛模型包括中央政府主持的地方政府之间的锦标赛和地方政府主持的辖区内企业的锦标赛，能够较好地发挥中央政府、地方政府和微观企业的积极性与创造性。郭晨和张卫东（2018）以新型城镇化建设对区域经济发展质量影响及机制作为研究内容，归纳三大中介机制，并基于中国 2012~2016 年 288 个市级面板数据采用 PSM-DID 方法进行实证检验。赵丽君和吴福象（2016）认为供给侧结构性改革下经济转型和增长动力转换的关键在于创新，而补贴则是目前政府扶持企业技术创新的主要路径。基于内生经济增长模型，讨论了政府研发补贴影响企业技术创新和经济发展质量的微观机制。研究结果表明：①政府研发补贴通过激励企业创新投入和技术进步，加快了经济增长动力从投入驱动向创新驱动的转变。②政府研发补贴对促进不同所有制类型企业提升经济发展质量的能力有所差异。政府研发补贴要通过引导企业对关键技术、核心技术领域的研发创新，激励国有企业发挥在自主创新中的引领作用以及建立和完善创新配套措施，扶持企业成为真正推动经济高质高效发展的生力军。

李娟伟和刚翠翠（2016）在 SVAR 模型基础上选取中国 1997~2013 年省级面板数据，实证分析贸易增长对经济发展质量和效益的长期动态影响。研究表明中国对外贸易与经济发展质量和效益的关系存在双重性，若从增长效率、收入分配以及居民福利角度来看，贸易增长有利于提高经济发展质量和效益；若从生态环境角度来看却恶化了经济发展的质量和效益，而且在区域层面上，对外贸易与经济发展质量和效益的关系同样存在显著差异；政府需要加强贸易部门环境规制建设力度，优化贸易—收入分配传导机制，鼓励贸易部门技术引进和创新。

罗党论和高妙媛（2014）发现经济发展和民生支出确实存在负相关关系。张治河等（2019）发现一个经济体的发展有赖于相应体制机制的共同作用，并构建了创新驱动经济高质量发展的机制模型，为深入分析经济发展过程中的发展质量、效率与动力之间的关系提供了一个系统框架，从加快核心技术创新、加大创新人才培养与激励、提高创新资金支持力度与投资效率、加强市场与政府相互协作方面提出了创新驱动经济高质量发展的战略措施。

2. 环境与经济的关系研究

关于经济增长与环境的关系，20 世纪 90 年代初期，国外经济学界已开始进行研究。最早研究环境污染与经济增长关系的是 Grossman 和 Krueger（1991），他们用人均收入变化的三类效应来解释库兹涅茨曲线的出现。"波特假说"认为适度的环境规制可以激发企业进行技术创新，并通过"创新补偿效应"促进经济增长（Porter，1991；Ford et al.，2014；Yang et al.，2012；Roland

Kube et al.，2018；Rubashkina，2015），"遵循成本说"认为环境规制会造成生产要素价格的上涨并对"生产性"投资产生"挤出效应"（Jaffe and Palmer，1997；Ederington and Minier，2003；Barbera & Mcconnell，1990）抑制经济增长。对政策制定者和其他与监管设计有关的人来说，要正确理解环境规制所带来的成本影响（Wayne B. Gray，2018）。违反环境规定后发现的负异常回报和无意义的声誉处罚，Jacob Brad（2019）等利用最新数据进行的科学研究，发现非正式环境规制负异常回报的幅度有所减少。

我国面临着陷入甚至被锁定在"环境-健康-贫困"陷阱的巨大风险（陈素梅和何凌云，2017），环境规制对经济发展的影响是近年来国内学者争论的热点之一。徐现祥等（2018）指出政府的政策工具是要素投入时，经济增长目标与经济发展质量负相关。陈诗一和陈登科（2018）指出政府治霾有助于提升大气环境和经济发展质量，助推中国经济的高质量发展。党的十八届五中全会提出创新、协调、绿色、开放、共享的高质量发展五大核心理念，指出经济发展质量的提高是经济发展方式转变的前提，政府治霾有助于提升大气环境和经济发展质量，助推中国经济的高质量发展。黄清煌和高明（2016）、潘峰等（2015）、王军和李萍（2018）、雷明和虞晓雯（2013）、金刚和沈坤荣（2018）等研究了环境规制对创新效率的影响；康志勇等（2018）、张胜满和张继栋（2016）、傅京燕和吴丽敏（2015）、李秀珍和唐海燕（2016）研究了环境规制对外商投资、对外贸易的经济开放影响；童健等（2017）、杨喆等（2018）、黄庆华等（2018）研究环境规制对绿色绩效的影响；也有部分学者研究环境规制对产业结构、金融结构、经济波动等经济发展协调性的影响，如魏玮和刘婕（2014）、李虹和邹庆（2018）、范庆泉（2018）、郑加梅（2018）等，环境规制也会影响经济高质量发展的城乡共享、区域共享等（张伟等，2015；孔海涛，2018）。

童纪新和王青青（2018）为探究雾霾污染、环境规制与经济发展质量的关系，首先构建经济发展质量的指标核算体系，其次基于2005~2016年中国重点城市群，构建动态面板模型和门槛模型，采用SYS-GMM进行实证检验，研究表明雾霾污染对经济发展质量表现出负效应；环境规制并不能有效抑制雾霾污染；雾霾污染、环境规制对经济发展质量的影响存在空间异质性。邢秀凤（2015）以区域环境容量、产业结构与经济发展质量之间的关系为研究对象，借助空气质量指数AQI等指标分析了区域环境容量与产业结构和经济发展质量的相关性，采用A值法对山东济南和青岛两个样本城市的区域大气环境容量、区域环境承载力、环境压力及生态赤字等进行了测算，得出现阶段和未来的一段时间内，区域经济增长与环境质量可能存在负相关关系以及山东省的产业结构尚处于"二、三、一"阶段等结论，并在此基础上提出提高第三产业，即服务业在地区经济发展的比重，调整和优化第一产业和第二产业，包括各产业内部的比例以及持续加大环保投资力度等相关建议。尹秀和刘传明（2018）以DMSP/OLS夜间灯光校正数据代替GDP衡量我国经济发展质量，运用空间面板数据回归模型对"波特假说"进行经验考察。研究结果表明，中国经济发展呈现典型的空间集聚与空间溢出效应，环境规制通过增加企业生产成本抑制地区经济发展，同时通过刺激技术进步提高地区经济发展质量。但环境规制对邻近地区的经济发展存在显著的负向空间溢出效应，且"创新补偿"的空间溢出效应并不明显。王书平等（2016）构建了包含碳税政策约束的DSGE模型，分析了在征收碳税时三种外生经济冲击（技术冲击、能源价格冲击、碳税税率冲击）对环境质量和宏观经济的影响。近年来中国环境质量不断下降，2012年开始北京等地持续的雾霾天气以及很多城市的能见度接近于零等事实都说明了环境问题已愈演愈烈。环境质量与经济发展是一对矛盾（周茜和胡慧源，2014）。詹新宇和曾傅雯（2019）利用2000~2016年我国234个地级市的数据，并构建动态面板模型，实证分析辖区经济竞争的环境污染效应。

四、研究评述

国内外学者的相关文献对驱动经济高质量发展的环境规制研究为本书提供了理论支持和方法借鉴，但是在新时代发展背景下，经济发展与环境规制的内涵都有了新的时代特色，经济发展从高速增长向高质量发展演进，市场型、信息披露型等非正式规制手段在解决环境问题中的作用也逐渐凸显。本书拟从以下三个方面进行拓展：①以往研究多数基于"命令－控制"型环境规制对经济发展的影响，并且多为省域层面的研究。本书在区分正式环境规制和非正式环境规制的基础上，就环境规制对城市经济高质量发展综合指数的驱动效应进行检验。②以往研究环境规制对经济发展的影响，多忽略了两者之间存在着内生性中的联立性问题，本书采用联立方程模型考察环境规制对城市经济高质量发展的影响。③历史文献多定性研究环境规制强度，本书定量测算各城市经济高质量发展的正式、非正式最优环境规制强度。本书针对历史文献有待拓展的内容，探寻环境规制驱动城市经济高质量发展的机制与路径，并提出相应的政策建议。

第三节　研究内容

本书以中国285个地市级及以上城市面板数据，测度城市经济高质量发展指数，研究城市经济高质量发展的环境规制驱动过程与机理。主要研究内容包括：

（1）环境规制驱动城市经济高质量发展的理论探析。包括以下三点：①全面搜集新时代背景下经济高质量发展的相关理论，界定环境规制、城市经济高质量发展的内涵；②根据城市化系统理论，整个城市发展就是各个层面与生态环境的综合协调发展过程，构建如图1-1所示的环境规制驱动城市经济高质量发展的理论机理；③构建"格局-过程-机理-调控"的逻辑分析研究思路，考察环境规制驱动城市经济高质量发展的过程及内在机制（见图1-1）。

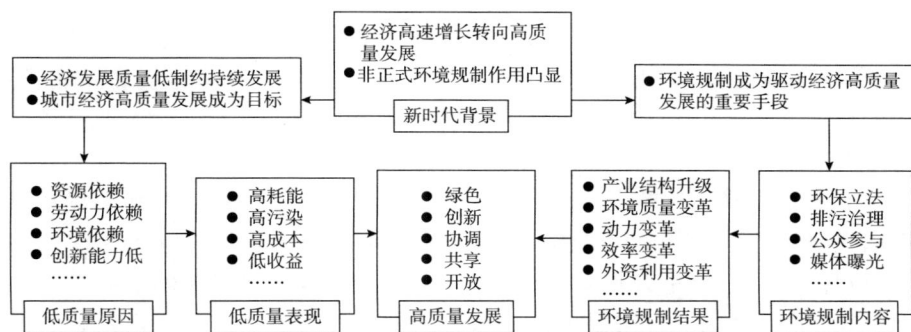

图1-1 环境规制对城市经济高质量发展的驱动机理

（2）环境规制、城市经济高质量发展的测度与演进格局。①城市经济高质量发展测度。基于"创新、协调、绿色、开放、共享"五大高质量发展理念，构建经济发展质量评价指标体系，采用主成分分析法计算指标权重，测度城市经济高质量发展综合指数。②城市经济高质量发展的时空演进与空间外溢效应。分别基于高斯核函数密度估计、空间计量模型，探析城市经济高质量发展的动态演进特征与空间收敛态势。③环境规制的时空演进与空间外溢效应。采用空间计量模型和核密度估计分析环境规制的时空动态演进及收敛态势，并进一步应用四分位图刻画整体空间格局，为后续探寻环境规制驱动城市经济高质量发展的过程、机理提供研究基础。

（3）环境规制驱动城市经济高质量发展的过程。①驱动发展一般过程。根据环境规制—城市高质量发展的Logistic曲线，分析环境规制—城市经济高质量发展的增长速率的变化情况。②协调指数测度。在全面把握经济高质量发展内涵的基础上，引入PSR（状态—压力—响应）模型，构建环境规制与经济高质量发展的协调度评价指标体系，并量化测度环境规制与城市经济高质量发展的协调度。③协调阶段分析。分析环境规制驱动城市经济高质量发展的协调度，将其划分为低水平耦合型、拮抗时期型、磨合阶段型和高水平耦合型四大类型，考察协调度总体演进特征和区域异质性。

（4）环境规制驱动城市经济高质量发展的机理。①影响关系考察。第一，引入社会经济变量，建立空间联立方程计量模型，验证环境规制与经济高质量发展二者变量联立性与空间自相关性并存条件下，校验环境规制对城市经济高质量发展的驱动作用关系；第二，采用面板门槛模型、分位数回归模型等进一步考察环境规制对经济高质量发展的非线性影响。②驱动机理分析。考虑环境规制对城市经济高质量发展的影响存在明显的区域异质性，本书以环境规制和经济高质量发展为子系统，依据其演化发展的进程和相互作用的关系，从系统科学的视角，构建环境规制驱动城市经济高质量发展的系统框架，并分析驱动作用的内在机理。③驱动力探寻。本书从政府严格环保执法的正式环境规制、个体参与关注环保和媒体曝光等的非正式环境规制两个方面，深入剖析环境政策的动力机制。

（5）智能选择与比较借鉴。①运用深度学习方法，训练协调水平较高城市的环境规制与经济高质量发展协调特征，获得协调度较低城市建议采取的最优环境规制强度。②探讨发达国家环境规制提升经济高质量发展的不同道路及其表现出的共同特点，在此基础上总结各国环境规制影响经济高质量发展的得与失，为制定驱动城市经济高质量发展的环境规制对策提供重要的借鉴和启发作用。

（6）路径选择与政策建议。①环境规制驱动城市经济高质量发展的总体建议。针对环境规制驱动经济高质量发展的格局、过程、机理研究中反映的特点与问题，构建驱动经济高质量发展的"三方共治"环境规制体系。②针对四类协调水平城市的环境规制建议。依据理论模型、实证研究及案例分析的研究结果，给出不同协调型城市驱动经济高质量发展的环境规制建议。

第四节　研究思路与方法

一、研究思路

"格局反衍过程，过程反衍机理，机理揭示规律"，这一内涵不仅很好地揭示了城市发展系统与其内部各子系统之间的关系，而且也为驱动城市经济高质量发展的环境规制研究开启了新视角。本书按照"格局—过程—机理—调控"

的思路建立如图1-2所示的技术路线图。

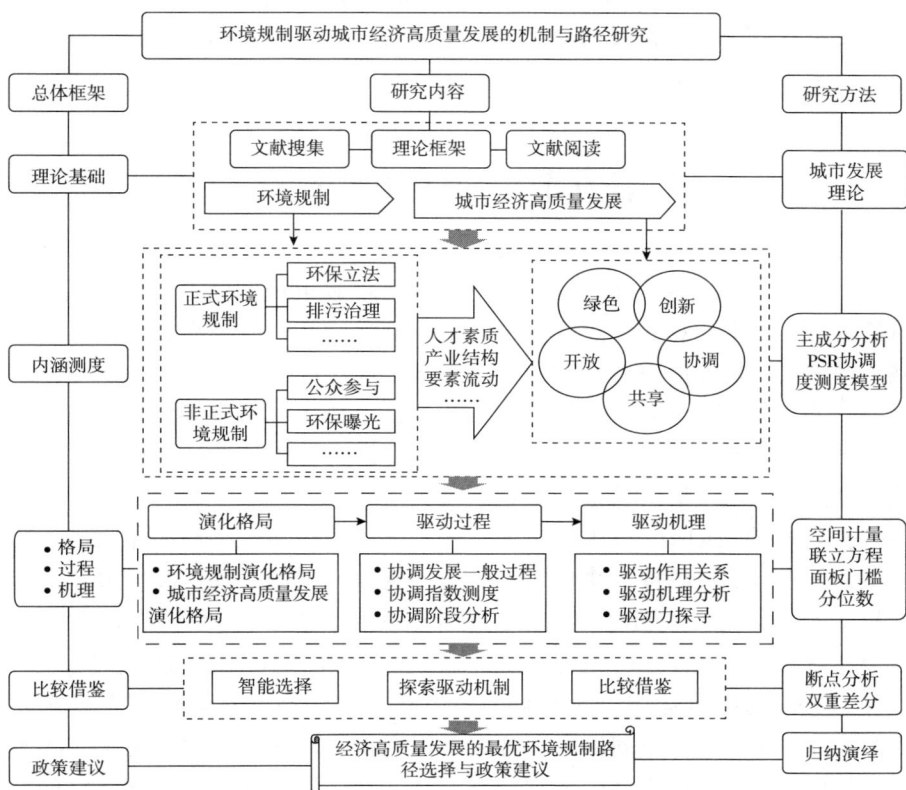

图1-2 框架、方法和技术路线图

二、研究方法

（1）空间计量和动态面板模型。①采用空间计量模型构建空间收敛回归模型，研究城市经济高质量发展、环境规制的空间格局。②使用空间联立方程模型考察环境规制驱动城市经济高质量发展的作用机制。③利用面板门槛回归、分位数回归等方法进一步考察环境规制驱动城市经济高质量发展的非线性影响关系。

（2）断点回归和双重差分。①利用环境规制政策对城市经济高质量发展的外生冲击，采用倾向得分匹配与双重差分相结合的方法考察正式、非正式环境规制对经济高质量发展的影响。②采用断点回归校验环境政策、环境立法等环境规制对城市经济高质量发展的影响。

（3）机器学习。采用小波神经网络（Wavelet Neural Network）、深度学习（Deep Learning）等机器学习方法，通过训练学习协调水平较高的城市特征，获取驱动城市经济高质量发展的最优环境规制。

第五节　研究创新点

（1）研究思路创新。本书围绕如何优化环境政策规制体系，实现城市经济高质量发展。根据"格局—过程—机理—调控"的基本研究思路，测度各地市级城市经济高质量发展综合指数，并探寻城市经济高质量发展的时空演化特征（格局）；在区分正式环境规制和非正式规制的基础上，考察环境规制驱动城市经济高质量发展的过程及机理（过程与机理）；探析如何进行调控环境规制驱动城市经济高质量发展（调控）的逻辑分析框架。

（2）学术观点创新。①基于五大发展理念构建城市经济高质量发展评价指标体系，并进行实证测度，将形成有价值的观点或新的发现；②区分正式环境规制和非正式规制，并同时纳入回归模型，全面刻画其驱动作用过程及机理，为健全环境规制治理体系、完善环境规制工具提供理论基础和实践方案。

（3）方法的组合运用上具有创新性。首先采用空间计量模型考察环境规制、经济高质量发展的空间格局；其次采用 PSR（状态—压力—响应）模型分析驱动过程，考虑到内生性中的联立性问题，运用空间杜宾模型探寻空间溢出效应，进一步利用动态面板深化分析非线性影响关系；最后借鉴国内外环境规制经验提出中国高质量发展的环境规制建议。

第二章 环境规制驱动经济发展质量理论基础

在经济学的领域中,有一种区域经济的概念,主要是指分布于各个行政区域的那部分国民经济,因此又被称为"地区经济"。它的形成是劳动地域分工的结果。在长期的社会经济活动中,由于历史的、地理的、政治的、经济的以及宗教的等因素的作用,一些在经济等方面联系比较频繁的居民区逐渐形成了各具特色的经济区。本章重点介绍区域经济发展理论、经济增长理论和经济高质量发展的内涵,为后续中国城市经济高质量发展的环境规制政策研究奠定理论基础。

第一节 经济高质量发展的内涵

一、区域经济发展理论

1. 区域经济含义

区域经济是在一定区域内经济发展的内部因素与外部条件相互作用而产生的生产综合体。以一定地域为范围,并与经济要素及其分布密切结合的区域发展实体。区域经济反映不同地区经济发展的客观规律及内涵和外延的相互关系。

每一个区域的经济发展都受到自然条件、社会经济条件和技术经济政策等因素的制约。水分、热量、光照、土地和灾害频率等自然条件都影响着区域经济的发展,有时还起到十分重要的作用;在一定的生产力发展水平条件下,区域经济的发展程度受投入的资金、技术和劳动等因素的制约;技术经济政策对于特定区域经济的发展也有重大影响。

区域经济是一种综合性的经济发展的地理概念。它反映区域性的资源开发和利用的现状及其问题,尤其是指矿物资源、土地资源、人力资源和生物资源的合理利用程度,主要表现在地区生产力布局的科学性和经济效益上。区域经济的效果并不单纯反映在经济指标上，还要综合考虑社会总体经济效益和地区性的生态效益。

2. 区域经济基本特点

（1）地域性。地域性是区域经济的一个基本特点，在一个国家的社会发展进程中，地理方位的差别，自然资源的分布均会对其产生极大的影响。在国民经济的发展中，通常会选择与毗邻的地区协同发展，因此产生一种区域经济关系，依靠彼此的地区连接，如若产生联合和集结式的关系，我们称之为互补经济关系，如若表现为对立，设置阻碍抑制其发展，我们称之为竞争经济关系。

（2）系统整体性。在区域经济的发展中，系统整体性是其在不同区域之间因多种地域性质的经济获得产生共性的基础，它们凭借互相联合、互相遏制的关系而有繁杂的结构特征和多样的功能的经济体系。例如国民经济的系统性、整体性等特性。在地域之间或者地域之外，区域经济期望实现结构差异之间的配合，以及不同功能之间的弥补，有效分配利用所能控制的地域资源，以期实现区域经济的系统性发展。

（3）空间差异性。所谓空间差异性，就是指在不同区域之间的经济发展过程中，如经济扩张规模、经济要素增长速度等在空间地域上的差异表现，因此在实际的社会进程中，区域经济具有多种多样的属性，所以没有完全一致的区域经济发展路径，我们要因地制宜，结合实际的情形，利用好空间差异性的诸多差别。

（4）互补性（或开放性）。互补性主要是针对社会经济发展过程中不同地域的商品要素交互关系。随着开放交流的不断增加，区域经济的互补性不断加强，任何一个区域的经济发展状况都会或多或少受到邻近区域要素供需的影响，都不会摆脱一切关系而独立于社会中自我发展。

（5）利益的相对独立性。在国民经济系统中，区域是相对独立的经济利益主体，每个区域都有其自己的经济利益，这就决定了区域之间在经济发展上存在竞争。而在这种竞争中，落后地区总是处于劣势，这样就会使地方保护主义抬头，人为地制造行政区域基础上的市场分割，阻碍资源要素和商品的流通，出现经济发展中的区域间相互掣肘现象。这种现象严重地阻碍了全国统一市场的形成，经济学家称之为"诸侯经济"。尽管如此，区域经济包含在整个国民经济系统中，其发展要符合整个国民经济的要求，受到国民经济全局利益的约束。实际上，区域经济服从国家利益。

3. 区域经济发展理论类型

（1）区域经济发展梯度理论。区域经济发展梯度理论认为区域经济的发展是呈阶梯状的形态，经济发展好的区域位于高梯度的位置，收入呈现高增长的态势，往下存在一些过渡中间状态到低梯度的位置，经济发展状态低下有梯度就必然有空间上的转移，高梯度地区首先应用新技术，先发展一步，而后随时间推移，逐步有序地从高梯度地区向处于二三级的低梯度地区推移。随着经济的发展，梯度推移加快，区域间差距不断缩小，最终实现经济的分布的相对均衡。

梯度转移理论。区域经济发展梯度转移理论是建立在工业生产生命循环阶段论基础上的。工业生产生命循环阶段论的首创者是美国哈佛大学的弗农等。他们认为各工业部门，甚至各种工业产品都处在不同的生命循环阶段上。它们也和生物一样，在发展过程中要经历创新、发展、成熟、衰老四个阶段。

区域经济的盛衰主要取决于它的产业结构优劣。创新活动发源于高梯度地区，然后按照顺序逐步由高梯度地区向低梯度地区转移。梯度转移主要是通过多层次城市系统扩展开来。

处在创新阶段的工业部门一般都布局在处于高梯度的经济发达的大城市。主要原因在于：处在发展阶段的工业部门一般布局在第二梯度上一些条件具备的城市。处在成熟阶段与衰退阶段的工业部门布局在经济发展最低梯度地区。

梯度发展理论的动态表象——三种效应。在区域经济梯度推移过程中有三种效应在同时起作用，即极化效应、扩散效应和回流效应，它们共同制约着地区生产分布的集中和分散。极化效应作用的结果会使生产进一步向条件好的高梯度地区集中，扩散效应会促使生产向其周围的低梯度地区扩散，回流效应的作用会削弱低梯度地区，促成高梯度地区进一步发展。这三种效应综合作用的结果就是不断扩大发达地区与欠发达地区之间的差距。因为在这里起主导作用的是极化效应，回流效应起推波助澜的作用。

不同梯度上的区域经济发展战略。高梯度区域若需要打破发展瓶颈，应该要采取创新驱动发展。在位于中梯度位置的萧条区域，应该着力于改造现有格局进行发展。低梯度区域应分析当下的实情，采取渐进式发展，不可操之过急。

（2）辐射理论。也称为现代化与经济发展中的辐射理论。经济发展与现代化进程中的辐射是指经济发展水平和现代化程度相对较高的地区（辐射源）与经济发展水平和现代化程度相对较低的地区进行资本、人才、技术、市场信息（辐射媒介）等的流动和思想观念、思维方式、生活习惯等方面的传播。通过流动和传播，进一步提高经济资源配置的效率，以现代化的思想观念、思维方式、生活习惯取代与现代化相悖的旧的习惯势力。我们把经济发展水平和现代化程度较高的地区称为辐射源。辐射的媒介是交通条件、信息传播手段和人员的流动等。

（3）增长极理论。在经济增长过程中，不同产业的增长速度不同，其中增长较快的是主导产业和创新产业，这些产业和企业一般都是在某些特定区域集聚，优先发展，然后对周围地区进行扩散，形成强大的辐射作用，带动周边地区的发展。这种集聚了主导产业和创新产业的区域被称为"增长极"。

（4）比较理论。

1）区域差异理论。古典区位论：成本决定论，区位选择总是趋向生产总成本费用最低的地点，这就是"成本决定论"。

近代区位论：利润决定论，以市场-价格分析揭示出利润最大化是影响区位选择的决定性因素，使区位论走向宏观化，弥补了传统成本决定论排除市场因素的缺陷。

现代区位论：综合决定论，合理的区位选择和产业配置必然受多种因素的影响，必须对多种因素进行综合分析。决策者最终选择的区位，不一定是成本最低的或利润最高的区位，而是综合优势最显著的区位。

2）地域分工理论。一是绝对优势理论。每个国家都自己生产所需的全部物品是不明智的。因为每个国家都有擅长生产和不擅长生产的东西，如果外国能以比我们自己制造还便宜的商品来供应我们，那么我们最好就用我们具有某些优势的行业生产出来的部分产品向它们购买。每个国家都有其绝对有利的、适宜于某些特定产品的生产条件，如果每个国家都按其绝对有利的生产去进行专业化生产，然后进行交换，那么各国的资源就能正确的配置和有效的利用，从而提高劳动生产率，增加国民财富。同理，这种绝对优势理论也可用于不同国家的同种产品。二是比较优势理论。参与国际贸易的各个国家虽然在经济发展、资源情况等方面存在着差异，但每个国家都能以处于比较优势的产品参加国际贸易。有些国家可能在生产成本和劳动生产率等方面都占优势，则可在优中选优，找到最具比较优势的产品参加贸易；而有些国家可能在各方面都处于劣势，但也大都能在劣中相权取其轻，找到比较优势。这样参加贸易的各国都节约了社会劳动，并能消费和享受到更多的产品。概括来讲，只要成本比率在各国间存在差异，各国就能够生产各自的比较优势产品（即相对成本较低的产品），并在国家间进行交换，通过贸易增进利益。

3）区域产业结构比较理论。区域产业结构静态比较：指各个区域某一时点上的产业结构在区际分工阶梯中相对地位的比较。决定一个地区在全国区际分工中的相对地位的主要因素是该地区非农产业的发展水平，特别是主要制造业的专业化程度。因此，地区产业结构静态比较可从非农产业发展水平的区域比较和制造业构成技术水平的区域比较两个方面进行。非农产业发达，主要制造业专业化程度较高的地区，在经济联系和区际分工中的地位相对有利。

区域产业结构动态比较：指地区产业结构的变动比较。一是产业结构变化状况的区域比较，二是产业结构转换能力的区域比较。

二、高质量发展理论

1. 早期的经济增长质量思想

作为经济增长质量相关理论的启蒙大师，苏联学者卡马耶夫（1977）率先提出了"经济增长质量"的概念，对经济增长质量的含义、必要性、评价指标、影响因素、应对策略等作出了一系列完整的论述。他认为社会主义经济增长的实质包含两层含义：一是产品数量的持续高速增长，即经济增长的速度方面；二是牢牢把握居民大致的兴趣爱好，适当改进产品结构，精简产品生产过程中的资源投入规模，努力提高利用效率，即经济增长的质量方面。在此基础上，还强调单纯的物质生产或提高成效都是片面的、不可持续的，经济发展到一定规模，必须要同时注重质量的提升。

2. 经济增长质量和数量学说

巴罗（Barro，2002）指出经济增长包括数量和质量两个方面，并详细区分了两者的关系，强调经济增长数量取决于人均 GDP 增长率和投资占 GDP 的份额，并对其进行了自我否定，认为两者的思想不足以反映一个国家或地区的真实经济状况，究其原因，是因为忽略了包含受教育水平、预期寿命、健康状况、法律与秩序的发展程度等因素的经济增长质量。通过利用 1960~2000 年 20 个发达国家和 20 个发展中国家的面板数据，实证分析了各影响因素的作用机制，得到以下结论：高水平的教育程度、良好的健康状况、低水平的人口出生率、高水平的政府福利支出、完善的法律与秩序和低通货膨胀率均对经济增长质量具有正向促进作用，并与高人均 GDP 增长率和高投资率共同构成真正实现经济健康稳定增长的条件。巴罗克服了过去理论叙述问题的缺陷，将"经济增长质量"的理论分析和经验分析结合起来，具有较强的借鉴意义。但其所构建的经验模型没有就制度的影响作深入讨论，因而有待进一步完善。

3. 高质量的经济增长理论

托马斯（Thomas et al.，2001）指出为弥补发展速度在某些方面的不足，高质量的经济增长将帮助实现发展的终极目标——人类福利。何谓高质量的经济增长呢？就是在控制其他条件不变时，人力资本、自然资本及物质资本的投入使得产出最大化的情况，并提供了一个评价经济增长质量的指标体系，涉及人类发展、收入增长、环境可持续三个方面。

4. 包容性增长理论

亚洲开发银行提出的"包容性增长理论"基本内容如下：①当个人背景（或个人努力和勤奋程度）不同时，不仅会导致收入差距扩大，而且会导致非收入差距（就业、教育、医疗等）的扩大。②扩大经济福利分享的覆盖面和公平性。虽然较 30 年前，众多国家的经济发展已经实现了巨大跨越，但发展成果仅由少数人享受，贫困依然存在，底层人民的生活得不到保障，如果不及时加以解决的话，势必构成这些国家未来的发展瓶颈。③继续保持稳定的经济增长势头，因为经济增长可以创造新的就业岗位，提升工资福利待遇，亦可以支撑教育体系、医疗卫生水平和创新能力提升，降低贫困率。④革除贫困人口和弱势群体所面临的权利丧失和社会排斥，使之同样享有政治、经济、社会权利，以及公正平等的劳动力市场机制和借贷市场机制等。

5. 新时代经济高质量发展理论

党的十九大报告高度总结了我国当下的经济发展状况，提炼了我国经济发展的新形势和新特征，即我国进入了社会主义新时代，经济社会的发展也呈现出高质量的特质，由经济高速发展阶段转变为高质量发展阶段，深化供给侧结构性改革，贯彻落实新发展理念，将创新、协调、绿色、开发、共享的内涵融入新时代经济发展的进程中，结合我国新时代发展的历史方位，深入优化产业结构，转换经济增长动能。

第二节　环境规制内涵界定

一、环境资源及相关制度

（一）环境和资源概念

1. 环境的概念

人与环境是一个永恒的话题，也是目前备受关注的话题。"环境"是日常生活中使用较为频繁的词语，但在不同的学科具有不同的含义。

作为学术科学研究对象的"环境"和作为法律法规政策的"环境"，同日常生活中所说的"环境"是不完全相同的，它们各有自己的含义和范围。因此，需要把日常生活中使用的"环境"这个一般概念同环境科学中的"环境"的概念，以及法律上的"环境"的概念加以区别，弄清楚它们确切的含义和范围。普通意义上的环境是指环绕着中心事物的一切客观物质的总和，包括外部活动的空间范围、物质条件，等等。中心存在物不相同，环境的各种条件，状况也不相同。依据中心存在物的物质条件与人类社会的关系，可将环境分为自然环境和人工环境。《中华人民共和国环境保护法》也使用这一科学分类法。按照中心事物所涉及的范围大小，可分为城市环境、区域环境、流域环境、国内环境和全球环境等，这些分类对于我国制定和实施环境政策法律，以及国内环境立法与国际环境法的衔接具有重要意义。

2. 资源的概念

一般而言，资源是指对人有使用价值的某种东西。广义的资源包括自然资源、经济资源、人力资源等；狭义的资源则仅指自然资源。自然资源是在一定经济和技术条件下，自然界中可以被人类利用的一切物质和能量的总称，如土壤、阳光、水、空气、草原、森林、野生动植物、矿藏等。自然资源包括可再生资源，即可以通过繁殖和更新而持续利用的资源，如森林、草原等植物和动物资源，以及淡水和土壤等资源；不可再生资源指数量有限又不可再生的资源，如各种矿产资源；恒定资源指人类不可能耗尽的资源，如太阳能、风能、潮汐能等。自然资源广义上包括国土。国土是指一个国家主权管辖下的陆地、海域、空域的总体以及其间的全部资源。

（二）环境与资源的关系

环境与资源的联系。首先，两者密不可分。现代环境科学已经证明，环境由环境要素构成，而环境要素则是一定区域内具有生态联系的一切能为人类所利用的各种天然的和经过人工改造的物质和能量（即自然资源）。离开了具体的物质和能量，环境就无从形成了。其次，两者相互依存。侵害环境或自然资源的任何一方必然损害另一方，保护环境或自然资源的任何一方必然有利于另一方的保护。最后，两者均具有经济价值。众所周知，自然资源（尤其是稀缺性资源）是具有经济价值的，同样地，环境的一些功能，如环境容量也具有经济价值，例如排污权交易实质上就是有偿地转让环境容量使用权。

尽管环境和自然资源的含义有所差别，但是我们用生态学的观点来看待自然资源，两者又是不可分割的。目前，有些高等法律院系的课程设置，把环境法和自然资源法分属于两门课程；在部门法的划分上，有的把自然资源法作为环境资源保护法的一个分支，有的则将其归入经济法。在学术界和政府主管部门中，环境资源保护立法应否涵盖自然资源保护也存在分歧。实际上，在环境资源保护法的学科研究和环境资源保护法的立法体系中，都不能排除自然资源保护部分。从某种意义上说，自然资源是环境的组成部分，是构成环境的要素之一，破坏了自然资源就是破坏了环境。但破坏了环境不一定破坏了自然资源，因此我们认为环境和自然资源的关系是一种包含和被包含的逻辑关系。本书一般使用"环境资源"词语，但在某些情况下使用的"环境"是"环境资源"的简称。西方国家一般使用"环境法"概念，因此，本书在介绍外国环境资源法时，有时也约定俗成使用"环境法"一词。

（三）环境资源制度

1. 环境资源规划制度

规划是着眼于长远发展的整体考量与计划，也是各级政府在社会主义市场经济条件下履行管理职能、优化资源配置、实现发展目标的重要依据和手段。加强环境保护、建设生态文明已成为我国社会经济发展的一项国策，因此着眼于长远发展的环境资源规划也成为国家发展整体规划的重要组成部分。我国的环境资源规划就是定位于环境资源保护长远发展而确立的整体计划。《环境保护法》第13条规定："县级以上人民政府应当将环境保护工作纳入国民经济和社会发展规划""国务院环境保护主管部门会同有关部门，根据国民经济和社会发展规划编制国家环境保护规划，报国务院批准并公布实施""县级以上地方人民政府环境保护主管部门会同有关部门，根据国家环境保护规划的要求，编制本行政区域的环境保护规划，报同级人民政府批准并公布实施"。我国的环境资源规划是指由国务院、环境保护机构以及其他有关政府机构依法制定的在一定时限范围内涉及国家、地方及特定领域的环境质量控制、污染治理以及生态环境保护与资源科学合理利用的统筹安排。

2. 环境资源评价制度

2002年10月28日，我国颁布了《中华人民共和国环境影响评价法》（以下简称《环境影响评估法》），并于2003年9月1日正式施行，2016年7月2日又对该法进行了修订。该法第一次以法律的形式对政府重大决策、计划、规划的环境影响评价作了规范要求，并从法律的角度对环境影响评价加以定位。该法第2条规定，环境影响评价是指对规划和建设项目实施后可能造成的环境影响进行分析、预测和评估，提出预防或减轻不良环境影响的对策和措施，并进行跟踪监测的方法与制度。在此之前，《中华人民共和国环境保护法》和《建设项目环境保护管理条例》都对环境影响评价作了相关的规定。《环境保护法》第19条规定："编制有关开发利用规划，建设对环境有影响的项目，应当依法进行环境影响评价。未依法进行环境影响评价的开发利用规划，不得组织实施；未依法进行环境影响评价的建设项目，不得开工建设。"此外，《建设项目环境保护管理条例》对环境影响评价制度的内容也作了更为具体的规定。环境影响评价在环境法理论上又被称为环境质量预断评价，一般是指对拟议中的可能对环境产生影响的人为活动（包括制定政策和经济社会发展规划、开展资源开发利用、区域开发活动和工程建设项目等）进行环境影响的分析和预测，并进行各种替代方案的比较（包括不行动方案），提出各种减缓措施，把对环境的不利影响降到最低限度的活动。

3. "三同时"制度

《环境保护法》第 41 条规定："建设项目中防治污染的设施，应当与主体工程同时设计、同时施工、同时投产使用。防治污染的设施应当符合经批准的环境影响评价文件的要求，不得擅自拆除或者闲置。"根据这项规定，我国环境法中确定了"三同时"制度，即指对一切可能对环境产生影响的建设项目，规定其防治污染的环境保护设施必须与主体工程同时设计、同时施工、同时投产使用的制度。我国除《环境保护法》对"三同时"制度作了整体规定外，其他一些单项法律和法规中也对"三同时"制度的施行作了相应的规定。"三同时"制度是我国独创的一项污染控制制度，是在环境保护实践中经过检验的行之有效的一项法律控制措施。在制度体系中，"三同时"制度也是实现全过程环境管理的重要制度。"三同时"制度的雏形首见于 1973 年全国第一次环境保护大会通过的《关于保护和改善环境的若干规定（试行草案）》，当时规定："一切新建、扩建和改建的企业，防止污染项目，必须和主体工程同时设计、同时施工、同时投产。正在建设的企业没有采取防治措施的，必须补上。各级主管部门要会同环境保护和卫生等部门，认真审查设计，做好竣工验收，严格把关。"1979 年制定的《环境保护法（试行）》将这项制度固定下来，以及在试行后于 1989 年颁布的《环境保护法》中仍然将"三同时"制度列入重要的制度体系，成为我国环境污染控制领域内独具特色的制度类型。"三同时"制度的适用范围包括新建项目、扩建项目、改建项目和技术改造项目等一切可能对环境造成污染和破坏的工程建设项目，以及确有经济效益的综合利用项目。

4. 环境资源许可制度

环境资源许可制度是指由法律授权的环境资源保护主管部门依照环境资源利用行为人的申请，以发放批准文书、执照、许可证等形式赋予环境资源利用行为人具有实施环境资源保护法律所确定的一般禁止行为权利和资格的行政行为。根据我国《行政许可法》第 27 条的规定，行政许可是指行政机关根据公民、法人或其他组织的申请，经依法审查，准予其从事特定活动的行为。环境资源许可就是对特定活动的许可，这种活动就表现为对环境资源的利用活动。由于环境资源保护法律中设置了许多禁止性规定，在没有特别许可的情况下，不能任意实施环境利用行为，而环境资源许可制度解决的就是申请人对环境容量的利用或对自然资源的利用问题，通过行政许可解除一般禁止，使申请人获得从事特定环境利用行为的资格和权利。防止环境污染的许可是通过发放以下类型许可的形式实现，如排污许可；海洋倾废许可；危险废物收集、贮存、处置方面的许可；放射性同位素与射线装置的生产、使用、销售的许可；化学危险物品生产、经营的许可；废物进口许可等。防止环境破坏的许可主要通过以下许可形式实现，如林木采伐许可；采矿许可；渔业捕捞许可；取水许可；猎捕野生动物的特许；狩猎许可；驯养繁殖许可等，整体环境资源保护许可如建设规划方面的许可等，包括建设工程规划许可证、建设用地规划许可证等。

5. 环境资源税费制度

在市场经济条件下，经济活动主要依靠市场机制调节，但环境目标、环境保护不可能依靠市场机制实现，国家干预必不可少。环境资源税费即属于环境经济政策的重要组成部分，国家通过征税收费，对社会利益进行分配和再分配，从而达到宏观调节社会经济活动的目的，实现特定的社会目标。实践中环境资源税费可以转化为环境污染者或资源利用者的经济成本，从而左右市场主体的行为导向，使市场主体为自己对环境容量的使用和自然资源的利用行为付出相应的环境成本，达到节制或减少环境污染和资源浪费的目的。环境资源税费，一般是指基于环境保护目的而设立的环境资源税收以及环境资源收费的统称。环境资源税费分为两部分，即环境资源税和环境资源费。

排污费制度是指国家环境行政主管机关根据法律规定对排放污染物者按照排放污染物的种类和数量征收一定费用的法律制度。我国的排污费制度经历了从超标排污收费向排污即收费转变的过程。排污收费的目的是为了促进企业加强经营管理，尽可能节约和综合利用资源，主动治理污染和改善环境。2003年7月1日，我国开始施行《排污费征收使用管理条例》，对原有的排污费征收制度加以改进，明确了排污即收费的原则精神，充分利用经济杠杆调节经济发展和环境保护的关系，将环境保护和排污者的经济利益挂钩，督促其加快技术改造，积极进行污染治理，同时也为污染防治工作开辟资金渠道。

环境资源税的立法发展环境资源税制属于环境政策工具，它直接服务于生态与环境目标。环境资源税制是在突破了传统税收理论的基础上建立起来的，随着环境保护领域的不断拓展，经济手段凸显调节价值，对生态环境问题越来越重视，而且对资源的有限性已达成共识，环境资源税制的产生发展有了足够的根基土壤。我国曾经长期对生态保护、环境治理力度不够，公众的环境保护意识欠缺，环境资源税制发展较为缓慢，然而，近几年来随着全社会生态环境保护意识的提高以及国家对这方面的重视，环境资源税制有了较为明显的进展。本着"费改税"的原则，我国于2016年12月25日颁布了《中华人民共和国环

境保护税法》，自 2018 年 1 月 1 日起施行。《中华人民共和国环境保护税法》共
5 章 28 条，包括总则、计税依据和应纳税额、税收减免、征收管理和附则等内
容，制定该法的目的是为了保护和改善环境，减少污染物排放，推进生态文明
建设。《中华人民共和国环境保护税法》第 27 条规定："自本法施行之日起，
依照本法规定征收环境保护税，不再征收排污费。"

6. 清洁生产制度

《清洁生产促进法》第 2 条规定，清洁生产是指不断采取改进设计、使用清
洁能源和原料、采用先进的工艺与设备、改善管理、综合利用等措施，从源头
削减污染，提高资源利用效率，减少或者避免生产、服务和产品使用过程中污
染物的产生和排放，以减轻或者消除对人类健康和环境的危害。西方国家在清
洁生产领域进行了多年的摸索与实践，力求在保证生产的前提下，从源头控制
污染，尽可能地减少废物的排放，以此确定一种实现经济发展与环境保护双赢
的生产模式。1989 年，联合国环境规划署提出"清洁生产"的战略与推广计
划，得到了国际社会的普遍认同，清洁生产也逐步纳入这些国家的立法序列。
清洁生产的实质是从源头着手，预防为主，对产品设计、生产和消费进行保护
环境、节约资源的全过程控制，实现经济效益和环境效益的统一。实施清洁生
产不仅可以避免重蹈发达国家"先污染，后治理"的覆辙，而且实现了经济效
益和环境效益的有机结合，能够调动企业防治污染的积极性，是实现经济和社
会可持续发展的最佳途径。

二、环境规制的概念

环境资源是资源的一种，具备资源的稀缺特性，同时又具有环境污染的外
部特性、公共物品属性、产权的模糊性特征。

环境规制通常是指以保护环境为目的而制定实施各项政策与措施的行为。
包括制定各种环境政策、环境法律法规以及与环境相关的规章制度来制约和控
制一系列经济活动，是政府对环境利用行为进行规范和管理，对企业、地方政
府及其他社会组成部分的经济社会行为进行约束，使其更符合国家利益、公共
目标和社会需求的行为。环境规制属于公共管理范畴，政府是唯一主体，代表
公共利益，对有可能或已影响环境的社会行为进行计划、规范、调节和约束。
资源管理的主体可以是政府，也可以是企业、个人以及其他社会组织。环境规
制通常包括命令型、市场激励型、公众参与型和志愿行动型的环境政策工具体
系。环境政策工具体系需要一套完整的科学制度安排，需要建立协调高效的组
织主体，形成保证制度和组织体系灵活运行的机制，运用科学有效的规制工具

以及获得相应的环境技术与方法支撑等。

三、环境规制的分类

一般将环境规制政策工具分为四种类型，分别是命令控制型工具、市场激励型工具、公众参与型工具等。

命令控制型工具，是指国家行政管理部门根据相关法律法规、标准和制度，对生产行为进行直接管理和强制监督。例如，如果企业的生产条件达不到国家相关排污技术标准，则企业必须停止生产；通过投资项目设计达不到国家基本环保技术标准，就不能获得开工建设许可证。根据各种政策工具实施效力的不同，命令型控制工具可以分为三类，一是国家层面的法律法规；二是各级地方政府颁布的地方性法律法规；三是各级环保部门和行业组织制定的多种环保技术标准和制度，主要包括事前控制类的环境规划制度、环境标准制度、环境影响评价制度、投资项目"三同时"制度、排污许可证制度等；事中控制类的污染物排放浓度标准、排放总量控制标准、排污申报等级制度等；事后救济类的限制治理制度、污染事故应急处理制度、违法企业挂牌督办制度、强制污染"关停并转"等强制性制度。

命令控制型工具的优势在于将环保事项前置，这样有利于更好地进行环境污染源控制，具有强制性和及时性，执行成本低；其劣势在于缺乏灵活性，相当于规定了一个清晰的环境保护下限，对于企业及逆行环境保护方面的技术创新激励不足，甚至对整个社会的环保水平会产生"劣币驱逐良币"的后果，且环境技术标准的骤然提高可能使企业已有投资项目强制停工，给社会造成相应的经济福利损失。

市场激励型工具是通过收费或补贴的方式，运用显性的经济激励，推动企业在排污的成本和收益之间进行自主选择，决定企业的生产技术水平和排污量。根据具体运行原理，市场激励型工具可以分为两类：一类是主张采用政府干预式的外部性内部化的政策工具，包括对排污征收罚款的惩罚性措施和对节能、生态项目提供补偿、补贴的正向激励型工具；另一类是强调利用市场机制本身来解决外部性问题的新制度经济学派的政策工具，其主要政策工具便是排污权交易制度。排污权交易制度提高了企业污染治理的积极性，将污染总量控制在一定范围内，从而使污染治理从政府的强制行为变为企业的自觉市场行为。

相比较于命令控制型工具，市场激励型工具赋予企业更高的自由选择权，使企业能够更好地结合自身经济效益做出最优选择。市场激励型工具对于排污多的企业是惩罚性税收，而对于采用低耗能、低排污的企业则具有补贴作用，从而能够鼓励和引导企业采用更先进的技术降低自身的排放标准。因此，市场激励型工具能够更好地调节企业排污行为。此外，收费和补贴可以激励企业进行科学技术研发，鼓励企业采用更加先进的技术标准和环保措施，有利于降低企业的环境成本和提升企业的技术水平，从长期来看可以实现整个社会的经济效益和环境效益的最大化。不过政府行政管理部门并不能一次性让企业实现合理的排污成本，而是必须通过试错对其制度的收费率进行不断调整，才能最终将企业的排污水平调整到合理水平。

公众参与型工具主要是通过社会公共舆论、社会道德压力、劝说等措施间接推动相关环保法律法规、技术标准得到更严格的落实和执行。公众参与型工具的核心是通过公众参与，能够影响全社会的环境治理绩效。公众可以通过多种渠道向政府部门反映自身关于环境政策问题的基本诉求和立场。例如，社会公众通过社交媒体表达对环境事件的关注，影响和推动相关行政管理部门的政策制定和执行。此外，公众还可以通过一种消极的方式推动地方行政管理部门对环境问题的重视，如居民选择离开环境治理较差的地区，进而对一个地区的消费、投资、政府财政收入等产生负面影响，最终迫使政府行政管理部门做出调整，推动政府部门加大对环境治理的投入。

四、中国环境规制的实践发展

中华人民共和国成立以来，我国经济飞速发展，取得了举世瞩目的成就，生态环境保护也在探索中不断发展，大致可以划分为四个阶段。从中华人民共和国成立初期环境政策的起步，经历了预防为主、防治结合，谁污染谁治理和强化环境管理的三大政策和八项制度的初步发展；紧接着跨入 20 年的高速发展阶段，制定并实施可持续发展战略和环境友好型战略；直至发展到当前的环境政策工具创新发展阶段，提出了高质量发展五大核心理念和建设"美丽中国"的伟大构想。

1. 环境规制的起步阶段（1949～1973 年）

中华人民共和国成立伊始，国家主要任务是尽快建立独立的工业体系和国民经济体系，加上当时人口相对较少，生产规模不大，环境容量较大，整体上经济建设与环境保护之间的矛盾尚不突出，所产生的环境问题大多是局部个别的生态破坏和环境污染，尚属局部性的可控问题，未引起重视，没有形成对环境问题的理性认识，也没有提出环境战略和政策目标。这一时期的国民经济建设中开始出现一些环境保护萌芽，"大跃进"期间，"大炼钢铁"导致"三废"

放任自流，污染迅速蔓延；1966 年 5 月，环境污染与生态破坏也迅速地由发生期上升到爆发期。1972 年，联合国人类环保会议在瑞典召开，有力地推动了中国环境保护工作的开展。1973 年，中国召开了第一次全国环境保护会议，拉开了环境保护工作的序幕。

2. 环境规制的初步发展阶段（1974～1991 年）

1974 年 10 月，国务院环境保护领导小组正式成立，负责制定环境保护的方针、政策和规定，审定全国环境保护规划，组织协调和督促检查各地区、各部门的环境保护工作。1979 年我国第一部环境法律——《中华人民共和国环境保护法（试行）》颁布，意味着我国环境保护上升到法律层面，环境规制初步发展。1982 年 5 月，第五届全国人大常委会第 23 次会议决定，将国家建设委员会、国家建筑工程总局、中国建筑集团有限公司、中华人民共和国国家测绘局、国务院环境保护领导小组合并办公，组建城乡建设环境保护部，部内设国家环境保护总局。1984 年 5 月成立国务院环境保护委员会，主要任务是：研究审定有关环境保护的方针、政策，提出规划要求，领导和组织协调全国的环境保护工作。委员会主任由副总理兼任，办事机构设在城乡建设环境保护部。1984 年 12 月，城乡建设环境保护部环境保护局改为国家环境保护局，负责全国环境保护的规划、协调、监督和指导工作。1983 年 12 月 31 日至 1984 年 1 月 7 日，第二次全国环境保护会议在北京召开，将环境保护确立为基本国策。制定了经济建设、城乡建设和环境建设同步规划、同步实施、同步发展，实现经济效益、社会效益、环境效益相统一的指导方针。1988 年 7 月，将环保工作从城乡建设分离出来，成立独立的国家环境保护局，副部级单位，明确为国务院综合管理环境保护的职能部门，作为国务院直属机构，也是国务院环境保护委员会的办事机构。1989 年 4 月召开的第三次全国环境保护会议上，将我国环境保护的主要制度归纳为八项，即"老三项"制度和"新五项"制度，包括环境保护目标责任制、污染集中控制、限期治理制度、排污收费制度、环境影响评价制度、"三同时"制度、排污申报登记与排污许可证制度和城市环境综合整治定量考核制度八项环境保护制度。这些政策和制度，先以国务院政令颁发，后进入各项污染防治的法律法规在全国实施，构成了一个较为完整的"三大政策八项管理制度"体系，有效遏制了环境状况更趋恶化的形势，一些政策至今仍在发挥作用。

3. 环境规制的全面发展阶段（1992～2012 年）

1992 年，联合国召开环境与发展大会，通过了《21 世纪议程》，大会提出可持续发展战略。1994 年 3 月，国务院通过《中国 21 世纪议程》，将可持续发展总体战略上升为国家战略，进一步提升了环境保护基本国策的地位。1995 年

8月，国务院签发了我国历史上第一部流域性法规——《淮河流域水污染防治暂行条例》，明确了淮河流域水污染防治目标。1996年7月，第四次全国环境保护会议提出保护环境是实施可持续发展战略的关键，保护环境就是保护生产力。国务院作出了《关于加强环境保护若干问题的决定》，明确了跨世纪环境保护工作的目标、任务和措施。会议指出"保护环境的实质是保护生产力"。这次会议确定了坚持污染防治和生态保护并重的方针，实施《污染物排放总量控制计划》和《跨世纪绿色工程规划》两大举措。全国开始展开了大规模的重点城市、流域、区域、海域的污染防治及生态建设和保护工程。提出对流域性水污染、区域性大气污染实施分期综合治理。环境保护工作进入了崭新的阶段。但该时期我国工业化进程开始进入重化工时代，城市化进程加快，由于经济粗放式高速发展，环境问题全面爆发，工业污染和生态破坏总体呈加剧趋势，流域性、区域性污染开始出现。1998年，国家环境保护局升格为国家环境保护总局，属正部级单位，是国务院主管环境保护工作的直属机构。同年我国政府批准划定了酸雨控制区和二氧化硫控制区，涉及27个省（自治区、直辖市）的175个城市地区。2002年1月，国务院召开的第五次全国环境保护会议，提出环境保护是政府的一项重要职能，要按照社会主义市场经济的要求，动员全社会的力量做好这项工作。会议的主题是贯彻落实国务院批准的《国家环境保护"十五"计划》，部署"十五"期间的环境保护工作。2005年2月16日，《联合国气候变化框架公约》缔约国签订的《京都议定书》正式生效，《中国应对气候变化国家方案》出台。2008年，国家环保总局升格为环境保护部，成为国务院组成部门，大幅度提升中国生态环境监管能力。2011年12月召开的第七次全国环境保护大会，提出了"积极探索在发展中保护、在保护中发展的环境保护新道路"。

　　4. 环境规制的创新发展阶段（2013年至今）

　　2015年4月，《关于加快推进生态文明建设的意见》（以下简称《意见》）对生态文明建设进行全面部署，《意见》提出，到2020年，资源节约型和环境友好型社会建设取得重大进展，主体功能区布局基本形成，经济发展质量和效益显著提升，生态文明主流价值观在全社会得到推行，生态文明建设水平与全面建成小康社会目标相适应。《意见》要求：强化主体功能定位，优化国土空间开发格局；推动技术创新和结构调整，提高发展质量和效益；全面促进资源节约循环高效使用，推动利用方式根本转变；加大自然生态系统和环境保护力度，切实改善生态环境质量；健全生态文明制度体系；加强生态文明建设统计监测和执法监督；加快形成推进生态文明建设的良好社会风尚；切实加强组织领导。这是继党的十八大和十八届三中、四中全会对生态文明建设作出顶层设计后，中央对生态文明建设的一次全面部署。2015 年 9 月，中共中央、国务院印发《生态文明体制改革总体方案》，提出到 2020 年构建系统完整的生态文明制度体系。2014 年 4 月我国修订完成了《环境保护法》，这是对 1989 年版本 25 年后的新修订，被称为"史上最严"的环保法；随后，《大气污染防治法》《水污染防治法》等相继完成修订，新出台的《环境保护税法》《土壤污染防治法》等也开始实施。环境监管体制改革取得重大突破，保护环境是我国的基本国策。2017 年 10 月 18 日，中国共产党第十九次全国代表大会在北京隆重召开，习近平代表第十八届中央委员会向大会作报告，我国要加快生态文明体制改革，建设美丽中国。要推进绿色发展、着力解决突出环境问题、加大生态系统保护力度、改革生态环境监管体制，为了加强对生态文明建设的总体设计和组织领导，设立国有自然资源资产管理和自然生态监管机构，完善生态环境管理制度，坚决制止和惩处破坏生态环境行为。为整合分散的生态环境保护职责，统一行使生态和城乡各类污染排放监管与行政执法职责，加强环境污染治理，保障国家生态安全，建设美丽中国。方案提出，将环境保护部的职责，国家发展和改革委员会的应对气候变化和减排职责，国土资源部的监督防止地下水污染职责，水利部的编制水功能区划、排污口设置管理、流域水环境保护职责，农业部的监督指导农业面源污染治理职责，国家海洋局的海洋环境保护职责，国务院南水北调工程建设委员会办公室的南水北调工程项目区环境保护职责整合，2018 年 3 月 13 日，第十三届全国人民代表大会第一次会议审议国务院机构改革方案，组建生态环境部，作为国务院组成部门。

第三节　环境规制驱动城市经济高质量
发展的传导路径

　　环境污染指自然或人为的破坏，向环境中排放某种物质超过环境自净能力而产生危害的行为。从经济学角度来看，环境污染主要源于外部性、公共物品属性、产权缺失或界定模糊。外部性分为正和负两种，当生产者或消费者对第三方造成危害，但却没有为此而付出代价进行补偿时，产生的外部性为负；反之，外部性为正。就环境污染而言，是一种典型的负外部性。正是由于外部性、环境资源的公共物品属性和产权不明晰等原因，价格机制在环境问题上没有起到有效的作用，导致"市场失灵"，也就是环境污染的根源所在。另外，"政府失灵"也是造成环境问题的一个重要原因，即政府行为导致的环境政策和管理失效，致使加重了环境问题和生态破坏。适度的环境规制是解决问题的重要手段，它会通过环境成本、技术创新、开放发展、产业协调发展四个方面影响经济发展。

1. 环境规制影响环境成本

由于政府通过提高环境规制的标准控制企业对环境的污染，企业环境污染治理成本增加，那么，企业的生产成本就会提高。关于对环境成本的理解，学者们有两种不同的观点，一种观点认为环境成本就是由于经济活动造成的环境污染产生的环境服务功能下降，如为保护环境所付出的费用或者环境治理下降的损失。另一种观点认为环境成本是用来解决环境污染和生态问题所需要的成本。

环境规制对要素成本、治理创新成本等产生影响，所以环境规制可以影响环境成本，要素成本指环境使用方面的成本，治理成本是治理主体为了满足规制的要求实施技术设备和管理创新所支付的成本。随着环境规制强度增加，环境成本也会增加，从而加大了企业的额外负担，企业生产利润下降，这就在一定程度上影响社会经济发展。

2. 环境规制影响技术创新

政府通过一系列的政策控制企业生产活动中产生的废水、废气等污染物的排放，不管是通过改进污染控制技术还是严格执行相关环境规制的措施，要求企业必须降低污染物的排放，这便让污染治理成本提高。事实上，环境规制对技术创新具有双重效应，即"补偿效应"和"抵消效应"。首先，企业追求利润最大化，在面临政府环境规制时必然要承担相应的社会责任，为了节约成本控制污染物排放，企业通常会采用以下两种方式：一是通过吸收国内外先进的绿色生产加工工艺，提高产品的生产效率，企业通过技术创新提高治理污染水平或者改变"粗放型"生产模式，缩减由于环境规制而导致的环境成本，称之为环境规制的"补偿效应"；二是企业通过抽取有限的内部资金，甚至在必要时挤出部分 R&D 资金出来控制污染治理，"抵消效应"便会呈现出来。其次，政府虽然采取环境规制制定相应的法规和政策对企业的经济活动进行适当调节，目的是为了经济发展和环境资源能够协调发展。工业污染防治又是重中之重，目前，中国环境规制的方向已从简单的企业治理层面转向发展循环经济、清洁生产以及调整产业结构，朝着"结构红利"假说凸显而努力，势必会在产业政策和投资政策上对企业的 R&D 创新给予支持鼓励。

3. 环境规制影响开放发展

"污染避难所假说"又称"产业区位重置假说"，指污染密集产业的企业倾向于建立在环境标准相对较低、规制强度也较低的国家或地区。在完全贸易自由化条件下，产品价格与产地无关。而在现实世界中，由于存在运输成本与贸易壁垒，贸易自由化通过套利机制使产品价格趋于一致。当产品有统一的价格时，生产成本决定生产区位。一方面，如果各个国家除了环境标准外，其他方面的条件都相同，那么污染企业就会选择在环境标准较低的国家进行生产，这些国家就成为污染的天堂。那么母国对海外投资的吸引力将直接受到国内环境信息披露的影响（Earnhart et al.，2014）。另一方面，如果国家环境标准较低，环境污染严重、生态环境恶化，就会影响国家人才队伍建设和营商环境，进而影响外商投资的区域选择。环境规制不仅影响外商投资的选择性调整，也会对母国的进出口贸易产生影响。如一国环境标准过高，将导致过大范围的污染密集型产业限制生产或停止生产，不能有效形成出口产品。环境规制不仅影响外商投资的政策性选择，而且也会影响本国进出口贸易，从而影响国家的开放发展。

4. 环境规制影响产业协调发展

环境规制会对企业生产产生约束。当环境规制强度改变时，企业会考虑是否重新选择市场。环境规制强度提高，可能导致企业生产活动的成本升高、利润下降，企业会综合考虑生产活动的盈利情况，可能会通过权衡产品创新成本和退出市场的成本，做出对环境规制强度变化的对策。这意味着环境规制在一定程度上影响产业组织。

产业结构亦称国民经济的部门结构，是指农业、工业和服务业在一国经济结构中所占的比重。产业结构的变化一方面为某些行业带来良好的市场机会，另一方面却也会对其他行业带来生存的威胁。环境规制可以通过产业规模或者环境政策对不同生产规模的企业产生异质性影响。产业结构受环境规制强度的影响，或者进行自身调整促进产业结构的优化，或者选择退出市场。对于污染强度比较大的企业受环境规制的约束较大。为了获得适度的企业生产利润，企业可能会通过自身的调整或优化。相比于清洁型的企业，污染型企业受影响较大。环境规制强度增加，迫使部分污染密集型企业转变发展模式，再生产活动中积极进行节能减排，减少环境污染的程度，通过这种内部发展模式的改变，促进整体的产业结构调整。

对于严重超出环境标准的企业，即使竭尽所能支付转变模式成本和技术成本若仍然无法满足环境规制要求，那么这类企业可能会选择退出市场，侧重于发展环境友好型、清洁型的产业，这将促进产业结构优化和产业高级化调整，促进经济的协调化发展。

本章小结

本章首先阐述了区域经济发展的含义和特点,并介绍了区域经济发展的理论重点;其次界定了城市经济高质量发展和环境规制的内涵,新时代城市经济高质量发展内涵包括创新、协调、绿色、开放、共享五大发展理念,且阐述了本书所需要的经济增长理论模型;最后剖析了环境规制对城市经济发展质量影响的理论路径。本章为本书后续章节研究环境规制对城市经济高质量发展提供了理论基础和依据。

第三章 城市经济高质量发展测度

本章通过构建城市经济发展质量评价指标体系，测度 2007~2017 年中国 286 个地市级城市的经济发展质量综合指数，并构建非期望产出的超效率 SBM 模型和全要素生产率评价模型，测度各指标统计值，对比分析中国地市级城市经济发展质量的空间区域差异和随时间推移的变动趋势，也为后续环境规制对中国城市经济发展质量影响的研究提供数据支撑。

第一节 城市经济绿色发展效率测度与分析

一、模型设计

（一）超效率 SBM 模型

数据包络分析法是一种基于被评价单元对象间相对比较的非参数技术效率分析方法，是 1978 年由著名的运筹学家 A. Charnes、W. W. Cooper 和 E. Rhodes 提出的一种系统分析方法，是通过保持决策单元（DMU）的输入或者输出不变，借助于数学规划和统计数据确定相对有效的生产前沿面，将各个决策单元投影到 DEA 的生产前沿面上，并通过比较决策单元偏离 DEA 前沿面的程度来评价它们的相对有效性，DEA 方法是效率分析方面研究中普遍采用的一种非参数效率分析方法。自诞生之日起就被广泛地应用于企事业单位经营效率、各类资源配置效率等行业领域。由于 DEA 有着很广的适用范围，并且系统原理相对简单，尤其是在进行分析多投入多产出的情况下的优势尤其明显，因而其应用范围拓展迅速，涉及教育、电力、邮政、电信、物流企业管理等众多的领域。国内外这方面的文献数量并不多，现有文献主要是效率评价。

DEA 方法是以相对效率概念为基础，以非线性规划为工具，对同类型的部门或单位进行相对有效性或效益评价的一种非参数统计方法。应用数学规划模型计算比较决策单元之间的相对效率对评价对象做出评价，能充分考虑对于决策单元本身最优的投入产出方案，因而能够更理想地反映评价对象自身的信息和特点，同时对于评价复杂系统的多投入多产出分析具有独到之处。

DEA 方法是处理多输入多输出问题的多目标决策方法，特别适用于具有多投入多产出的复杂系统，其具有以下四个特点：

第一，DEA 以决策单位各输入输出的实际数据求得最优权重，从最有利于决策单元的角度进行评价，从而避免主观地确定各输入输出指标的权重。

第二，DEA 方法属于非参数法，衡量效率时不需要预设投入和产出之间的生产函数与相关参数，允许生产前沿函数可以因为决策单位的不同而不同，不需要弄清楚各个评价决策单元的输入与输出之间的关联方式，排除了很多主观的因素，因而具有很强的客观性。

第三，DEA 方法并不直接对数据进行综合，因此决策单元的最优效率指标和投入指标值及产出指标值的量纲选取无关，应用 DEA 方法建立模型无须对数据进行无量纲化处理。

第四，对于非有效决策单元，DEA 的评价结果不仅能指出指标的调整方向，而且还可以利用松弛变量分析给出具体的调整量。

自 1978 年 DEA 方法首次提出以来，各界学者从不同角度对 DEA 方法做了大量研究，DEA 理论中已有多种模型，其中应用比较普遍的模型有径向距离函数模型——CCR 模型和 BCC 模型、至前沿最远距离模型——SBM 模型、超效率 SE-DEA 模型、CCGSS 模型和 CCW 模型等。基于本书研究内容的需要，设计采用投影值约束加权 SBM 模型（RWSBM 模型）进行截面数据分析，采用 malmquist 全局参比指数模型进行评价单元面板数据动态变化分析。

DEA 基础模型。DEA 基础模型是径向函数模型，径向函数模型中，无效 DMU 的改进方式为所有投入产出等比例增加或减少，DEA 径向距离函数模型的基础模型是 CCR 模型和 BCC 模型。

DEA 方法最基本的模型就是 CCR 模型，其基本假设是规模收益不变，模型得出的技术效率包括了规模效率的成分，通常也被称为综合技术效率。DEA 将效率的测度对象作为决策单元（Descision Making Unit，DMU），DMU 可以是任意的具有可以测量的投入、产出（或输入、输出）的部门、单位等单元，如厂商、学校、医院、分公司和项目决策单位，也可以是个人，如员工、学生等。必要条件是各个 DMU 之间具有可比性。

设有 n 个决策单元，每个决策单元都由 m 种类型的输入，以及 s 种类型的输出，具体形式如式（3-1）所示：

$$X = \begin{bmatrix} v_1 \\ v_2 \\ \vdots \\ v_i \\ \vdots \\ v_m \end{bmatrix} = \begin{bmatrix} x_{11} & x_{12} & \cdots & x_{1j} & \cdots & x_{1n} \\ x_{21} & x_{22} & \cdots & x_{2j} & \cdots & x_{2n} \\ \vdots & \vdots & & \vdots & & \vdots \\ x_{i1} & x_{i2} & \cdots & x_{ij} & \cdots & x_{in} \\ \vdots & \vdots & & \vdots & & \vdots \\ x_{m1} & x_{m2} & \cdots & x_{nj} & \cdots & x_{mn} \end{bmatrix} \quad (3-1)$$

$$Y = \begin{bmatrix} u_1 \\ u_2 \\ \vdots \\ u_r \\ \vdots \\ u_s \end{bmatrix} = \begin{bmatrix} y_{11} & y_{12} & \cdots & y_{1j} & \cdots & y_{1n} \\ y_{21} & y_{22} & \cdots & y_{2j} & \cdots & y_{2n} \\ \vdots & \vdots & & \vdots & & \vdots \\ y_{r1} & y_{r2} & \cdots & y_{rj} & \cdots & y_{rn} \\ \vdots & \vdots & & \vdots & & \vdots \\ y_{s1} & y_{s2} & \cdots & y_{sj} & \cdots & y_{sn} \end{bmatrix}$$

式中，每个决策单元 j （j = 1，2，…，n）对应一个输入向量 x_j = (x_{1j}，x_{2j}，…，x_{mj})^T 和一个输出向量 Y_j = (y_{1j}，y_{2j}，…，y_{nj})^T。x_{ij} 为第 j 个决策单元对第 i 种类型输入的投入总量，$x_{ij}>0$；y_{ij} 为第 j 个决策单元对第 r 种类型输出的产出总量，$y_{ij}>0$；v_i 为对第 i 种输入的一种度量；u_r 为第 r 种类型输出的一种度量；i = 1，2，…，m；j = 1，2，…，n；r = 1，2，…，s。

该模型假设有 n 个 （n≥1）决策单元（DMU），每个 DMU 都有 m 项输入指标和 s 项输出指标，如式（3-2）所示：

$$\max h_{j\varepsilon} = \frac{\displaystyle\sum_{r=1}^{s} U_r Y_{rj\varepsilon}}{\displaystyle\sum_{i=1}^{m} V_i X_{ij\varepsilon}} \quad (3-2)$$

$$s.\,t.\ \frac{\displaystyle\sum_{r=1}^{s} U_r y_{rj}}{\displaystyle\sum_{i=1}^{m} V_i X_{ij}} \leqslant 1$$

$$U_r \geqslant \varepsilon \succ 0,\ V_i \geqslant \varepsilon \succ 0$$

r = 1，2，…，s；i = 1，2，…，m；j = 1，2，…n

式中，y_{rj} 和 X_{ij} 分别为第 j 个决策单元 DMU 的第 r 项产出和第 i 项投入；U_r 和 V_i 分别为产出项 r 和投入项 i 的权重；效率评价指数的含义是：在权重 U_r 和 V_i 下，投入为 X_{ij}、产出为 y_{rj} 时，决策单元 j 的投入产出比，即相对效率值。ε 为非阿基米德无穷小量 （小于任何正数且大于 0 的数）。CCR 模型的线性规划形式如式（3-3）所示：

$$\max h_{j\varepsilon} = \sum_{r=1}^{s} U_r Y_{rj\varepsilon}$$

$$\text{s. t.} \sum_{i=1}^{m} V_i X_{ij} = 1$$

$$\sum_{r=1}^{s} U_r Y_{rj\varepsilon} - \sum_{i=1}^{m} V_i X_{ij} \leqslant 0 \qquad (3-3)$$

$$U_r \geqslant \varepsilon \succ 0, \quad V_i \geqslant \varepsilon \succ 0$$

$$r = 1, 2, \cdots, s; \ i = 1, 2, \cdots, m; \ j = 1, 2, \cdots, n$$

为方便计算，通过对偶形式简化，式（3-3）将被转换为式（3-4）：

$$\min h_{j\varepsilon} = \theta_{\varepsilon}$$

$$\sum_{j=1}^{m} \lambda_j x_{rj} \leqslant \theta_{\varepsilon} x_{ij\varepsilon}$$

$$\sum_{j=1}^{m} \lambda_i Y_{rj} \geqslant Y_{rj\varepsilon} \qquad (3-4)$$

$$\lambda_j \geqslant 0$$

$$r = 1, 2, \cdots, s; \ i = 1, 2, \cdots, m; \ j = 1, 2, \cdots, n$$

当 $\theta=1$ 时，说明该决策单元 DEA 有效，达到最优配置；$\theta<1$ 时，说明该决策单元 DEA 无效，存在资源浪费。$\lambda \neq 0$，对应所有 j 概括为被评价的所有决策单元 DMU 参数集合，通过 $\sum_{j=1}^{n} \lambda_j$ 能够判断各决策单元 DMU 的规模报酬阶段：

当 $\sum_{j=1}^{n} \lambda_j < 1$ 时，表示 DMU 处于规模报酬递增阶段；

当 $\sum_{j=1}^{n} \lambda_j = 1$ 时，表示 DMU 处于规模报酬不变阶段；

当 $\sum_{j=1}^{n} \lambda_j > 1$ 时，表示 DMU 处于规模报酬递减阶段。

上述的 CCR 模型以规模效益不变为假设前提，但这种假设往往与实际情况不符。判断一个决策单元无效率时，可能该单元并非技术无效率，可能由配置效率引起的，还可能是规模不合理引起的。BCC 模型是将技术效率分解为纯技术效率和规模效率，综合技术效率、纯技术效率及规模效率三者之间的关系为：综合技术效率（TE）= 纯技术效率（PTE）×规模效率（SE）。BCC 模型如式（3-5）所示：

$$\max h_{j\varepsilon} = \frac{\sum\limits_{r=1}^{s} U_r Y_{rj\varepsilon}}{\sum\limits_{i=1}^{m} V_i X_{ij} + V_{j\varepsilon}} \quad (3-5)$$

$$\text{s. t. } \frac{\sum\limits_{r=1}^{s} U_r y_{rj\varepsilon}}{\sum\limits_{i=1}^{m} V_i X_{ij} + V_{i\varepsilon}} \leqslant 1$$

$$U_r \geqslant \varepsilon \succ 0, \ V_i \geqslant \varepsilon \succ 0$$

$$r = 1, \ 2, \ \cdots, \ s; \ i = 1, \ 2, \ \cdots, \ m; \ j = 1, \ 2, \ \cdots, \ n$$

BCC 模型的线性规划形式如式（3-6）所示：

$$\max h_{j\varepsilon} = \sum_{r=1}^{s} U_r Y_{rj\varepsilon} - V_{i\varepsilon}$$

$$\text{s. t. } \sum_{i=1}^{m} V_i X_{ij\varepsilon} = 1$$

$$\sum_{r=1}^{s} U_r Y_{rj\varepsilon} - \sum_{i=1}^{m} V_i X_{ij} - V_{i\varepsilon} \leqslant 0 \quad (3-6)$$

$$U_r \geqslant 0, \ V_{i\varepsilon} \geqslant 0$$

$$r = 1, \ 2, \ \cdots, \ s; \ i = 1, \ 2, \ \cdots, \ m; \ j = 1, \ 2, \ \cdots, \ n$$

式中，V_{j0} 代表规模报酬指标，通过 V_{j0} 能够判断出决策单元 DMU 的规模报酬阶段：

当 $V_{j0} < 0$ 时，表示该决策单元处于规模报酬递增阶段；

当 $V_{j0} = 0$ 时，表示该决策单元处于规模报酬不变阶段；

当 $V_{j0} > 0$ 时。表示该决策单元处于规模报酬递减阶段。

将上述线性规划模型对偶转化为式（3-7）：

$$\min h_{j\varepsilon} = \theta_\varepsilon$$

$$\text{s. t. } \sum_{i=1}^{m} \lambda_i x_{ij} \leqslant \theta_\varepsilon x_{ij\varepsilon}$$

$$\sum_{j=1}^{n} \lambda_j x_{ij} \geqslant Y_{ij\varepsilon} \quad (3-7)$$

$$\sum_{J=1}^{N} \lambda_j = 1$$

$$\lambda \geqslant 0$$

$$r = 1, \ 2, \ \cdots, \ s; \ i = 1, \ 2, \ \cdots, \ m; \ j = 1, \ 2, \ \cdots, \ n$$

当 $\theta = 1$ 时，说明该决策单元 DEA 有效，达到最优配置；当 $\theta < 1$ 时，说明该决策单元 DEA 无效，存在资源浪费。

传统的 DEA 模型其本质是属于角度和径向的 DEA 度量方法，在评价决策单元效率时，期望决策单元的产出越高越好，投入则越小越好，这便是通常所认为的期望投入产出。这种方法会形成投入要素的"松弛"或者"拥挤"问题，当存在产出或者投入的"非零松弛"情况时，容易高估决策单元的效率值。为克服角度和径向 DEA 模型的缺点，考虑到生产活动中涉及期望产出和非期望产出，Tone（2001）提出非角度、非径向的 SBM 模型，其模型构成如下：

假设生产系统有 n 个决策单元，每个决策单元均有投入 X、期望产出 Y^g 和非期望产出 Y^b 三个向量，这三个向量分别为 $x \in R^m$、$y^g \in R^{s_1}$、$y^b \in R^{s_2}$，可定义矩阵 X、Y^g、Y^b，如式（3-8）所示：

$$
\begin{aligned}
X &= [x_1, \cdots, x_n] \in R^{m \times n} > 0 \\
Y^g &= [y_1{}^g, \cdots, y_2{}^g] \in R^{s_1 \times n} > 0 \\
Y^b &= [y_1{}^b, \cdots, y_2{}^b] \in R^{s_2 \times n} > 0
\end{aligned}
\tag{3-8}
$$

考虑非期望产出的 SBM 模型如式（3-9）所示：

$$
\rho = \min \frac{1 - \dfrac{1}{m} \sum_{i=1}^{m} \dfrac{s_1^{-}}{x_{i0}}}{1 + \dfrac{1}{s_1 + s_2} \left(\sum_{r=1}^{s_1} \dfrac{s_r^g}{y_{r0}} + \sum_{1=1}^{s_2} \dfrac{s_1^b}{y_{10}} \right)}
\tag{3-9}
$$

$$\text{s. t. } x_0 = X\lambda + s^{-} \quad y_0^g = Y^g\lambda - s^g \quad y_0^b = Y^b\lambda + s^b$$

$$s^{-} \geq 0, \quad s^g \geq 0, \quad s^b \geq 0, \quad \lambda \geq 0$$

式中，s^b 为非期望产出、s^g 为期望产出、s^{-} 为投入的松弛变量；λ 为权重向量；ρ 表示目标效率值，取值区间为 [0, 1]；等于 1，说明决策单元是有效的，小于 1，说明决策单元无效，投入或产出存在改进空间。

但经济发展过程必然存在环境污染等非期望产出，且不同地区经济活动会同时处于 DEA 效率前沿面时，则无法有效地区分决策单元。因此，本书在评价山东经济发展绩效时采用考虑非期望产出的 Super-SBM 模型。参照 Tone 等的做法，排除决策单元（x_0，y_0）的有限生产可能性集为式（3-10）：

$$P/(x_0, y_0) =$$

$$\left\{ (x, \bar{y}^g, \bar{y}^b) \mid \bar{x} \geq \sum_{j=1}^{n} \lambda_j x_j, \ \bar{y}^g \leq \sum_{j=1}^{n} \lambda_j y_j^g, \ \bar{y}^b \geq \sum_{j=1}^{n} \lambda_j y_j^b, \ \bar{y}^g \geq 0, \ \lambda \geq 0 \right\} \tag{3-10}$$

考虑非期望产出的 Super-SBM 模型的分式规划形式如式（3-11）所示：

$$\rho^* = \min \frac{\frac{1}{m} \sum_{i=1}^{m} \frac{\bar{x}_i}{x_{i0}}}{\frac{1}{s_1 + s_2} \left(\sum_{r=1}^{s_1} \frac{\bar{y}_r^g}{y_{r0}^g} + \sum_{l=1}^{s_2} \frac{\bar{y}_l^b}{y_{l0}^g} \right)}$$

$$\text{s.t. } \bar{x} \geqslant \sum_{j=1, \neq 0}^{n} \lambda_j x_j, \ \bar{y}^g \leqslant \sum_{j=1, \neq 0}^{n} \lambda_j y_j^g$$

$$\bar{y}^b \leqslant \sum_{j=1, \neq 0}^{n} \lambda_j y_j^b, \ \bar{x} \geqslant x_0, \ \bar{y}^g \leqslant y_0^g, \ \bar{y}^b \leqslant y_0^b; \qquad (3\text{-}11)$$

$$\sum_{j=1, \neq 0}^{n} \lambda_j = 1, \ \bar{y}^g \geqslant 0, \ \lambda \geqslant 0$$

式中，ρ^*是目标效率，其他变量含义同式（3-8）。考虑非期望产出的超效率 Super-SBM 模型具有以下两点优势：一是决策单元的效率值不会局限于 0 ~ 1，这就可以对多个效率有效的决策单元排序；二是充分考虑并且可以有效地解决了投入、产出变量的松弛性问题。

（二）Malmquist 指数

当被评价 DMU 的数据为包含多个时间点观测值的面板数据时，就可以对生产率的变动情况、技术效率和技术进步各自对生产率变动所起的作用进行分析，这就是常用的 Malmquist 全要素生产率（Total Factor Productivity，TFP）指数。

Malmquist 生产率指数的概念最早源于 Malmquist（1953），因此这一类指数命名为 Malmquist 指数。Fare 等（1992）最早采用 DEA 的方法计算 Malmquist 指数，并将 Malmquist 指数分解为两个方面的变化：一是被评价 DMU 在两个时期内的技术效率的变化（Techical Efficiency Change，TEC），二是生产技术的变化（Technological Change，TC），在 DEA 分析中反映生产前沿的变动情况。

Malmquist 生产率指数模型经过多年的研究和发展，包括相邻参比 Malmquist 指数模型、相邻联合前沿参比单一 Malmquist 指数模型、固定参比 Malmquist 指数模型和全局参比 Malmquist 指数模型（Global Malmquist）等。现有文献进行面板数据效率动态特征分析多采用相邻参比 Malmquist 指数模型，相邻参比 Malmquist 指数模型是最早采用，也是采用最多的模型，本书构建全要素生产率全局参比指数模型研究，主要考虑全局参比 Malmquist 指数模型的以下优势：全局参比 Malmquist 指数模型不存在 VRS 模型无可行解的问题。全局参比 Malmquist 指数模型的计算，相当于增加了 DMU 的数量，提高了计算精度。全局参比 Malmquist 指数模型得出的各期效率值具有可比性，可以制作折线图、柱状图等，可以直观观察各个时期的生产率变化情况。

全局参比 Malmquist 指数模型是由 Pastor 和 Lovell（2005）提出的一种 Malmquist 指数计算方法，以所有各期的总和为参考集，各期采用同一前沿，Malmquist 生产率指数如式（3-12）所示：

$$M_g(x^{t+1}, y^{t+1}, x^t, y^t) = \frac{E^g(x^{t+1}, y^{t+1})}{E^g(x^t, y^t)} \tag{3-12}$$

技术效率变化见式（3-13）：

$$EC = \frac{E^{t+1}(x^{t+1}, y^{t+1})}{E^t(x^t, y^t)} \tag{3-13}$$

前沿 t+1 与全局前沿接近的程度可用 $\dfrac{E^g(x^{t+1}, y^{t+1})}{E^{t+1}(x^{t+1}, y^{t+1})}$ 来表示，比值越大说明前沿 t+1 与全局前沿越接近；前沿 t 与全局前沿接近的程度可用 $\dfrac{E^g(x^t, y^t)}{E^t(x^t, y^t)}$ 来表示，比值越大说明 t 与全局前沿越接近；前沿 t+1 与前沿 t 相比，其变动情况、技术变化则可以用两个比值的比值来表示，见式（3-14）：

$$TC_g = \frac{\dfrac{E^g(x^{t+1}, y^{t+1})}{E^{t+1}(x^{t+1}, y^{t+1})}}{\dfrac{E^g(x^t, y^t)}{E^t(x^t, y^t)}} = \frac{E^g(x^{t+1}, y^{t+1})\, E^t(x^t, y^t)}{E^{t+1}(x^{t+1}, y^{t+1})\, E^g(x^t, y^t)} \tag{3-14}$$

Malmquist 指数可以分解为效率变化和技术变化，见式（3-15）、式（3-16）：

$$M_g(x^{t+1}, y^{t+1}, x^t, y^t) = \frac{E^g(x^{t+1}, y^{t+1})}{E^g(x^t, y^t)} \tag{3-15}$$

$$= \frac{E^{t+1}(x^{t+1}, y^{t+1})}{E^t(x^t, y^t)} \left(\frac{E^g(x^{t+1}, y^{t+1})\, E^t(x^t, y^t)}{E^{t+1}(x^{t+1}, y^{t+1})\, E^g(x^t, y^t)} \right) \tag{3-16}$$

$$= EC \times TC_g$$

$$= PEC \times SEC \times TC$$

式中，PEC 为经济发展纯技术效率变化，SEC 为经济发展规模效率变化，TC 为技术变化。PEC 和 SEC 的乘积为技术效率变化（EC）。技术效率变化（EC）表示从 t 到 t+1 时期，各决策单元生产状况与生产前沿面的迫近程度；技术进步（TC）表示从 t 到 t+1 时期生产前沿面的移动情况。对经济发展全要素生产率变化（MI）、纯技术效率变化（PEC）、规模效率变化（SEC）、技术进步变化（TC）各项的判断如下：

第一，经济发展全要素生产率变化（MI）的判别。当 MI>1 或 MI<1 时，表明从 t 到 t+1 期全要素生产率增长为正值或负值；当 MI=1 时，表明从 t 到 t+

1 期全要素生产率没有变化。

第二，经济发展纯技术效率变化（PEC）的判别。当 PEC>1 或 PEC<1 时，纯技术效率得到提升或退步；当 PEC＝1 时，纯技术效率没有变化。

第三，规模效率变化（SEC）的判别。当 SEC>1 或 SEC<1 时，规模效率提高或降低；当 SEC＝1 时，表明规模效率不变。

第四，技术进步变化（TC）的判别。当 TC>1 或 TC<1 时，表明技术在进步或衰退；当 TC＝1 时，表明技术水平没有变化。

二、测度结果分析

（一）技术效率变化测度结果分析

考虑到绿色环境效益运用 DEA-SBM 模型测度我国 286 个地市级及以上城市（部分数据缺失严重没在统计范围）2005~2017 年的技术效率变化、技术进步变化和全要素生产率，绘制技术效率变化时序图如图 3-1 所示，并统计技术效率变化年均排名前 30 的城市，具体结果整理见表 3-1。

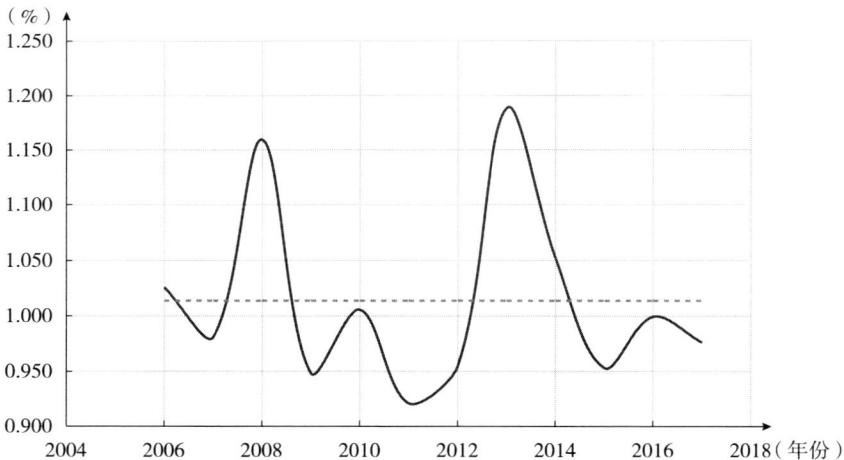

图 3-1　技术效率变化时序图

考察期内城市技术效率变化累计增幅 18.52%，年均增幅 1.28%。其中，增幅最大的是 2007~2008 年和 2012~2013 年。2007~2008 年技术效率增长（1.1521-1）×100%＝15.21%，即 2008 年技术效率比 2007 年技术效率增长 15.21 个百分点；2012~2013 年技术效率增长（1.1852-1）×100%＝18.52%，即 2013 年技术效率较 2012 年增加 18.52 个百分点。降幅最大的是 2010~2011

年，降幅为 8.15 个百分点。整体而言，考察期内中国城市技术效率变化呈现"马鞍"形双峰变化态势。

表 3-1　技术效率变化年均排名前 31 名的城市

城市	所属省份	区域	2006 年	2008 年	2010 年	2012 年	2014 年	2017 年	均值
重庆市	重庆市	西部	0.952	0.962	1.109	1.033	0.806	1.259	1.144
周口市	河南省	中部	1.227	1.191	0.930	1.074	1.299	1.163	1.100
新乡市	河南省	中部	1.040	1.208	1.060	0.944	1.021	1.236	1.086
黄冈市	湖北省	中部	0.962	1.289	0.942	1.031	0.753	1.316	1.085
常德市	湖南省	中部	1.108	1.618	0.968	1.160	1.045	1.004	1.085
云浮市	广东省	东部	0.981	1.427	0.849	1.127	0.971	1.128	1.083
河池市	广西壮族自治区	西部	0.836	1.517	1.126	1.336	1.695	0.939	1.082
南平市	福建省	东部	0.874	1.402	1.039	0.997	1.170	0.944	1.081
天津市	天津市	东部	1.064	1.259	1.136	1.341	1.110	0.955	1.081
广州市	广东省	东部	1.084	1.348	1.657	1.000	1.166	1.047	1.079
漳州市	福建省	东部	1.065	1.208	1.020	1.678	0.965	1.102	1.078
丽水市	浙江省	东部	0.950	1.505	0.857	1.064	1.083	1.047	1.077
宝鸡市	陕西省	西部	1.012	1.246	1.013	1.005	0.950	1.044	1.077
百色市	广西壮族自治区	西部	1.010	1.354	1.043	0.883	1.307	1.119	1.075
淮安市	江苏省	东部	1.039	1.654	1.254	0.817	0.934	1.038	1.074
九江市	江西省	中部	1.116	1.290	1.025	0.942	1.116	1.032	1.073
崇左市	广西壮族自治区	西部	0.955	1.058	0.687	0.981	1.149	1.207	1.072
武汉市	湖北省	中部	1.016	0.974	0.831	1.241	1.121	1.031	1.070
包头市	内蒙古自治区	西部	1.167	1.229	0.925	0.972	1.210	0.952	1.066
桂林市	广西壮族自治区	西部	1.015	1.384	1.155	1.019	1.132	0.950	1.065
黄山市	安徽省	中部	0.780	1.275	0.870	0.998	1.138	0.937	1.065
西安市	陕西省	西部	1.015	0.978	0.980	0.731	0.848	0.963	1.064
泰安市	山东省	东部	1.250	1.022	1.124	1.021	1.032	1.032	1.064
湘潭市	湖南省	中部	0.998	1.256	0.993	0.900	1.082	1.012	1.063
内江市	四川省	西部	1.194	1.041	1.029	1.212	1.051	1.073	1.061
四平市	吉林省	东北部	0.904	1.231	1.129	1.019	1.244	0.987	1.060
济南市	山东省	东部	0.968	0.938	0.909	0.811	1.143	1.147	1.058
龙岩市	福建省	东部	0.995	1.266	0.864	0.948	1.312	0.979	1.057
玉林市	广西壮族自治区	西部	0.949	1.377	1.109	1.081	1.227	1.052	1.057

续表

城市	所属省份	区域	2006 年	2008 年	2010 年	2012 年	2014 年	2017 年	均值
七台河市	黑龙江省	东北部	0.984	1.104	0.916	0.919	0.782	1.180	1.057
曲靖市	云南省	西部	1.239	1.052	1.044	1.450	1.012	1.192	1.056

资料来源：笔者整理。

城市经济技术效率变化排名前 31 名的城市（见表 3-1），技术效率变化均超过 5 个百分点。其中，最为突出的 5 个城市为重庆市、周口市、新乡市、黄冈市和常德市，分布在重庆市、河南省、湖北省和湖南省 4 个省份。技术效率变化刚超过 5 个百分点的城市分别为曲靖市、七台河市、玉林市、龙岩市和济南市，分布在云南省、黑龙江省、广西壮族自治区、福建省和山东省。30 个技术效率增幅超过 5 个百分点的城市多数分布在东部和西部经济区，包含东部经济区广州市、泰安市、天津市和南平市等 10 个城市，西部经济区重庆市、桂林市、西安市和包头市等 11 个城市，中部和东北部经济区共 9 个城市。30 个城市分布在山东省、湖南省、湖北省等 17 个省份。

通过直辖市、省级及副省级以上城市技术效率变化统计表（见表 3-2）可以看出，城市技术效率年均负增长的城市有 7 个，技术效率年均正增长的城市有 25 个，绝大多数城市技术效率整体呈现增长特征。其中，增幅排在前五位的城市为重庆市、天津市、广州市、武汉市和西安市，技术效率增幅年均分别为 14.4%、8.1%、7.9%、7.0% 和 6.4%。城市经济发展技术效率降幅最大的是海口市，年均降幅为（0.940-1）×100%=-6.0%，即年均降幅 6 个百分点，主要原因是 2008 年较 2007 年、2012 年较 2011 年降幅较大；乌鲁木齐市年均降幅 3.7 个百分点，主要是因为 2012 年较 2011 年降幅较大；而昆明技术效率整体负增长是由于 2008 年较 2007 年大幅下降。

表 3-2　直辖市、省级及副省级以上城市技术效率变化统计表

城市	2006 年	2008 年	2010 年	2012 年	2014 年	2016 年	2017 年	均值
重庆市	0.952	0.962	1.109	1.033	0.806	1.477	1.259	1.144
天津市	1.064	1.259	1.136	1.341	1.110	0.874	0.955	1.081
广州市	1.084	1.348	1.657	1.000	1.166	1.099	1.047	1.079
武汉市	1.016	0.974	0.831	1.241	1.121	1.016	1.031	1.070
西安市	1.015	0.978	0.980	0.731	0.848	0.993	0.963	1.064
济南市	0.968	0.938	0.909	0.811	1.143	0.984	1.147	1.058

续表

城市	2006 年	2008 年	2010 年	2012 年	2014 年	2016 年	2017 年	均值
呼和浩特市	1.211	1.213	1.022	1.107	1.070	1.049	0.992	1.055
合肥市	0.996	1.179	1.018	0.939	1.041	1.047	1.027	1.055
深圳市	1.000	1.000	1.000	1.405	1.000	1.000	1.000	1.051
成都市	1.078	1.109	0.861	1.110	1.322	1.067	1.014	1.049
石家庄市	0.966	1.251	1.027	0.901	1.039	1.108	1.031	1.035
南宁市	1.142	1.259	1.099	0.862	1.129	0.969	1.018	1.031
杭州市	0.936	0.894	1.079	1.106	1.109	1.107	1.053	1.030
青岛市	1.121	0.588	1.099	0.964	1.039	1.194	1.105	1.029
长沙市	1.090	1.053	0.981	1.121	1.177	0.980	0.987	1.028
兰州市	1.055	1.078	0.989	0.941	1.074	0.989	0.916	1.024
南京市	0.980	0.867	1.024	1.128	1.068	1.052	1.048	1.024
北京市	1.158	0.848	1.224	1.068	1.019	1.134	1.049	1.023
厦门市	0.824	1.150	0.969	0.965	1.071	1.061	1.039	1.021
哈尔滨市	0.984	1.033	1.006	1.007	1.040	1.122	1.002	1.012
福州市	0.962	1.016	1.121	1.056	1.089	1.001	0.951	1.012
太原市	1.020	0.930	0.910	0.558	0.957	1.043	0.983	1.011
大连市	1.451	1.040	1.137	1.030	1.098	0.834	0.894	1.009
无锡市	0.997	0.840	0.936	1.163	0.897	1.016	1.031	1.008
上海市	1.000	1.000	1.000	1.000	1.000	1.000	1.000	1.000
沈阳市	1.085	1.048	0.807	0.979	0.983	0.684	0.866	0.996
宁波市	0.947	0.947	1.003	1.029	1.111	1.029	1.025	0.996
郑州市	1.040	0.840	0.934	1.007	1.039	1.029	1.018	0.994
苏州市	0.941	1.040	0.912	0.983	0.986	1.001	1.005	0.988
昆明市	1.007	0.638	1.081	0.988	1.073	1.119	0.984	0.986
乌鲁木齐市	1.147	1.062	1.058	0.596	1.127	0.796	0.810	0.963
海口市	1.000	0.483	1.020	0.398	1.107	1.206	1.093	0.940

资料来源：笔者整理。

（二）技术进步测度结果分析

运用 DEA-SBM 模型测度我国 286 个地市级及以上城市（部分数据缺失严重没在统计范围）技术进步变化，绘制技术进步变化时序图（见图 3-2），并统计技术进步变化年均排名前 30 的城市，具体结果整理如表 3-3 所示。

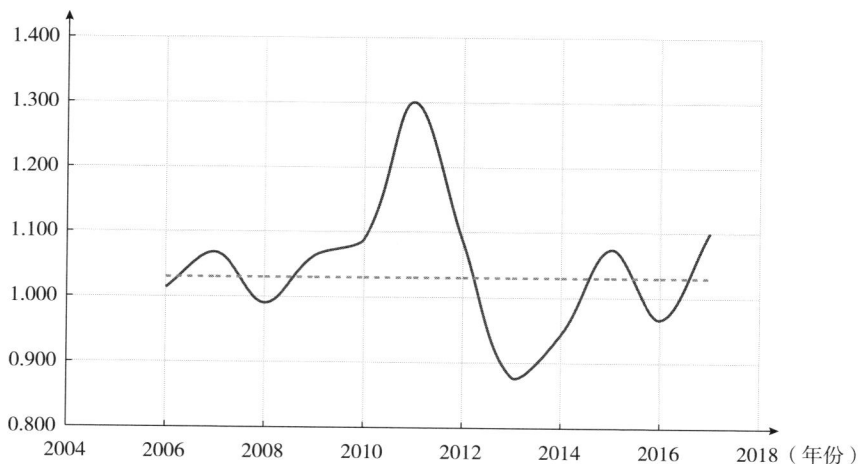

图 3-2　技术进步变化时序图

如图 3-2 所示，曲线为技术进步变化值，虚线为考察期内技术进步变化年均值，从图中可以看出，多数年份技术进步变化值在 1 以上，意味着考察年份较前一年技术进步，只有 2013 年和 2016 年技术进步变化值小于 1，说明这两年存在技术退步的状况。考察期内多数年份技术进步显著，技术进步最大的年份为 2011 年，技术进步接近 30%，其次是 2017 年，也是考察期内第二个大的波峰形成阶段，技术进步在 10% 左右，另外两个技术进步的波峰年份分别为 2007 年和 2015 年，技术进步变化也在 7% 左右。整体而言，考察期内技术进步呈现增长态势，年均增幅为 3 个百分点，由此可以看出，考察期内我国经济发展技术进步呈现持续增长的态势，与技术效率相比，技术进步是驱动城市经济全要素生产率增长的主要动力。

表 3-3　技术进步变化年均排名前 30 名城市

城市	所属省份	区域	2006 年	2008 年	2010 年	2012 年	2014 年	2017 年	均值
泉州市	福建省	东部	1.091	1.284	1.205	1.045	0.921	1.197	1.107
重庆市	重庆市	西部	1.096	1.179	1.152	0.758	1.130	1.648	1.097
烟台市	山东省	东部	1.160	1.257	1.306	1.074	0.977	0.888	1.092
成都市	四川省	西部	1.118	1.319	1.267	1.002	1.013	1.236	1.088
苏州市	江苏省	东部	1.082	1.110	1.254	1.066	1.115	1.354	1.085
北京市	北京市	东部	1.351	1.321	0.960	0.988	1.030	1.023	1.082

续表

城市	所属省份	区域	2006 年	2008 年	2010 年	2012 年	2014 年	2017 年	均值
上海市	上海市	东部	1.250	1.102	1.311	0.912	1.031	1.701	1.081
温州市	浙江省	东部	0.970	1.231	1.295	1.436	0.594	1.272	1.078
铜川市	陕西省	西部	0.805	1.248	0.960	2.285	0.893	1.428	1.077
临汾市	山西省	中部	1.014	0.914	1.153	0.958	0.895	1.380	1.076
厦门市	福建省	东部	0.938	1.250	1.260	1.382	0.928	1.061	1.076
佛山市	广东省	东部	1.347	1.032	1.260	0.958	1.012	1.113	1.074
天津市	天津市	东部	1.239	1.064	1.045	0.865	1.002	1.576	1.070
哈尔滨市	黑龙江省	东北部	0.983	1.138	1.221	1.143	0.770	0.930	1.069
武汉市	湖北省	中部	1.086	1.464	1.314	0.930	1.009	0.915	1.068
长春市	吉林省	东北部	1.123	1.463	1.267	1.148	0.980	0.727	1.066
深圳市	广东省	东部	1.081	1.114	1.114	1.074	1.091	1.449	1.065
福州市	福建省	东部	1.013	1.298	1.198	1.014	0.918	0.941	1.064
庆阳市	甘肃省	西部	1.006	0.862	0.684	1.376	1.270	1.398	1.064
郑州市	河南省	中部	1.183	1.472	1.250	0.906	0.929	0.751	1.064
海口市	海南省	东部	0.587	1.617	0.904	1.490	0.859	1.312	1.063
济南市	山东省	东部	1.047	1.124	1.432	1.245	1.019	1.065	1.063
安阳市	河南省	中部	1.048	0.996	1.142	1.307	1.009	1.127	1.061
淄博市	山东省	东部	1.083	1.247	1.460	1.109	0.973	1.001	1.061
黄石市	湖北省	中部	0.961	1.052	1.008	1.218	0.969	0.969	1.060
洛阳市	河南省	中部	0.983	1.205	1.131	1.005	0.920	1.307	1.060
大连市	辽宁省	东北部	1.663	1.325	1.245	1.040	0.937	0.834	1.059
广州市	广东省	东部	1.224	0.831	0.770	1.007	0.859	1.011	1.059
平顶山市	河南省	中部	1.011	0.687	1.261	1.214	1.002	1.118	1.059
大庆市	黑龙江省	东北部	1.155	1.039	1.111	0.999	0.735	0.855	1.050

资料来源：笔者整理。

　　城市经济技术进步变化排名前 30 名的城市，技术进步变化均超过 5 个百分点，其中最为突出的六个城市为重庆市、烟台市、成都市、苏州市、北京市和上海市，泉州市技术进步最为突出，年均技术进步 10.7 个百分点，其次是重庆市和烟台市，技术进步年均分别为 9.7 个和 9.2 个百分点，成都市、苏州市、北京市和上海市年均技术进步增幅也均超过 8 个百分点。技术进步年均增幅刚超过 5 个百分点的分别是大庆市、平顶山市、广州市和大连市，分别分布在黑龙江省、河南省、广东省和辽宁省。30 个技术进步较大的城市多数分布在东部经济区，包含东部经济区烟台、苏州、上海、北京等 15 个城市，西部经济区、中部经济区分别有 4 个、7 个城市进入前 30 名技术进步强市。为了便于同级别城市进行比较，使得技术进步更具有可比性，我们统计 32 个直辖市、省级及副省级城市的技术进步变化情况，如表 3-4 所示。

表 3-4   直辖市、省级及副省级以上城市技术进步变化统计表

城市	2006 年	2008 年	2010 年	2012 年	2014 年	2016 年	2017 年	均值
重庆市	1.096	1.179	1.152	0.758	1.130	1.018	1.648	1.097
成都市	1.118	1.319	1.267	1.002	1.013	0.988	1.236	1.088
苏州市	1.082	1.110	1.254	1.066	1.115	1.052	1.354	1.085
北京市	1.351	1.321	0.960	0.988	1.030	0.970	1.023	1.082
上海市	1.250	1.102	1.311	0.912	1.031	1.142	1.701	1.081
厦门市	0.938	1.250	1.260	1.382	0.928	0.983	1.061	1.076
天津市	1.239	1.064	1.045	0.865	1.002	1.140	1.576	1.070
哈尔滨市	0.983	1.138	1.221	1.143	0.770	0.958	0.930	1.069
武汉市	1.086	1.464	1.314	0.930	1.009	1.013	0.915	1.068
深圳市	1.081	1.114	1.114	1.074	1.091	1.097	1.449	1.065
福州市	1.013	1.298	1.198	1.014	0.918	0.960	0.941	1.064
郑州市	1.183	1.472	1.250	0.906	0.929	1.033	0.751	1.064
海口市	0.587	1.617	0.904	1.490	0.859	0.929	1.312	1.063
济南市	1.047	1.124	1.432	1.245	1.019	0.969	1.065	1.063
大连市	1.663	1.325	1.245	1.040	0.937	0.959	0.834	1.059
广州市	1.224	0.831	0.770	1.007	0.859	1.531	1.011	1.059
西安市	1.105	1.368	1.213	1.140	0.989	0.893	0.944	1.058
太原市	1.048	1.192	1.168	1.524	1.029	1.010	1.039	1.055
宁波市	1.049	1.252	1.081	0.930	0.944	1.072	0.676	1.055
杭州市	1.019	1.243	1.275	0.887	0.903	1.046	1.102	1.055
石家庄市	1.116	1.118	1.409	1.215	0.839	0.995	0.869	1.054
沈阳市	1.265	1.323	1.297	1.040	0.934	0.868	0.889	1.050

续表

城市	2006 年	2008 年	2010 年	2012 年	2014 年	2016 年	2017 年	均值
长沙市	1.086	0.968	1.049	1.193	0.867	1.024	1.501	1.050
无锡市	1.113	1.266	0.990	0.915	1.078	1.052	1.020	1.047
昆明市	1.072	1.367	1.164	0.999	1.225	0.834	1.120	1.046
青岛市	1.319	1.340	1.099	1.124	0.956	0.977	1.055	1.045
南京市	1.051	1.204	1.395	0.958	0.933	1.097	1.073	1.044
乌鲁木齐市	1.111	1.178	1.216	1.715	0.872	0.955	0.965	1.041
兰州市	1.050	1.148	1.288	1.117	0.890	1.055	0.894	1.038
合肥市	1.073	1.120	0.918	1.086	0.889	0.976	0.860	1.029
南宁市	1.158	0.897	0.910	1.034	0.984	0.644	1.402	1.023
呼和浩特市	1.135	0.958	1.070	1.051	0.835	0.870	0.893	0.997

资料来源：笔者整理。

从直辖市、省级及副省级以上城市技术进步变化统计表（见表3-4）可以看出，绝大多数城市技术进步为正增长，城市技术进步年均负增长的城市只有呼和浩特市，有小幅下降；技术进步年均正增长的有 31 个，均呈现不同幅度的增长。其中，技术进步增幅排在前六位的城市为重庆市、成都市、苏州市、北京市、上海市和厦门市，重庆市技术进步年均增幅最大，年均增幅值为 9.7 个百分点，成都市、苏州市、北京市和上海市技术进步年均增幅也超过 8 个百分点。城市经济发展技术进步小幅下降的呼和浩特市，年均降幅为（0.997−1）×100% ＝−0.3%，即年均降幅为 0.3 个百分点，主要原因是 2006 年、2007 年技术进步略有下所致。

（三）全要素生产率测度结果分析

全要素生产率指生产单位作为系统中的各个要素的综合生产率，以区别于要素生产率（如技术生产率）。事实上生产单位生产率是生产单位技术升级、管理模式改进、产品质量提高、生产单位结构升级的综合功能，任何现实的生产率实际上都是全要素生产率。全要素生产率也被称为系统生产率。测度我国 286 个地市级及以上城市（部分数据缺失严重没在统计范围）全要素生产率，绘制全要素生产率变化时序图（见图 3-3），并统计全要素生产率年均排名前 30 的城市，具体结果整理如表 3-5 所示。

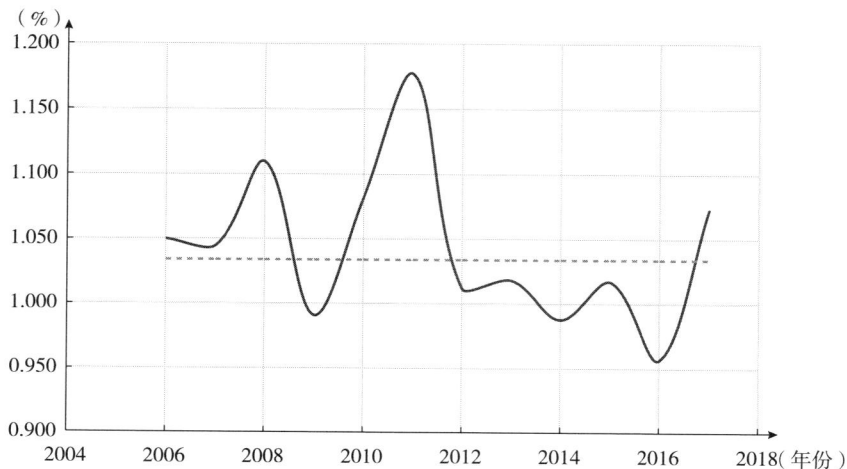

图 3-3   全要素生产率变化时序图

注：曲线为全要素生产率，虚线直线为考察期内全要素生产率年均值。

表 3-5   全要素生产率变化年均排名前 30 名城市

城市	所属省份	区域	2006 年	2008 年	2010 年	2012 年	2014 年	2017 年	均值
重庆市	重庆市	西部	1.043	1.134	1.277	0.783	0.911	1.076	1.185
深圳市	广东省	东部	1.081	1.114	1.114	1.510	1.091	1.449	1.180
上海市	上海市	东部	1.250	1.102	1.311	0.912	1.031	1.701	1.160
成都市	四川省	西部	1.205	1.462	1.091	1.112	1.339	1.253	1.154
天津市	天津市	东部	1.319	1.340	1.188	1.160	1.112	1.505	1.150
大连市	辽宁省	东北部	2.413	1.378	1.416	1.072	1.029	0.746	1.148
武汉市	湖北省	中部	1.104	1.427	1.092	1.155	1.130	0.944	1.146
青岛市	山东省	东部	1.479	0.788	1.207	1.083	0.994	1.166	1.142
广州市	广东省	东部	1.327	1.120	1.275	1.007	1.001	1.058	1.137
泰安市	山东省	东部	1.519	1.211	1.089	0.979	1.047	1.344	1.128
乌海市	内蒙古自治区	西部	1.951	0.969	1.344	1.140	0.724	1.184	1.125
北京市	北京市	东部	1.564	1.120	1.175	1.056	1.050	1.073	1.124
泉州市	福建省	东部	1.112	1.287	1.131	0.981	0.963	1.247	1.120
温州市	浙江省	东部	0.960	1.199	1.161	1.083	0.944	1.178	1.120
西安市	陕西省	西部	1.122	1.337	1.190	0.833	0.840	0.909	1.117
四平市	吉林省	东北部	0.920	1.206	1.016	1.051	1.190	1.352	1.116
杭州市	浙江省	东部	0.954	1.112	1.375	0.980	1.001	1.160	1.113

续表

城市	所属省份	区域	2006 年	2008 年	2010 年	2012 年	2014 年	2017 年	均值
崇左市	广西壮族自治区	西部	0.923	0.684	0.886	0.895	1.160	1.934	1.113
济南市	山东省	东部	1.014	1.054	1.301	1.010	1.164	1.222	1.111
苏州市	江苏省	东部	1.018	1.154	1.143	1.048	1.100	1.361	1.111
佛山市	广东省	东部	1.624	1.186	1.209	0.789	1.054	1.175	1.109
南京市	江苏省	东部	1.029	1.044	1.428	1.081	0.997	1.125	1.106
包头市	内蒙古自治区	西部	1.485	1.241	1.130	1.003	0.984	0.894	1.105
百色市	广西壮族自治区	西部	1.167	0.918	1.131	0.948	1.165	1.457	1.105
厦门市	福建省	东部	0.773	1.438	1.221	1.333	0.993	1.103	1.104
九江市	江西省	中部	1.246	1.136	1.116	0.892	1.019	1.341	1.102
宝鸡市	陕西省	西部	1.034	1.360	1.137	1.005	0.922	1.116	1.102
新余市	江西省	中部	1.020	1.349	2.416	0.940	0.942	0.935	1.101
无锡市	江苏省	东部	1.109	1.063	0.926	1.064	0.968	1.052	1.101
株洲市	湖南省	中部	1.070	1.144	1.108	1.270	1.083	0.891	1.101

资料来源：笔者整理。

由图 3-3 可以看出，多数年份全要素生产率在 1 以上，意味着考察年份全要素生产率多数年份保持增长，只有 2009 年、2014 年和 2016 年全要素生产率小于 1。考察期内多数年份全要素生产率提高显著，全要素生产率增幅最大的为 2011 年，提高超过 15%，其次是 2008 年和 2017 年，也是考察期内的另两个全要素生产率增幅的波峰阶段，全要素生产率增幅在 10 个百分点左右。值得注意的是，尽管 2017 年技术进步大幅提升，但是由于技术效率的下降导致全要素生产率小幅上升。

由表 3-5 可以看出，城市经济全要素生产率排名前 30 名的城市，全要素生产率年均增幅均超过 10%，其中最为突出的六个城市为重庆市、深圳市、上海市、成都市、天津市和大连市，重庆市全要素生产率增幅最为突出，年均增幅 18.5 个百分点，其次是深圳市，全要素生产率年均增幅也高达 18 个百分点，上海市、成都市、天津市和大连市年均全要素生产率增幅也在 15 个百分点左右。全要素生产率年均增幅刚超过 10 个点的分别是株洲市、无锡市、新余市、宝鸡市、九江市，分别分布在湖南省、江苏省、江西省和陕西省。30 个全要素生产率较大的城市多数分布在东部经济区，西部经济区其次，中部和东北部经济区相对较少。为了全要生产率城市更具有可比性，我们统计 32 个直辖市、省级及副省级以上城市的全要素生产率，如表 3-6 所示。

表 3-6　直辖市、省级及副省级以上城市全要素生产率变化统计表

城市	2006 年	2008 年	2010 年	2012 年	2014 年	2016 年	2017 年	均值
重庆市	1.043	1.134	1.277	0.783	0.911	1.504	1.076	1.185
深圳市	1.081	1.114	1.114	1.510	1.091	1.097	1.449	1.180
上海市	1.250	1.102	1.311	0.912	1.031	1.142	1.701	1.160
成都市	1.205	1.462	1.091	1.112	1.339	1.055	1.253	1.154
天津市	1.319	1.340	1.188	1.160	1.112	0.997	1.505	1.150
大连市	2.413	1.378	1.416	1.072	1.029	0.800	0.746	1.148
武汉市	1.104	1.427	1.092	1.155	1.130	1.029	0.944	1.146
青岛市	1.479	0.788	1.207	1.083	0.994	1.166	1.166	1.142
广州市	1.327	1.120	1.275	1.007	1.001	1.682	1.058	1.137
北京市	1.564	1.120	1.175	1.056	1.050	1.100	1.073	1.124
西安市	1.122	1.337	1.190	0.833	0.840	0.887	0.909	1.117
杭州市	0.954	1.112	1.375	0.980	1.001	1.157	1.160	1.113
济南市	1.014	1.054	1.301	1.010	1.164	0.953	1.222	1.111
苏州市	1.018	1.154	1.143	1.048	1.100	1.053	1.361	1.111
南京市	1.029	1.044	1.428	1.081	0.997	1.153	1.125	1.106
厦门市	0.773	1.438	1.221	1.333	0.993	1.043	1.103	1.104
无锡市	1.109	1.063	0.926	1.064	0.968	1.069	1.052	1.101
石家庄市	1.078	1.399	1.447	1.095	0.872	1.103	0.896	1.093
合肥市	1.069	1.320	0.935	1.021	0.926	1.022	0.884	1.083
长沙市	1.183	1.019	1.029	1.338	1.020	1.004	1.482	1.082
南宁市	1.323	1.129	1.000	0.891	1.111	0.624	1.427	1.079
福州市	0.974	1.318	1.343	1.071	1.001	0.961	0.895	1.075
呼和浩特市	1.375	1.161	1.093	1.163	0.894	0.913	0.885	1.068
郑州市	1.230	1.236	1.167	0.913	0.966	1.063	0.764	1.068
沈阳市	1.372	1.386	1.046	1.018	0.918	0.593	0.770	1.066
兰州市	1.108	1.237	1.273	1.051	0.956	1.044	0.819	1.065
哈尔滨市	0.967	1.176	1.228	1.151	0.800	1.075	0.931	1.059
宁波市	0.994	1.185	1.084	0.957	1.050	1.103	0.693	1.052
太原市	1.069	1.109	1.063	0.850	0.985	1.054	1.022	1.044
昆明市	1.079	0.873	1.258	0.987	1.315	0.933	1.102	1.027
乌鲁木齐市	1.275	1.251	1.287	1.023	0.983	0.760	0.781	1.012
海口市	0.587	0.781	0.922	0.592	0.951	1.120	1.434	0.965

资料来源：笔者整理。

从直辖市省级及副省级以上城市全要素生产率统计表（见表3-6）可以看出，除海口外，绝大多数城市全要素生产率值大于1，意味着全要素生产率正增长，31个城市全要素生产率均呈现不同幅度的增长。其中，全要素生产率增幅排在前六位的城市为重庆市、深圳市、上海市、成都市、天津市和大连市。重庆年均增幅最大，年均增幅值为18.5个百分点；其他五个城市的年均增幅也在15%左右。全要素生产率小幅下降的海口市，年均降幅为（0.965-1）×100%=-0.35%，即年均降幅为0.35个百分点，主要原因是2006年的技术进步及2012年技术进步大幅下降所致。

第二节　城市经济高质量发展综合指数测度与分析

一、经济高质量发展测度指标体系构建

（一）基于五大理念的高质量发展描述分析

1. 关于创新发展

创新，意味着经济发展动力机制的转换。创新发展理念不限于我们平常所讲的狭义上的科技创新。从《中共中央关于制定国民经济和社会发展第十三个五年规划的建议》（以下简称《建议》）提出的创新发展理念上看，它至少包括以下多个内涵：第一，创新是一个整体和全局的宏观概念，内容极其丰富，竖到底、横到边、立体化、全覆盖。正如全会提出的，"必须把创新摆在国家发展全局的核心位置，不断推进理论创新、制度创新、科技创新、文化创新等各方面创新，让创新贯穿党和国家一切工作，让创新在全社会蔚然成风"。第二，创新是一个发展模式和发展类型的理论概括，这种模式《建议》命名为"引领型发展"。这个新命名发人深省，显然是针对原先"跟随"和"模仿"发展类型方面存在的问题。这种"引领型发展"创新必须成为发展基点，在创新的体制架构下，更多依靠创新驱动、发挥先发优势引领经济发展。第三，在微观层面上，要激发创新创业活力，推动大众创业、万众创新，释放新需求，创造新供给，推动新技术、新产业、新业态蓬勃发展。第四，在中观层面上，拓展发展新空间，形成沿海沿江沿线经济带为主的纵向横向经济轴带，培育壮大若干重点经济区。第五，在产业布局上，涵盖第一、第二、第三产业在内的各个产业创新战略布局。第六，在战略重点上，紧跟科技发展新趋势，提出发挥科技创

新在全面创新中的引领作用，实施一批国家重大科技项目，在重大创新领域组建一批国家实验室，积极提出并牵头组织国际大科学计划和大科学工程。第七，在构建创新发展体制上，提出加快形成有利于创新发展的市场环境、产权制度、投融资体制、分配制度、人才培养引进使用机制。第八，在政府作用上，强调深化行政管理体制改革，进一步转变政府职能，持续推进简政放权、放管结合、优化服务，提高政府效能，激发市场活力和社会创造力，完善各类国有资产管理体制，建立健全现代财政制度、税收制度，改革并完善适应现代金融市场发展的金融监管框架。第九，在创新和完善宏观调控方式上，提出在区间调控基础上加大定向调控力度，减少政府对价格形成的干预，全面放开竞争性领域商品和服务价格。这样看来，创新发展放在五大发展理念之首，就有着统领发展全局的意义。创新发展，包括发展本身的创新、改革方式的创新、宏观调控的创新。创新发展，意味着动力机制的转换，与传统资本对利润追求不同，创新的动力不能用经济人动机来解释，熊彼特对此做过专门的解释。

2. 关于协调发展

协调一般是指各主体之间行为的相互适应、避免相互掣肘。协调发展新理念，不仅包括部分之间的静态协调，还包括部分与整体的协调整合。强调的是全局上下和整体中多方面、各层次、全方位的动态平衡和结构优化；同时，协调必须促进发展，部分之间的协调，必须着眼于整体实力的提升，包括在协调发展中拓宽发展空间，在加强薄弱领域中增强发展后劲。《建议》强调，必须着眼于中国特色社会主义事业总体布局，正确处理发展中的重大关系，重点促进城乡区域协调发展，促进经济社会协调发展，促进新型工业化、信息化、城镇化、农业现代化同步发展，在增强国家硬实力的同时注重提升国家软实力，不断增强发展整体性。协调发展，涵盖了区域协调发展、城乡协调发展、物质文明和精神文明协调发展、经济建设和国防建设融合发展、军民融合发展。而我们现实的经济发展，各方面都还存在着一些不协调，部门分割、地方封锁、行政藩篱等掣肘现象在一些地方仍有发生，阻碍着经济发展。从人类发展的历史看，分工与协作产生新的生产力；在现代市场经济中，这一原理会以新的表现形式发生作用；在经济新常态的背景下，协调发展一定会释放出新的生产力发展的巨大潜能，协调发展的本质是实现经济按比例发展客观规律的要求，在市场经济条件下，实现无计划按比例，是一次伟大的创新，也面临着极大的挑战。

3. 关于绿色发展

绿色发展的本质是处理好发展中人与自然的关系。生态环境是人类生存和发展的基本条件。但过去的高速发展，在获得经济增长带来的巨大利益的同时，也极大地破坏了这个基本条件。不但经济发展越来越受到资源短缺、资源告罄的制约，难以持续，而且基本生活条件也受到严重威胁，人们已经深陷其中、深受其害、难以忍受。所以，过去与发展不直接相干，甚至相悖的生态保护，今天必须与发展统一起来，形成紧密结合在一起的复合概念——绿色发展。生态保护、环境建设本身就是一种发展，是永续发展的必要条件和人民对美好生活追求的重要体现。正如《建议》指出的，必须坚持节约资源和保护环境的基本国策，坚持可持续发展，坚持走生产发展、生活富裕、生态良好的文明发展道路，加快建设资源节约型、环境友好型社会，形成人与自然和谐发展现代化建设新格局。

4. 关于开放发展

经历过闭关锁国的中国，已经感受到开放带来的巨大利益，历史已经给出明确结论：开放是国家繁荣发展的必由之路。但我们在开放上也还有许多需要改进、完善之处，还有许多短板需要补齐。特别是在经济发展新常态的背景下，更要把开放发展作为新的发展理念。开放发展，把开放和发展合成一个概念，作为一种理念，意义深刻。正如《建议》指出的：必须顺应我国经济深度融入世界经济的趋势，奉行互利共赢的开放战略，坚持内外需协调、进出口平衡、"引进来"和"走出去"并重、引资和引技引智并举，发展更高层次的开放型经济，积极参与全球经济治理和公共产品供给，提高我国在全球经济治理中的制度性话语权，构建广泛的利益共同体。

5. 关于共享发展

共享是人类对理想社会的美好追求，是社会主义的真谛，也是中国特色社会主义的本质要求。改革开放初期提出的允许一部分人先富起来的大政策，就是要通过先富带动后富，最终实现共同富裕的目标。在我们即将全面建成小康社会的关键时刻，提出共享发展理念，不仅是强调共同富裕发展目标的实现，而且赋予了发展动力、发展过程、发展方式和发展性质的新内涵。共享发展，不能仅仅理解为发展后对发展成果的共享，而是要把共享赋予发展的全过程，形成共享式发展。正如《建议》指出的：必须坚持发展为了人民、发展依靠人民、发展成果由人民共享。在共享发展理念的指导下，要做出更有效的制度安排，使全体人民在共建共享发展中有更多获得感，增强发展动力，增进人民团结，朝着共同富裕方向稳步前进。

（二）指标体系构建原则

由于经济高质量发展的因素要素很多，层次结构复杂，在进行指标体系构建时要多方面兼顾因素，为了将是否高质量发展科学有效地反映出来，需要从多维度、多层面进行构建经济高质量发展指标评价体系。本书在指标体系构建时遵循以下各项原则来保障经济高质量发展测度研究的合理性和科学性。

1. 科学性原则

科学性是指在构建经济高质量发展指标体系时，充分考虑经济发展质量的实际，科学地将经济发展的实际过程和规律反映出来，保障经济发展质量评价指标体系的科学性。

2. 实用性原则

实用性原则是指标因素的可采集性，在评价指标体系构建时选择指标再好，如果指标的数据不能进行统计和采集，该指标对经济发展质量的测度也就无法进行分析，那么这项指标就没有任何意义。所以在最初进行指标设计时，本书就将数据的可获取性进行考虑，使各项指标的影响有效地进行。

3. 全面性与简洁性相结合原则

由于经济高质量发展关系面较多，所以在进行经济高质量发展的指标体系设计时要全面考虑，保证评价指标可以尽可能地包含更多的纬度。在保证指标全面性的同时也不能无限地增加评价指标，这样会大大地增加分析的复杂度，并且会出现指标重复选用的情况，所以在进行经济高质量发展评价指标体系构建时，要尽量选取能够有代表性的、简单的典型数据作为体系指标。

4. 可比性原则

在进行指标体系选定时，要尽量避免选取定义不明确和口径不统一的指标，这会给数据采集带来很多的麻烦，而且不同的人有不同的理解，数据就失去了可比性。

5. 动态性原则

经济高质量发展的指标是相对稳定的，同时又会有新的不同指标纬度的产生，所以在进行指标体系设计时，要尽可能地兼顾指标的动态性特征，以便于综合指数的测度可以为未来的经济发展提供决策依据。

（三）指标体系设计

五大发展理念，是一个彼此之间有联系、成结构的体系，除分别认识理解外，还要整体把握。要看到，每个发展理念都对其他发展理念有渗透、有体现，都不会孤立存在。它可以通过构建一系列的指标来进行衡量。在进行指标体系的设计时，高质量发展指标体系构建需要坚持系统性、可比性、可行性和可测性的原则。一方面，指标数量过少，研究结论过于单薄；另一方面，指标数量过多，又容易造成同质性指标的堆砌。笔者大量阅读经济发展的文献，在前人研究文献的基础上，遵循指标选择原则，并咨询该方向的专家，从经济发展的协调、创新、开放、绿色和共享 5 个一级评价指标和 17 个二级指标，按照定量分析和定性分析相结合的原则，在综合考虑到数据的可获得性、权威性和科学性的基础上，筛选出 17 个二级指标，构建了城二级市经济高质量发展水平评价指标体系（见表 3-7）。

表 3-7　城市经济高质量发展水平评价指标体系

一级指标	分项指标	二级指标	指标代码	计量单位	指标属性		
					正指标	逆指标	适度指标
创新	经济增长效率	技术效率	A01	–	√		
		资本生产率	A02	–	√		
		劳动生产率	A03	–	√		
协调	产业结构	产业结构高级化	B01	%	√		
		产业结构合理化	B02	–	√		
	金融结构	存款余额/GDP	B03	–	√		
	经济稳定	贷款余额/GDP	B04	–	√		
		经济波动	B05				
绿色	能耗	单位地区生产总值电耗	C01			√	
	环境污染	单位产出大气污染程度	C02	倍数		√	
		单位产出污水排放数	C03	倍数		√	
		单位产出固体废弃物排放数	C04	倍数		√	
开放	贸易依存度	进出口总额/GDP	D01	–	√		
	外商投资	外商投资实际利用额/GDP	D02	%	√		
共享	教育	人均教育支出	E01	–	√		
	公共基础服务	人均公路和铁路里程	E02	万千米/人	√		
		公共安全支出占财政支出比重	E03	%	√		

注：对于逆向指标的处理，采用求相反数的方法。

（四）各纬度指标的测算

全要素生产率、技术变动、技术效率变动——DEA 法：选择使用潜在产出法中比较常用的 Dea-Malmquist 指数法，对全国各省份 2014～2015 年的全要素生产率进行估算，我们利用缩放因子之比构造消费数量指数，以 GDP 作为产出指标，以资本和劳动作为投入指标，具体使用资本存量和就业人数为基础指标，使用 DEAP 软件进行编程，由此求得各地区的全要素生产率增长率。资本生产率，对于资本存量的估算采用永续盘存法，具体估算公式为：$K_{it} = K_{it-1}(1-\delta_{it}) + I_{it}$，其中，i 指第 i 个地区，t 指第 t 年；采用固定资本形成总额来度量当年投资 I；对于固定资本价格指数，直接采用《中国统计年鉴》中公布的数据，在此基础上求得以 2000 年为基年的不变价格表示的真实固定资本形成总价。基期的资本存量我们按照国际常用的方法计算：$K_0 = \dfrac{I_0}{g+\delta}$，其中，$K_0$ 是基期资本存量，I_0 是基期投资额，g 是样本期真实投资的年平均增长率，经济折旧率 δ 采用张军等（2004）的研究成果，为 9.6%。资本生产率 = GDP（2000 年不变价格）/资本存量。劳动生产率 = GDP（2000 年不变价格）/从业人数。

产业结构。产业结构合理化，是指为提高经济效益，要求在一定的经济发展阶段上根据科学技术水平、消费需求结构、人口基本素质和资源条件，对起初不合理的产业结构进行调整，实现生产要素的合理配置，使各产业协调发展。金融结构。从存贷款余额占比 GDP 产值情况来表征，分别表示为存款余额/GDP，贷款余额/GDP。经济波动采取当年 GDP 与前年的变动比率。

资源消耗。资源消耗采用单位地区生产总值电耗来反映区域能耗情况，单位地区生产总值电耗采用电力消费总量/GDP 表征。环境污染。区域环境污染情况是经济发展质量好坏的一个重要方面，本书采用区域发展活动产生的三废来度量环境污染程度。单位产出大气污染程度：工业二氧化硫排放总量/GDP；单位产出污水排放数：工业废水排放总量/GDP；单位产出固体废弃物排放数：工业废弃物生产量/GDP。

贸易依存度。贸易依存度亦称"外贸依存率"。指一国的对外贸易额同该国国民生产总值或国民收入的比率。它表明一个国家的对外贸易在国民经济中的地位或国民经济对于对外贸易的依赖程度，同时它又反映出一国同其他国家经济联系的密切程度和该国加入世界市场、国际分工的深度。随着世界经济的发展，各国的贸易依存度有提高的趋势。贸易依存度分为输出依存度和输入依存度。输出依存度又叫作平均出口倾向，用一国的出口总额占国民生产总值或国民收入的比重来表示。输入依存度也叫作平均进口倾向，是一国的进口总额所占国民生产总值或国民收入的比重。输出依存度和输入依存度都分为按不变价格计算的实际依存度和按现行价格计算的名义依存度。本书采用进出口贸易总额在国民生产总值中所占比重来表示，即进出口总额/GDP。

外商投资。外商投资，是指外国的公司、企业、其他经济组织或者个人依照中华人民共和国法律的规定，在中华人民共和国境内进行私人直接投资。外商投资的投资主体是"外商"，又称为"外国投资者"，这里强调的是外国国籍，包括在中国境外、依照其他国家相关法律设立的公司、企业、其他经济组织，以及具有外国国籍的个人；此外，由于历史、政治、法律等原因，外商还包括我国香港特别行政区、澳门特别行政区和台湾地区的投资者。本书采用外商投资实际利用额占国民生产总值的比重，即外商投资实际利用额/GDP 来表示。公共服务选取区域教育支出、医疗卫生情况和道路建设情况来度量。人均教育支出选取教育支出总额/年底人口数来表示。人均医疗卫生采用医疗床位数/年底人口数来表示。人均公路和铁路里程计算公式为（公路里程+铁路里程）/年底人口数。

二、研究方法设计

（一）熵权法

作为判断指标离散程度的方法，熵值法通常借助系统无序化程度来度量不同因素对评价对象的影响程度。在熵值法中，指标的作用取决于该指标所占权重，权重越大，作用也越大，反之相反。由于指标的权重完全由数据本身的关系决定，因此评价结果具有很强的客观性。与主成分分析法不同，熵值法着重计算了各评价指标的权重，从而得出影响制造业质量竞争力关键指标因素，在此基础上，对各样本对质量竞争力水平进行排序、分析。

熵值法计算步骤如下：

第一，指标正向化。建立的指标体系中既有正向指标，也有逆向指标，为保证测算结果的准确性，需对指标进行趋势化处理，即将逆向指标转化为正向指标，如式（3-17）所示：

$$X_i = -x_i \tag{3-17}$$

第二，数据标准化。熵值法分析过程中利用极差法进行数据趋同化处理和无量纲化处理，如式（3-18）所示：

$$X_{ij} = \frac{x_{ij} - \min(x)}{\max(x) - \min(x)} + 1 \tag{3-18}$$

第三，计算第 j 项指标在第 i 个评价对象上的指标权重，如式（3-19）所示：

$$P_{ij} = \frac{x_{ij}^*}{\sum_{i=1}^{n} x_{ij}^*} \tag{3-19}$$

第四，计算第 j 个指标的熵值，如式（3-20）所示：

$$e_j = -k \sum_{i=1}^{n} P_{ij} \ln(P_{ij}) \quad k = \frac{1}{\ln(n)} \tag{3-20}$$

第五，计算第 j 个指标的差异系数，如式（3-21）所示：

$$g_j = 1 - e_j \tag{3-21}$$

第六，计算第 j 项指标的权重，如式（3-22）所示：

$$W_j = \frac{g_j}{\sum_{j=1}^{m} g_j} \tag{3-22}$$

第七，对第 i 个地区进行质量竞争力综合评价，如式（3-23）所示：

$$F_i = \sum W_j P_{ij} \tag{3-23}$$

（二）主成分分析

主成分分析是由 Hotelling 于 1993 年提出的。主成分分析是利用降低维数的思想，在损失很少信息的前提下把多个指标转化为几个综合指标，称为主成分。每个主成分都是原来变量的线性组合，且各个主成分间互不相干，这就使得主要成分比原始变量具有某些更优越的性能。

在对经济增长质量问题进行实证研究时，为了更加全面、准确地反映经济增长质量，首先要考虑与经济增长质量有关的多个指标变量。这就产生了两个问题：一方面需要避免遗漏重要的评价指标就会考虑尽可能多的指标变量，另一方面随着指标的增多会增加研究经济增长质量问题的复杂程度。此外，由于各项指标都是对经济增长质量这一问题的反映，不可避免地就会造成信息重叠，既会增加评价考核的无用工作量，又会引起评价指标变量之间的共线性。因此，由于多个变量之间往往存在一定程度的相关性，同时为了在今后实践过程中减少不必要测度评价工作量，本书希望通过线性组合的方式，从大量预设变量中抽取变量信息。

主成分分析就是研究如何通过原始变量的少数几个线性组合来解释原始变量的绝大多数信息，是由 Hotelling 在 1993 年提出的。当用第一个线性组合不能抽取更多的变量信息时，再考虑用第二个线性组合继续这个快速抽取的过程，直到所抽取的变量信息与原指标差不多时为止，这就是主成分分析的基本思想。在利用主成分分析时，利用较少的主成分就可以得到较多的信息量，以各个主成分为分量，得到更低位的随机变量。因此，主成分分析既可以降低数据维数，又保留了原数据的大部分信息。原则上，如果有 n 个变量，则可以最多抽取 n 个主成分，但如果将这 n 个主成分全部抽取出来就失去了主成分简化变量数的实际意义。因此，一般抽取包含了90%以上信息的2~3个主成分。

当一个变量只取一个数据时，这个变量（数据）提供的信息量是非常有限的；当这个变量取一系列不同数据时，则可以从中获取最大值、最小值、平均数等信息。变量的差异性越大，说明提供的信息越全面、越充分。主成分分析中的信息，就是指标的变异性，用标准差或方差表示。主成分的数学模型如式（3-24）所示：

$$Y_1 = \mu_{11}X_1 + \mu_{12}X_2 + \cdots + \mu_{1P}X_P$$
$$Y_2 = \mu_{12}X_1 + \mu_{22}X_2 + \cdots + \mu_{2P}X_P$$
$$\vdots$$
$$Y_P = \mu_{P1}X_1 + \mu_{P2}X_2 + \cdots + \mu_{PP}X_P$$

$$(3-24)$$

可用矩阵表示为式（3-25）：

$$Y = UX \tag{3-25}$$

主成分分析和因子分析一样都是从样本协方差矩阵入手，其结果受变量单位的影响。为了消除单位的不同可能带来的影响，在进行主成分分析之前，将原始数据变量做标准化处理。经过标准化处理的数据矩阵就是 X 的相关矩阵 R，如果主成分分析的一切计算都直接从样本相关系数矩阵 R 而不是从协方差矩阵出发，就等价于先对数据进行标准化，然后再从协方差矩阵进行主成分分析。

（三）德尔菲法

德尔菲法（Delphi）又称专家咨询法，是美国兰德（Rand）公司于1964年发明并首先使用的一种定性技术预测方法，它是在专家会议预测方法的基础上发展起来的，其核心是通过匿名方式进行几轮函询征求专家们的意见。研究者通过经验分析和文献总结并根据研究对象的特征设计调查表指标，然后咨询相关专家对列出的系列指标的意见，对调查表进行统计处理，并将咨询结果向专家反馈。进行多轮调查咨询，专家意见趋于集中后确定具体的指标体系。专家咨询法在很多领域得到了应用并且不断改进，用于指标体系的构建已经日趋成熟。本书应用专家咨询法对初步选定的经济高质量发展的指标体系进行研究，进一步确定经济高质量发展的评价指标体系。

三、综合指数测度结果分析

（一）样本资料来源

各指标数据主要来自于《中国城市统计年鉴》及各地市统计公报，以质量为核心搜集了 2005~2017 年的 286 个地市级及以上城市的数据，包含创新、协调、绿色、开放和共享五 5 个维度 17 项指标，数据量极为丰富的面板数据。

为了保证高质量发展指数计算的科学公正性，原始数据采集尽可能选择相关统计部门和政府监管部门拥有或公开发布的权威数据，最大限度地保证各项统计指标的准确性和可比性。

（二）测度结果分析

1. 城市经济发展质量测算结果及分析

限于篇幅，本书借鉴师博和张冰瑶（2019）的做法，没有报告全部地级以上城市经济高质量发展综合指数，只分别列出了部分代表性城市经济高质量发展指数。代表性城市的选取依据是：第一，经济发展质量稳定保持在前列的城市；第二，直辖市、副省级城市以及省会城市；第三，东、中、西部和东北部分别排名在前五名和后五名的城市；第四，部分信息披露城市。笔者认为，按照上述原则和依据选取城市，分析其经济发展质量，能够为全国不同层级、不同区域的城市推动经济发展质量提供借鉴。计算全国 286 个地市级及以上城市经济发展质量综合指数并绘制年均折线图，如图 3-4 所示，经济发展质量综合指数排名前 30 名的地市级及以上城市如表 3-8 所示。

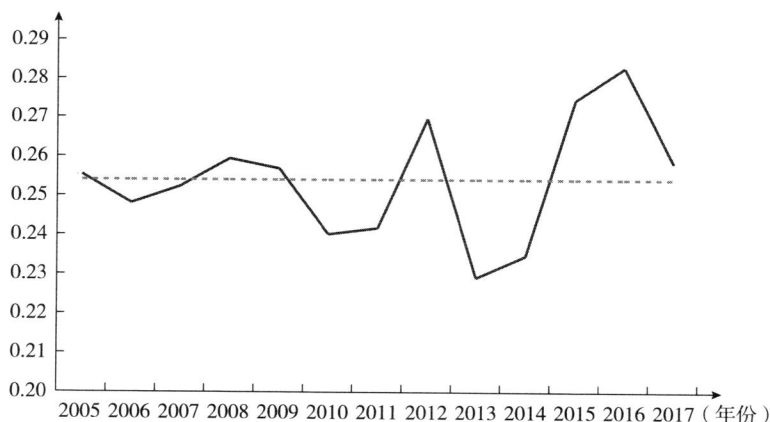

图 3-4　城市经济发展质量综合指数绘制年均折线图

表 3-8　经济发展质量综合指数排名前 30 名的城市

城市	2005 年	2007 年	2009 年	2011 年	2013 年	2015 年	2017 年	均值	排名
北京市	0.646	0.672	0.708	0.662	0.661	0.719	0.706	0.678	1
上海市	0.658	0.662	0.670	0.661	0.635	0.664	0.621	0.658	2

续表

城市	2005 年	2007 年	2009 年	2011 年	2013 年	2015 年	2017 年	均值	排名
深圳市	0.479	0.525	0.530	0.509	0.470	0.547	0.531	0.520	3
广州市	0.441	0.502	0.502	0.491	0.459	0.491	0.421	0.482	4
天津市	0.371	0.423	0.471	0.479	0.468	0.520	0.433	0.460	5
重庆市	0.277	0.328	0.419	0.438	0.493	0.506	0.459	0.420	6
成都市	0.318	0.343	0.399	0.421	0.411	0.463	0.452	0.402	7
苏州市	0.341	0.400	0.400	0.392	0.390	0.408	0.369	0.387	8
杭州市	0.337	0.377	0.377	0.377	0.360	0.430	0.361	0.380	9
武汉市	0.324	0.348	0.377	0.363	0.355	0.421	0.411	0.374	10
南京市	0.322	0.370	0.355	0.379	0.377	0.426	0.398	0.374	11
东莞市	0.326	0.389	0.376	0.366	0.357	0.407	0.308	0.371	12
青岛市	0.320	0.353	0.341	0.344	0.337	0.415	0.347	0.355	13
沈阳市	0.329	0.380	0.373	0.344	0.316	0.318	0.306	0.340	14
大连市	0.319	0.335	0.355	0.351	0.345	0.321	0.307	0.340	15
济南市	0.327	0.330	0.337	0.323	0.321	0.383	0.355	0.340	16
西安市	0.286	0.310	0.340	0.327	0.331	0.378	0.372	0.334	17
无锡市	0.303	0.337	0.341	0.330	0.308	0.340	0.322	0.331	18
长沙市	0.294	0.315	0.327	0.320	0.321	0.377	0.364	0.331	19
哈尔滨市	0.318	0.314	0.327	0.306	0.322	0.355	0.336	0.327	20
郑州市	0.276	0.300	0.314	0.304	0.303	0.360	0.359	0.315	21
佛山市	0.310	0.321	0.345	0.318	0.278	0.325	0.271	0.314	22
海口市	0.301	0.291	0.303	0.291	0.288	0.356	0.329	0.313	23
长春市	0.288	0.306	0.313	0.306	0.297	0.337	0.301	0.311	24
合肥市	0.277	0.293	0.302	0.301	0.285	0.340	0.338	0.305	25
厦门市	0.278	0.291	0.290	0.302	0.274	0.325	0.310	0.300	26
宁波市	0.289	0.314	0.262	0.269	0.294	0.341	0.316	0.299	27
昆明市	0.269	0.278	0.268	0.278	0.293	0.342	0.331	0.294	28
南宁市	0.274	0.289	0.295	0.276	0.272	0.334	0.299	0.292	29
三亚市	0.249	0.245	0.290	0.265	0.327	0.362	0.341	0.292	30

　　根据城市经济发展质量测度结果，2005～2017 年，中国地级及以上城市整体经济发展质量综合指数的平均值为 0.255，最高值出现在 2016 年，经济发展质量综合指数为 0.283，2013 年均值最低为 0.229；其中 2005～2008 年城市经

济发展质量综合指数保持相对平稳，发展质量综合指数在 0.25 左右，2008~
2017 年城市经济发展质量综合指数波动较大，呈现震荡上升态势。从经济发展
质量综合指数的收敛性看，2005~2008 年经济发展质量综合指数标准差为
0.055，2009~2017 年为 0.066，2009 年后城市经济发展质量趋异。

表 3-8 中，经济发展质量稳定保持在前列的 30 个地市级及以上城市，经济
发展质量综合指数年均值在 0.292 以上，其中前五名分别为北京、上海、深圳、
广州和天津，经济发展质量指数年均值在 0.42 以上。北京最高，均值为 0.678，
2005~2017 年北京经济发展质量指数呈现"上升→下降→上升"的更迭变化态
势，整体呈现震荡上行。上海经济发展质量综合指数均值为 0.658，考察期间
经济发展质量呈现小幅下降态势，主要原因是资本生产率下降所致。深圳经济
发展质量综合指数排名第三，经济发展质量综合指数年均值为 0.520，呈现
"上升→下降→上升"的"N"型变化态势，2017 年较 2005 年经济发展质量综
合指数增加 4.17，增幅为 8.72 个百分点。经济发展质量指数整体排名前 30 名
的城市主要分布为东北部 4 个、东部 17 个、西部 5 个和中部 4 个，由此可以看
出经济高质量发展的城市主要集中在东部沿海地区，中部和东北部经济高质量
发展城市较少，并绘制经济高质量发展城市省域分布情况（见图 3-5）。

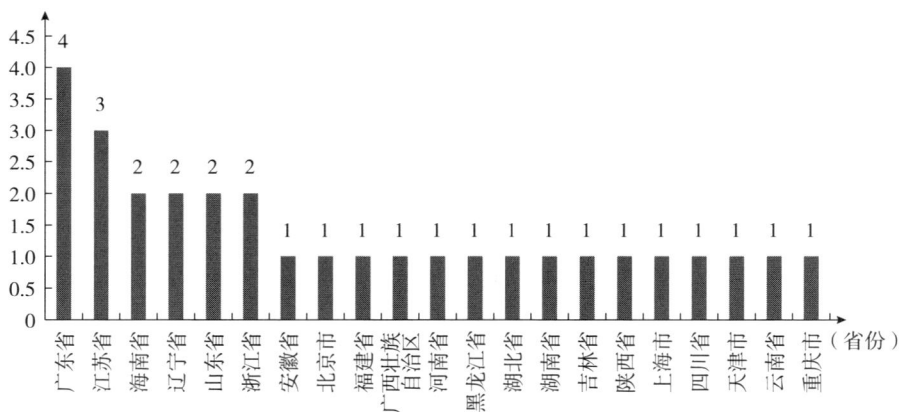

图 3-5　经济高质量发展城市省域分布情况

经济高质量发展城市所属省域情况如图 3-5 所示，我们可以直观地看出广
东省经济高质量发展城市最多，30 个高质量发展城市广东省占四个，分别是深
圳市、广州市、东莞市和佛山市，经济发展质量综合指数分别为 0.520、0.482、
0.371 和 0.314，全国城市经济发展质量综合指数排名分别为第 3 名、第 4 名、
第 12 名和第 22 名；江苏省排第二名，3 个高质量发展城市分别是苏州市、南京

市和无锡市，经济发展质量指数分别为 0.387、0.374 和 0.331，排名情况分别为第 8 名、第 11 名和第 18 名；海南省、辽宁省、山东省和浙江省均有两个城市进入经济高质量发展城市排名前 30 名，分别是海南省的海口市和三亚市，辽宁省的沈阳市和大连市，山东省的济南市和青岛市，江苏省的苏州市和南京市。安徽省、北京市、福建省、广西壮族自治区、河南省、黑龙江省、湖北省、湖南省、吉林省、陕西省、上海市、四川省、天津市、云南省和重庆市 15 个省份分别有 1 个城市为经济高质量发展城市。由于宁夏回族自治区、青海省和西藏自治区的城市数据严重缺失，中国台湾、香港和澳门的数据不便获取，本书仅包含中国 28 个省域的部分城市数据，甘肃省、贵州省、河北省、江西省、内蒙古自治区、山西省和新疆维吾尔自治区 7 个省区没有城市为经济高质量发展城市。为了剔除区位优势的影响，更好地进行城市间经济发展质量比较，分别统计四大区域发展较好的城市和相对落后的城市，如表 3-9 所示。

表 3-9 四大区域经济发展质量较好和暂时落后的城市

城市	区域	2005 年	2007 年	2009 年	2011 年	2013 年	2015 年	2017 年	均值	排名
沈阳市	东北部	0.329	0.380	0.373	0.344	0.316	0.318	0.306	0.340	1
大连市	东北部	0.319	0.335	0.355	0.351	0.345	0.321	0.307	0.340	2
哈尔滨市	东北部	0.318	0.314	0.327	0.306	0.322	0.355	0.336	0.327	3
长春市	东北部	0.288	0.306	0.313	0.306	0.297	0.337	0.301	0.311	4
齐齐哈尔市	东北部	0.310	0.259	0.248	0.235	0.221	0.265	0.258	0.259	5
大庆市	东北部	0.266	0.249	0.263	0.258	0.219	0.219	0.222	0.247	-5
鞍山市	东北部	0.265	0.256	0.275	0.239	0.224	0.241	0.218	0.245	-4
锦州市	东北部	0.278	0.249	0.253	0.224	0.204	0.229	0.241	0.241	-3
抚顺市	东北部	0.239	0.228	0.235	0.211	0.199	0.225	0.212	0.226	-2
本溪市	东北部	0.232	0.237	0.252	0.218	0.198	0.220	0.195	0.222	-1
北京市	东部	0.646	0.672	0.708	0.662	0.661	0.719	0.706	0.678	1
上海市	东部	0.658	0.662	0.670	0.661	0.635	0.664	0.621	0.658	2
深圳市	东部	0.479	0.525	0.530	0.509	0.470	0.547	0.531	0.520	3
广州市	东部	0.441	0.502	0.502	0.491	0.459	0.491	0.421	0.482	4
天津市	东部	0.371	0.423	0.471	0.479	0.468	0.520	0.433	0.460	5
泰安市	东部	0.244	0.245	0.241	0.215	0.226	0.275	0.259	0.245	-5
邯郸市	东部	0.249	0.241	0.248	0.229	0.228	0.260	0.253	0.243	-4
连云港市	东部	0.231	0.249	0.246	0.228	0.221	0.273	0.248	0.242	-3

城市	区域	2005 年	2007 年	2009 年	2011 年	2013 年	2015 年	2017 年	均值	排名
枣庄市	东部	0.228	0.224	0.240	0.221	0.207	0.252	0.239	0.233	-2
韶关市	东部	0.234	0.232	0.237	0.218	0.206	0.249	0.240	0.232	-1
重庆市	西部	0.277	0.328	0.419	0.438	0.493	0.506	0.459	0.420	1
成都市	西部	0.318	0.343	0.399	0.421	0.411	0.463	0.452	0.402	2
西安市	西部	0.286	0.310	0.340	0.327	0.331	0.378	0.372	0.334	3
昆明市	西部	0.269	0.278	0.268	0.278	0.293	0.342	0.331	0.294	4
南宁市	西部	0.274	0.289	0.295	0.276	0.272	0.334	0.299	0.292	5
曲靖市	西部	0.224	0.216	0.220	0.203	0.199	0.228	0.233	0.219	-5
铜川市	西部	0.225	0.217	0.221	0.216	0.176	0.227	0.217	0.218	-4
攀枝花市	西部	0.225	0.212	0.228	0.211	0.183	0.231	0.203	0.216	-3
渭南市	西部	0.218	0.199	0.217	0.197	0.195	0.244	0.225	0.216	-2
延安市	西部	0.229	0.212	0.215	0.201	0.180	0.205	0.229	0.213	-1
武汉市	中部	0.324	0.348	0.377	0.363	0.355	0.421	0.411	0.374	1
长沙市	中部	0.294	0.315	0.327	0.320	0.321	0.377	0.364	0.331	2
郑州市	中部	0.276	0.300	0.314	0.304	0.303	0.360	0.359	0.315	3
合肥市	中部	0.277	0.293	0.302	0.301	0.285	0.340	0.338	0.305	4
张家界市	中部	0.267	0.277	0.276	0.259	0.246	0.338	0.307	0.286	5
焦作市	中部	0.228	0.222	0.218	0.200	0.189	0.245	0.238	0.220	-5
临汾市	中部	0.241	0.214	0.225	0.216	0.187	0.209	0.265	0.215	-4
阳泉市	中部	0.230	0.207	0.201	0.205	0.184	0.208	0.232	0.209	-3
长治市	中部	0.217	0.227	0.226	0.209	0.183	0.188	0.219	0.209	-2
三门峡市	中部	0.209	0.206	0.188	0.198	0.186	0.215	0.242	0.208	-1

从表 3-9 中四大区域经济发展质量较好和暂时落后的城市可以看出，东北部经济发展质量较好的城市是沈阳市、大连市、哈尔滨市、长春市和齐齐哈尔市，经济发展质量综合指数年均值分别为 0.340、0.340、0.327、0.311 和 0.259，发展质量暂时落后的城市分别是本溪市、抚顺市、锦州市、鞍山市和大庆市，经济发展质量综合指数年均值分别为 0.222、0.226、0.241、0.245 和 0.247。东部沿海地区由于人才、资源等区位优势经济发展质量相对较好，全国经济发展质量最好的五个城市全部集中在东部沿海区域，东部沿海城市经济发展质量相对落后的城市为韶关市、枣庄市、连云港市、邯郸市和泰安市，经济发展质量综合指数年均值都在 0.24 左右，远远低于北京、上海、广州等东部经

济高质量发展的城市。西部地区经济发展质量较好的城市分别是重庆市、成都市、西安市、昆明市和南宁市，经济发展质量综合指数年均在 0.29～0.43，差别幅度较大，经济发展质量暂时落后的城市分别为延安市、渭南市、攀枝花市、铜川市和曲靖市，经济发展质量综合指数年均值在 0.21 左右，五个城市的经济发展质量综合指数差别很小。中部城市经济高质量发展的城市分别为武汉市、长沙市、郑州市、合肥市和张家界市，经济发展质量综合指数年均值在 0.28～0.38，经济发展质量相对落后的城市分别为三门峡市、长治市、阳泉市、临汾市和焦作市，经济发展质量综合指数在 0.21 左右浮动，五个经济发展质量相对落后的城市间差异不大，但相对落后于东部和东北部经济发展质量暂时落后的城市，主要原因是中部发展质量落后的五市多数是资源消耗较大、污染相对较重所致。为了更好地比较直辖市、副省会城市以及省会城市的经济发展质量，统计数据如表 3-10 所示。

表 3-10　直辖市、副省级城市以及省会城市的经济发展质量

城市	2005 年	2007 年	2009 年	2011 年	2013 年	2015 年	2017 年	均值	排名
北京市	0.646	0.672	0.708	0.662	0.661	0.719	0.706	0.678	1
上海市	0.658	0.662	0.670	0.661	0.635	0.664	0.621	0.658	2
深圳市	0.479	0.525	0.530	0.509	0.470	0.547	0.531	0.520	3
广州市	0.441	0.502	0.502	0.491	0.459	0.491	0.421	0.482	4
天津市	0.371	0.423	0.471	0.479	0.468	0.520	0.433	0.460	5
重庆市	0.277	0.328	0.419	0.438	0.493	0.506	0.459	0.420	6
成都市	0.318	0.343	0.399	0.421	0.411	0.463	0.452	0.402	7
苏州市	0.341	0.400	0.400	0.392	0.390	0.408	0.369	0.387	8
杭州市	0.337	0.377	0.377	0.377	0.360	0.430	0.361	0.380	9
武汉市	0.324	0.348	0.377	0.363	0.355	0.421	0.411	0.374	10
南京市	0.322	0.370	0.355	0.379	0.377	0.426	0.398	0.374	11
青岛市	0.320	0.353	0.341	0.344	0.337	0.415	0.347	0.355	12
沈阳市	0.329	0.380	0.373	0.344	0.316	0.318	0.306	0.340	13
大连市	0.319	0.335	0.355	0.351	0.345	0.321	0.307	0.340	14
济南市	0.327	0.330	0.337	0.323	0.321	0.383	0.355	0.340	15
西安市	0.286	0.310	0.340	0.327	0.331	0.378	0.372	0.334	16
无锡市	0.303	0.337	0.341	0.330	0.308	0.340	0.322	0.331	17
长沙市	0.294	0.315	0.327	0.320	0.321	0.377	0.364	0.331	18

续表

城市	2005 年	2007 年	2009 年	2011 年	2013 年	2015 年	2017 年	均值	排名
哈尔滨市	0.318	0.314	0.327	0.306	0.322	0.355	0.336	0.327	19
郑州市	0.276	0.300	0.314	0.304	0.303	0.360	0.359	0.315	20
海口市	0.301	0.291	0.303	0.291	0.288	0.356	0.329	0.313	21
合肥市	0.277	0.293	0.302	0.301	0.285	0.340	0.338	0.305	22
厦门市	0.278	0.291	0.290	0.302	0.274	0.325	0.310	0.300	23
宁波市	0.289	0.314	0.262	0.269	0.294	0.341	0.316	0.299	24
昆明市	0.269	0.278	0.268	0.278	0.293	0.342	0.331	0.294	25
南宁市	0.274	0.289	0.295	0.276	0.272	0.334	0.299	0.292	26
福州市	0.269	0.282	0.292	0.270	0.271	0.323	0.306	0.288	27
乌鲁木齐市	0.285	0.285	0.289	0.298	0.249	0.307	0.281	0.288	28
呼和浩特市	0.287	0.283	0.290	0.258	0.273	0.328	0.285	0.286	29
太原市	0.272	0.283	0.259	0.265	0.267	0.318	0.298	0.281	30
石家庄市	0.259	0.263	0.285	0.257	0.264	0.303	0.306	0.274	31
兰州市	0.261	0.265	0.254	0.258	0.231	0.300	0.280	0.267	32

表 3-10 统计了 32 个直辖市、副省级城市以及省会城市（银川市、贵阳市、西宁市和拉萨市数据缺失），32 个城市中，排名前五名的依然是北京市、上海市、深圳市、广州市和天津市，同时这五个城市也是全国经济高质量发展城市排名前五名城市，排名较靠后的城市分别为兰州市、石家庄市、太原市、呼和浩特市和乌鲁木齐市，这五个城市经济发展质量综合得分相对落后于其他副省级及以上城市的主要原因是开放发展，尤其是实际利用外商投资额远远低于经济高质量发展城市。本书考察 286 个城市中部分城市考察期增幅较大，汇总综合增幅较大的城市如表 3-11 所示。

表 3-11　经济发展质量增幅较大的城市

城市	2005 年	2007 年	2009 年	2011 年	2013 年	2015 年	2017 年	均值	增幅（%）
重庆市	0.277	0.328	0.419	0.438	0.493	0.506	0.459	0.420	56.2
成都市	0.318	0.343	0.399	0.421	0.411	0.463	0.452	0.402	39.0
三亚市	0.249	0.245	0.290	0.265	0.327	0.362	0.341	0.292	36.6
晋中市	0.228	0.217	0.212	0.197	0.119	0.233	0.232	0.209	36.2
铜陵市	0.238	0.223	0.153	0.144	0.188	0.247	0.236	0.201	35.5

续表

城市	2005 年	2007 年	2009 年	2011 年	2013 年	2015 年	2017 年	均值	增幅（%）
洛阳市	0.220	0.229	0.250	0.208	0.229	0.279	0.283	0.242	32.1
郑州市	0.276	0.300	0.314	0.304	0.303	0.360	0.359	0.315	30.3
邢台市	0.202	0.223	0.234	0.215	0.199	0.247	0.252	0.227	29.5
西安市	0.286	0.310	0.340	0.327	0.331	0.378	0.372	0.334	29.1
鹰潭市	0.228	0.208	0.134	0.154	0.178	0.226	0.228	0.189	28.7
武汉市	0.324	0.348	0.377	0.363	0.355	0.421	0.411	0.374	27.6
廊坊市	0.231	0.228	0.231	0.203	0.211	0.270	0.278	0.236	24.6
南京市	0.322	0.370	0.355	0.379	0.377	0.426	0.398	0.374	24.3
昆明市	0.269	0.278	0.268	0.278	0.293	0.342	0.331	0.294	24.2
长沙市	0.294	0.315	0.327	0.320	0.321	0.377	0.364	0.331	23.6
合肥市	0.277	0.293	0.302	0.301	0.285	0.340	0.338	0.305	22.9
漳州市	0.218	0.253	0.244	0.236	0.221	0.281	0.257	0.248	22.9
张家口市	0.205	0.228	0.240	0.213	0.206	0.244	0.241	0.230	22.0
石家庄市	0.259	0.263	0.285	0.257	0.264	0.303	0.306	0.274	21.0
张家界市	0.267	0.277	0.276	0.259	0.246	0.338	0.307	0.286	20.5
吕梁市	0.217	0.212	0.189	0.211	0.175	0.168	0.229	0.209	20.5
三门峡市	0.209	0.206	0.188	0.198	0.186	0.215	0.242	0.208	20.4
鄂尔多斯市	0.249	0.253	0.289	0.254	0.241	0.278	0.288	0.263	20.3

　　从表3-11可以看出，经济发展质量综合指数合计增幅20%以上的城市共计23个，排名前六名的是重庆市、成都市、三亚市、晋中市、铜陵市、洛阳市，城市经济发展质量综合指数增幅均超过30%，增幅最大的是重庆市，经济发展质量综合指数合计增幅56.2%，至2017年经济发展质量综合指数达0.459，其他五个城市经济发展质量综合指数2017年在0.23~0.46。经济发展质量综合指数增幅在20%多的四个城市分别为鄂尔多斯市、三门峡市、吕梁市和张家界市。23个经济发展质量增幅强劲的城市包含东部城市7个，分别为三亚市、邢台市、廊坊市、南京市、漳州市、张家口市和石家庄市，集中在海南省、河北省、江苏省和福建省四个省域；包含西部城市6个，分别是重庆市、成都市、西安市、昆明市、吕梁市和鄂尔多斯市，分布在四川、陕西、云南、山西、内蒙古四省区和重庆直辖市；中部城市10个，分别是晋中市、铜陵市、洛阳市等，分布在安徽省、河南省、山西省等6个省份。

2. 城市经济发展质量的区域异质性特征

根据熵值法计算的各城市经济发展质量指数进行四大经济区汇总，结果如表 3-12 所示，并绘制时序变化折线图如图 3-6 所示，进而分析四大经济区经济发展质量指数的区域异质性和时序变化特征。

表 3-12　城市经济发展质量四大经济区综合指数统计

区域	2005 年	2006 年	2007 年	2008 年	2009 年	2010 年	2011 年
东北部	0.264	0.252	0.252	0.266	0.257	0.241	0.234
东部	0.273	0.271	0.279	0.283	0.283	0.269	0.269
西部	0.242	0.232	0.235	0.246	0.246	0.223	0.228
中部	0.243	0.233	0.236	0.240	0.235	0.240	0.244
区域	2012 年	2013 年	2014 年	2015 年	2016 年	2017 年	均值
东北部	0.260	0.217	0.222	0.246	0.255	0.235	0.246
东部	0.300	0.260	0.262	0.304	0.312	0.279	0.280
西部	0.256	0.214	0.221	0.264	0.271	0.247	0.240
中部	0.249	0.234	0.219	0.259	0.269	0.253	0.239

四大经济区经济发展质量综合指数年均值在 0.2～0.3，经济发展质量最好的是东部经济区，经济发展质量综合指数为 0.280，其次是东北部经济区，综合指数为 0.246，西部和中部经济区经济发展质量综合指数基本相同，年均综合指数分别为 0.240、0.239。从四大经济区经济发展质量时序变化折线图可以看出，东部经济区经济发展质量总体呈现震荡上升的态势，2005～2011 年经济发展质量相对平稳，变化幅度不大，2011～2017 年震荡特征显著，2013 年和 2014 年下探到最低点，经济发展质量综合指数低至 0.26 左右，2014 年后急剧上升，2016 年达到最高值，经济发展质量为 0.312，而后 2017 年小幅回落。东北经济区经济发展质量整体提升不显著，考察期内 2005 年经济发展质量综合指数为 0.264，2017 年反而低至 0.235，2005～2011 年基本平稳，有小幅下降，2012 年下降态势有所抬头，但 2013 年和 2014 年又迅速下降，东北经济区经济发展质量 2013 年成为考察期内最低点，值为 0.222，总而言之，东北经济区经济发展质量表现出"W"型特征的下行态势。西部经济区整体变化态势基本相同于东部经济区，呈现震荡上升态势，不同的是，西部经济区上升幅度不及东部经济区，2005～2009 年东部经济区经济发展质量相对平稳，2009～2017 年震荡加剧，呈现下降、上升的交替更迭式变化，2013 年是考察期内经济发展质量的最低点，值为 0.214，2016 年为考察期内经济发展质量的最高点，综合指数

相差 15 个百分点。中部经济区整体呈现攀升态势，震荡较少，仅 2014 年小幅下降。

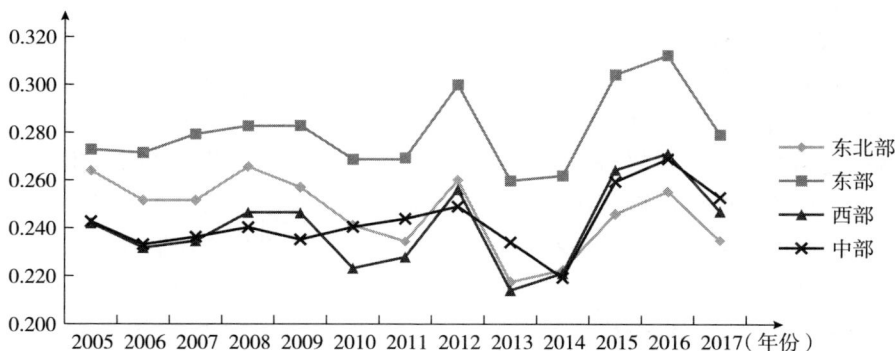

图 3-6　四大区域经济发展质量综合指数变化折线图

本章小结

本章基于 2005~2017 年中国 286 个地市级及以上城市数据测度其技术效率、技术进步及全要素生产率。构建非期望产出的超效率 SBM 模型和全要素生产率评价模型，测度各指标统计值，对比分析了各地市在技术效率、技术进步和全要素生产率的空间区域差异和随时间推移的变动趋势。研究发现：中国城市技术效率变化呈现"马鞍"型双峰变化态势。30 个技术效率增幅超过 5 个百分点的城市多数分布在东部和西部经济区，包含东部经济区广州市、泰安市、天津市和南平市等 10 个城市，西部经济区重庆市、桂林市、西安市和包头市等 11 个城市，中部和东北部经济区共 9 个城市；考察期内技术进步呈现增长态势，年均增幅 3 个百分点，由此可以看出，考察期内，我国经济发展技术进步呈现持续增长的态势，与技术效率相比，技术进步是驱动城市经济全要素生产率增长的主要动力。30 个技术进步较大的城市多数分布在东部经济区，包含东部经济区烟台、苏州、上海、北京等 15 个城市；多数年份全要素生产率在 1 以上，意味着考察年份全要素生产率多数年份保持增长。

选取经济发展的创新、协调、绿色、开放和共享 5 个一级评价指标并在综合考虑数据的可获得性、权威性和科学性的基础上，筛选出 17 个二级指标，构建了经济高质量发展评价指标体系。为了更好地对经济高质量发展进行评价，本书利用熵值法、主成分分析法以及熵值—主成分分析法相结合的三种方法对原始数据进行处理，并最终选取熵值法测度各指标数据，对比分析了国内 286 个地市级及以上城市在经济发展综合情况和区域异质性。研究发现：①2005～2017 年，中国地级及以上城市整体经济发展质量综合指数的平均值为 0.255，2005～2008 年城市经济发展质量综合指数保持相对平稳，2008～2017 年城市经济发展质量综合指数波动较大，整体呈现震荡上升态势。②四大经济区经济发展质量综合指数年均值都在 0.2～0.3，经济发展质量最好的是东部经济区，其次是东北部经济区，西部和中部经济区经济发展质量综合指数基本相同，暂时落后。③经济发展质量综合指数年均值排前五名的分别为北京市、上海市、深圳市、广州市和天津市，经济发展质量综合指数合计增幅 20% 以上的城市共计 23 个，排名前 6 名的是重庆市、成都市、三亚市、晋中市、铜陵市、洛阳市，城市经济发展质量综合指数增幅均超过 30%。

第四章 环境规制与城市经济高质量发展耦合关系分析

本章在测度中国城市经济高发展质量综合得分的基础上，采用灰色关联分析方法考察环境规制与城市经济发展质量的耦合协调关系。研究首先介绍了耦合协调系统构建，其次实证分析了中国城市耦合总体协调情况，再次分析了各区域环境规制与城市经济高质量发展的耦合协调情况，最后详细考察、介绍了中国城市经济发展质量和环境规制的耦合协调度。

第一节 研究方法

采用熵权法确定指标权重，由于指标的权重完全由数据本身的关系决定，因此评价结果具有很强的客观性[①]。本书首先采用熵值法着重计算各评价指标的权重，测度得出经济高质量发展和环境规制的关键指标因素。其次计算环境规制系统与经济发展质量系统的耦合协调度，耦合是两个或两个以上的系统或两种运动形式之间通过相互作用和联系产生协同放大效应，各子系统间整体协同效应大于子系统的单独作用。环境规制与经济高质量发展系统具有明显的层次复杂性和关联性，运用耦合度模型可以有效度量两者之间的协同作用。耦合的实证思路能够以系统论的思想，对变量系统之间的协同关系进行全面综合分析[②]，本书采用灰色关联分析法计算环境规制和经济发展质量两个系统之间的关联系数，并进行耦合度计算[③]。首先计算环境规制与经济发展质量两个系统的关联系数，计算方法如式（4-1）所示。

---

① 郭亚军. 综合评价理论、方法及应用 [M]. 北京：科学出版社，2008.

② 汪发元，郑军，周中林，裴潇，叶云. 科技创新、金融发展对区域出口贸易技术水平的影响——基于长江经济带 2001-2016 年数据的时空模型 [J]. 科技进步与对策，2018，35（18）：66-73.

③ 杨世迪，韩先锋，宋文飞. 对外直接投资影响了中国绿色全要素生产率吗 [J]. 山西财经大学学报，2017，39（4）：14-26.

$$\xi_{ab}(k) = \frac{\min_a\min_b|N_a(k)-K_b(k)|+\beta\max_a\max_b|N_a(k)-K_b(k)|}{|N_a(k)-K_b(k)|+\beta\max_a\max_b|N_a(k)-K_b(k)|}$$

$$(4-1)$$

式中，$N_a(k)$ 为某年第 k 个省份环境规制系统 N 中的第 a 个指标值（a = 1，2···，N，m），$K_b(k)$ 为某年第 k 个省份经济高质量发展系统 K 中的第 b 个指标值（b=（1，2···，n），$\xi_{ab}(k)$ 代表两者之间的关联系数。其中 β 为分辨系数，通常取值为 0.5。

耦合度描述了系统或要素之间彼此作用影响的程度。在上述关联系数计算的基础上，运用式（4-2）计算各省环境规制与经济高质量发展系统关联耦合度 C_K，从整体上反映耦合协调关系。

$$C_K = \frac{1}{mn}\sum_{a=1}^{m}\sum_{b=1}^{n}\xi_{ab}(k)$$

$$(4-2)$$

耦合度 C_K 取值范围在 0~1，取值不同，环境规制系统与经济发展质量系统指标关联性和耦合作用也不同，一般情况下，C_K 取值越大，表明两者变化趋势越近似，单个指标间耦合作用也显著；取值越小，表明耦合作用越弱。结合物理学关于协调类型的分类方法，并充分考虑各地区发展的实际情况，可以将企业家精神系统与经济发展质量系统耦合阶段分为十类、协调等级分为两大类，具体如表 4-1 所示。

表 4-1　耦合阶段和协调等级划分

耦合值	耦合阶段	协调等级
0.00~0.09	最小耦合	极度失调
0.10~0.19	低水平耦合	严重失调
0.20~0.29	低水平耦合	中度失调
0.30~0.39	拮抗耦合	轻度失调
0.40~0.49	拮抗耦合	濒临失调
0.50~0.59	磨合耦合	勉强协调
0.60~0.69	磨合耦合	初级协调
0.70~0.79	磨合耦合	中级协调
0.80~0.89	高水平耦合	良好协调
0.90~1.00	最大耦合	优质协调

第二节　区域耦合结果分析

一、总体耦合协调时序特征

对环境规制与经济高质量发展两个子系统的关联系数进行分析，基于 2005～2017 年中国 31 个省域的样本数据，运用式（4-1）、式（4-2）计算环境规制系统与经济高质量发展系统的耦合度 C_K，进而考察两个子系统的耦合协调关系。绘制耦合度变化曲线图如图 4-1 所示。

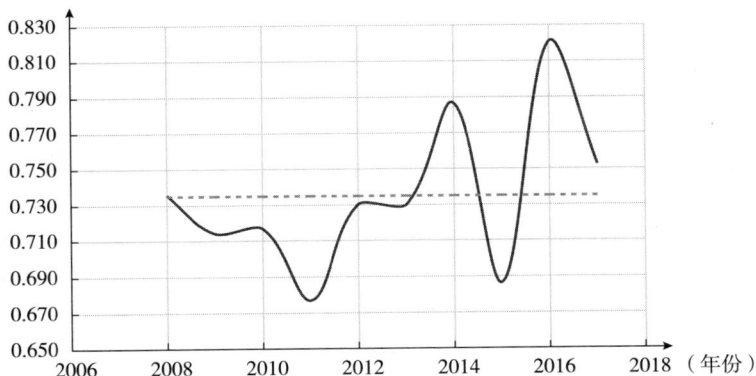

图 4-1　环境规制系统与经济高质量发展系统的耦合度变化曲线图

环境规制与经济发展质量总体耦合度均值为 0.735，根据表 4-1 判断标准可知，我国环境规制与经济高发展质量的协调度处于磨合耦合阶段，达到中级协调发展的标准，与高水平协调发展还有差距，尚存在较大的改进空间。考察期内环境规制与经济发展系统耦合度呈现"下降""上升"的交错更迭式的变化特征，大致可分为两个阶段，第一个阶段为 2008～2013 年小幅变化"U"型特征阶段，第二个阶段为 2014～2017 年大幅震荡攀升阶段。2008～2013 年耦合协调度先下降后回升，下降到 2011 年的最低点 0.677，处于磨合阶段，从中级协调跌落至初级协调，而后迅速回升，至 2012 年基本回升至考察初期，然后保持平稳态势至 2013 年。2014～2017 年为大幅震荡攀升阶段，该阶段首先耦合协调度迅速下降，然后大幅上升，而后又小幅下探。此阶段协调度大幅震荡，最低点为 2015 年，耦合协调度为 0.687，处于磨合阶段的初级协调水平，最高点为 2016 年，耦合协调度为 0.821，位于高水平耦合的良好协调水平，耦合协调度最好的 2016 年较低点 2015 年耦合协调度上升接近 20 个百分点。

二、耦合协调的主要影响因素分析

环境规制系统与经济高质量发展系统分别是一个灰色系统，两者之间相互影响。采用灰色关联分析测度两个系统之间的关联系数，分析相关因素，找出影响各系统耦合协调的主要因素（见表 4-2）。

表 4-2　中国环境规制与经济高质量发展的关联系数矩阵

年份	创新	协调	绿色	开放	共享	协调度
2008	0.767	0.763	0.803	0.728	0.743	0.736
2009	0.734	0.691	0.788	0.705	0.723	0.714
2010	0.740	0.568	0.786	0.706	0.727	0.717
2011	0.708	0.547	0.764	0.668	0.686	0.677
2012	0.751	0.543	0.792	0.724	0.736	0.730
2013	0.751	0.723	0.804	0.722	0.738	0.730
2014	0.804	0.781	0.844	0.783	0.791	0.787
2015	0.735	0.538	0.774	0.685	0.689	0.687
2016	0.848	0.697	0.860	0.820	0.822	0.821
2017	0.766	0.485	0.788	0.733	0.772	0.752
均值	0.761	0.638	0.807	0.738	0.756	0.735

从表 4-2 环境规制与经济高质量发展的关联系数可以看出，"创新、协调、绿色、开放、共享"的经济高质量发展系统与环境规制系统的关联系数显示，绿色与环境规制的关联度最高，关系系数均值高达 0.807，其次为创新和共享，关系系数均值分别为 0.761 和 0.756，开放发展与环境规制系统的关联度相对较低，关联系数为 0.738，五大方面中和环境规制系统关联最小的是协调发展，关联系数不足 0.7。从时间序列变化态势来看，创新发展与环境规制的关联系数 2014 年和 2016 年关联度最高，关系系数高于 0.8，说明环境规制有效促进经济发展质量提升。整个考察期间，环境规制与创新的关联系数变化呈现升降更迭盘整上升的特征，环境规制与创新发展的关联越来越协调。协调发展与环境规制的关联系数最小，时序变化震荡剧烈，2008 年的关系系数为 0.763，而 2017 年震荡降低到 0.485，相比于创新发展、开放发展、绿色发展和共享发展

振幅最大，绿色发展与环境规制的关系系数最大，且关系系数稳定在 0.76 ~ 0.86，相对平稳，开放发展与环境规制的关联系数的变化呈现"下降→上升→下降"的倒"N"型特征，共享发展与环境规制的关系系数的变化呈现升降交替的"W"型特征，但升降均表现为小幅升降。

三、耦合协调的区域异质性分析

本书选取分析面板数据样本为中国 30 个省份（西藏由于数据缺失将其在样本中省略），时间区间为 2008 ~ 2017 年。本书分别采用在"十一五"期间将中国内地划分为东部、中部、西部和东北四大板块，同时也采用国务院发展研究中心在 2005 年发表提出的四大板块具体划分为八大综合经济区，八大经济区分别为东部沿海经济区、南部沿海经济区、北部沿海经济区、黄河中游经济区、长江中游经济区、大西南经济区、大西北经济区和东北地区经济区（见表 4-3）。

表 4-3　八大经济区耦合协调的区域异质性结果统计

经济区	2008 年	2009 年	2010 年	2011 年	2012 年	2013 年	2014 年	2015 年	2016 年	2017 年	均值
东部沿海	0.889	0.889	0.899	0.872	0.848	0.838	0.890	0.763	0.819	0.748	0.845
南部沿海	0.864	0.902	0.867	0.772	0.722	0.826	0.844	0.811	0.950	0.859	0.842
东北地区	0.773	0.746	0.815	0.793	0.914	0.811	0.831	0.719	0.857	0.807	0.806
长江中游	0.786	0.739	0.714	0.793	0.798	0.754	0.883	0.739	0.838	0.793	0.784
大西南	0.673	0.694	0.678	0.632	0.721	0.751	0.833	0.720	0.921	0.901	0.752
北部沿海	0.743	0.743	0.708	0.634	0.723	0.781	0.775	0.652	0.862	0.743	0.737
黄河中游	0.618	0.583	0.564	0.499	0.618	0.561	0.689	0.546	0.716	0.522	0.591
大西北	0.593	0.476	0.576	0.497	0.542	0.561	0.564	0.557	0.592	0.624	0.558

30 个省份按照 2005 年国务院八大经济区进行划分，除三大沿海经济区相对平稳外，其余五大经济区的耦合变动规律基本遵循震荡上升的态势。具体而言，东部沿海耦合协调水平最高，耦合度年均值为 0.845，处于高水平耦合阶段，达到良好协调发展的标准，考察期内小幅下降，耦合协调度最低点在 2017 年，协调度为 0.748，最高点在 2010 年，耦合协调度为 0.899，2008 ~ 2010 年耦合协调度在 0.890 左右浮动，东部沿海经济区耦合协调发展呈现"下降→上升→下降"的倒"N"型特征。八大经济区耦合协调度居于第 2 位的是南部沿海经济区，耦合协调度较东部沿海经济区年均值差别不大，年均值耦合协调度

为 0.842，同样处于高水平耦合阶段，环境规制与经济发展达到良好协调发展的标准，环境规制与经济发展质量相互促进，环境规制可以有效地驱动经济发展质量提升，分年度来看，南部沿海经济区的变化情况不同于东部沿海经济区，南部沿海经济区环境规制与经济发展质量耦合协调度呈现震荡上升的态势，最低点在 2012 年，耦合协调度低至 0.722，随后迅速攀升，至 2016 年上升至 0.950，也是整个考察期八大经济区的最高点，2017 年小幅回落，但环境规制与经济发展质量的耦合协调度仍然高达 0.859，处于高水平耦合的良好协调发展水平。耦合协调度居第三位的经济区为东北经济区，东北经济区经济发展质量不及三大沿海经济区，环境规制强度也相对较低，但环境规制与经济发展质量的耦合协调度相对适中，耦合协调度年均值超过 0.8，也达到了高水平耦合阶段，处于良好协调发展等级水平，考察期耦合协调度呈现倒"U"特征，先上升后下降，耦合协调度上升到 2012 年达到最高点，耦合协调度高达 0.914，实现了环境规制与经济发展质量的优质协调，然后震荡回落至 2017 年的良好协调水平。

环境规制与经济发展质量耦合协调情况暂时落后的三大经济区为大西北经济区、黄河中游经济区和北部沿海经济区，年均耦合协调度分别为 0.558、0.591 和 0.737。三大暂时落后的经济区相比，黄河中游和大西北经济区耦合协调度相差较小，均处于磨合耦合阶段，达到勉强协调水平，北部沿海经济区达到磨合耦合的中级协调水平。从三大经济区环境规制与经济发展质量的耦合协调度来看，大西北经济区的环境规制与经济发展质量耦合协调度变化不显著，除了 2009 年和 2011 年低于 0.5 之外，其他各年份均值都在 0.6 左右浮动。相比于大西北经济区，黄河中游经济区的耦合协调度震荡态势较为显著，环境规制与经济发展质量的耦合协调度最高点在 2016 年，达到 0.716，达到中级协调水平，而最低点在 2011 年，低至 0.499，仅达到拮抗耦合阶段的濒临失调水平，相差三个协调等级。北部沿海经济区多数年份耦合协调度在 0.7 以上，达到中级协调等级，只有 2011 年和 2015 年略低，位于初级协调等级。

采用在"十一五"期间将中国内地划分为东部、中部、西部和东北四大板块分析环境规制与经济发展质量的耦合协调的区域异质性，统计结果如表 4-4 所示。

表 4-4　四大板块分析环境规制与经济发展质量的耦合协调的区域异质性

区域	2008 年	2009 年	2010 年	2011 年	2012 年	2013 年	2014 年	2015 年	2016 年	2017 年	均值
东北	0.773	0.746	0.815	0.793	0.914	0.811	0.831	0.719	0.857	0.807	0.806
东部	0.823	0.835	0.813	0.747	0.760	0.812	0.830	0.733	0.876	0.779	0.801

续表

区域	2008 年	2009 年	2010 年	2011 年	2012 年	2013 年	2014 年	2015 年	2016 年	2017 年	均值
中部	0.707	0.684	0.674	0.708	0.741	0.697	0.832	0.686	0.786	0.686	0.720
西部	0.646	0.596	0.614	0.552	0.636	0.643	0.702	0.622	0.770	0.740	0.652

根据新的发展观要求，国家重新调整了区域发展的布局，目的是促进区域经济协调发展。具体要求是：积极推进西部大开发，有效发挥中部地区的综合优势，支持中西部地区加快改革发展，振兴东北地区等老工业基地，鼓励有条件的东部地区率先基本实现现代化，逐步形成东、中、西部经济互联互通、优势互补、协调发展的新格局，即东部率先、西部开发、中部崛起和东北振兴。环境规制与经济发展质量耦合协调度四大板块相比，最好的是东北部板块，耦合协调度年均值为 0.806。其次是东部板块，耦合协调度接近东北板块，同样都位于高水平耦合阶段，达到良好协调等级水平。排名后两位的板块分别为西部板块和中部板块，其中中部板块耦合协调度年均值为 0.720，位于磨合耦合阶段的中级协调等级水平；西部板块环境规制与经济发展质量的耦合协调度最差，年均耦合协调度仅为 0.652，位于初级协调水平，环境规制滞后于经济发展质量，需要注重环境保护治理。

四、耦合协调的省域异质性分析

为了进一步分析地区间环境规制与经济发展质量的耦合状态，按照式 (4-3) 和式 (4-4)，计算得到中国 30 个地区环境规制与经济发展质量耦合协调度值，如表 4-5 所示。

表 4-5　省域环境规制与经济高质量发展的耦合协调度值

省份	2008 年	2009 年	2010 年	2011 年	2012 年	2013 年	2014 年	2015 年	2016 年	2017 年	均值
广东	0.858	0.964	0.905	0.894	0.913	0.966	0.970	0.926	0.963	0.945	0.930
北京	0.966	0.910	0.790	0.732	0.813	0.905	0.953	0.919	0.951	0.936	0.888
重庆	0.711	0.748	0.688	0.825	0.932	0.903	0.979	0.919	0.999	0.933	0.864
江苏	0.800	0.876	0.873	0.874	0.870	0.861	0.937	0.788	0.878	0.855	0.861
上海	0.954	0.941	0.869	0.843	0.868	0.909	0.943	0.861	0.765	0.591	0.854
四川	0.726	0.839	0.873	0.698	0.856	0.864	0.883	0.880	0.951	0.881	0.845
江西	0.869	0.893	0.781	0.788	0.928	0.788	0.889	0.711	0.910	0.800	0.836

省份	2008 年	2009 年	2010 年	2011 年	2012 年	2013 年	2014 年	2015 年	2016 年	2017 年	均值
海南	0.964	0.946	0.958	0.643	0.564	0.803	0.784	0.948	0.986	0.753	0.835
辽宁	0.756	0.728	0.784	0.870	0.911	0.824	0.823	0.822	0.874	0.827	0.822
浙江	0.913	0.851	0.956	0.899	0.806	0.744	0.791	0.640	0.815	0.797	0.821
吉林	0.754	0.762	0.781	0.788	0.879	0.876	0.834	0.723	0.894	0.794	0.808
湖南	0.770	0.754	0.709	0.803	0.728	0.806	0.907	0.691	0.934	0.916	0.802
黑龙江	0.808	0.749	0.879	0.720	0.953	0.733	0.835	0.613	0.802	0.800	0.789
福建	0.770	0.796	0.737	0.779	0.689	0.708	0.779	0.560	0.902	0.879	0.760
湖北	0.745	0.568	0.527	0.826	0.783	0.800	0.861	0.824	0.797	0.807	0.754
安徽	0.761	0.741	0.839	0.755	0.751	0.622	0.874	0.728	0.710	0.647	0.743
广西	0.653	0.665	0.686	0.717	0.784	0.752	0.835	0.574	0.877	0.863	0.741
河南	0.750	0.804	0.808	0.685	0.830	0.730	0.771	0.697	0.721	0.604	0.740
天津	0.640	0.571	0.565	0.606	0.748	0.834	0.820	0.607	0.941	0.880	0.721
河北	0.771	0.822	0.829	0.638	0.713	0.669	0.632	0.511	0.861	0.637	0.708
青海	0.850	0.534	0.859	0.539	0.710	0.761	0.633	0.515	0.531	0.809	0.674
云南	0.696	0.664	0.574	0.517	0.511	0.641	0.740	0.555	0.851	0.924	0.667
贵州	0.579	0.556	0.568	0.405	0.523	0.593	0.728	0.671	0.926	0.904	0.645
山东	0.595	0.670	0.649	0.559	0.617	0.716	0.693	0.571	0.696	0.520	0.629
新疆	0.671	0.466	0.659	0.532	0.715	0.589	0.613	0.553	0.755	0.606	0.616
陕西	0.747	0.533	0.359	0.464	0.521	0.581	0.746	0.566	0.830	0.732	0.608
内蒙古	0.628	0.652	0.706	0.454	0.696	0.495	0.551	0.454	0.670	0.408	0.571
甘肃	0.512	0.434	0.341	0.434	0.340	0.549	0.674	0.816	0.743	0.666	0.551
山西	0.346	0.342	0.381	0.392	0.425	0.437	0.687	0.466	0.644	0.344	0.446
宁夏	0.338	0.470	0.446	0.482	0.403	0.345	0.337	0.344	0.340	0.416	0.392

从表 4-5 可以看出，30 个地区环境规制与经济发展质量耦合协调度差异较大，协调水平最高的三个省份分别为广东、北京和重庆，其中广东耦合协调度年均值高达 0.930，整体达到最大耦合阶段的良好协调水平，北京和重庆耦合协调度年均值分别为 0.888 和 0.864，处于高水平耦合阶段的良好协调等级水平，另外，江苏、上海、四川、江西、海南、辽宁、浙江、吉林和湖南共计 9 个省份环境规制与经济发展质量的耦合协调度年均值也高于 0.8，达到了高水平耦合阶段，而宁夏、山西两省环境规制与经济发展质量的耦合度年均值不足 0.5，环境规制严重滞后于经济发展质量，分别处于拮抗耦合的濒临失调和轻度

失调阶段，两省应该积极抓好环境规制政策，有效驱动区域经济发展质量提升。另外甘肃和内蒙古两省区环境规制与经济发展质量的耦合协调度也相对不理想，仅处于勉强协调的等级水平，青海、云南、贵州、山东、新疆和陕西略好，环境规制与经济发展质量达到磨合耦合阶段的初级协调水平。

本章小结

本章基于 2008～2017 年中国省域面板数据，采用灰色关联分析考察环境规制与经济发展质量的经耦合协调关系。研究发现：环境规制与经济发展质量总体耦合度均值为 0.735，环境规制与经济发展质量的协调度处于磨合耦合阶段，达到中级协调发展的标准，与高水平协调发展还有差距，尚存在较大的改进空间。除三大沿海经济区相对平稳外，其余五大经济区的耦合变动规律基本遵循震荡上升的态势。东部沿海耦合协调水平最高，居第二位的是南部沿海经济区，居第三位的经济区为东北经济区，环境规制与经济发展质量耦合协调情况暂时落后的三大经济区为大西北经济区、黄河中游经济区和北部沿海经济区。30 个地区环境规制与经济发展质量耦合协调度差异较大，协调水平最高的三个省市分别为广东、北京和重庆，宁夏、山西环境规制严重滞后于经济发展质量。

第五章　环境规制对经济高质量发展影响的空间外溢效应

本章在城市经济发展质量和环境规制强度测度的基础上，采用空间杜宾模型考察环境规制对城市经济发展质量影响的空间外溢效应，为后续制定区域环境规制协调政策建议提供依据。

第一节　问题提出

改革开放 40 多年来，中国经济高速增长，经济总量突破 90 万亿元大关，GDP 同比增长 6.6%，人均 GDP 也在不断提高。在创新引领、生态文明、转型升级等方面取得了显著成绩，已经接近发达国家经济水平。未来，中国有望步入发达国家行列，国际影响力不断增强，这是毋庸置疑的事实。然而，多年来粗放式的发展模式与 GDP 锦标赛的传统思维，也导致经济高速增长出现了诸如资源要素依赖、环境污染严重等一系列问题。耶鲁大学发布的《2018 年环境绩效指数报告》认为中国的空气质量排名仅超过印度、孟加拉国和尼泊尔，排名倒数第四，成为世界上空气污染最严重的地区之一。《中国经济生态生产总值核算研究报告 2015》核算中国 2015 年 GDP 为 72.3 万亿元，生态破坏成本为 0.63 万亿元，污染损失成本为 2 万亿元，生态系统生态调节服务为 53.1 万亿元。此外，空气、饮用水和土地等生活、生产要素的污染，也给国民经济生产和居民生活带来诸多不良的影响。

那么，采取人口密集地污染企业外迁、关停中小型污染企业、缩减化石能源使用等为目的的环境规制政策，可以抑制局部地区污染物排放，却势必会以牺牲经济增长为代价，能否实现环境质量与经济增长的"双赢"？这也一直是国内外学者共同关注的问题。最早研究环境污染与经济增长关系的是 Grossman 和 Krueger，他们用人均收入变化的三类效应来解释库兹涅茨曲线的出现。"波特假说"认为适度的环境规制可以激发企业进行技术创新，并通过"创新补偿效应"促进经济增长（Porter，1991；Rubashkina，2015；涂正革和谌仁俊，

2015；史贝贝等，2017；Roland Kube et al.，2018）。"遵循成本说"认为环境规制会造成生产要素价格的上涨并对"生产性"投资产生"挤出效应"（Barbera and Mcconnell，1990；Jaffe and Palmer，1997；Ederington and Minier，2003），抑制经济增长。对政策制定者和其他与监管设计有关的人来说，要正确理解环境规制所带来的成本影响（Wayne，2018）。

然而，经济系统是由相互联系、相互作用的若干经济元素结合成的，是具有特定功能的有机整体。党的第十八强调，实现"十三五"时期经济发展目标，必须牢固树立并切实贯彻创新、协调、绿色、开放、共享的发展理念。黄清煌和高明（2016）、金刚和沈坤荣（2018）等研究了环境规制对创新效率的影响，黄清煌和高明认为命令控制型和公众参与型环境规制对节能减排效率的影响呈现倒"U"型结构，金刚和沈坤荣构建 SLX 模型从本地效应和溢出效应视角将"波特假说"和"污染避难所假说"嫁接起来研究环境规制对创新效率的空间效应。史贝贝等（2019）研究发现环境信息披露阻碍区域 FDI 流入、傅京燕和吴丽敏（2015）等运用扩展的引力模型分析进出口国环境规制对中国太阳能行业和风能行业出口深度和广度的影响。童健等（2017）、杨喆等（2018）等认为环境规制对绿色发展的影响显著；也有部分学者研究环境规制对产业结构、金融结构、经济波动等经济发展协调性的影响，如魏玮和刘婕（2014）、李虹和邹庆（2018）等；此外，环境规制也会影响城乡共享、区域共享等（张伟等，2015）。

不难发现，前沿文献研究对环境与经济的研究已汗牛充栋，但多集中在单一研究环境与效率、创新、协调、绿色、开放和共享等的关系，往往忽略了经济高质量发展五大理念是一个彼此之间有联系、成结构的体系，除分别认识理解外，还要整体把握。因此，针对如何破解中国经济发展难题，厚植中国经济发展优势，本书拟从以下三个方面进行拓展：①基于高质量发展五大理念构建中国经济高质量发展测度评价指标体系，并实证分析测度经济发展质量指数。②考虑到国民经济系统既反映了内部若干经济元素的相互联系和相互作用，同时又受到外部因素的影响，采用莫兰指数检验经济高质量发展的空间相关性。③经济高质量发展的每个发展理念，都对其他发展理念有渗透、有体现，都不会孤立存在，考虑环境规制政策不能顾此失彼，采用空间计量模型考察环境规制对经济发展质量综合指数影响的本地—邻地效应。本书针对历史文献有待拓展的内容，在测度经济发展质量的基础上，考察环境规制与经济发展质量的空间关联性，探寻环境规制对经济高质量发展影响的空间外溢效应，并提出相应的环境规制建议。

第二节　研究设计

一、空间界面数据模型的影响机制：空间交互效应

基于空间截面数据的线性空间自回归模型，在经济与环境问题的实证研究中得到广泛的应用。但 LeSage 和 Pace（2009）却指出运用一个或多个空间截面回归模型的点估计方法和计量结论可能会不太适宜，基于不同模型表达式中自变量 X 的偏微分方法，解释环境规制对经济发展质量所产生的影响和传导机制也可能致使结果产生有偏性。有鉴于此，本书并没有设定空间截面模型对经济与环境问题展开研究，但却有必要介绍空间截面模型，引出模型中包含空间交互效应的考虑，对解释和理解更为复杂的空间面板模型中，变量环境规制对经济发展质量所发挥的影响机制具有重要的参考价值。

在社会经济现象的研究过程中，关于截面单元间存在空间交互效应的理论体系得到不断完善和丰富，诸如溢出和集聚效应、网络效应和邻地效应。本书通过具体模型形式表达空间交互效应，将空间计量经济学模型根据不同的空间交互效应的性质和种类进行分类。空间交互效应概念的提出，主要是基于在空间单元之间的社会经济现象或者活动在空间上存在着相互影响的认识与经验，源于群体中个体行为会被这个群体的普遍行为所影响。比如，一个地区的居民消费水平一方面会受到当地物价水平和经济收入的影响，另一方面受到相邻地区的综合影响，这种综合影响可能是来自邻近地区的居民收入、当地物价水平以及消费水平等可观测因素，还会是相邻地区的风俗习惯、社会制度、宗教信仰、投资和信用因素这些不可观测的社会文化因素和经济因素。这也意味着，依据作用机制的不同性质，我们可以将空间交互效应划分为关联效应、外生性交互效应和内生性交互效应三种不同的类型。

将三种不同类型空间滞后向量引入模型以后，我们对空间交互效应进行建模和量化处理，并以模型中包含的空间滞后向量的类别对模型进行介绍。下文以 Manski Model 为切入点，如式（5-1）所示，具体说明不同空间交互效应的表达式，以期能够厘清不同类型的空间截面数据模型特点与关系。

$$y = \rho W_y + X_\mu + W X_\varphi + x$$
$$x = \lambda W_x + \xi \tag{5-1}$$
$$\xi \sim N\ (0,\ \sigma^2 I_n)$$

式中，X 代表 n×k 阶外生解释变量矩阵，k 为外生解释变量的个数，μ 为相应的 k 维相关系数行向量，$\xi = (\xi_1, \xi_2, \xi_n)^T = (1, 2, \cdots, n)^T$ 是扰动项列向量，且服从相互独立且方差为 σ^2、均值为 0 的同分布；φ 为外生空间交互系数，λ 为空间自相关系数，χ 为 n 维误差项列向量，ρ 为空间自回归系数，In 为 n×1 维向量，所有空间单元均具有相同的系数，研究者可以根据需要自行设置权重矩阵 W 的阶数和结构因变量的空间滞后项 W_y 表示模型中内生性交互效应，反映该地区的经济现象或活动会被邻近地区的变化所影响，自变量的空间滞后项 W_x 表示外生性交互效应，反映该地区的经济现象或活动会被相邻地区的变化所影响，扰动项的空间滞后项 W_x 表示关联效应，表示具有相似自然条件、制度、文化、政治、历史的地区，其经济现象或活动具有一定相似性，但往往不容易观察到这种关联效应。

（1）不含有空间交互效应的最小二乘模型（OLS）。在进行空间计量实证研究之前，需要构建非空间的传统 OLS 模型并检验是否有必要将其扩展成为包含空间效应的计量模型，非空间最小二乘模型表达式如式（5-2）所示，在接下来的实证分析中阐述空间交互效应所发挥的影响机制。

$$y = Xu + \xi$$
$$\xi \sim N(0, \sigma^2 I_n) \tag{5-2}$$

式中，X 为 n×k 数据矩阵，包括 k 列解释变量，而 $\mu_{k \times 1}$ 为相应的系数；y 是样本中 n 个单元被解释变量观测值，ξ 是扰动项列向量。

（2）含有一种空间交互效应的计量模型。通过限定模型式（5-1）中参数，可以将其简化为只包含一种空间效应影响机制的三类不同模型。当 X=0 且 λ=0 时，模型式（5-2）可以简化为一阶空间自回归模型（FAR），如式（5-3）所示。

$$y = \rho W y + \xi \tag{5-3}$$

FAR 模型类似于时间序列数据分析中的时间滞后模型，即 $y_t = y_{t-1} + \xi$，一阶空间自回归模型中忽视影响本地区因变量 y 的其他外生自变量 X 的作用，只考虑与其相邻地周边地区因变量 y 的影响，导致 FAR 模型对客观现实的解释和描述方面严重缺失，较少被应用于现实研究中，当 φ=0 且 ρ=0 时，模型式（5-3）可以简化为空间误差模型（SEM），表达式如式（5-4）所示：

$$y = X\mu + \chi \tag{5-4}$$
$$\chi = \lambda W \chi + \xi$$

该模型反映，扰动项 ξ 存在空间依赖性，这意味着不包含 X 但对 y 有影响的遗漏变量存在空间效应，又或者空间依赖性存在不可观测的随机冲击中，λ 为空间自相关系数，如果 λ=0，模型则简化为传统的线性回归模型。

当 $\varphi=0$ 且 $\lambda=0$ 时，模型式（5-4）可以简化为空间滞后模型（SLM）或空间自回归模型（SAR），表达式如式（5-5）所示：

$$y=\rho Wy+X\mu+\xi \qquad (5-5)$$

式中，X、μ、W、y 的含义与式（5-3）相同，空间依赖性由参数 ρ 来刻画，度量空间滞后 Wy 对 y 的影响，称为"空间自回归系数"，其估计值反映空间相关性的大小和方向，直观来看，相邻地区的被解释变量可能相互依赖，并最终形成一个均衡的结果。

（3）含有两种空间交互效应的杜宾模型。对 $\lambda=0$ 进行限定，简化为包含因变量空间滞后项 W_y 和自变量空间滞后项 W_x 的空间杜宾模型（SDM），可得式（5-6）：

$$y=\rho Wy+Xu+WX\varphi+x$$
$$\xi \sim N\ (0,\ \sigma^2 I_n) \qquad (5-6)$$

式中，反映区域 i 的被解释变量 y_i 依赖于其邻居的自变量，其中 WXφ 表示来自于邻居的影响，φ 为相对应的系数向量；同时 y_i 依赖于相邻地区的因变量，其中 ρWy 表示来自于邻居的影响，ρ 为相对应的系数向量。空间杜宾模型（SDM）可以用假设条件 H_0：$\varphi+\rho\mu=0$ 来判定是否可以简化为空间误差模型（SEM），用假设条件 H_0：$\varphi=0$ 来判定是否可以简化为空间滞后模型（SAR）。

（4）空间权重矩阵的设定。在进行空间计量分析之前首先要度量区域之间的空间距离。记来自 n 个区域的空间数据为 $\{x\}_{i=1}^n$，i 表示区域 i，区域 i 与区域 j 之间的距离为 W_{ij}，则可定义为空间权重矩阵 W。在引入空间交互效应概念的同时，还需要对空间权重矩阵 W 进行设定。空间权重矩阵 W 反映空间单元之间相互依赖与关联的程度，用来描述和量化空间样本数据中空间单元的空间分布结构，科学、客观地设定空间权重矩阵对工业碳排放效率溢出效应的空间计量研究至关重要。一般有基于经济活动相似度和基于地理空间这两种常用的空间权重设定方法，基于经济活动相似度的设置方法，重点对空间对象之间的经济联系强度进行检验，基于地理空间关系的设置方法，主要对空间对象的空间距离进行考察。本书简要介绍基于地理空间关系的权重设置方法，可以运用距离标准或者邻近性标准来表示地理关系。距离标准是指用两个空间单元之间的经济距离或者地理距离来衡量两者之间空间相关程度，随着距离拉大，空间相关程度逐渐减弱。邻接性标准是指观察两个空间单元之间是否相邻来决定，两个空间单元不相邻则认定两者之间不存在空间依赖性，空间单元相邻则认定两者之间存在空间依赖性。吴玉鸣（2015）指出空间权重矩阵的选择不同会对估计结果产生较大的影响，因为不同形式的权重矩阵表示不同的空间联系机制假设。

邻近性标准是指观测对象在空间上拥有共同边界，Anselin（1998）将具有共同边点的 Queen 标准与共同边界的 Rook 标准都定义成具有共同边界的邻接标准，Queen 邻接和 Rook 邻接还可以细分为高阶和一阶邻接。考察观测对象的空间扩散效应的方式和路径通常采用高阶邻接标准，常用一阶邻接标准来验证空间自相关的相邻效应。两者的空间邻接标准表达式为：

$w_{ij} = 1$，区域 i 与区域 j 相邻（i 不等于 j）

$w_{ij} = 0$，区域 i 与区域 j 相邻（i 等于 j）

式中，主对角线上元素为 0，其他矩阵元素采用相邻标准确定，$i = 1$，2，$\cdots$，n；$j = 1$，2，$\cdots$，m，为了易于解释结果和简化模型，对 w_{ij} 进行标准化处理，$w'_{ij} = \dfrac{w_{ij}}{\sum\limits_i w_{ij}}$ 使得各元素之和为 1。

二、空间面板模型的设定

Elhorst（2004）将空间交互效应从截面空间模型中拓展至面板空间模型中，设定的面板空间滞后模型（SAR）表达式如式（5-7）所示：

$$y_{it} = \delta \sum_{j=1}^{n} W_{ij} y_{it} + X_{it} \mu + \mu_i + \xi_{it} \tag{5-7}$$

式中，W_{ij} 代表空间权重矩阵，δ 为空间自回归系数，δ 替代为内生滞后项 WY 的自回归系数，μ_i 为空间特定效应哑变量，空间特定效应分为随机形式 μ_i 和固定形式两种，随机形式为一个独立并且服从 N（0，$\sigma_\mu^2 I_n$）均匀分布的随机变量，与误差项 ξ_{it} 不相关，固定形式的哑变量 μ_i 为所有空间单元的特定效应常数。

将外生解释变量空间滞后项 WX 引入静态面板空间滞后模型（SAR）中，拓展为静态面板空间杜宾模型（SDM），如式（5-8）所示：

$$y_{it} = \delta \sum_{j=1}^{n} W_{ij} y_{it} + X_{it} \mu + \sum_{j=1}^{n} W_{ij} x_{it} \varphi + \mu_i + \lambda_i + \xi_{it} \tag{5-8}$$

式中，λ_i 为传统时间序列模型中的时间特定效应哑变量，修正误差项中存在的空间交互影响，与固定特定效应一样可以分为随机形式和固定形式两种，随机形式的哑变量 λ_i 表示一个独立且服从 N（0，$\sigma_\mu^2 I_n$）均匀分布的随机变量，与误差项 ξ_{it} 不相关，固定形式的哑变量 λ_i 表示所有空间单元的特定效应的常数。φ 和 μ 为固定未知的参数向量，其他变量含义与式（5-7）相同。在不考虑空间滞后项的情况下，解释变量（x）对被解释变量（y）的影响可以通过回归系数得以反映，但是鉴于空间滞后项的存在，回归系数不再简单地反映自变量对因变量的影响，这种影响的阐述将变得非常复杂（马子量，2014）。Lesage 和 Pace 为了度量和检验空间溢出效应，从求解偏微分的角度去衡量一个区域的因变量 X 发生变化的时候对周边区域产生的平均溢出效应，在此基础上认为自变量对因变量的影响可以通过总效应、间接效应与直接效应的概念来表述，总效应表示 x 对所有地区造成的平均影响，直接效应表示 x 对本地 y 造成的平均影响为直接效应，间接效应表示 x 对其他地区 y 造成的平均影响。ELhorst（2010）以不包含哑变量的 λ_t 和 μ_i 的空间杜宾模型（SDM）作为起点，考察自变量对因变量的间接效应和直接效应的大小与性质，重新改写的空间杜宾模型如式（5-9）所示：

$$Y = [I - \delta W]^{-1} \alpha + [I - \delta W]^{-1} [X_\mu + WX_\varphi] + [I - \delta W]^{-1} \varepsilon \qquad (5-9)$$

因变量 Y 关于自变量 X 中第 k 个变量的偏微分矩阵，通过整理得到如下表达式：

$$\left[\frac{\partial Y}{\partial x_{1k}} \cdots \frac{\partial Y}{\partial x_{nk}}\right] = \begin{bmatrix} \frac{\partial Y_1}{\partial x_{1k}} & \cdots & \frac{\partial Y_1}{\partial x_{nk}} \\ \vdots & \cdots & \vdots \\ \frac{\partial Y_n}{\partial x_{1k}} & \cdots & \frac{\partial Y_n}{\partial x_{nk}} \end{bmatrix} = [I - \delta W]^{-1} \begin{bmatrix} \mu_k & w_{21}\varphi_k & \cdots & w_{1n}\varphi_k \\ w_{21}\varphi_k & \mu_k & \cdots & w_{2n}\varphi_k \\ \vdots & \vdots & \vdots & \vdots \\ w_{n1}\varphi_k & w_{n1}\varphi_k & \cdots & \mu_k \end{bmatrix}$$

$$(5-10)$$

式（5-10）中，最右端矩阵对角线上元素的均值即为直接影响，而每列或每行中非对角元素之后的均值即为间接影响（溢出效应）。在 SDM 模型中，第 k 个自变量产生的变化对因变量所导致的直接影响为 μ_k，对相邻地区产生的溢出效应均值定义为 $\sum_{i=1} \sum_{j=1} w_{ij}\varphi_k / n(i \neq j)$。

三、指标选择与数据来源

各变量描述性统计结果如表 5-1 所示。

表 5-1　各变量描述性统计

变量	样本数	标准差	最小值	最大值	平均值
经济发展质量（MI）	310	0.3757	0.0998	0.2133	0.7071
环境规制（ER）	310	13.5951	12.1566	0.5294	99.1850
地方财政预算支出（GOV）	310	0.2652	0.2010	0.0874	1.3792

变量	样本数	标准差	最小值	最大值	平均值
人均水资源总量（WAT）	310	0.6625	2.4710	0.0071	15.6171
森林覆盖率（FC）	310	3.2372	0.7414	1.0647	4.1897
人口密度（人/平方千米）（HUM）	310	5.3053	1.4924	0.8662	8.2560
6 岁以上大专以上人口占比（EDU）	310	0.1090	0.0662	0.0156	0.4476

第三节 空间检验与模型最优选择

一、省区经济发展质量测度

笔者阅读大量经济发展的文献，基于"十三五"规划提出的创新、协调、开放、绿色和共享的五大发展理念以及指标选择的原则，在分析大量经济发展文献的基础上，通过咨询经济学方面的专家，构建创新发展、协调发展、绿色发展、开放发展和共享发展 5 个一级评价指标，并分解 33 项二级指标的评级指标体系，如表 5-2 所示。

表 5-2 城市经济发展质量评价指标体系

	创新发展 B01	RD 经费投入、RD 人员全时当量、技术效率、资本生产率、劳动生产率
经济发展质量系统	协调发展 B02	城乡结构（二元对比系数、二元反差系数）、产业结构（工业化率、产业结构高级化、产业结构合理化）、投资消费结构（投资率、消费率）、金融结构（贷款余额占比 GDP、存款余额占比 GDP）、增长波动（经济波动、消费者物价指数、生产者物价指数）
	绿色发展 B03	资源消耗（单位地区生产总值能耗）、环境污染（单位产出三废排放）、环境保护（环保支出占财政支出比重）
	开放发展 B04	贸易依存度（进出口总额占比 GDP）、外商投资（实际利用外商投资额占比 GDP）
	共享发展 B05	城乡共享（城镇人居可支配收入占比农村人均可支配收入、城镇居民家庭恩格尔系数、农村居民家庭恩格尔系数）、区域共享（各区域人均 GDP 占比省均 GDP）、公共服务（人均教育支出、人均医疗卫生支出、人均公路和铁路里程、一般公共服务支出占财政支出比重、公共安全支出占财政支出比重）

考虑熵值法求取指标的权重完全由数据本身的关系决定，评价结果具有很强的客观性（郭亚军，2008）。本书采用熵值法计算各评价指标的权重，然后测度得出各省份经济高质量发展指数，具体结果见表5-3。经济区划分采用国务院发展研究中心在2005年发表的八大综合经济区①，并绘制八大经济区经济发展质量折线图（见图5-1）。

表5-3　2008～2017年各省份经济高质量发展指数

省份	2008年	2010年	2012年	2014年	2016年	2017年	均值
北京	0.707	0.670	0.653	0.654	0.645	0.603	0.649
上海	0.626	0.684	0.664	0.611	0.627	0.577	0.632
浙江	0.541	0.510	0.550	0.523	0.534	0.498	0.524
天津	0.538	0.512	0.537	0.537	0.521	0.461	0.519
广东	0.497	0.487	0.535	0.517	0.500	0.503	0.506
江苏	0.478	0.472	0.526	0.499	0.534	0.483	0.496
福建	0.454	0.425	0.446	0.435	0.443	0.442	0.439
辽宁	0.378	0.361	0.372	0.366	0.414	0.391	0.375
黑龙江	0.396	0.362	0.366	0.399	0.357	0.350	0.374
海南	0.372	0.329	0.370	0.370	0.397	0.375	0.372
山东	0.375	0.339	0.393	0.367	0.372	0.364	0.367
西藏	0.389	0.387	0.353	0.328	0.341	0.323	0.356
河北	0.365	0.332	0.377	0.369	0.337	0.338	0.353
新疆	0.352	0.392	0.343	0.337	0.339	0.302	0.346
吉林	0.372	0.336	0.349	0.335	0.324	0.316	0.341
山西	0.350	0.314	0.364	0.365	0.318	0.336	0.341
青海	0.349	0.336	0.360	0.317	0.330	0.363	0.338
江西	0.347	0.307	0.355	0.317	0.331	0.335	0.332
安徽	0.351	0.312	0.343	0.323	0.312	0.332	0.329
宁夏	0.357	0.332	0.343	0.331	0.304	0.330	0.328
重庆	0.318	0.283	0.324	0.334	0.360	0.348	0.324

① 东北综合经济区：辽宁、吉林和黑龙江；北部沿海综合经济区：北京、天津、河北和山东；东部沿海综合经济区：上海、江苏和浙江；南部沿海经济区：福建、广东和海南；黄河中游综合经济区：陕西、山西、河南和内蒙古；长江中游综合经济区：湖北、湖南、江西和安徽；大西南综合经济区：云南、贵州、四川、重庆和广西；大西北经济综合区：甘肃、青海、宁夏和新疆。

续表

省份	2008 年	2010 年	2012 年	2014 年	2016 年	2017 年	均值
陕西	0.351	0.327	0.303	0.309	0.296	0.327	0.319
内蒙古	0.318	0.316	0.322	0.329	0.307	0.325	0.318
湖北	0.342	0.312	0.321	0.308	0.319	0.325	0.318
河南	0.324	0.294	0.336	0.309	0.294	0.329	0.315
湖南	0.314	0.285	0.332	0.303	0.301	0.328	0.309
四川	0.305	0.265	0.318	0.317	0.302	0.322	0.302
广西	0.295	0.277	0.314	0.299	0.268	0.316	0.300
云南	0.326	0.288	0.306	0.279	0.269	0.316	0.295
甘肃	0.332	0.277	0.289	0.251	0.264	0.308	0.285
贵州	0.274	0.253	0.213	0.216	0.240	0.263	0.244
东部沿海经济区	0.548	0.555	0.580	0.545	0.565	0.519	0.551
北部沿海经济区	0.496	0.463	0.490	0.482	0.468	0.442	0.472
南部沿海经济区	0.441	0.414	0.450	0.441	0.447	0.440	0.439
东北地区经济区	0.382	0.353	0.362	0.366	0.365	0.352	0.363
大西北经济区	0.356	0.345	0.338	0.313	0.315	0.325	0.331
黄河中游经济区	0.336	0.313	0.331	0.328	0.304	0.329	0.323
长江中游经济区	0.339	0.304	0.338	0.313	0.316	0.330	0.322
大西南经济区	0.304	0.273	0.295	0.289	0.288	0.313	0.293
均值	0.394	0.371	0.390	0.387	0.375	0.375	0.379

注：受篇幅所限，没有列出全部年份的经济发展质量指数，表中均值均指算术平均值。

中国各省份经济发展质量总体不高，均值仅为 0.379，尚存在较大改善空间。绝大多数省份均出现经济发展质量上升和下降交替更迭的变化特征，只是上升和下降的幅度不尽相同。考察期内，经济发展质量整体呈现"下降→上升→下降"的小幅震荡态势，2008 年、2012 年和 2014 年发展质量相对较好。究其原因可能是 2007 年政府的宏观调控政策取得积极进展，初步形成了三大需求共同拉动经济增长的新格局，才形成了 2008 年的良好态势，中国在面对国内外错综复杂的国内外形势背景下，国内生产总值超过 30 万亿元，比 2007 年增长了9%，经济增长速度拉动经济增长质量指数提升。接下来，中国经济发展从过快偏热趋向平稳，我国政府开始重视发展循环经济，将电力、煤炭和石油化工等产业纳入循环经济体系之中，大力鼓励发展绿色经济，注重环境保护，才有了2012 年创新发展、绿色发展齐头并进的良好局面。

结合表 5-3 和图 5-1 不难发现，八大经济区的经济发展质量平均水平由高到低依次是东部沿海、北部沿海、南部沿海、东北地区、大西北、黄河中游、长江中游、大西南。其中东部沿海经济区的经济发展质量是大西南经济区的1.88 倍，经济发展质量经济区差异显著，这与西南地区经济相对落后，东部沿海地区经济相对发达的现实情况相契合。同时，经济发展质量较高的三大沿海经济区均是经济相比其他经济对区要发达，而经济相对落后的长江中游、黄河中游和大西南地区其经济发展质量均处于较低水平。形成这一局面的可能原因在于三大沿海经济发达地区经济发展速度相对较快，创新效率相对较高，开放程度也更高，由此形成了三大高质量发展经济区（见图 5-1）。

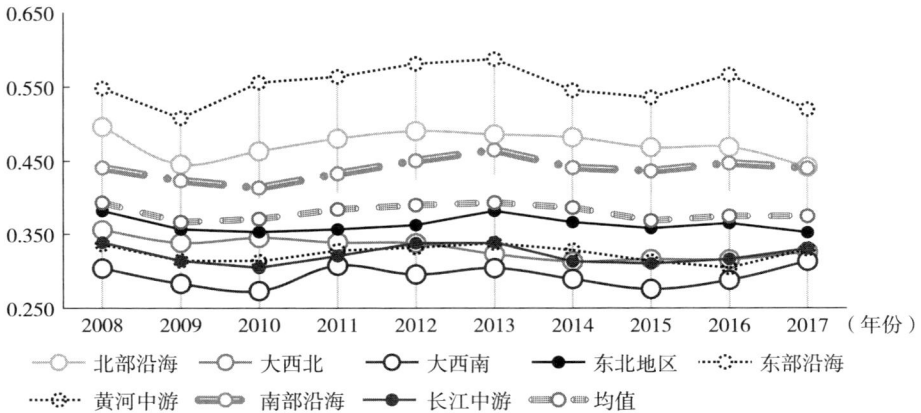

图 5-1　八大经济区经济发展质量折线图

二、空间依赖性 Moran's I 指数检验

空间计量经济学理论认为，一个地区空间单元上的某一属性值或某种经济地理现象与相邻区域空间单元上同一属性值或现象存在一定的相关性，认为空间数据具有空间依赖性或空间自相关性。为了检验这种空间依赖性，经常使用的是 Moran's I（莫兰指数）统计量检验，它反映出空间滞后项与观测值之间的线性相关程度，如式（5-11）所示：

$$\text{Moran'I} = \frac{\sum\limits_{i=1}^{n}\sum\limits_{j=1}^{n} W_{ij}(Y_i - \overline{Y})(\overline{Y}_j - \overline{Y})}{S^2 \sum\limits_{i=1}^{n}\sum\limits_{j=1}^{n} W_{ij}} \quad\quad (5-11)$$

式中，$S^2 = \frac{1}{n}\sum\limits_{i=1}^{n}(Y_i - \overline{Y})$；$\overline{Y} = \frac{1}{n}\sum\limits_{i=1}^{n}Y_i$；n 为省份数，$Y_i$ 和 Y_j 表示各地区的观测值，本书指第四章测算的中国省级经济发展质量指数，W_{ij} 表示采用邻接标准或距离标准的二进制邻接空间权重矩阵、反距离空间矩阵。

依据随机试验或正态近似推导出的规制，Moran's I 指数近似服从方差为 V（I）和期望值为 E（I）的正态分布，检验统计量为标准化 Z 值，区域间是否存在空间依赖关系可以利用式（5-12）来进行检验。

$$Z = \frac{\text{Moran's I} - E(\text{Moran's I})}{\sqrt{\text{VAR}(\text{Moran's I})}} \qquad (5-12)$$

$$E(\text{Moran's I}) = -\frac{1}{n-1}$$

$$\sqrt{\text{VAR}(\text{Moran's I})} = \frac{n^2 w_1 + n w_2 + 3 w_0^2}{w_0^2(n^2-1)} - E_n^2(\text{Moran's I}) \qquad (5-13)$$

式中，$w_0 = \frac{1}{2}\sum\limits_{i=1}^{n}\sum\limits_{j=1}^{n}(w_{ij}+w_{ji})^2$，$w_1 = \frac{1}{2}\sum\limits_{i=1}^{n}\sum\limits_{j=1}^{n}(w_{ij}+w_{ji})^2$，$w_2 = \sum\limits_{i=1}^{n}(w_{i.}+w_{.j})^2$，$w_{i.}$、$w_{.j}$ 分别为空间矩阵 W 中 i 行和 j 列中所有值加总。Morans's I 在 [-1，1] 范围内取值。大于 0，表明相似属性的空间单元全局集聚分布特征，反映目标区域存在空间正相关性，其值越大集聚特征越显著；等于 0，表示空间分布随机特征分布，反映目标区域分布相互独立；小于 0，表示相异属性的空间单元全局集聚分布特征，反映目标区域存在空间负相关。如果 Moran's I 的 Z 统计量通过 1%、5% 或 10% 置信水平的假设检验，则表示 Moran's I 是显著的，区域存在空间依赖性，即空间相关性。

对环境规制和经济发展质量进行空间相关性分析，判断是否存在空间相关性，以便考察环境规制对经济发展质量的空间外溢效应。通过 GEODA 软件对 2008~2017 年中国各经济区经济发展质量的全局相关性检验，考察随机性假设条件下测度 Moran's I 指数空间自相关统计显著性。表 5-4 给出了所有变量的 Moran's I 检验值。

表 5-4　各变量的各年份的 Moran's I 值（空间相邻矩阵）

年份	EMI	ER	GOV	WAT	FC	HUM	EDU
2008	0.43 *** (4.245)	0.074 (1.067)	0.269 *** (4.302)	0.024 *** (2.435)	0.406 *** (3.816)	0.619 *** (5.883)	0.198 ** (2.297)

续表

年份	EMI	ER	GOV	WAT	FC	HUM	EDU
2009	0.446 *** (4.339)	0.131 * (1.486)	0.325 *** (4.588)	0.044 *** (2.797)	0.475 *** (4.436)	0.618 *** (5.873)	0.221 *** (2.542)
2010	0.408 *** (4.035)	0.204 ** (2.141)	0.35 *** (4.682)	0.031 *** (2.584)	0.475 *** (4.436)	0.618 *** (5.868)	0.2 *** (2.388)
2011	0.423 *** (4.143)	0.223 ** (2.22)	0.307 *** (4.434)	0.031 *** (2.64)	0.475 *** (4.436)	0.618 *** (5.864)	0.161 ** (2.009)
2012	0.511 *** (4.864)	0.198 ** (2.107)	0.311 *** (4.419)	0.042 *** (2.754)	0.475 *** (4.436)	0.618 *** (5.858)	0.204 *** (2.395)
2013	0.491 *** (4.69)	0.257 *** (2.772)	0.315 *** (4.536)	0.025 *** (2.401)	0.475 *** (4.436)	0.617 *** (5.855)	0.216 *** (2.573)
2014	0.481 *** (4.577)	0.198 *** (2.699)	0.302 *** (4.463)	0.031 *** (2.504)	0.475 *** (4.436)	0.618 *** (5.853)	0.214 *** (2.482)
2015	0.517 *** (4.856)	0.020 (0.48)	0.317 *** (4.587)	0.028 *** (2.463)	0.475 *** (4.436)	0.618 *** (5.853)	0.222 *** (2.659)
2016	0.467 *** (4.435)	0.176 * (1.554)	0.31 *** (4.667)	0.023 ** (2.324)	0.475 *** (4.436)	0.618 *** (5.856)	0.272 *** (3.111)
2017	0.416 *** (4.024)	0.271 *** (2.846)	0.331 *** (4.692)	0.035 *** (2.687)	0.475 *** (4.436)	0.619 *** (5.861)	0.241 *** (2.765)

注：*** 、** 、* 分别表示在1%、5%、10%的水平下显著，括号内为 z 值。

如表 5-4 所示，经济发展质量（EMI）的 Moran's I 值高度显著且大于 0，指数取值范围在 [0.408，0.517]，且通过了 1% 显著水平，表明经济发展质量（EMI）存在显著的空间自相关，即中国各省经济发展质量（EMI）存在非均衡性，部分地区的经济发展质量存在空间集聚效应，意味着经济发展质量在空间分布不是随机的，而是呈现如下空间集聚模式：具有较高（低）经济发展质量的省份趋向于与具有较高（低）经济发展质量的省份邻近，表现出显著的"相似"特征。考察期内经济发展质量的 Moran's I 值出现先上升后下降的波动特征，经济发展质量的空间相关性呈现先增强后减弱的现象，2012 年，为深入贯彻落实科学发展观，促进经济发展方式转变，提高我国质量总体水平，国务院制定《质量发展纲要（2011-2020 年）》，2012 年该纲要发布之前经济发展质量存在差异不大，空间急剧现象不显著，2012 年经济发展质量差异较大，存在明显的空间集聚现象，2012 年以后逐渐盘整上升，至 2015 年 Moran's I 值达到

0.517，且通过 1% 显著性水平检验。环境规制的 Moran's I 值高度显著且大于
0，其中 2013 年、2014 年和 2017 年通过 1% 显著性水平检验，2010 年、2011 年
和 2012 年通过 5% 显著性水平检验，2009 年和 2016 年两个年份通过 10% 显著
性水平检验，仅有 2008 年和 2015 两年没有通过显著性水平检验。考察期内环
境规制的 Moran's I 值呈现"上升→下降→上升"的"N"型变化特征。2008
年开始震荡上升，至 2013 年 Moran's I 值上升到 0.257，随后小幅下降后又掉头
向上，2017 年的值为 0.271，通过 1% 显著性水平检验，也是考察期 Moran's I
值的最大年份。

三、局域空间自相关检验

Global Moran's I 可以较好地刻画全局整体空间特征，但不能清楚显示局部
空间情况，据此，使用 ESDA 局部分析方法进一步描绘经济发展质量空间差异
特征。这一方法的引入可以更进一步地揭示局部以及每个空间检验个体的空间
依赖性，其实质是将 Moran's I 值分解至各区域个体，对于某个空间检验个体的
I 如式（5-14）、式（5-15）所示：

$$I_i = \frac{Y_i - \overline{Y}}{S^2} \sum_{j=1}^{n} w_{ij} (Y_i - \overline{Y}) \tag{5-14}$$

$$S^2 = \frac{\sum_{j=1,\ j \neq 1}^{n} Y_j^2}{n-1} - \overline{Y}^2 \tag{5-15}$$

式中，I_i 为第 i 个省份的局部相关系数，Y_i 为第 i 个省份的观测值，W_{ij} 为
空间权重矩阵。LISA 的 Z 检验判定如式（5-16）、式（5-17）所示：

$$Z(I_i) = \frac{I_i - E(I_i)}{S(I_i)} \tag{5-16}$$

$$S(I_i) = \sqrt{VAR(I_i)} \tag{5-17}$$

莫兰散点图可以刻画出局域空间异质性，反映中国经济发展质量的低观测
值或高观测值的空间集聚特征。莫兰指数散点图纵坐标表示空间滞后向量 W_i 的
值，为某地区的相邻地区观测值的加权平均值，横坐标为变量 Y 的所有观测值，
莫兰散点图可以被划分为四个象限，四个象限分别对应四种不同的空间集聚类
型，具体含义如表 5-5 所示。

表 5-5 象限分别的空间集聚类型

散点图象限	Moran's I	类型	空间模式	含义
第一象限	>0	High-High	扩散效应	高观测值与高观测值邻近
第二象限	<0	Low-High	过渡区	低观测值与高观测值邻近
第三象限	>0	Low-Low	低速增长区	低观测值与低观测值邻近
第四象限	<0	High-Low	极化效应	高观测值与低观测值邻近

为了更直观地观察经济发展质量的相邻地区间的关系，绘制 2008 年、2012 年、2016 年、2017 年的相邻空间矩阵莫兰散点图如图 5-2 所示。

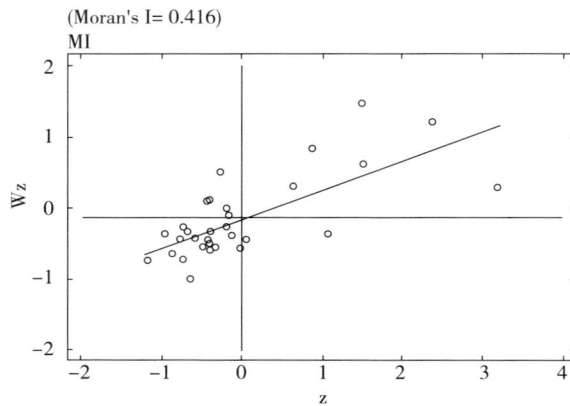

（a）2008年经济发展质量的Moran's I散点图

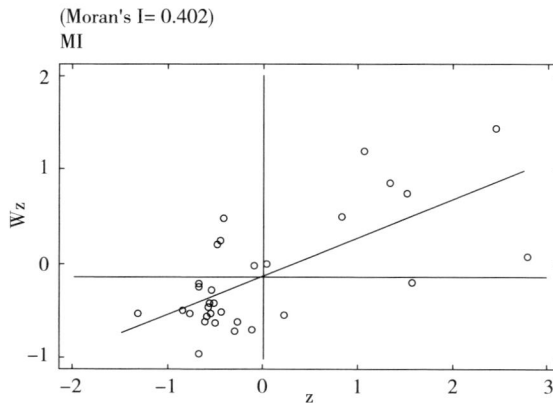

（b）2012年经济发展质量的Moran's I散点图

图 5-2 2008 年、2012 年、2016 年和 2017 年环境规制与经济
发展质量的 Moran's I 散点图

（Moran's I= 0.452）

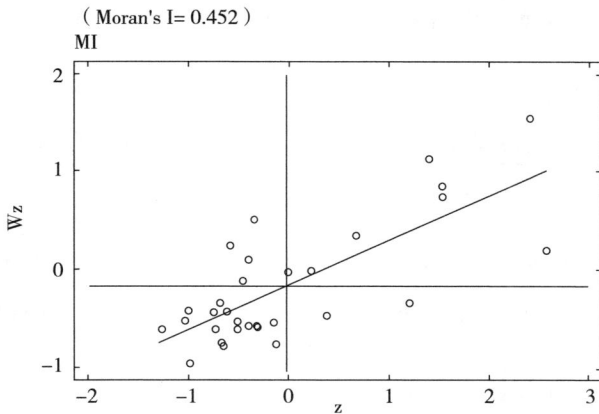

（c）2016年经济发展质量的Moran's I散点图

(Moran's I= 0.495)

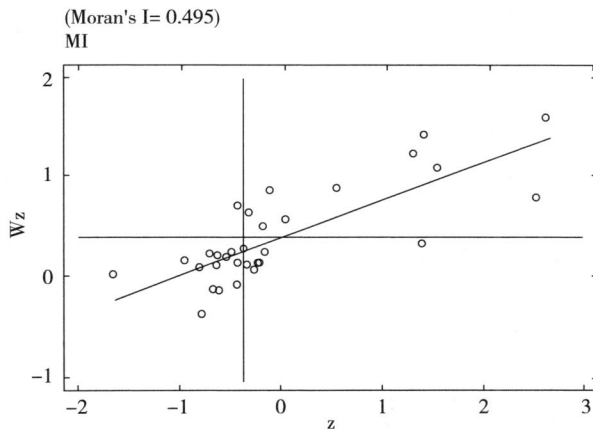

（d）2017年经济发展质量的Moran's I散点图

图5-2　2008年、2012年、2016年和2017年环境规制与经济
发展质量的Moran's I散点图（续图）

由图5-2可以直观地看出经济发展质量与相邻地区间的关系，31个省份的局域Moran's I散点图及其检验结果显示，某些省份强烈拒绝空间不相关，散点图显示经济发展质量的数据点绝大部分聚集在第一、第三象限，意味着两者具有较强的空间自相关关系，表现出高—高集聚和低—低集聚现象，说明经济发展质量的空间分布并不是完全随机分布的，而是表现出显著的非均质性，再一次证实研究经济发展质量的影响采用空间效应模型符合客观事实。

为更进一步确认环境规制与经济发展质量的空间相关性，本书继续采用反距离空间权重矩阵（记 W_{ij}）进行莫兰检验，设定标准为：$W_{ij} \begin{cases} 1/d, i \neq j \\ 0, i = j \end{cases}$，其中 d

为按照各个城市经纬度计算出来的欧式距离。所有变量的 Moran's I 检验值见表5-6。

表5-6 各变量的各年份的 Moran's I 值（反距离空间矩阵）

年份	MI	ER	GOV	WAT	FC	HUM	EDU
2008	0.386*** (4.792)	0.055 (1.091)	0.109*** (2.542)	0.003** (2.206)	0.177** (2.277)	0.295*** (3.684)	0.275*** (3.813)
2009	0.351*** (4.333)	0.107* (1.576)	0.136*** (2.724)	0.003** (1.847)	0.225*** (2.812)	0.296*** (3.698)	0.289*** (4.017)
2010	0.353*** (4.399)	0.03 (0.706)	0.149*** (2.789)	0.002** (2.054)	0.225*** (2.812)	0.298*** (3.717)	0.311*** (4.389)
2011	0.37*** (4.559)	0.194*** (2.446)	0.125*** (2.587)	0.002** (2.089)	0.225*** (2.812)	0.299*** (3.727)	0.316*** (4.511)
2012	0.382*** (4.616)	0.148** (2.06)	0.126*** (2.563)	0.003** (1.861)	0.225*** (2.812)	0.3*** (3.734)	0.339*** (4.676)
2013	0.382*** (4.626)	0.163** (2.335)	0.123*** (2.556)	0.002** (2.105)	0.225*** (2.812)	0.301*** (3.744)	0.327*** (4.642)
2014	0.388*** (4.673)	0.161*** (2.847)	0.118*** (2.529)	0.002** (1.983)	0.225*** (2.812)	0.302*** (3.753)	0.316*** (4.37)
2015	0.39*** (4.650)	0.063 (1.092)	0.126*** (2.621)	0.003** (2.058)	0.225*** (2.812)	0.303*** (3.761)	0.276*** (4.022)
2016	0.354*** (4.269)	0.126** (2.324)	0.119*** (2.593)	0.002** (2.096)	0.225*** (2.812)	0.303*** (3.767)	0.324*** (4.538)
2017	0.306*** (3.786)	0.197*** (2.679)	0.136*** (2.723)	0.004** (2.091)	0.225*** (2.812)	0.304*** (3.77)	0.305*** (4.247)

注：***、**、*分别表示在1%、5%、10%水平下显著，括号内为 z 值。

采用反距离矩阵进行莫兰指数检验结果如表5-6所示，经济发展质量的 Moran's I 值高度显著且大于0，表明经济发展质量存在显著空间正相关，即中国各省份经济发展质量存在空间集聚效应。此外，其他变量也存在空间正相关性，这又一次印证了采用空间计量模型探讨的必要性，因此下一步采用空间计量模型进行实证。

四、最优空间估计模型的选择

一般而言，空间面板常用模型主要有三种：空间杜宾模型 SDM、空间滞后模型 SAR 及空间误差模型 SEM。选择哪个模型更适用呢？空间杜宾模型 SDM 在捕获直接效应和间接效应时比空间误差模型 SEM 和空间滞后模型 SAR 更具优势，同时空间杜宾模型 SDM 在分析内生交互效应和外生交互效应的相关研究中被广泛使用。而空间滞后模型 SAR 和空间误差模型 SEM 均为空间杜宾模型 SDM 的特例。空间杜宾模型 SDM 是否适合本书，我们需要对空间模型进一步进行 Wald、LR 检验，判断空间杜宾模型 SDM 是否退化成空间滞后模型 SAR 或空间误差模型 SEM（见表 5-7、表 5-8）。

表 5-7 似然差 LR 检验

	LR 检验
SAR	LR chi2（5）= 5.85
	Prob>chi2 = 0.4397
SEM	LR chi2（5）= 12.74
	Prob>chi2 = 0.0473

表 5-8 拉格朗日 LM 检验结果

Test	Statistic	df	p-value
Spatial error：			
Moran's I	9.30E+04	1.0000	0.0000
拉格朗日乘子	32.07	1.0000	0.0000
鲁棒拉格朗日乘子	32.803	1.0000	0.0000
Spatial lag：			
拉格朗日乘子	0.122	1	0.727
鲁棒拉格朗日乘子	0.855	1	0.355

从图 5-2、表 5-7 中结果来看，结果都显著。即 Wald 和 LR 检验分别拒绝了 θ=0 和 θ=-β。空间杜宾模型 SDM 未退化成空间滞后模型 SAR 或是空间误差模型 SEM，进一步做 LM 检验。空间滞后模型和空间误差模型可进行拉格朗日 LM 检验，差较 LM-lag 与 LM-error 统计量。在对空间计量模型进行回归前需要相应的 OLS 回归，通过 LM 值的稳健性确定空间滞后模型 SAR 或空间误差模

型 SEM。拉格朗日 LM 检验结果如表 5-8 所示，空间误差模型 SEM 的 P 值显著，空间滞后模型 SAR 不显著。选择空间误差模型 SEM 作为计量模型。

第四节 回归结果分析

一、模型估计结果分析

通过第三节的研究，确定环境规制对经济发展质量的影响空间特征适合利用空间模型分析，本节利用空间杜宾、空间滞后和空间误差三种模型进行回归，回归结果如表 5-9 所示。

表 5-9 三种空间计量模型估计结果

变量	空间杜宾模型（SDM）		空间滞后模型（SAR）		空间误差模型（SEM）	
	系数	P 值	系数	P 值	系数	P 值
环境规制（ER）	0.0004	0.048	0.0006	0.072	0.0003	0.094
地方财政预算支出（GOV）	−0.0922	0.063	−0.0802	0.047	−0.1033	0.023
人均水资源总量（WAT）	0.0065	0.031	0.0071	0.026	0.0064	0.003
森林覆盖率（FC）	0.0044	0.779	−0.0032	0.759	−0.0037	0.777
人口密度（人/平方千米）（HUM）	0.0520	0.413	0.0523	0.263	0.0530	0.322
6 岁以上大专以上人口占比（EDU）	−0.1141	0.026	−0.0724	0.095	−0.1205	0.065
W×环境规制（ER）	0.0002	0.041				
W×地方财政预算支出（GOV）	−0.0030	0.073				
W×人均水资源总量（WAT）	−0.0078	0.098				
W×森林覆盖率（FC）	−0.0144	0.542				
W×人口密度（人/平方千米）（HUM）	−0.0372	0.059				
W×6 岁以上大专以上人口占比（EDU）	0.1297	0.023				
R^2	0.2711		0.2527		0.2373	

续表

变量	空间杜宾模型（SDM）		空间滞后模型（SAR）		空间误差模型（SEM）	
	系数	P 值	系数	P 值	系数	P 值
Log-likehood	794.5481		796.9315		797.2278	
检验方法	估计值	P 值				
Wald spatial lag test	7.13	0.3087				
LR spatial lag test	9.65	0.14				
Wald spatial error test	9.9	0.0291				
LR spatial error test	12.40	0.0536				
Hausman test statist	28.31	0.0001				

从表 5-9 拟合优度 R^2 来看，空间杜宾模型、空间滞后模型和空间误差模型 R^2 分别为 0.2711、0.2527 和 0.2373，空间滞后模型的拟合度优于空间误差模型，空间杜宾模型的拟合度最优，三个模型回归结果显示环境规制对经济发展质量的影响显著。Log-likehood 中空间杜宾模型的绝对值最小，也表现为优于空间滞后模型、空间误差模型。从 Wald 检验和 LRA 检验来看，分别拒绝了空间滞后模型和空间误差模型。所以最终可以选择空间杜宾模型进一步解释环境规制对经济发展质量的空间外溢效应。环境规制对经济发展质量影响的杜宾模型估计结果，空间滞后被解释变量系数显著不为零，LeSage 和 Pace（2009）指出，当被解释变量空间滞后项系数显著不为零时，采用空间杜宾模型估计系数解释空间溢出效应存在系统性偏差。

因此，本书将空间计量模型采用偏微分方法将空间溢出效应分解，分解为直接效应和间接效应，从直接效应、间接效应和总效应三个方面进行解释本地和邻地效应更加准确。空间杜宾模型的分解估计结果如表 5-10 所示。

表 5-10 空间杜宾模型的直接效应、间接效应和总效应

变量	直接效应		间接效应		总效应	
	系数	P 值	系数	P 值	系数	P 值
环境规制（ER）	0.0010	0.078	0.0004	0.019	0.0014	0.016
地方财政预算支出（GOV）	-0.1041	0.008	-0.0939	0.053	-0.1980	0.112
人均水资源总量（WAT）	0.0058	0.407	-0.0114	0.659	-0.0056	0.848
森林覆盖率（FC）	0.0042	0.792	-0.0196	0.566	-0.0154	0.627
人口密度（人/平方千米）（HUM）	0.0419	0.031	0.0046	0.082	0.0466	0.004
6 岁以上大专以上人口占比（EDU）	-0.1005	0.053	0.1327	0.417	0.0322	0.054

二、溢出效应分析

从空间杜宾模型的直接效应可以看出（见表 5-10），环境规制正向显著影响我国经济发展质量，即环境规制强度每提高 1%，本地的经济发展质量提高 0.1%。究其原因是适度的环境规制可以有利于提高企业技术创新的积极性，部分弥补甚至超过企业的遵循成本，一方面改善了环境实现绿色经济，另一方面促进了经济增长，实现了环境保护与经济高质量发展双赢的局面。这也印证了 Lanjouw 和 Mody（1996）的观点，受利润最大化驱动影响，在环境约束下企业会加大技术创新力度而收益创新红利，从而抵消，甚至超过环境规制的成本增加部分。

环境规制对区域经济发展质量的间接效应显著为正，但影响程度较小，即环境规制每提高 1%，会间接导致其他地区的经济发展质量提高 0.04%。区域可能由于经济发达的沿海地区秉承低碳经济发展理念，大力发展绿色经济，将经济发展的重点转移到新兴产业上，这些产业具有绿色环保特点；将高能耗和高碳强度的产业群逐渐向重工业集聚的东北地区和经济欠发达的大西北内陆地区转移，导致地区出现污染倾销和转嫁现象。但整体而言，环境规制还会促进邻地提升经济发展战略，形成这种邻近区域互相促进的原因，一方面可能来源于本地的环境质量会受邻近区域环境规制影响，另一方面可能本地的人才、资源流动等也会形成区域集聚或区域间流动。空间总效应也显示环境规制正向影响经济发展质量的提升，且影响显著，通过 5% 显著水平检验，环境规制每提高一个单位，经济发展质量整体提高 0.14 个单位。以往学者的研究集中在经济增长效应和对开放、创新等的影响，"波特假说"认为适度的环境规制可以激发企业进行技术创新，并通过"创新补偿效应"促进经济增长，"遵循成本说"认为环境规制会造成生产要素价格的上涨并对"生产性"投资产生"挤出效应"，这一直是学者争论的热点。

此外，地方财政预算支出对经济发展质量总效应显著为负，表明政府过多干预并未有效引导经济高质量提升，其中直接效应为 -0.1041，间接效应为 -0.0939，区域政府的干预程度对经济发展战略的直接效应和间接效应相当。原因可能是经济发展主要以企业为主，行政方式无法精准掌控企业发展质量激励的转变条件，甚至可能适得其反。人均水资源总量和绿地覆盖率对经济发展质量的直接效应为正，间接效应为负，总效应也表现为负相关，说明区域水资源丰沛并不能有效促进区域经济发展质量的有效提升，这一结论也印证了资源诅咒的说法，庆幸的是水资源总量和绿地面积占比对经济发展质量的影响并不显著，直接效应、间接效应和总体效应均未通过 10% 显著性水平检验。

区域人口密度与经济发展质量正相关，总效应估计系数为 0.0466，表明区域人口密度每提高 1 个百分点，经济发展质量提高 4.66 个百分点，这说明区域人口密度增加，交通、资源消耗和污染物排放会影响区域经济绿色发展，也会给区域经济高质量发展提供劳动力、人才资源，同时会促进消费能力提升，从而促进区域经济高质量发展。并且，人口密度对本地区域经济发展质量的影响远大于邻地的影响，对本地的影响系数是 0.0419，对邻地的影响系数是 0.0046，人口密度每提高 1 个百分点，本地经济发展质量提高 4.19 个百分点，这也符合现实状况。

人口素质采用区域 6 岁以上大专以上人口占比来衡量，人口素质的提高总体与经济发展质量正相关，人口素质整体提高有利于经济发展质量提升，且影响显著，通过 10% 的显著性水平检验。但人口素质的提高对本地经济发展质量的提升却没有起到有效的促进作用，人口素质与本地经济发展质量负相关，相关系数为 -0.1005，且影响显著，通过 10% 的显著性水平，这不同于人们通常的看法，通常认为人口素质的提高有利于地方创新发展，但往往忽略了人口素质的提高对资源和能源的消费和要求也就越高，同时人口素质越高人才流动性也就越大，这些因素很可能就会影响区域经济的协调和共享发展，从而影响本地经济的高质量发展，本地人口素质的间接效应却为正，邻地人口素质的提高有利于本地经济发展质量提升，但影响不显著。究其原因可能是邻地人口素质提高，受市场竞争等影响可能会人才流动到本地，同时，邻地人口素质的提高也会带动本地的消费和本地人才素质的提高，从而影响本地经济发展质量的提升。

三、区域异质性结果分析

为了能更进一步地研究环境规制对区域经济发展质量影响的空间外溢效应，采用空间误差模型分析东部、中部、西部和东北部四大经济区环境规制影响的空间效应，分别选择空间相邻矩阵和反距离矩阵进行估计，西部空间误差 SEM 回归估计结果（空间相邻矩阵）lambda P 值 0.481 不显著，舍弃。西部空间误差 SEM 回归估计结果（反距离空间矩阵）lambda P 值 0.481 不显著，舍弃。东北部空间误差 SEM 回归估计结果（空间相邻矩阵）lambda P 值 0.190 不显著，舍弃。东北部空间误差 SEM 回归估计结果（反距离空间矩阵）lambda P 值 0.176 不显著，舍弃。最后得到东部空间误差 SEM 回归估计结果（空间相邻矩阵）、东部空间误差 SEM 回归估计结果（反距离空间矩阵）、中部空间误差 SEM 回归估计结果（空间相邻矩阵）和中部空间误差 SEM 回归估计结果（反距离空间矩阵），结果如表 5-11~表 5-14 所示，模型的拟合效果较好，总体回归可信度较高。

表 5-11　东部空间误差 SEM 回归估计结果（空间相邻矩阵）

变量	Coef.	Z	P
ER	-0.0003	-0.45	0.649
GOV	-0.0288	-0.16	0.075
WAT	-0.0576	-1.25	0.011
lnFC	0.0062	0.34	0.730
lnHUM	0.0355	0.37	0.014
EDU	-0.2378	-2.05	0.040
Sigma^2	0.0004 *** （6.84）		
观测值	100		

注：*** 代表在 1% 显著水平下显著。

从表 5-11 中的 Sigma^2 统计量来看，模型的拟合效果较好，总体回归可信度较高。东部空间误差 SEM 回归估计结果（空间相邻矩阵）显示，在经济发达的东部经济区，环境规制抑制经济高质量发展，但影响不显著，没有通过 10% 显著水平检验，边际回归系数为 -0.0003，控制变量政府规模对经济高质量发展的影响为负，通过 10% 显著性水平检验，人均水资源总量与经济发展质量负相关，在东部经济区人均水资源丰沛并没有有效地促进经济高质量发展，这在一定程度上验证了"资源魔咒"的观点，区域绿地面积对经济发展质量的影响不显著；人口密度对经济发展质量在东部经济区具有积极的促进作用，且影响显著，通过 1% 显著性水平检验，这可能与人口密度大给区域提供充足的经济需要的人才、劳动力等资源集聚的优势有关。人口素质与经济发展质量负相关，且通过 5% 显著性水平检验，区域高素质人口占比越高，可能越会提高区域创新能力，但也会加剧贫富差距和影响产业结构优化等，从而影响区域经济的协调发展。

表 5-12　东部空间误差 SEM 回归估计结果（反距离空间矩阵）

变量	Coef.	Z	P
ER	0.0003	0.5	0.017
GOV	-0.0155	-0.08	0.036
WAT	-0.0418	-0.96	0.039

变量	Coef.	Z	P
lnFC	0.0038	0.23	0.818
lnHUM	0.1514	1.42	0.056
EDU	−0.2195	−1.81	0.070
Sigma^2	0.0004*** （6.86）		
观测值	100		

注：***代表在1%显著水平下显著。

从表5-12的回归结果来看，模型的拟合效果较好，总体回归可信度较高。估计结果与空间相邻矩阵估计结果基本一致，环境规制对经济发展质量具有积极的促进作用，控制变量绿地面积占比和人口密度也对区域经济发展质量具有积极的正向影响，政府规模、人均水资源总量和人口素质对经济发展质量没有起到相应的促进作用，区域水资源的丰沛程度对经济发展质量的影响相对显著，绿地面积占比对经济发展质量的影响没有通过显著水平检验。

表5-13　中部空间误差 SEM 回归估计结果（空间相邻矩阵）

MI	Coef.	Z	P
ER	0.0001	0.41	0.083
GOV	0.1856	1.44	0.150
WAT	0.0084	0.21	0.833
lnFC	−0.0297	−0.83	0.406
lnHUM	−0.0085	−0.07	0.047
EDU	−0.0936	−0.89	0.072
Sigma^2	0.0001*** （5.17）		
观测值	60		

注：***代表在1%显著水平下显著。

从表5-13中的Sigma^{2}统计量来看，模型的拟合效果较好，总体回归可信度较高；中部空间误差SEM回归估计结果（空间相邻矩阵）显示，环境规制促进区域经济高质量发展，影响不显著，通过10%显著性水平检验，边际回归系数为0.0001。控制变量政府规模与经济高质量发展的影响正相关，中部经济区政府规模对经济发展质量具有积极的促进作用，这一点不同于东部经济区的情况，遗憾的是未通过10%显著性水平检验。在中部经济区，人均水资源总量与经济发展质量正相关，水资源的资源特征有效地促进中部经济高质量发展，同政府规模一样，具有积极的促进作用但影响不显著。绿地面积占比、人口密度和人口素质与中部经济发展质量均负相关，绿地面积占比的影响不显著，人口密度和人口素质对经济发展质量的影响显著，这可能是由于区域经济人口密度的集中增加了资源和能源的消耗，污染相对也较严重，从而抑制了区域经济高质量发展。

表 5-14　中部空间误差 SEM 回归估计结果（反距离空间矩阵）

MI	Coef.	Z	P
ER	0.00006	0.26	0.092
GOV	0.16007	1.21	0.227
WAT	0.00419	0.10	0.917
lnFC	−0.03032	−0.94	0.345
lnHUM	−0.01727	−0.14	0.089
EDU	−0.07667	−0.71	0.075
Sigma^2	0.0001 *** （5.2）		
观测值	60		

注：*** 代表在 1% 显著水平下显著。

从表 5-14 中的 Sigma^2 统计量来看，模型的拟合效果较好，总体回归可信度较高；中部空间误差 SEM 回归估计结果（反距离空间矩阵）和相邻空间矩阵估计结果基本一致，进一步验证了中部经济区环境规制对经济发展质量的积极促进作用。

第五节　分维度空间效应分析

一、创新空间效应分析

1. 创新空间相关性

从图 5-3 可以直观地看出创新发展邻地区间的关系，31 个省份的局域 Moran's I 散点图及其检验结果显示，某些省区强烈拒绝空间不相关，散点图显示创新发展的数据点绝大部分聚集在第一、第三象限，意味着两者具有较强的空间自相关关系，表现出高—高集聚和低—低集聚的现象，说明创新发展的空间分布并不是完全随机分布的，而是表现显著的非均质性，证实研究创新发展的影响采用空间效应模型符合客观事实。

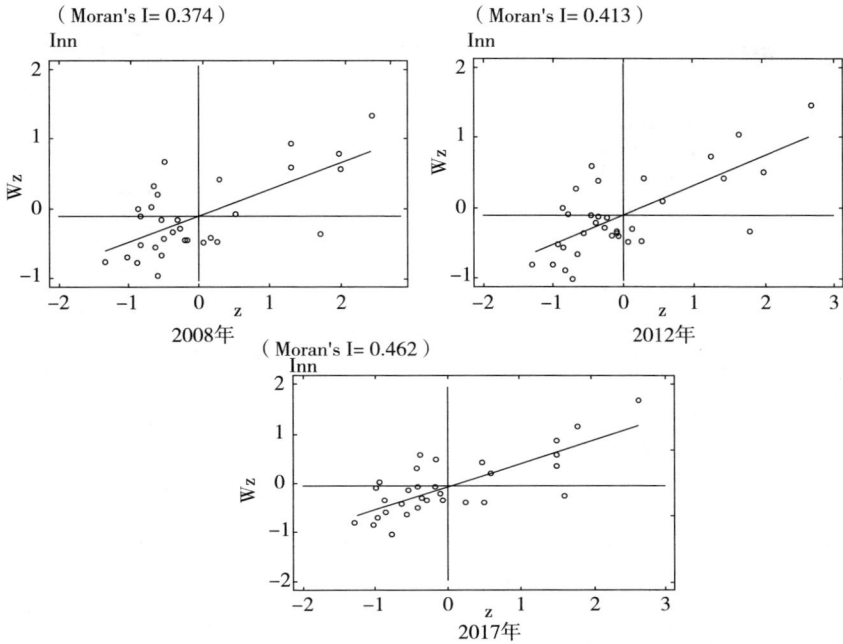

图 5-3　2008 年、2012 年和 2017 年创新发展的 Moran's I 散点图

2. 创新空间效应分析

从表 5-15 拟合优度 R^2 来看，空间杜宾模型 R^2 为 0.2571，Log-likehood 中空间杜宾模型的绝对值为 1210.3814。从 Wald 检验和 LRA 检验来看，均通过显著性检验。所以可以选择空间杜宾模型进一步解释环境规制对创新发展的空间外溢效应。环境规制对创新发展质量影响的杜宾模型估计结果显示，空间滞后被解释变量系数显著不为零，Le Sage 和 Pace（2009）指出当被解释变量空间滞后项系数显著不为零时，采用空间杜宾模型估计系数解释空间溢出效应存在系统性偏差。

表 5-15　空间杜宾模型 SDM 回归估计结果（空间相邻矩阵）

变量	空间杜宾模型（SDM）	
	系数	P 值
环境规制（ER）	0.0001	0.131
地方财政预算支出（GOV）	−0.0244	0.07
人均水资源总量（WAT）	−0.0018	0.3
森林覆盖率（FC）	0.0000	0.992

续表

变量	空间杜宾模型（SDM）	
	系数	P 值
人口密度（人/平方千米）（HUM）	-0.0142	0.411
6 岁以上大专以上人口占比（EDU）	-0.0281	0.168
W×环境规制（ER）	0.0001	0.444
W×地方财政预算支出（GOV）	-0.0419	0.08
W×人均水资源总量（WAT）	0.0016	0.682
W×森林覆盖率（FC）	-0.0056	0.389
W×人口密度（人/平方千米）（HUM）	0.0497	0.132
W×6 岁以上大专以上人口占比（EDU）	0.1278	0
R^2	0.2571	
Log-likehood	1210.3814	
检验方法	估计值	P 值
Wald spatial lag test	22.22	0.0011
LR spatial lag test	19.06	0.0041
Wald spatial error test	20.42	0.0023
LR spatial error test	25.52	0.0003
Hausman test statist	121.85	0.0000

因此，仍然按照环境规制对经济发展质量影响的空间效应进行，研究环境规制对创新发展质量的影响，空间计量模型采用偏微分方法将空间溢出效应分解，分解为直接效应和间接效应，从直接效应、间接效应和总效应三个方面进行解释本地和邻地效应更加准确。空间杜宾模型溢出效应的分解结果如表 5-16 所示。

表 5-16　空间杜宾模型溢出效应分解结果

变量	直接效应		间接效应		总效应	
	系数	P 值	系数	P 值	系数	P 值
环境规制（ER）	0.0001	0.1170	0.0001	0.400	0.0002	0.080
地方财政预算支出（GOV）	-0.0267	0.017	-0.0489	0.041	-0.0756	0.000
人均水资源总量（WAT）	-0.0018	0.321	0.0010	0.812	-0.0007	0.879
森林覆盖率（FC）	0.0002	0.966	-0.0059	0.396	-0.0057	0.259
人口密度（人/平方千米）（HUM）	-0.0161	0.413	0.0565	0.144	0.0404	0.181
6 岁以上大专以上人口占比（EDU）	0.0246	0.203	0.1312	0.000	0.1558	0.000

从空间杜宾模型的直接效应可以看出（见表5-16），环境规制正向影响我国创新发展质量，即环境规制强度每提高1%，本地的创新发展质量提高0.01%，影响程度相对较小。究其原因是适度的环境规制可以有利于提高企业技术创新的积极性。环境规制对区域创新发展质量的间接效应为正，影响程度与直接效应相当，即环境规制每提高1%，会间接导致其他地区的创新发展质量提高0.001%，遗憾的是环境规制对创新发展的影响直接效应和间接效应均未通过10%显著性水平检验。环境规制对创新发展影响的空间总效应估计系数为0.0002，影响显著，通过10%显著性水平检验。这也同国内外众多的研究结论观点一致，认为环境规制的产生有利于技术创新，"抵消效应"不及"补偿效应"，国外学者较多主张环境规制对于技术创新具有正向溢出效应（Bui and Berman，2001；Brunner and Cohen，2003；Jaffe and Palmer，1997；Michaelporter，1995），马海良（2012）也利用1995~2008年长三角经济区域的面板数据，验证了环境规制正向影响技术创新。

此外，地方财政预算支出对创新发展质量空间总效应显著为负，表明政府过多干预并未有效引导中国创新发展质量提升，其中直接效应为-0.0267，间接效应为-0.0489，政府干预程度对创新发展质量的影响其间接效应比直接效应还要大，且直接效应和间接效应均显著，显著性水平均通过5%，总体而言，空间总效应通过1%显著性水平检验，建议政府要有效制定创新激励政策及相应的资源倾斜，促进区域创新发展质量提升。人均水资源总量对区域创新发展质量的影响直接效应为负，间接效应为正，总体空间效应为负，影响不显著，均未通过10%显著水平检验，意味着区域水资源总量对创新发展质量的影响不显著。森林覆盖率对创新发展质量的影响直接效应为正，间接效应为负，总效应也表现为负相关，说明区域水资源丰沛并不能有效促进区域创新发展质量的有效提升，反而会抑制区域创新发展质量提升，庆幸的是人均水资源总量和森林覆盖率占比对创新发展质量的影响均不显著，均未通过10%显著性水平检验。

区域人口密度与创新发展质量正相关，总效应估计系数为0.0404，表明区域人口密度每提高1个百分点，创新发展质量提高4.04个百分点，这可能是由于区域人口密度增加，交通压力、资源消耗和污染物排放均会加重，同时人均资源也会相对降低，必须通过创新发展缓解这些压力，从而促进区域创新发展质量提升。人口密度对本地的直接效应影响为负，却与邻地的间接效应正相关，且间接效应影响程度大于本地效应的影响程度，但无论是直接效应、间接效应，还是空间总效应均未通过显著性水平检验，即使10%显著性水平也未通过。

由于受到区域经济发展不平衡、文化教育事业的发展不平衡以及区域医疗卫生发展水平不同等多方面因素的影响，导致区域人口素质差异，研究人口素质对创新发展质量的影响主要表现在人口受教育程度的影响，因此人口素质采用区域 6 岁以上大专以上人口占比来研究其对区域创新发展的影响，人口素质的提高总体与创新发展质量正相关，人口素质整体提高有利于创新发展质量提升，总体空间效应影响显著，通过 1% 显著性水平检验，邻地间接效应影响系数为 0.1312，影响显著，显著水平和影响程度均大于人口素质对区域创新发展质量的直接效应。人口素质的提高对本地创新发展质量的提升具有积极的促进作用，空间总效应相关系数为 0.1558，人口素质每提高一个百分点，创新发展质量提高 15.58 个百分点，影响程度远大于其他控制变量的影响。

二、协调空间效应分析

1. 协调空间相关性

从图 5-4 可以看出，31 个省份的局域 Moran's I 散点图协调发展邻地之间的关系及其检验结果显示，协调发展的数据点绝大部分聚集在第一、第三象限，表现出高—高集聚和低—低集聚的现象，说明协调发展的空间分布并不是完全随机分布的，而是具有较强的空间自相关关系，证实研究协调发展的影响采用空间效应模型的可行性。

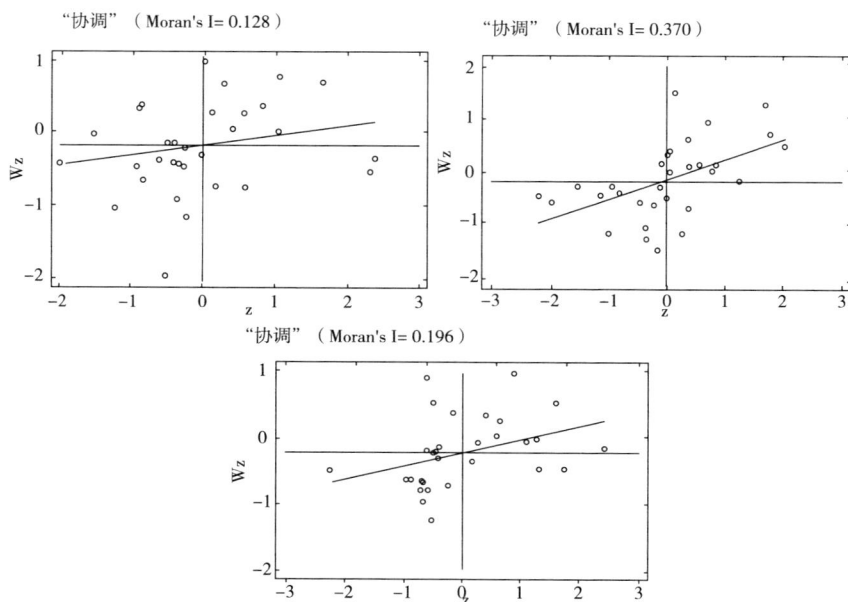

图 5-4　协调发展的 Moran's I 散点图

2. 协调发展空间估计结果分析

通过协调空间相关性的分析，确定协调发展的空间特征适合利用空间模型分析，基于此，采用空间杜宾模型进行回归，环境规制对协调发展影响的估计结果如表 5-17 所示。

表 5-17　空间杜宾模型 SDM 回归估计结果（空间相邻矩阵）

变量	空间杜宾模型（SDM）	
	系数	P 值
环境规制（ER）	0.0000	0.793
地方财政预算支出（GOV）	0.0099	0.799
人均水资源总量（WAT）	0.0163	0.001
森林覆盖率（FC）	-0.0024	0.845
人口密度（人/平方千米）（HUM）	0.1315	0.009
6 岁以上大专以上人口占比（EDU）	0.0529	0.367
W×环境规制（ER）	0.0004	0.081
W×地方财政预算支出（GOV）	0.0462	0.504
W×人均水资源总量（WAT）	-0.0313	0.007
W×森林覆盖率（FC）	-0.0108	0.56
W×人口密度（人/平方千米）（HUM）	-0.2558	0.008
W×6 岁以上大专以上人口占比（EDU）	0.0573	0.494
R^2	0.0305	
Log-likehood	867.9935	
检验方法	估计值	P 值
Wald spatial lag test	32.90	0.0000
LR spatial lag test	37.26	0.0000
Wald spatial error test	29.40	0.0000
LR spatial error test	15.96	0.0140
Hausman test statist	61.31	0.0000

从表 5-17 拟合优度 R^2 来看，空间杜宾模型 R^2 为 0.0305，Log-likehood 中空间杜宾模型的绝对值为 867.9935，并从 Wald 检验和 LR 检验来看，均通过显著性检验。所以可以选择空间杜宾模型进一步解释环境规制对协调发展的空间外溢效应。环境规制对协调发展质量的影响，将空间计量模型采用偏微分方法将空间溢出效应分解，分解为直接效应和间接效应，从直接效应、间接效应和

总效应三个方面进行解释本地和邻地效应更加准确，估计结果如表 5-18 所示。

表 5-18　空间杜宾模型溢出效应分解结果

变量	直接效应		间接效应		总效应	
	系数	P 值	系数	P 值	系数	P 值
环境规制（ER）	0.0001	0.404	0.0008	0.055	0.0009	0.045
地方财政预算支出（GOV）	0.0129	0.68	0.0884	0.435	0.1013	0.382
人均水资源总量（WAT）	0.0125	0.032	−0.0487	0.061	−0.0362	0.217
森林覆盖率（FC）	−0.0034	0.789	−0.0239	0.449	−0.0273	0.371
人口密度（人/平方千米）（HUM）	0.0953	0.069	−0.3499	0.064	−0.2546	0.166
6 岁以上大专以上人口占比（EDU）	0.0708	0.209	0.1822	0.246	0.2530	0.141

从表 5-18 环境规制对协调发展质量影响的空间杜宾模型溢出效益分解结果可以看出，环境规制对区域协调发展质量影响的空间总效应为正，环境规制对区域经济协调发展具有积极的促进作用，且影响显著，通过 5% 显著性水平检验，环境规制强度每提高 1 个百分点，协调发展质量提高 0.09 个百分点。此外，环境规制对区域经济协调发展的直接效应和间接效应也均表现出积极的影响，不同的是间接效应甚至大于直接效应，且间接效应的影响更显著，通过了 5% 显著性水平检验，而直接效应未通过 10% 显著性水平检验。

控制变量方面，政府干预、人口素质均促进了区域经济协调发展，空间总效应为正，但影响均不显著，其中人口素质对经济协调发展的影响程度更大，估计系数为 0.2530，遗憾的是未通过 10% 显著水平检验，从直接效应来看，政府干预和人口素质均对本地区域经济协调发展具有积极的促进作用，人口素质的影响程度较大，从邻地效应来看，经济协调发展受邻地政府干预和人口素质的影响不显著，均未通过 10% 显著水平检验。人均水资源总量、森林覆盖率和人口密度对经济协调发展质量均具有不同程度的制约作用，空间总效应均为负，庆幸的是三者空间总效应均不显著，均未通过 10% 显著性水平检验，三者的直接效应又有所不同，其中森林覆盖率与协调发展质量负相关，未通过显著性水平检验，人均水资源总量和人口密度与协调发展质量正相关，分别通过 5% 和 10% 显著性水平检验，其邻地间接效应均为负相关，其中人口密度对区域经济协调发展的影响最大，且通过 10% 显著性水平检验。

三、绿色空间效应分析

观察数据可以看出中国绿色发展水平各个区域差别较大，不同区域绿色发展是否存在地理空间上的依赖性和相关性，决定了考察绿色发展影响因素计量模型是否引入空间效应。利用全局 Moran's I 指数检验绿色发展空间分布依赖相关性，空间自相关则采用空间模型考察其影响系数。

1. 绿色空间相关性

从 2006 年、2011 年和 2015 年各区域绿色发展 Moran's I 散点图可以看出（见图5-5），区域经济绿色发展少数省份位于高—低、低—高象限，绝大部分省份位于高—高、低—低象限，即高值区域被高值区域包围，低值区域包围低值区域，即空间集聚存在空间相关性，适宜采用空间模型进行研究。

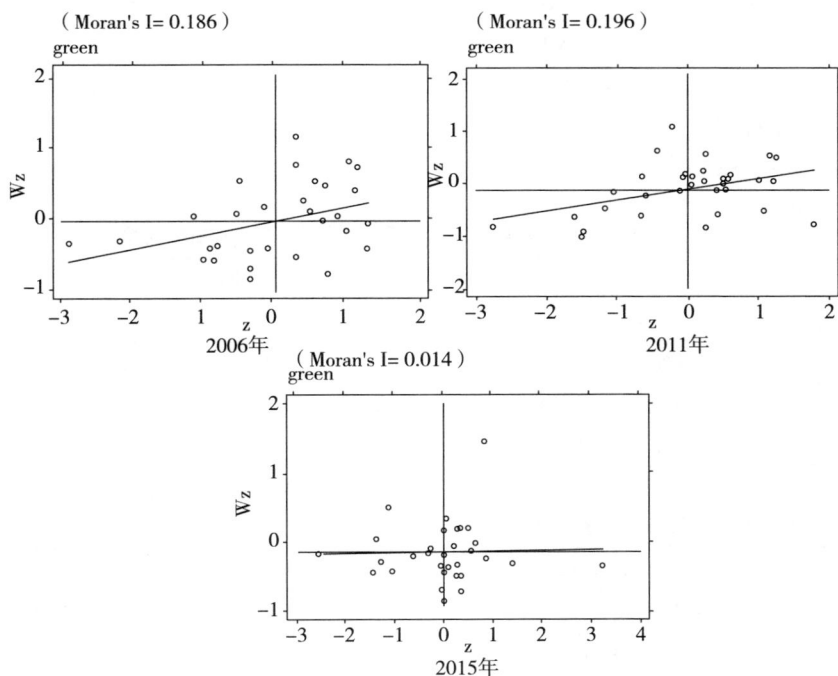

图 5-5　2006 年、2011 年和 2015 年各区域绿色发展 Moran's I 散点

2. 绿色空间效应估计结果

对空间模型进一步进行 Wald、LR 检验，判断空间杜宾模型 SDM 是否退化成空间滞后模型 SAR 或空间误差模型 SEM（见表 5-19）。

表5-19　似然差 LR 检验

LR 检验	
SAR	LR chi2（5）= 28.21
	Prob>chi2 = 0.0001
SEM	LR chi2（5）= 31.77
	Prob>chi2 = 0.0000

从表5-19的结果来看，结果都显著。即 Wald 和 LR 检验分别接受了 $\theta \neq 0$ 和 $\theta \neq -\beta$。空间杜宾模型 SDM 没有退化成空间滞后模型 SAR 或是空间误差模型 SEM。

关于空间模型是固定效应还是随机效应模型，通过霍斯曼 P 值结果为 Prob>chi2 = 0.0948，确定计量模型为固定效应：

$$chi2（6）= （b-B）'\left[（V\_b-V\_B）^{（-1）}\right]（b-B）$$
$$= 10.80$$
$$Prob>chi2 = 0.0948$$

从上述各检验结果得出空间杜宾模型适合用来研究本书，空间杜宾模型估计结果如表5-20所示。

表5-20　空间杜宾模型 SDM 回归估计结果（空间相邻矩阵）

变量	空间杜宾模型（SDM）	
	系数	P 值
环境规制（ER）	0.0000	0.429
地方财政预算支出（GOV）	−0.0043	0.724
人均水资源总量（WAT）	−0.0003	0.836
森林覆盖率（FC）	0.0045	0.236
人口密度（人/平方千米）（HUM）	−0.0452	0.004
6岁以上大专以上人口占比（EDU）	0.0264	0.146
W×环境规制（ER）	0.0000	0.947
W×地方财政预算支出（GOV）	−0.0432	0.044
W×人均水资源总量（WAT）	0.0031	0.383
W×森林覆盖率（FC）	−0.0159	0.007
W×人口密度（人/平方千米）（HUM）	0.1328	0.000
6岁以上大专以上人口占比（EDU）	−0.0420	0.105
R^2	0.0893	

续表

变量	空间杜宾模型（SDM）	
	系数	P 值
Log-likehood	1234.8707	
检验方法	估计值	P 值
Wald spatial lag test	32.59	0.0000
LR spatial lag test	28.21	0.0001
Wald spatial error test	33.05	0.0276
LR spatial error test	31.77	0.0000
Hausman test statist	10.8	0.0948

从表 5-20 中空间杜宾模型拟合优度来看，R^2 为 0.0893，Log-likehood 中空间杜宾模型的绝对值为 1234.8707，并从 Wald 检验和 LR 检验来看，均通过显著性水平检验。所以可以选择空间杜宾模型进一步解释环境规制对绿色发展的空间外溢效应。环境规制对绿色发展质量的影响，直接效应和间接效应和总效应估计结果如表 5-21 所示。

表 5-21　空间杜宾模型溢出效应分解结果

变量	直接效应		间接效应		总效应	
	系数	P 值	系数	P 值	系数	P 值
环境规制（ER）	0.0001	0.376	0.0001	0.757	0.0002	0.573
地方财政预算支出（GOV）	−0.0119	0.222	−0.0845	0.012	−0.0963	0.004
人均水资源总量（WAT）	0.0000	0.984	0.0044	0.498	0.0044	0.545
森林覆盖率（FC）	0.0031	0.429	−0.0237	0.006	−0.0206	0.010
人口密度（人/平方千米）（HUM）	−0.0329	0.043	0.2015	0.000	0.1686	0.001
6 岁以上大专以上人口占比（EDU）	0.0237	0.166	−0.0504	0.232	−0.0267	0.554

从表 5-21 环境规制对绿色发展质量影响的空间杜宾模型溢出效应分解结果可以看出，环境规制对区域绿色发展质量影响的空间总效应为正，环境规制对区域经济绿色发展具有积极的促进作用，但影响不显著，未通过 10% 显著性水平检验。此外，环境规制对区域经济绿色发展的直接效应和间接效应也均表现出积极的影响，且影响程度相当，但影响均不显著。

控制变量方面，人均水资源总量、人口密度均促进了区域经济绿色发展，空间总效应为正，其中人均水资源总量的影响不显著，人口密度的空间总效应影响显著，通过1%显著性水平检验，其中人口密度对经济绿色发展的影响程度更大，估计系数为0.1686；从直接效应来看，人均水资源总量对区域经济绿色发展的影响较小且不显著，而人口密度对本地绿色发展具有一定的制约作用，影响系数为-0.0329，且影响显著，通过5%显著性水平检验；两者间接效应相比，人口密度对邻地绿色发展的促进作用较强，且影响显著，人均水资源总量也间接影响区域经济绿色发展，且具有积极的促进作用，遗憾的是未通过显著性水平检验。地方财政预算支出、森林覆盖率均对本地区域经济协调发展具有一定的制约作用，政府干预的影响程度最大，森林覆盖率和人口素质对区域经济绿色发展的影响程度相当。

四、开放空间效应分析

1. 开放空间相关性

利用空间误差相关关系分析开放发展变化指数，绘制区域开放发展 Moran's I 散点图（见图5-6）。从2006年、2011年和2015年各区域开放发展莫兰指数可以看出，少数省份位于高—低、低—高象限，绝大部分省份位于高—高、低—低象限，即高值区域被高值区域包围，低值区域包围低值区域，即空间集聚。

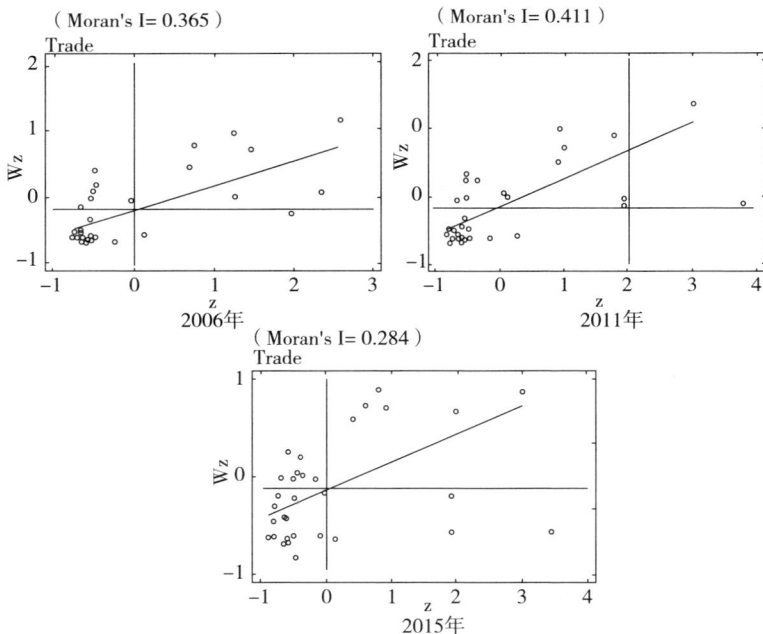

图5-6　2006年、2011年和2015年各区域开放发展 Moran's I 散点图

2. 开放空间效应估计分析

对空间模型进一步进行 Wald、LR 检验，判断空间杜宾模型 SDM 是否退化成空间滞后模型 SAR 或空间误差模型 SEM（见表 5-22）。

表 5-22　似然差 LR 检验

	LR 检验：
SAR	LR chi2（5）= 9.87
	Prob>chi2 = 0.1304
SEM	LR chi2（5）= 16.9
	Prob>chi2 = 0.0097

从表 5-22 中结果来看，结果都显著。即 Wald 和 LR 检验分别接受了 θ≠0 和 θ≠-β。空间杜宾模型 SDM 没有退化成空间滞后模型 SAR 或空间误差模型 SEM。关于空间模型是固定效应还是随机效应模型，本书通过霍斯曼 P 值结果为 Prob>chi2 = 0.0020，确定计量模型为固定效应：

$$chi2（6）=（b-B）'\left[（V\_b-V\_B）^{(-1)}\right]（b-B)$$
$$= 20.83$$
$$Prob>chi2 = 0.0020$$

从上述各检验结果得出空间杜宾模型适合用来研究本书，空间杜宾模型估计结果如表 5-23 所示。

表 5-23　空间杜宾模型 SDM 回归估计结果（空间相邻矩阵）

变量	空间杜宾模型（SDM）	
	系数	P 值
环境规制（ER）	0.0000	0.743
地方财政预算支出（GOV）	-0.0095	0.473
人均水资源总量（WAT）	-0.0006	0.745
森林覆盖率（FC）	0.0076	0.068
人口密度（人/平方千米）（HUM）	-0.0161	0.341
6 岁以上大专以上人口占比（EDU）	-0.0931	0
W×环境规制（ER）	-0.0001	0.089
W×地方财政预算支出（GOV）	0.0026	0.911
W×人均水资源总量（WAT）	0.0033	0.399
W×森林覆盖率（FC）	0.0051	0.416

续表

变量	空间杜宾模型（SDM）	
	系数	P 值
W×人口密度（人/平方千米）（HUM）	−0.0082	0.799
W×6 岁以上大专以上人口占比（EDU）	0.0576	0.041
R²	0.2966	
Log-likehood	1194.8685	
检验方法	估计值	P 值
Wald spatial lag test	17.48	0.0077
LR spatial lag test	9.87	0.1304
Wald spatial error test	14.19	0.0276
LR spatial error test	16.90	0.0097
Hausman test statist	121.85	0.0000

从表5-23中空间杜宾模型拟合优度来看，R^2 为 0.2966，Log-likehood 中空间杜宾模型的绝对值为 1194.8685，并从 Wald 检验和 LR 检验来看，均通过显著性检验。所以可以选择空间杜宾模型进一步解释环境规制对开放发展的空间外溢效应。环境规制对开放发展质量的影响，直接效应、间接效应和总效应估计结果如表5-24所示。

表5-24　空间杜宾模型溢出效应分解结果

变量	直接效应		间接效应		总效应	
	系数	P 值	系数	P 值	系数	P 值
环境规制（ER）	0.0001	0.7	−0.0003	0.105	−0.0002	0.117
地方财政预算支出（GOV）	−0.0127	0.249	−0.0227	0.697	−0.0354	0.565
人均水资源总量（WAT）	0.0001	0.958	0.0076	0.562	0.0077	0.599
森林覆盖率（FC）	0.0107	0.014	0.0333	0.035	0.0440	0.007
人口密度（人/平方千米）（HUM）	−0.0231	0.195	−0.0508	0.594	−0.0739	0.446
6 岁以上大专以上人口占比（EDU）	−0.0940	0	−0.0242	0.763	−0.1182	0.181

从表5-24空间杜宾模型溢出效应分解结果可以看出，环境规制对区域开放发展质量影响的空间总效应为负，表明环境规制在一定程度上制约着区域经济开放发展，庆幸的是影响不显著，未通过 10% 显著性水平检验。此外，环境规制对区域经济绿色发展的直接效应为正，间接效应为负。

控制变量方面，人均水资源总量、森林覆盖率均促进了区域经济开放发展，空间总效应为正，其中人均水资源总量的影响不显著，森林覆盖率的空间总效应影响显著，通过1%显著性水平检验，相比两者来看，森林覆盖率对经济开放发展的影响程度更大，空间总效应估计系数为0.0440；从直接效应来看，人均水资源总量对区域经济开放发展的影响较小且不显著，森林覆盖率对本地开放发展具有积极的促进作用，影响系数为0.0107，影响显著，且通过5%显著性水平检验；两者间接效应相比，森林覆盖率对林地开放发展的促进作用较强，且影响显著，人均水资源总量也会间接影响区域经济绿色发展，且具有积极的促进作用，遗憾的是未通过显著性水平检验。地方财政预算支出、人口密度和人口素质均对本地区域经济开放发展具有一定的制约作用，人口素质的影响程度最大。

五、共享空间效应分析

1. 共享空间相关性

利用空间误差相关关系分析共享发展变化指数，绘制区域共享发展 Moran's I 散点图（见图5-7）。从2006年、2011年和2015年各区域共享发展莫兰指数可以看出，少数省区位于高—低、低—高象限，绝大部分省份位于高—高、低—低象限，即高值区域被高值区域包围，低值区域包围低值区域，即空间集聚。进而采用空间模型分析环境规制对共享发展影响的空间效应。

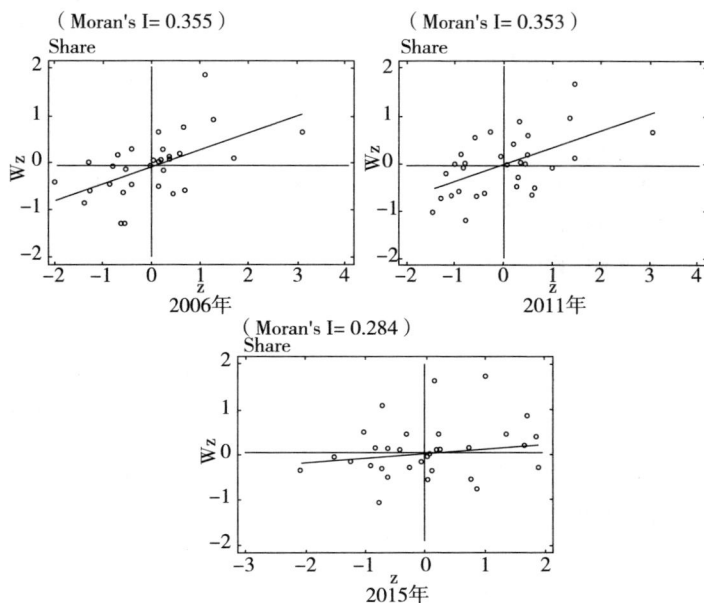

图5-7　2006年、2011年和2015年各区域共享发展 Moran's I 散点图

2. 共享空间效应分析

针对空间杜宾模型 SDM、空间滞后模型 SAR 及空间误差模型 SEM 三种空间面板模型，本书对空间模型进行 Wald、LR 检验，判断空间杜宾模型 SDM 是否退化成空间滞后模型 SAR 或空间误差模型 SEM（见表 5-25）。

表 5-25　似然差 LR 检验

LR 检验:	
SAR	LR chi2（5）= 9.39
	Prob>chi2 = 0.1529
SEM	LR chi2（5）= 11.88
	Prob>chi2 = 0.0647

从表 5-25 中结果来看，结果都显著。即 Wald 和 LR 检验分别接受了 $\theta = 0$ 和 $\theta = -\beta$。空间杜宾模型 SDM 已经退化成空间滞后模型 SAR 或空间误差模型 SEM。故需要进一步做 LM 检验。空间滞后模型和空间误差模型可进行拉格朗日 LM 检验，比较 LM-lag 与 LM-error 统计量。在对空间计量模型进行回归前需要相应的 OLS 回归，通过 LM 值的稳健性确定空间滞后模型 SAR 或空间误差模型 SEM。拉格朗日 LM 检验结果如表 5-26 所示，空间误差模型 SEM 的 P 值显著，空间滞后模型 SAR 不显著。选择空间误差模型 SEM 作为计量模型。

表 5-26　拉格朗日 LM 检验结果

Test	Statistic	df	p-value
空间误差			
Moran's I	1.4830	1.0000	0.1380
拉格朗日乘子	30.316	1	0
鲁棒拉格朗日乘子	33.168	1	0
空间滞后			
拉格朗日乘子	0.002	1	0.969
鲁棒拉格朗日乘子	2.854	1	0.091

关于空间模型是固定效应还是随机效应，本书通过霍斯曼 P 值结果为 Prob>chi2 = 0.0001，确定计量模型为固定效应：

$$chi2（6）= （b-B）'\left[（V\_b-V\_B）\char94（-1）\right]（b-B）$$
$$= 11.74$$
$$Prob>chi2 = 0.0680$$

从上述各检验结果得出空间误差模型 SEM 适合用来研究本书，空间误差模型估计结果如表 5-27 所示。

表 5-27　环境规制对共享发展质量影响的空间误差 SEM 回归

估计结果（空间相邻矩阵）

SHARE	Coef.	Z	P
环境规制（ER）	−0.0002	−2.47	0.014
地方财政预算支出（GOV）	−0.0711	−2.72	0.007
人均水资源总量（WAT）	−0.0072	−2.07	0.038
森林覆盖率（FC）	−0.0063	−0.85	0.396
人口密度（人/平方千米）（HUM）	−0.0041	−0.13	0.893
6 岁以上大专以上人口占比（EDU）	−0.0983	−2.62	0.009
Sigma^2	0.0001 *** （12.10）		
观测值	310		

从表 5-27 中的从 Sigma^2 统计量来看，模型的拟合效果较好，总体回归可信度较高。环境规制对区域经济共享发展具有制约作用，环境规制与共享发展负相关，且影响显著，通过 5% 显著性水平检验，估计系数为 −0.0002。控制变量地方财政预算支出即政府干预程度也在一定程度上制约了区域经济共享发展，且影响显著，意味着政府干预并未有效地促进区域经济共享发展的提升。森林覆盖率和区域人口密度对共享发展的影响不显著，人口素质进一步加剧了经济发展的不平衡，贫富的分化，制约了共享发展的提高，且影响显著，人均水资源总量也没有对共享发展起到积极的促进作用，建议政府积极调整资源匹配政策、采取适宜的政府干预促进区域经济的共享和谐发展。

本章小结

作为环境经济学的核心和热点议题的环境规制，其规制强度不断提高，对经济增长的影响有波特假说和"遵循成本说"的争议，对创新发展的影响形成"创新补偿说"和"生产成本提高说"两大派系，对开发发展、绿色发展和共享发展的影响也众说纷纭。然而经济系统是具有特定功能的有机整体，经济高质量发展是要整体把握，不可顾此失彼。那么，各区域经济发展质量如何呢？环境规制如何影响经济发展质量呢？本书给予了以下三点现实回答：①中国各省经济发展质量总体不高，尚存在较大改善空间。经济发展质量整体呈现"下降→上升→下降"的小幅震荡态势，八大经济区的经济发展质量区域异质性显著。②经济发展质量和环境规制存在显著的空间自相关，在空间分布不是随机的，存在空间集聚效应，表现出高—高集聚和低—低集聚的"以邻为壑"并"以邻为伴"的现象。③环境规制对区域经济发展质量的直接效应、间接效应和总效应均表现为促进经济发展质量的提升。政府过多干预并未有效引导经济高质量提升，区域人口密度增加、人口素质提高均有利于经济发展质量提升，人均水资源总量和绿地覆盖率对经济发展质量的直接效应为正，且影响不显著。

当前，中国面临严重的经济发展质量和环境生态保护双重压力，环境规制无疑是政府制定和实施缓解这一压力的有力工具。尽管政府环境规制可以推动经济高质量发展，但是，在制定和实施规制政策时以下方面仍应引起政府重视。①虽然中国经济飞速发展，但发展质量还在较低水平上，要切实转变中国先发展再治理的"竭泽而渔"发展思想；②环境规制可以促进经济高质量发展，要充分考虑经济发展质量的非均质性和空间集聚现象，政府要充分重视环境规制对经济发展质量的空间外溢效应，协调好不同省份和八大经济区经济发展质量提升的环境规制政策；③政府干预程度过大抑制经济高质量发展，政府干预要因地制宜，针对不同区域地方经济发展进程的异质性，实施相匹配的政府干预强度来引导区域经济高质量发展。建议政府通过政策倾斜和资金扶持等加大公共资源要素投入，改善区域人居环境和营商环境，继续提高区域人口集聚水平，并提高人口的质量意识和质量水平。

综上所述，本书对经济发展质量区域化差异给予了一定的现实回答，为当前治理环境与地方经济高质量发展提供了重要的决策参考，同时也为政府进一步制定和实施区域差异化环境规制政策提供了理论基础。

第六章 环境规制对经济高质量 发展的非线性影响

第五章采用空间杜宾模型分析环境规制对城市经济发展质量影响的空间溢出效应，研究环境规制对城市经济发展质量的空间溢出影响，但其促进关系是简单的正相关吗？故而本章要进一步采用门槛面板模型考察环境规制对城市经济高质量发展的门槛效应，并进一步考察环境信息披露对经济发展质量的差分估计效应。

第一节 环境规制对经济高质量发展溢出 效应的门槛特征

一、分析方法与样本数据

（一）门槛面板模型概述

传统门槛分析通常基于外生样本分离方法，其缺陷主要有以下三点：第一，分异区间和样本分离点都是任意选择的（如认为测定 1978 年前后经济增长速度变化），而不是由经济内在机制决定的，由于其门槛值是外生任意给定的，就不可能推导出门槛值的置信区间；第二，基于这种方法得到参数估计值的有效性缺乏可靠性，因为它们对门槛值相当敏感；第三，门槛分析的另外一种方法回归树技术通过数据排序来内生地求得门槛值及其数量，但该方法不能提供相应的分布理论去检验门槛值的统计显著性。Hansen（1996，1999，2000）的一系列原创性论文发展出的门槛回归计量方法，其优点有两个方面：第一，不需要给定非线性方程的形式，门槛值及其个数完全由数据内生决定；第二，该方法提供了一个渐进分布理论来建立待估参数的置信区间，同时还运用 Bootstrap 方法来估计门槛值的统计显著性。

门槛值的估计步骤分四步。对于门槛面板回归模型，一般要求各变量为平稳变量。因此，第一步，对各变量进行平稳性检验，即要进行面板单位根检验（时间序列可进行 ADF 检验）；第二步，要对各解释变量尤其是门槛变量进行内生性检验；第三步，计算门槛值并检验门槛值的统计显著性；第四步，如果存在门槛效应，估计门槛值的置信区间，需要的话可以画 LR 函数趋势图。

（二）计量方法：面板门限回归

门槛变量的选择可由理论模型外生决定，Hansen（2000）两体制的门槛回归模型表示如式（6-1）、式（6-2）所示：

$$y_i = x'_i \beta_1 + e_i, \quad q_i \leq \gamma \tag{6-1}$$

$$y_i = x'_i \beta_2 + e_i, \quad q_i > \gamma \tag{6-2}$$

式中，y_i 为被解释变量，x_i 为 p×1 阶解释变量向量，q_i 为门槛变量，q_i 可以是 x_i 的一部分，也可以不是 x_i 的一部分。门槛变量 q_i 的作用是将样本划分为不同的组（内生分组），采用 Hansen（2000）的门槛回归方法，以门槛变量为体制改变的转折点，模型中不同体质就是通过门槛变量大于或小于某一门槛值来表示。

定义（拟）量 $d_i(\gamma) = (q_i \leq \gamma)$，其中（·）是指示函数，即对于 $q_i \leq \gamma$，（·）= 1，否则（·）= 0，上述方程组即可用单一方程来表示，见式（6-3）：

$$y_i = x'_i + x'_i d_i(\gamma) \theta + e_i, \quad e_i \sim iid\ (0,\ (0,\ \delta_i^2)\ \delta_i^2) \tag{6-3}$$

式中，$\beta = \beta_2$；$\theta = \beta_1 - \beta'_2$。

对于任意门槛值 γ，可以通过求残差平方和 $S_1(\gamma) = e_i(\gamma)' e_i(\gamma)$ 得到各个参数的估计值。

最优门槛值 $\hat{\gamma}$ 应使 $S_1(\gamma)$ 在所有残差平方和中最小：

$$\hat{\gamma} = argmin S_1(\gamma) \tag{6-4}$$

Hansen（2000）将门槛变量中的每一观测值均作为可能的门槛值，将满足式（6-4）的观测值确定为门槛值，当门槛值确定之后，那么其他参数值也就能够相应地确定。

检验对于门槛值 $\hat{\gamma}$ 样本数据中是否真的存在机制转换。门槛回归模型显著性检验的目的是检验以门槛值划分的两组样本其模型估计参数是否显著不同。因此，不存在门槛值的零假设为 H_0：

$$\beta = \beta_2 \tag{6-5}$$

同时构造 LM（Lagrange Multiplier）统计量，对零假设进行统计检验，构造统计量如式（6-6）所示：

$$F = \frac{S_0 - S_n(\hat{\gamma})}{S_n(\hat{\gamma})} \tag{6-6}$$

式中，S_0表示在零假设下的残差项平方和加总，S_n表示存在门槛效果下的残差项平方和加总。然而，对式（6-6）进行统计检验将会遇到一个严重的障碍，即零假设$\hat{\gamma}$是无法识别的，这将造成传统的检验统计量其大样本分布并非"卡方分布"，而是受到干扰参数影响的"非标准非相似（Non-standard Non-similar）分布"，使得分布的临界值无法通过模拟方式获得。为克服这一问题，Hansen（1996）以统计量本身的大样本分布函数来转换，得到大样本的渐进 P 值。在零假设成立下，该 P 值统计量的大样本分布为均匀分布，并且可以由"自助抽样法"（bootstrap）来计算。这种方法的基本思想是：在解释变量和门槛值给定的前提下，模拟（Simulate）产生一组因变量序列，并使其满足 N（0；$\hat{e}^2$），克服$\hat{e}$是式（6-3）的残差项。每得到一个自抽样样本，就可以计算出一个模拟的 LM 统计量。这一过程重复 1000 次，Hansen（1996）认为模拟产生的 LM 统计量大于式（6-6）的次数占总模拟次数的百分比就是"自举法"估计得到的 P 值，这里的 Bootstrap P 值类似于普通计量方法得出的相伴概率 P 值。例如，当 Bootstrap P 值小于 0.01 时，表示在 1% 的显著性水平下通过了 LM 检验，以此类推。

在零假设H_0成立的条件下，系数$\beta_1 = \beta_2$，式（6-1）和式（6-2）退化成单一线性回归方程，即不存在门槛效果；反之，则表示β_1和β_2在两区间会有不同的作用效果和影响力。

当确定某一变量存在"门槛效应"时，还需要进一步确定其门槛值的置信区间。即对零假设H_0：$\gamma = \gamma_0$进行检验，"似然比统计量"（Likelihood Ratio Statistic）表示如式（6-7）所示：

$$LR_n(\gamma_0) = \frac{S_0(\gamma) - S_n(\hat{\gamma})}{S_n(\hat{\gamma})} \tag{6-7}$$

同样为非标准正态分布。Hansen（2000）计算了其置信区间，即在显著水平为α时，当$LR_1(\gamma_0) \leq c(\alpha) = -2\ln[1 - \sqrt{(1-\alpha)}]$时，不能拒绝的零假设$\gamma = \gamma_0$。其中，在 95% 的置信水平下，$c(\alpha) = 7.35$。

除了一个门槛值的检验程序外，为了估计是否存在两个或两个以上的门槛值，必须再进行两个或两个以上的门槛值的检验。当拒绝 LM 检验，表示至少存在一个门槛值，接着假设一估计得到的$\hat{\gamma}_1$为已知，再进行下一个门槛值γ_2的搜寻。在确定了两个门槛值之后，继续进行第三个门槛值的检验，以此类推，直到无法拒绝零假设为止，多个门槛检验的原理与一个门槛的情况相同。

本书以区域经济 GDP 和环境规制强度分别为门槛，采用 Hansen 的门槛面板模型考察环境规制对区域经济发展质量的复杂影响关系，将区域经济和环境规制纳入门槛面板模型之中，实证检验相应的门槛值，考察环境规制对经济高质量发展影响的"门槛效应"。构建无门槛效应面板模型如式（6-8）所示：

$$\ln QI_{it} = \mu_i + \theta \ln X_{it} + \beta_1 \ln ER_{it} + \varepsilon_{it} \tag{6-8}$$

式中，i 代表省份，t 代表年份，$\ln QI_{it}$ 代表经济发展质量，$\ln X_{it}$ 代表一组对经济发展质量有影响的控制变量，$\ln ER_{it}$ 代表环境规制对数值，μ_i 代表区域个体效应，ε_{it} 代表干扰项。构建单一门槛面板模型如式（6-9）所示：

$$\ln QI_{it} = \mu_i + \theta \ln X_{it} + \beta_1 \ln ER_{it} I\,(GNP_{it} \leqslant \gamma) + \beta_2 \ln ER_{it} I\,(GNP_{it} > \gamma) + \varepsilon_{it}$$

$$\ln QI_{it} = \mu_i + \theta \ln X_{it} + \beta_1 \ln ER_{it} I\,(ER_{it} \leqslant \delta) + \beta_2 \ln ER_{it} I\,(ER_{it} > \delta) + \varepsilon_{it} \tag{6-9}$$

式中，I 代表指示函数，γ 和 δ 代表未知门槛值，满足括号中的条件，则 $I=1$；反之，$I=0$。那么，双重门槛如式（6-10）所示，三重门槛模型、多重门槛模型依次类推。

$$\ln QI_{it} = \mu_i + \theta \ln X_{it} + \beta_1 \ln ER_{it} I\,(GNP_{it} \leqslant \gamma_1) + \beta_2 \ln ER_{it} I\,(r_1 < GNP_{it} \leqslant r_2) + \beta_3 \ln ER_{it} I\,(GNP_{it} > r_2) + \varepsilon_{it}$$

$$\ln QI_{it} = \mu_i + \theta \ln X_{it} + \beta_1 \ln ER_{it} I\,(ER_{it} \leqslant \delta_1) + \beta_2 \ln ER_{it} I\,(\delta_1 < ER_{it} \leqslant \delta_2) + \beta_3 \ln ER_{it} I\,(ER_{it} > \delta_2) + \varepsilon_{it} \tag{6-10}$$

（三）门槛变量选取和数据说明

前文分析表明，环境规制对区域经济发展质量的影响是复杂的，传统研究大多是在区域同质性前提下进行分析，考虑到各个地区在地理禀赋、环境规制、技术水平和经济规模等方面都存在一定差异，不同地区的环境规制对经济发展质量的影响效果会有所不同，即便是同一地区，环境规制对经济发展质量的影响也并非是单一的线性关系。所以，鉴于中国各个区域的不同特点和区情，环境规制对经济发展质量的影响受到诸多条件因素制约，面临着差异化的阈值。基于此，本章通过构建环境规制与经济发展质量之间的数理模型，在理论上勾勒出环境规制与经济发展质量的关系，随后从实证经验方面回答环境规制与经济发展质量之间是否存在显著的门槛效应、哪些门槛因素会引发环境规制对经济发展质量的影响产生变化以及根据具体门槛因素的门槛值划分的不同区间内，环境规制对经济发展质量的影响怎样变化。

所谓"门槛效应"，指的是环境规制对经济发展质量的影响过程中会存在若干个关键点，地区有关指标变量只有跨越一定的阈值，环境规制才会显著对经济发展质量产生影响。已有文献中通常采用交叉项检验和分组检验作为"门槛效应"的检验方法，交叉项检验建立包含交叉项的线性模型，但难以确定交叉项形式，而分组检验事先对样本进行分组，但缺乏客观统一的标准对样本进行分组，并且交叉项检验和分组检验都无法处理"门槛效应"的显著性验证问题。据此，本书选取 Hansen 提出的面板门槛回归模型，一方面能估计门槛值，另一方面也检验内生门槛效应。

1. 被解释变量

区域经济高质量发展指数（QI），即上文中通过熵权法测算的区域经济高质量发展指数。

（1）门槛变量与门槛依赖变量。在不同区域经济的发展水平下，环境规制是如何影响区域经济发展质量的呢？环境规制与经济高质量发展仅仅是线性相关吗？本书分别选取区域经济发展水平、环境规制为门槛变量，环境规制为门槛依赖变量，考察在不同的区域经济发展水平和不同的环境规制强度下，环境规制对区域经济高质量发展的复杂影响关系。区域经济（GNP）用人均地区生产总值表示，单位为万元。

（2）环境规制（ER）。环境规制（ER）指标方面，相关研究主要分为两类，一类是综合规制指标，通过环境产出指标或者环境治理投资来构造，如蒋伏心（2013）等；另一类是用排污收费、污染投资占产值的比重来衡量，如 Bu 等（2013）、张成等（2011）。综合规制指标的构建过程中涉及较多的环境规制指标，在本书的样本期间内难以获得连续的数据，所以本书中选取排污收费、污染投资占产值的比重来衡量环境规制，具体借鉴马大来（2015）等的做法。

2. 控制变量

经济发展质量不但受到环境规制强度水平的影响，而且受其所处的区域环境因素（劳动者素质和区域自然环境等）的影响，同时政府部门的干预投入有关政策方针引导都会对经济发展质量产生影响。因此，本书设定的影响经济高质量发展的控制变量如下：劳动者素质（HUM）。对于经济发展质量而言，所在省份教育水平越高，员工消化吸收先进的创新理念和相应的技术创新能力越强。政府干预程度（DG），本书拟采用各地区财政支出与 GDP 的比值来衡量。由于区域环境规制强度在一定程度上会受区域自然条件的影响，同等区域生产发展条件下，区域森林覆盖率大、水资源丰富的区域，污染容量相对较大，环境规制强度可以适当降低，所以区域经济发展质量在受环境规制强度影响的情况下，存在区域自然资源经济发展质量的影响，自然环境（EN）采用区域森林覆盖率和人均水资源量两个方面来度量。数据采集于 2009~2018 的《中国统计年鉴》《中国人口统计年鉴》等以及各省统计年鉴和统计公报。

二、计量结果与分析

(一) 门槛值的识别

采用 Hansen 等的模型估计以及检验确定门槛的个数，采用自抽样法得出接受原假设的 P 值和临界值的结果如表 6-1 所示。环境规制和区域经济作为门槛变量，单一门槛、双重门槛均分别通过 5%、1% 显著性水平检验，三重门槛即使在 10% 显著性水平也不显著，因此选择双重门槛进行分析讨论。

表 6-1　门槛存在性自抽样法检验结果

门槛变量	检验模型	F 值	P 值	BS 次数	临界值		
					1%	5%	10%
ER	单一门槛	4.907 **	0.013	300	5.22	3.942	2.547
	双重门槛	1.930 *	0.093	300	7.307	5.276	3.477
	三重门槛	3.204	0.185	200	9.334	5.403	2.554
GNP	单一门槛	70.22 ***	0.010	300	65.937	11.888	4.748
	双重门槛	31.338 ***	0.007	300	18.703	9.826	6.941
	三重门槛	18.528	0.101	200	118.881	39.081	13.341

注：*** 表示在 1% 的显著性水平下显著，** 表示在 5% 的显著性水平下显著，* 表示在 10% 的显著性水平下显著。

从表 6-2 门槛估计结果和 95% 的置信区间可以看出，单一门槛和双重门槛模型的门槛估计值以及 95% 的置信区间，环境规制对区域经济发展质量的影响，人均 GDP 的第一门槛估计值为 6.917（万元/人），它的 95% 的置信区间为 [6.904，7.185]，第二门槛估计值为 11.819（万元/人），它的 95% 的置信区间为 [6.904，12.462]，门槛估计值均是显著的。环境规制作为门槛依赖变量时，单一门槛和双重门槛显著水平显著，门槛值分别为 12.385 和 21.599，95% 的置信区间分别为 [0.969，75.280]、[5.919，76.407]，三重门槛值不显著。

表 6-2　门槛值和 95% 置信区间

门槛变量	门槛值	估计值	95% 的置信区间
GNP	门槛值 γ_1	6.917	[6.904，7.185]
	门槛值 γ_2	11.819	[6.904，12.462]
ER	门槛值 δ_1	12.385	[0.969，75.280]
	门槛值 δ_2	21.599	[5.919，76.407]

门槛检验如图 6-1 所示。

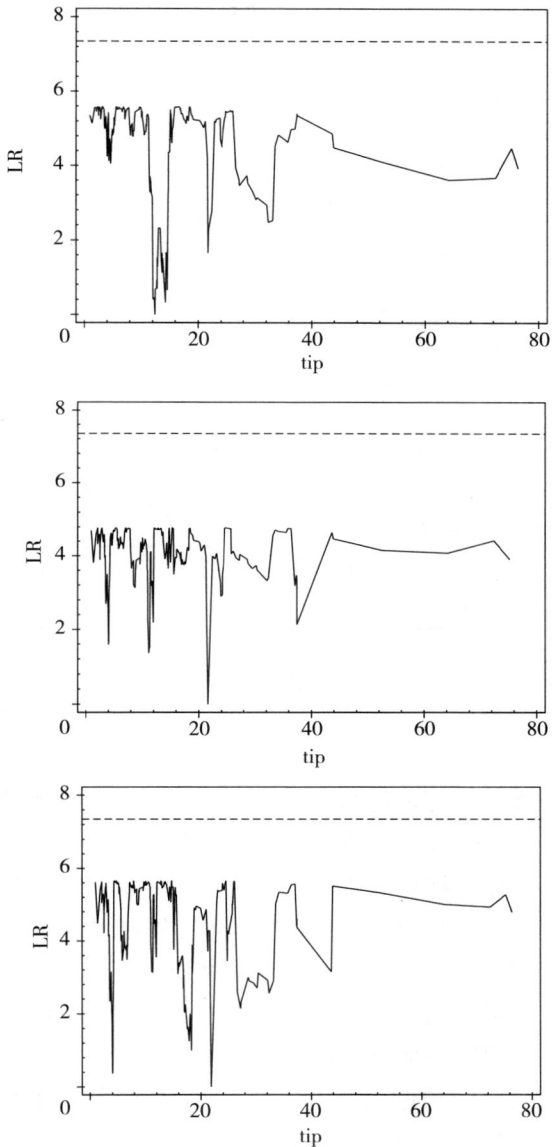

图 6-1　门槛检验

（二）门槛模型估计结果

利用门槛面板模型分析环境规制对经济发展质量的影响，回归估计结果如

表6-3所示，可以直观地看出，环境规制对经济发展质量的影响不只是简单的线性关系。

表6-3　门槛面板模型的估计结果

门槛变量	变量	估计值	标准差	t	P	置信下限	置信上限
ER	EN	0.023	0.042	0.550	0.186	−0.059	0.105
	DG	0.266	0.603	0.440	0.059	−0.921	1.453
	ER_1	0.333	0.158	2.110	0.036	0.022	0.644
	ER_2	0.097	0.094	1.040	0.031	−0.087	0.281
	ER_3	−0.010	0.051	−0.020	0.981	−0.102	0.100
	_cons	0.881	0.091	0.000	0.000	0.702	1.060
GNP	EN	0.001	0.037	0.030	0.275	−0.071	0.073
	DG	−0.024	0.597	−0.040	0.067	−1.199	1.151
	GNP_1	0.027	0.043	0.610	0.042	−0.050	0.112
	GNP_2	−0.117	0.126	−9.290	0.000	−0.142	−0.927
	GNP_3	0.126	0.164	−0.770	0.082	−0.449	0.196
	_cons	0.987	0.089	11.030	0.000	0.811	1.164

注：GNP_1、GNP_2、GNP_3分别代表低、中、高的区域经济发展水平下，环境规制强度对经济发展质量的影响系数；ER_1、ER_2、ER_3分别代表低、中、高的环境规制强度下，环境规制对经济发展质量的影响系数。

从表6-3可以看出，环境规制对城市经济发展质量的影响不是简单的促进或制约关系。当一个省份区域经济发展水平较低，位于第一门槛值6.917以下时，即相对应的省份经济相对落后时，环境规制对经济发展质量的边际影响系数为0.027，且通过5%显著性水平检验，环境规制显著促进经济发展质量提升，环境规制强度每提高一个单位，经济发展质量提高0.027个单位；当区域经济发展水平进一步提升跨过第一门槛值，介于6.917~11.819时，环境规制强度对经济发展质量的影响加剧，影响系数由正向促进作用变为抑制作用，影响强度增加到−0.117，影响作用显著，并通过1%显著性水平检验；当区域经济发展水平高于第二门槛值11.819时，环境规制对经济发展质量的影响又转变为促进作用，且影响效应小幅增加，边际影响系数从−0.117上升到0.126，显著性通过5%。由此可见，环境规制与中国经济发展质量的影响呈现"U"型特征，影响程度随着经济发展水平呈现先降低后增加的演进态势。

环境规制对城市经济发展质量的影响随着区域经济发展水平的变化而不同，

环境规制强度本身的大小变化对区域经济发展质量的影响系数是线性相关吗？由门槛估计结果可以看出环境规制强度居于较低水平，综合得分没有跨越门槛值 12.385 时，环境规制强度与经济发展质量显著正相关，边际回归系数为 0.333 时，影响程度最大，且通过 5% 显著性水平检验，环境规制对经济发展质量的提升具有较大的积极促进作用，当环境规制综合得分超越门槛值 12.385，介于 12.385~21.599 时，环境规制依然对经济发展质量具有促进作用，但影响程度有所降低，溢出效应降低，环境规制强度每提高一个单位，经济发展质量提高 0.097 个单位，显著性通过 5%；当环境规制强度继续增大，环境规制对经济发展质量的影响从积极促进作用转为抑制作用，影响系数为 -0.010，但影响不显著，没有通过 10% 显著性水平检验。其他控制变量影响城市经济发展质量的视角，两个门槛面板模型的估计基本一致。自然环境（EN）采用区域森林覆盖率和人均水资源量与经济发展质量正相关，政府干预在两个模型中的回归结果表现不同，区域经济门槛模型估计结果显示，政府干预与经济发展质量正相关，环境规制自身作为门槛变量的模型估计结果显示，政府干预与经济发展质量负相关。

第二节　环境信息披露对经济高质量 发展的差分估计效应

一、政策背景及理论模型

（一）环境信息披露政策背景

环境问题依然成为制约人类生存的重大命题，如何进行有效的环境治理是研究者目前集中探讨的热点议题之一，那么，绿色创新型城市经济发展模式势必成为环境治理与经济发展"双赢"的关键所在。为了实现"双赢"的城市经济可持续发展，中国政府制定了一系列环境规制政策并取得了一定成效（Cai et al.，2016）。为了推进和规范环境保护行政主管部门以及企业公开环境信息，维护公民、法人和其他组织获取环境信息的权益，推动公众参与环境保护，依据《中华人民共和国政府信息公开条例》《中华人民共和国清洁生产促进法》《国务院关于落实科学发展观加强环境保护的决定》以及其他有关规定，《环境信息公开办法（试行）》于 2007 年 2 月 8 日经国家环境保护总局第一次局务会议通过，自 2008 年 5 月 1 日起施行。2019 年为了贯彻落实国务院新修订的《中华人民共和国政府信息公开条例》，制定了《生态环境部政府信息公开实施办法》。

《环境信息公开办法（试行）》对环境信息和政府环境信息做了概念界定。环境信息，包括政府环境信息和企业环境信息。政府环境信息，是指环保部门在履行环境保护职责中制作或者获取的，以一定形式记录、保存的信息。所谓企业环境信息，指企业以一定形式记录、保存的，与企业经营活动产生的环境影响和企业环境行为有关的信息。另外，该公开办法还对环保部门和企业公开信息的范围做了相应界定，环保部门应当在职责权限范围内向社会主动公开以下政府环境信息，包括环境保护法律、法规、规章、标准和其他规范性文件；环境保护规划；环境质量状况；环境统计和环境调查信息；突发环境事件的应急预案、预报、发生和处置等情况；主要污染物排放总量指标分配及落实情况，排污许可证发放情况，城市环境综合整治定量考核结果等 17 个方面的内容要信息公开。对于企业环境信息公开，国家鼓励企业自愿公开九个方面的企业环境信息，包括企业环境保护方针与年度环境保护目标及成效、企业年度资源消耗总量、企业环保投资和环境技术开发情况，还包含企业排放污染物种类、数量、浓度和去向等。

上市公司环境信息披露一方面关涉到生产经营环节本身的绿色透明，另一方面对企业的经营绩效及市场表现也有着重要的影响，是经济绿色发展的重要一环，我国上市公司环境信息披露的主要推动力来源于带有强制性的法律规则，包括政府部门、金融监管部门以及证券交易所的各项规定及指令。如证监会2017 年 12 月公布的《公开发行证券的公司信息披露内容与格式准则第 2号——年度报告的内容与格式（2017 年修订）》第 44 条规定，"属于环境保护部门公布的重点排污单位的公司或其重要子公司，应当根据法律、法规及部门规章的规定披露以下主要环境信息：①排污信息。包括但不限于主要污染物及特征污染物的名称、排放方式、排放口数量和分布情况、排放浓度和总量、超标排放情况、执行的污染物排放标准、核定的排放总量。②防治污染设施的建设和运行情况。③建设项目环境影响评价及其他环境保护行政许可情况。④突发环境事件应急预案。⑤环境自行监测方案。⑥其他应当公开的环境信息"，同时规定，"公司在报告期内以临时报告的形式披露环境信息内容的，应当说明后续进展或变化情况。如相关事项已在临时报告披露且后续实施无进展或变化的，仅需披露该事项概述，并提供临时报告披露网站的相关查询索引。重点排污单位之外的公司可以参照上述要求披露其环境信息，若不披露的，应当充分说明原因。鼓励公司自愿披露有利于保护生态、防治污染、履行环境责任的相关信息。环境信息核查机构、鉴证机构、评价机构、指数公司等第三方机构对公司环境信息存在核查、鉴定、评价的，鼓励公司披露相关信息”。

为了评估上市公司环境信息披露绩效，复旦大学企业绿色透明度课题组按照国家环境保护部 2008 年发布的《上市公司环保核查行业分类管理名录》（环办函〔2008〕373 号）以及中国证监会 2001 年发布的《上市公司行业分类指引》，确定了 14 个重污染行业的 399 家沪市和深市 A 股上市公司作为研究样本，并制定涵盖环保愿景指标、环境经济指标、环境法律指标、环境治理指标、碳指标 5 大类指标在内的综合性指标体系，并在此基础上形成企业绿色透明度指数。

从环境信息披露政策正式生效的 2008 年至今，中国公众环境研究中心（IPE）与美国自然资源保护委员会（NRDC）以“文件”政策作为蓝本，共同发布“污染源监管信息公开指数”（PITI），逐年公布国家重点关注的 113 个环保城市的环境公示与企业污染信息。包括 110 个“国家环保重点城市”及三个非国家环保重点城市（东莞、盐城与鄂尔多斯），其中，4 个直辖市，25 个省会城市，5 个计划单列市，76 个其他环保重点城市以及 3 个非环保重点城市。2013~2014 年，该指数发布的城市数量增至 120 个，120 个环境信息披露城市如表 6-4 所示。

表 6-4　环境信息披露城市

序号	城市	序号	城市	序号	城市
1	温州	15	嘉兴	29	呼和浩特
2	广州	16	佛山	30	南京
3	北京	17	深圳	31	常州
4	青岛	18	合肥	32	徐州
5	沈阳	19	淄博	33	珠海
6	中山	20	大连	34	南通
7	厦门	21	台州	35	南昌
8	济南	22	日照	36	济宁
9	杭州	23	烟台	37	武汉
10	苏州	24	成都	38	湖州
11	上海	25	邯郸	39	无锡
12	绍兴	26	连云港	40	潍坊
13	东莞	27	泰安	41	天津
14	宁波	28	盐城	42	枣庄

序号	城市	序号	城市	序号	城市
43	北海	69	银川	95	平顶山
44	福州	70	泸州	96	荆州
45	柳州	71	洛阳	97	齐齐哈尔
46	石家庄	72	宜宾	98	抚顺
47	长春	73	石嘴山	99	渭南
48	芜湖	74	韶关	100	哈尔滨
49	西安	75	长沙	101	德阳
50	保定	76	曲靖	102	咸阳
51	威海	77	吉林	103	宜昌
52	湛江	78	常德	104	太原
53	汕头	79	岳阳	105	焦作
54	秦皇岛	80	宝鸡	106	鄂尔多斯
55	马鞍山	81	铜川	107	延安
56	泉州	82	株洲	108	安阳
57	镇江	83	南充	109	阳泉
58	乌鲁木齐	84	自贡	110	金昌
59	扬州	85	长治	111	张家界
60	赤峰	86	鞍山	112	兰州
61	郑州	87	遵义	113	大庆
62	九江	88	唐山	114	开封
63	重庆	89	绵阳	115	锦州
64	桂林	90	三门峡	116	本溪
65	包头	91	玉溪	117	克拉玛依
66	湘潭	92	西宁	118	牡丹江
67	昆明	93	攀枝花	119	大同
68	南宁	94	贵阳	120	临汾

资料来源：笔者整理。

（二）"两部门"理论模型

环境规制对经济的影响是"遵循成本说"还是"生产率提高说"，参照史贝贝（2017）等建立一个企业"两部门"模型来说明环境规制如何影响经济发展。假设企业存在两个部门，即生产部门与研发部门，其中生产部门负责企业日常要素投入与产品生产，研发部门负责科技创新与生产率提升。以 R 表示企业经济绩效，则令 C（R）表示企业市场的整体成本，其中，研发部门成本函数为 C_1（R_1，θ_1），θ_1 表示技术性环境规制。根据"生产率提高说"，由于存在技术性环境规制，企业具有增加研发投入的激励。因此，研发成本是环境规制的函数，同时，令生产部门成本函数为 C_2（R_2，θ_2），其中，θ_2 为生产性环境规制，并假设 C_1（R_1，θ_1），C_2（R_2，θ_2）二阶可导且边际成本递增。除此之外，假设在两部门中，由于技术的溢出效应与对企业生产率的迁移影响，生产部门与研发部门的经济绩效是技术性环境规制的函数，而生产性环境规制只会对生产部门的经济绩效起作用，而不会逆向影响研发部门的经济绩效，即 $\partial R_1/\partial\theta_2 = 0$。同时，假设企业市场整体的经济增长与收益 G（R）是单个企业经济绩效 R 的函数，并且 G（R）关于环境规制二阶可导且边际收益递减，故有 G'（R）>0，G''（R）<0。综上可知，该企业市场的最大化经济增长总量如式（6-11）所示：

$$\max G（R）- \left[C_1（R_1，\theta_1）+C_2（R_2，\theta_2）\right] \qquad (6-11)$$

式中，$R=R_1+R_2$ 为实现利润最大化，根据式（6-11）得到式（6-12）、式（6-13）：

$$G'（R）= C_1'（R_1，\theta_1） \qquad (6-12)$$

$$G'（R）= C_2'（R_2，\theta_2） \qquad (6-13)$$

令 W 表示环境规制的经济绩效损失，则有式（6-14）：

$$W = \frac{\partial R_1}{\partial\theta_1} + \frac{\partial R_2}{\partial\theta_2} \qquad (6-14)$$

由于技术性规制的存在，高污染企业面临即期整改与提高自身技术水平、降低污染的问题，并因此提高创新水平，发展新型设备与技术，进而提高企业生产率水平，促进经济增长。令 S 表示环境规制这一经济效益利得，则有式（6-15）：

$$S = \frac{\partial R_2}{\partial\theta_1} \qquad (6-15)$$

不论是"遵循成本说"还是"生产率提高说"，都不能片面地解释环境规制对经济增长的影响结果，由增加成本与提高生产率共同作用下的净效应究竟是正是负仍不确定。有式（6-16）：

$$V = W + S = \frac{\partial R_1}{\partial\theta_1} + \frac{\partial R_2}{\partial\theta_2} + \frac{\partial R_2}{\partial\theta_1} \qquad (6-16)$$

在两种效应的综合影响下，环境规制对于经济发展的影响究竟如何，这需要进一步的理论分析与实证检验，即对 V 进行分析。

二、研究设计与数据选取

(一) 研究设计与计量模型

根据是否实施环境信息披露政策，我们将全部城市研究样本分为两组，即实施信息披露政策的城市为处理组，未实施信息披露政策的为控制组。为了对信息披露政策的效果进行准确识别，我们采用 PSM 方法控制样本选择偏误问题。双重差分（Difference in Differences，DID）是一种专门用于分析政策效果的计量方法。将制度变迁和新政策视为一次外生经济系统的"自然实验"的研究方法。将两个虚拟变量及其交乘项引入到回归方程。不是直接对比样本在政策前后的均值变化，而是使用个体数据进行回归，判断政策的影响是否具有显著的统计意义。基本假设是：随机分组、随机事件、对照组不受影响、样本同质性和实验处理的唯一性。基本思路是：在评估某项政策的效果时，只要找到与处理组尽可能相似的样本，形成控制组来与处理组作对比分析，就可以大大降低样本选择偏误问题造成的估计误差，提高实证结果的准确性。此外，在样本中寻找控制组时，如果只选择一种指标进行匹配往往达不到理想的结果，而 PSM 方法将多个指标合成一个指标（Propensity Score，倾向得分值）来分配，可得到多元分配的结果。为检验信息披露对城市经济绿色创新发展的影响，本书以 2008 年开始由公众环境研究中心和美国自然资源保护委员会联合公示中国 113 个城市的污染源监管信息公开指数（PITI）作为准自然实验，并采取 DID 方法进行因果识别。

根据 PSM 方法得到处理组与匹配后的控制组后，即可根据 DID 方法估计出信息披露政策对城市经济高质量发展综合指数的净效应。首先，设置 EPL 虚拟变量，表示城市 i 是否公开环境信息，对于处理组的城市，EPL = 1，控制组城市 EPL = 0。其次，设置 T_t 为时间哑变量，如果年份在信息披露以后的年份取值为 1，反之取 0；从而可将 DID 回归方程设定为如式（6-17）所示：

$$QEGI_{it} = \beta_0 + \beta_1 EPL_{it} + \beta_2 T_{it} + \beta_3 EPL_{it} \times T_{it} + \beta_4 X_{it} + \varepsilon_{it} \quad (6-17)$$

式中，X_{it} 表示第 i 个城市第 t 年的一组控制变量，ε_{it} 为随机干扰项，被解释变量 QEGI 为依据上文测定计算得出的城市经济高质量发展指数。交互项 EPL×T 为双重差分估计量，其回归系数 β_3 反映信息披露政策实施对城市经济高质量发展的净效应。

（二）变量设定与数据来源

被解释变量也是本书的核心变量城市经济高质量发展指数（MI）。采用第四章城市经济高质量发展测度的结果。核心解释变量环境信息披露（EPL）。采用 2008 年以后城市是否实施了环境信息披露，环境信息披露城市为处理组，取值 1，反之取值 0。解释变量 T 为时间变量，2008 年以后取值 1，2008 年以前取值 0。

控制变量的指标选取。参考相关理论以及文献，选取的控制变量包括：政府规模，学者对政府规模对经济发展关系的影响众说纷纭，Feder（1982）、Ram（1986）、Ange-lopoulos 等（2008）和 Colombier（2009）均认为政府规模对经济发展有积极影响。Cameron（1982）、Landau（1983）、Romero-Vila 和 Strauch（2008）、Bergh 和 Karlsson（2010）、杨子晖（2011）采用最小二乘法、面板平滑转换模型等方法研究指出政府规模与经济增长负相关。还有一部分学者认为政府规模超过某一临界值时，其对经济增长的负面作用将超过正面作用，因而存在一个对经济增长贡献最大的政府规模即最优政府规模。如文雁兵（2014）、刘方（2006）、杨友才和赖敏晖（2009）、陈俊营和王科（2015）等。无论正相关、负相关还是非线性相关，政府规模无疑都对经济发展存在影响，本书考察环境规制对经济发展质量的影响，选择政府规模为控制变量之一，借用刘瑞明等的做法，用城市全年财政支出占 GDP 的比重来度量。

人力资本，国内外已有文献主要从人力资本存量对经济增长的影响和人力资本结构对经济增长的影响方面进行研究。多数学者认为人力资本存量会影响知识创新能力，进而影响技术进步率，从而影响经济增长率。国内一些学者也应用不同的研究方法，从人力资本存量的视角考察了人力资本对经济增长的影响，并且得出人力资本存量越多越有利于实现地区经济增长的结论（岳书敬和刘朝明，2006；雷鹏，2011）。人力资本结构依据不同标准分为以下三种衡量方式：一是将不同受教育年限的人口按占比进行分类（黄燕萍等，2013；廖楚晖和杨超，2007）；二是将人力资本结构用劳动者所拥有的技能进行分类（胡永远和刘智勇，2004；刘榆等，2015；郭志仪和杨骁，2010）；三是利用受教育年限法计算地区人力资本（李秀敏，2007；魏下海和李树培，2009）。目前的研究中，经常使用"知识禀赋""受教育程度""经验积累"和"在校人数"等来区分劳动者素质差异。本书采用白俊红使用的每十万人口中高等院校在校人数来表示人力资本的指标变量。

科技投入。科技投入对经济增长具有积极的影响一直是学者研究的热点问题，陈云等（2012）、卢方元（2012）等认为是简单的正相关关系，钟祖昌

（2013）认为研发投入对区域经济增长有显著促进作用，省域间研发投入存在较为显著的溢出效应；也有部分学者认为影响不显著（范柏乃等，2006），而张优智（2014）和范柏乃等（2013）认为存在复杂的非线性关系。张优智（2014）、曾春嫒等（2013）基于平滑转换回归（STR）模型分别研究了我国财政科技投入与经济增长、R&D经费投入与经济增长的非线性关系。科技投入与区域经济水平既相互促进，又相互制约。两者的协调发展对于国家和地区的科技、经济发展具有重大意义，科技投入的指标测度常使用"R&D经费投入""研发人员数量""地方财政科学技术支出""专利数"或"R&D人员全时当量"来区分区域科技投入水平。本书采用地方财政科学技术支出表征城市科技投入占比GDP。

绿化生态环境。随着全球气候变化和温室气体排放的加剧，国内外学者关于碳汇问题的探讨和研究不断深入。碳汇，是指通过植树造林、森林管理、植被恢复等措施，利用植物光合作用吸收大气中的二氧化碳，并将其固定在植被和土壤中，从而减少温室气体在大气中浓度的过程、活动或机制。一方面森林植被会影响区域环境质量，另一方面生态系统与经济发展也有着密切的联系。任正超等（2011）探讨了植被NPP对气候变化的时空响应以及生态环境的可持续发展，李怒云和高均凯（2003）探讨了林业碳汇项目发展下优先区域的评价、碳排放与经济增长的互动关系，李鹏和张俊飚（2013）认为森林碳汇与经济增长之间存在协整关系，并存在短期修正效应，当经济可持续增长偏离长期均衡时，将以19%的力度调整至均衡状态，且Granger因果关系检验及VAR面板模型结果验证了森林碳汇与经济增长的正的双向互动关系。绿化环境水平不仅影响经济增长，还会影响区域绿色发展水平，本书采用城市绿地面积占比来代表绿化环境，分析环境规制对经济发展质量的影响。

第二产业比重。第二产业包括各类专业工人和各类工业或产品。如注塑工、操作工、压铆工、缝纫工、焊工。传统产业经济理论中对产业划分中的一个产业部门，指以对第一产业和本产业提供的产品（原料）进行加工的产业部门。按"三次产业分类法"划分为采矿业，制造业，电力、燃气及水的生产和供应业，建筑业。第二产业在国民生产总值中占比40%左右，略低于第三产业占比。然而第二产业又是环境规制主要部分，考虑第二产业是国民经济发展的重要组成部分，又是环境规制针对的重点，本书采用第二产业占比国民生产总值衡量第二产业比重，作为控制变量来研究环境规制在经济发展质量中的作用。

由于数据缺失，从样本中删除了缺失部分城市样本，最终样本包含248个地级及以上城市，样本期为2005~2017年。以上涉及的数据来源于《中国能源统计年鉴》《中国城市统计年鉴》和《中国统计年鉴》以及各个地市级及以上城市的统计年鉴和统计公报。

三、实证结果与分析

（一）倾向的分值匹配与平衡性检验

匹配平衡性假设要求具有相同 PS 值的观测变量，有类似的可观测的分布特征，在给定 PS 值的条件下，政策的实施是随机的。具体来看，满足匹配平衡假设，需要试点组和非试点组的匹配变量在匹配后不存在显著差异。如果具有显著差异，则说明匹配方法或者匹配变量的选择可能并不恰当。因此，本书进行了匹配平衡性检验，结果如表 6-5 所示。

表 6-5　匹配平衡性检验结果

变量	处理	试点组	对照组	标准偏差（%）	标准偏差减少幅度（%）	t 统计量	t 相伴概率（p>1）
ZFG	匹配前	0.53358	0.16247	64.9	99.20	21.88	0.000 ***
	匹配后	0.41156	0.40850	0.5		0.170	0.867
EDU	匹配前	0.01798	0.00470	78.6	96.40	24.29	0.000 ***
	匹配后	0.01683	0.01730	-2.8		-0.480	0.629
SCI	匹配前	0.01735	0.00210	50.6	79.30	16.83	0.000 ***
	匹配后	0.01128	0.00813	6.5		4.040	0.301
LDM	匹配前	0.00682	0.00503	6.2	66.90	1.67	0.094 *
	匹配后	0.00602	0.00543	2.0		0.550	0.580
STR	匹配前	0.00502	0.00486	16.6	-7.70	4.27	0.000 ***
	匹配后	0.00507	0.00525	-7.8		-4.030	0.200

注：*** 表示在 1% 的显著性水平下显著，** 表示在 5% 的显著性水平下显著，* 表示在 10% 的显著性水平下显著。

匹配平衡性检验通常可以由两个指标来反映，一是从匹配前后的标准偏差来看，标准偏差的绝对值越小，说明匹配的效果越好，一般来说，匹配偏差在匹配后其绝对值小于 5%（Rosenbaum 和 Rubin，1985）的情况下效果较好；二是从 t 相伴概率来看，在匹配前差异显著，相伴概率小于 0.1，在匹配后差异不显著，相伴概率明显大于 0.1。观察表 6-6，由匹配标准偏差来看，城镇化率、人均固定资产投资和公路客运量三个匹配变量匹配后的标准偏差绝对值小于

5%，人均 GDP 和金融机构存贷比两个匹配变量匹配后的标准偏差绝对值虽大于 5%，但也维持在 5% 左右，由 t 相伴概率来看，各匹配变量在匹配前均在 1% 的显著性水平下显著，匹配前具有显著差异，在匹配后均不显著，不具有显著差异，说明各匹配变量满足匹配平衡性检验，在匹配后不具有显著差异，可以进行倍差法回归分析（见图 6-2）。

表 6-6　匹配标准差统计结果

Sample	Ps　R²	LR　chi2	p>chi2	MeanBias	MedBias	B	R	%Var
Unmatched	0.221	879.38	0.000	43.4	50.6	78.0 *	15.53 *	100
Matched	0.021	55.05	0.000	6.7	2.8	34.1 *	0.73	60

注：*** 表示在 1% 的显著性水平下显著，** 表示在 5% 的显著性水平下显著，* 表示在 10% 的显著性水平下显著。

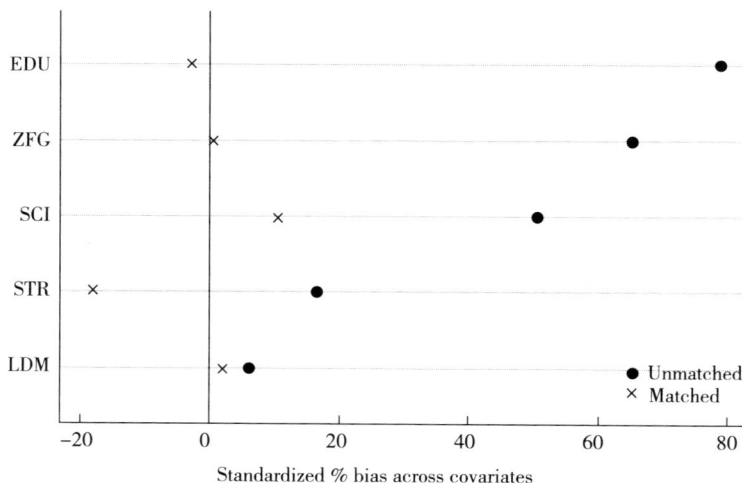

图 6-2　平衡性检验

（二）基准回归结果

采用 PSM-DID 方法进行的回归结果显示，城市环境信息披露实施对城市经济高质量发展具有抑制作用。本书的基准回归以及后文的稳健性检验均采用流行的核匹配方法来进行匹配，PSM-DID 回归结果如表 6-7 所示。

根据核匹配方法进行 PSM-DID 回归的结果可知，交互项 EML×TIME 的系数显著为负，说明城市环境信息披露的实施降低了城市的经济发展质量，即环境信息披露显著抑制城市经济高质量发展。这一结论与历史文献的研究基本一致，如李卫兵等（2019）认为两控区政策实施显著抑制城市经济绿色发展，史贝贝等（2018）认为环境信息披露显著阻碍了地区整体 FDI 的流入，并且存在着明显的时间滞后和长期性的特征。环境信息披露交互项 EML×TIME 的系数为 -0.030，标准差为 0.003，T 值为 -11.22，通过 1% 显著性水平检验。

表 6-7　环境信息披露对城市经济高质量发展的影响：PSM-DID 估计

变量	估计值	标准差	T 值	P 值	置信上限	置信下限
TIME×EPL	-0.030 ***	0.003	-11.22	0.001	-0.035	-0.024
EPL	0.039 ***	0.004	10.19	0.086	0.032	0.047
TIME	-0.053 ***	0.010	-5.51	0.048	-0.072	-0.034
ZFG	0.047 ***	0.005	9.63	0.000	0.038	0.057
EDU	1.275 *	0.091	14.04	0.093	1.097	1.453
SCI	0.553 *	0.094	5.88	0.165	0.369	0.737
LDM	-0.098 **	0.030	-3.23	0.001	-0.157	-0.039
STR	-10.610	1.242	-8.54	0.328	-13.044	-8.176
Constant	0.272	0.007	38.58	0.000	0.258	0.286
Mean dependent var	0.269			SD dependent var		0.067
Overall r-squared	0.712			Number of obs		3237
Chi-square	1545.671			Prob>chi2		0
R-squared within	0.142			R-squared between		0.805

注：*** 表示在 1% 的显著性水平下显著，** 表示在 5% 的显著性水平下显著，* 表示在 10% 的显著性水平下显著。

　　其他控制变量方面，政府规模、人口素质和科技投入与经济发展质量正相关，城市绿地面积占比、第二产业比重与经济发展质量负相关。其中，政府规模对经济发展质量的影响显著，在 1% 显著性水平显著，回归系数为 0.047，说明政府财政支出积极促进了城市经济发展质量的提升，本书研究观点与郑尚植（2019）和杨子晖（2011）等的观点不同，经济发展与政府规模作用效果为负，两者之间的关系存在非线性关系，政府规模对经济增长的作用受到政府治理水平的影响。政府规模促进经济高质量发展的研究结论印证了 Fe-Der（1982）、Ram（1986）、Ange-lopoulos 等（2008）和 Colombier（2009）的观点，高效率的公共部门导致政府规模对经济增长有积极影响。究其原因，可能是由于随着政府规模扩大，政府对经济的干预会促使资源更有效配置，从而对生产率带来积极影响。人口素质、科技投入对城市经济发展质量的提升均存在积极的促进作用，均通过 10% 显著水平检验，其中人口素质对经济发展质量的影响更大，人口素质每提高一个单位，经济发展质量提高 1.275 个单位，综观历史研究文献，多数学者的研究结论表明，人口素质无论是对经济增长、创新效率提升，还是对开放发展、绿色发展均具有积极的促进作用，说明我国人力资本素养尚待提升，这将会在很大程度上影响环境规制对经济发展质量提升产生的作用效果。回归结果显示，科技投入对城市经济发展质量的估计系数为 0.553，验证了陈云等（2012）、卢方元（2012）和钟祖昌（2013）等的研究结论，同时科技投入对区域经济创新、绿色发展也均有显著影响。这可能与科技投入一方面提高生产技术促进区域创新发展、生产率提高有关，另一方面科技投入也会影响区域经济绿色发展，尤其是对绿色创新的精准投入。第二产业占比 GDP 与区域经济高质量发展负相关，这可能是由于第二产业是环境污染的主要来源，较大程度影响城市经济高质量发展的绿色发展，但影响不显著，没有通过 10% 显著性水平检验。

（三）区域异质性估计

信息披露政策对经济发展质量的影响可能与城市的个体特征有关，如地理位置和城市等级。为保持实证结果的一致性，我们仍采用 PSM-DID 的方法对此进行异质性检验。研究各大经济区域环境信息披露对经济发展质量的影响，经济区域划分形式多样，本书参考中部地区崛起、西部大开发实施意见以及党的十六大报告精神的经济区域划分标准，分为东部、中部、西部和东北四大区域，东部包括北京市、福建省、广东省、海南省、河北省、江苏省、山东省、上海市、浙江省和天津市共 10 个省市；中部包括安徽省、河南省、湖南省、湖北省、江西省和陕西省 6 个省市；西部包括甘肃省、贵州省、宁夏回族自治区、青海省、内蒙古自治区、陕西省、四川省、广西壮族自治区、疆维吾尔自治区、云南省和重庆市共 11 个省份，东北部包含黑龙江省、吉林省和辽宁省共 3 省份。在进行 PSM 的基础上考虑样本城市分为东、中和西部，东北部城市，引入区域虚拟变量，它在不同的回归方程中取值不同：属于东部城市时取值 1，其余取值 0；属于中部城市时取值 1，其余取值 0；属于西部城市时取值 1，其余取值 0；属于中部城市时取值 1，其余取值 0；属于经济特区时取值 1，其余取值 0。地理位置的异质性方程如式（6-18）所示：

$$QEGI_{it} = \beta_0 + \beta_1 EPL_{it} + \beta_2 TIME_{it} + \beta_3 EPL_{it} \times TIME_{it} \times Area_{it} + \beta_4 X_{it} + \varepsilon_{it} \quad （6-18）$$

属于经济特区时 TQ 取值 1，其余取值 0。地理位置的异质性方程如式 (6-19) 所示：

$$QEGI_{it} = \beta_0 + \beta_1 EPL_{it} + \beta_2 TIME_{it} + \beta_3 EPL_{it} \times TIME_{it} \times TQ_{it} + \beta_4 X_{it} + \varepsilon_{it} \quad （6-19）$$

采用倾向得分匹配双重差分（PSM-DID）模型考察中国四大经济区环境信息披露对经济发展质量的影响，检验的实证结果如表 6-8 至表 6-11 所示，分别是环境信息披露对东部城市经济发展质量的影响、环境信息披露对中部城市经济高质量发展的影响、环境信息披露对西部城市经济高质量发展的影响和环境信息披露对东北部城市经济高质量发展的影响。

表 6-8　环境信息披露对东部城市经济高质量发展的影响：PSM-DID 估计

变量	估计值*	标准差	T 值	P 值	置信上限	置信下限
TIME×EPL×Area-E	−0. 008**	0. 003	−2. 60	0. 031	−0. 014	−0. 002
EPL	0. 019**	0. 004	5. 12	0. 049	0. 011	0. 026
TIME	0. 061***	0. 011	5. 71	0. 001	0. 040	0. 082
ZFG	0. 035**	0. 005	7. 07	0. 030	0. 025	0. 045
EDU	1. 335*	0. 098	13. 60	0. 076	1. 143	1. 528
SCI	0. 474	0. 098	4. 85	0. 125	0. 282	0. 665
LDM	−0. 085***	0. 031	−2. 77	0. 008	−0. 145	−0. 025
STR	−9. 995	1. 306	−7. 65	0. 301	−12. 555	−7. 434
Constant	0. 272	0. 007	36. 60	0. 000	0. 257	0. 286
Mean dependent var		0. 269		SD dependent var		0. 067
Overall r-squared		0. 650		Number of obs		3237
Chi-square		1177. 568		Prob>chi2		0. 000
R-squared within		0. 154		R-squared between		0. 733

注：*** 表示在 1% 的显著性水平下显著，** 表示在 5% 的显著性水平下显著，* 表示在 10% 的显著性水平下显著。

从东部经济区城市环境信息披露影响的 DID 估计结果可以看出，环境信息披露与经济发展质量负相关，这与整体城市的估计结果一致。控制变量政府规模、人口素质和科技投入与经济发展质量正相关，政府规模对城市经济高质量发展的影响显著，通过 5% 显著性水平检验，人口素质也通过 10% 显著性水平检验与经济发展质量正相关,科技投入对经济发展质量影响不显著。绿地面积与第二产业产值占比负相关,这可能是由于污染和资源消耗多在第二产业,第二产业占比越高,消耗资源越多,产生的污染物相对也就越多,经济发展质量受到抑制。

绿地面积越大,通常会认为区域环境越好,会更加利于吸引人才,利于技术、资源的积聚,并且也利于污染物的转化,但模型回归结果却呈现负相关,这可能验证了"资源魔咒",区域森林绿地面积丰沛的地区绿色发展和保护意识较弱,导致生产在绿色技术创新方面的积极性较低,易产生浪费。

表 6-9　环境信息披露对中部城市经济高质量发展的影响:PSM-DID 估计

变量	估计值	标准差	T 值	P 值	置信上限	置信下限
TIME×EPL×Area-C	−0.023 ***	0.004	−6.31	0.001	−0.031	−0.016
EPL	0.020 **	0.004	5.81	0.031	0.013	0.027
TIME	0.054 ***	0.010	5.16	0.001	0.033	0.074
ZFG	0.035 ***	0.005	7.16	0.000	0.025	0.045
EDU	1.395	0.096	14.52	0.160	1.206	1.583
SCI	0.443	0.095	4.67	0.306	0.257	0.630
LDM	−0.078 ***	0.030	−2.57	0.001	−0.138	−0.018
STR	−9.478	1.283	−7.38	0.411	−11.993	−6.962
Constant	0.269	0.007	36.80	0.000	0.254	0.283
Mean dependent var	0.269			SD dependent var		0.067
Overall r-squared	0.676			Number of obs		3237
Chi-square	1260.846			Prob>chi2		0.000
R-squared within	0.150			R-squared between		0.752

　　注:*** 表示在1%的显著性水平下显著,** 表示在5%的显著性水平下显著,* 表示在10%的显著性水平下显著。

中国中部经济区位于中国中部的区域,指经济地理的中部,区域范围仅包括华北地区的山西,华中地区的河南、湖北、湖南以及华东地区的安徽和江西六省。从 DID 估计结果可以看出,在中部经济区,环境信息披露对经济发展质量也存在着抑制效应,影响程度仅次于经济特区,这可能与中部经济区的产业集聚特征有关,2004 年中国提出《中部崛起计划》,发展重点为依托现有基础,提升产业层次,推进工业化和城镇化进程,在发挥承"东"启"西"和产业发展优势中崛起。山西、河南、安徽加强大型煤炭基地建设，发展坑口电站和煤电联营。加快钢铁、化工、有色、建材等优势产业的结构调整，形成精品原材料基地。发展矿山机械、汽车、农业机械、机车车辆、输变电设备等装备制造业以及软件、光电子、新材料、生物工程等高技术产业。煤炭、有色金属和钢铁行业的发展对环境的影响较大，环境信息披露会影响区域的资源集聚和绿色发展，按照 2018 年生态环境部环境空气质量综合指数评价，环境空气质量相对较差的 20 个城市（从第 169 名到第 150 名）依次是临汾、石家庄、邢台、唐山、邯郸、安阳、太原、保定、咸阳、晋城、焦作、西安、新乡、阳泉、运城、晋中、淄博、郑州、莱芜和渭南，其中中部就占 10 个城市，分别为临汾、安阳和太原等。同全国城市估计结果相同，政府规模、科技投入和人口素质与经济发展质量正相关，绿地面积和第二产业比重与经济发展质量负相关。不同的是，政府规模和绿地面积对经济发展质量的影响显著，而科技投入、人口素质和第二产业比重对经济发展质量的影响不显著。

表 6-10　环境信息披露对西部城市经济高质量发展的影响：**PSM-DID** 估计

变量	估计值	标准差	T 值	P 值	置信上限	置信下限
TIME×EPL×Area-W	−0.011	0.004	−2.67	0.405	−0.019	−0.003
EPL	0.019	0.004	5.13	0.327	0.012	0.026
TIME	0.057 *	0.011	5.29	0.080	0.036	0.078
ZFG	0.036 ***	0.005	7.16	0.000	0.026	0.045
EDU	1.362 *	0.098	13.95	0.096	1.170	1.553
SCI	0.395	0.096	4.09	0.386	0.206	0.584
LDM	−0.080 ***	0.031	−2.60	0.001	−0.140	−0.020
STR	−9.547	1.300	−7.35	0.201	−12.094	−7.000
Constant	0.269	0.007	36.39	0.000	0.255	0.284
Mean dependent var	0.269			SD dependent var		0.067
Overall r-squared	0.656			Number of obs		3237.000
Chi-square	1179.728			Prob>chi2		0.000
R-squared within	0.148			R-squared between		0.737

注：*** 表示在 1% 的显著性水平下显著，** 表示在 5% 的显著性水平下显著，* 表示在 10% 的显著性水平下显著。

与区域发展存在不平衡问题一样，我国所面临的人口、环境、生态和资源的压力在区域分布上也不平衡，这些压力主要集中在西部，西部所承受的压力要远远大于东部和中部地区。2000~2002 年，国家环保总局会同有关部门开展了生态环境调查，结果表明生态环境破坏造成的直接经济损失与同期地区生产总值的比例，西部为 13%，中东部为 5%~12%。西部是我国控制人口增加、防止生态环境恶化和资源不合理开发的主战场，也是减少资源浪费的重要区域之一。环境信息披露在西部城市对经济发展质量的影响缺失不显著，这可能与西部经济开放程度相对较低、人才集聚水平不高等特点有关。控制变量对城市经济发展质量的影响与中部和东部略有不同，绿地面积对经济发展质量的影响显著为负，这可能是由于西部经济区相对地广人稀，经济发展水平不高，人们资源节约意识较东部发达地区弱，越是资源丰沛，环境信息披露的关注越弱。

表 6-11　环境信息披露对东北部城市经济高质量发展的影响：PSM-DID 估计

变量	估计值	标准差	T 值	P 值	置信上限	置信下限
TIME×EPL×Area-EN	−0.020 *	0.005	−3.67	0.076	−0.030	−0.009
EPL	0.018 *	0.004	5.00	0.083	0.011	0.024
TIME	0.057 **	0.011	5.36	0.041	0.036	0.078
ZFG	0.036	0.005	7.28	0.701	0.026	0.046
EDU	1.350 **	0.098	13.83	0.063	1.158	1.541
SCI	0.401	0.096	4.19	0.246	0.213	0.588
LDM	−0.083	0.031	−2.70	0.771	−0.142	−0.023
STR	−9.786	1.297	−7.54	0.285	−12.329	−7.244
Constant	0.270	0.007	36.64	0.000	0.256	0.285
Mean dependent var	0.269			SD dependent var		0.067
Overall r-squared	0.651			Number of obs		3237.000
Chi-square	1185.592			Prob>chi2		0.000
R-squared within	0.158			R-squared between		0.733

注：*** 表示在 1%的显著性水平下显著，** 表示在 5%的显著性水平下显著，* 表示在 10%的显著性水平下显著。

东北部经济区指黑龙江省、辽宁省和吉林省，本书考察了 30 个城市的样本信息。东北部经济区 30 个城市的估计结果显示，环境信息披露与经济发展质量负相关，但显著水平较低，仅通过 10% 显著性水平检验，是四大经济区显著水平最低的一个。影响程度估计系数为−0.020，与中部经济区最为接近。控制变量只有人口素质与经济发展质量显著正相关，相比于其他控制变量，在东北部经济区，人口素质对经济发展质量的影响更显著，政府规模与经济发展质量正相关，绿地面积和科技投入与经济发展质量负相关，但影响均不显著，即使在 10% 显著性水平也不显著。采用倾向得分匹配双重差分（PSM-DID）模型考察中国经济特区环境信息披露对经济发展质量的影响，检验的实证结果如表 6-12 所示。

表 6-12　环境信息披露对经济特区城市经济高质量发展的影响：PSM-DID 估计

变量	估计值	标准差	T 值	P 值	置信上限	置信下限
TIME×EPL×TQ	−0.038 ***	0.011	−3.44	0.003	−0.060	−0.016
EPL	0.016 **	0.003	4.64	0.023	0.009	0.023
TIME	0.086 **	0.013	6.49	0.030	0.060	0.113
ZFG	0.035 ***	0.005	7.05	0.001	0.025	0.044
EDU	1.348 *	0.097	13.86	0.082	1.157	1.538
SCI	0.455 ***	0.096	4.73	0.000	0.266	0.643
LDM	−0.083 *	0.031	−2.72	0.081	−0.144	−0.023
STR	−9.621	1.296	−7.42	0.421	−12.161	−7.080
Constant	0.270	0.007	36.54	0.000	0.255	0.284
Mean dependent var	0.269			SD dependent var		0.067
Overall r-squared	0.662			Number of obs		3237
Chi-square	1198.506			Prob>chi2		0.000
R-squared within	0.154			R-squared between		0.739

注：*** 表示在 1% 的显著性水平下显著，** 表示在 5% 的显著性水平下显著，* 表示在 10% 的显著性水平下显著。

中国经济特区诞生于 20 世纪 70 年代末 80 年代初，成长于 90 年代。1979 年 4 月，邓小平首次提出要开办"出口特区"，后于 1980 年 3 月，"出口特区"改名为"经济特区"，并在深圳加以实施。按其实质，经济特区也是世界自由港区的主要形式之一。1979 年 7 月，中共中央、国务院同意在广东省的深圳、珠海、汕头三市和福建省的厦门市试办出口特区。1980 年 5 月，中共中央和国务院决定将深圳、珠海、汕头和厦门这四个出口特区改称为经济特区。截至目前中国大陆地区共有七个经济特区。经济特区的设置标志着中国改革开放的进一步发展。本书考察的六个经济特区为海口市、三亚市、厦门市、汕头市、深圳市和珠海市，不包含 2010 年 5 月，中央新疆工作会议上中央正式批准的喀什设立经济特区。

从表 6-12 六大经济特区 PSM-DID 估计结果可以看出，环境信息披露与经济发展质量显著负相关，在 1% 显著性水平显著，估计系数为 −0.038，高于四大经济区的影响程度，这可能与经济特区是以减免关税等优惠措施为手段有关，通过创造良好的投资环境，鼓励外商投资，引进先进技术和科学管理方法，以达到促进特区所在国经济技术发展的目的，所以环境信息的披露对经济特区的创新和开放发展的影响可能会更大。经济特区实行特殊的经济政策，灵活的经济措施和特殊的经济管理体制，并坚持以外向型经济为发展目标。控制变量，政府规模和科技投入与经济发展质量正相关，且通过1%显著性水平检验。人口素质与经济发展质量正相关，并通过10%显著水平检验，绿地面积与第二产业比重与经济发展质量均呈现负相关关系，绿地面积与城市化经济发展质量的影响通过10%水平检验，第二产业比重对经济特区经济发展质量影响不显著，没有通过10%显著性水平检验。

四、稳健性检验

（一）时间安慰剂检验

环境信息披露的政策实施是2008年，分别假设2010年、2011年和2012年为信息披露实施年份。实证检验结果分别如表6-13、表6-14和表6-15所示。

表6-13　2010年时间安慰剂检验

变量	估计值	标准差	T值	P值	置信上限	置信下限
TIME×EPL	−0.036	0.003	−13.46	0.101	−0.041	−0.030
EPL	0.043*	0.004	11.3	0.086	0.036	0.051
TIME	0.053	0.009	5.83	0.148	0.035	0.071
ZFG	0.068***	0.005	12.48	0.000	0.057	0.078
EDU	1.163*	0.089	13.12	0.093	0.990	1.337
SCI	0.323	0.091	3.56	0.165	0.145	0.500
LDM	−0.085***	0.030	−2.86	0.001	−0.143	−0.027
STR	−9.174	1.265	−7.25	0.328	−11.654	−6.694
Constant	0.259	0.007	35.59	0.000	0.245	0.274
Mean dependent var	0.271			SD dependent var		0.071
Overall r-squared	0.746			Number of obs		1319
Chi-square	1755.801			Prob>chi2		0
R-squared within	0.13			R-squared between		0.839

注：*** 表示在1%的显著性水平下显著，** 表示在5%的显著性水平下显著，* 表示在10%的显著性水平下显著。

表 6-14　2011 年时间安慰剂检验

变量	估计值	标准差	T 值	P 值	置信上限	置信下限
TIME×EPL	−0.029	0.003	−10.47	0.162	−0.035	−0.024
EPL	0.037*	0.004	8.93	0.073	0.029	0.045
TIME	0.047	0.009	5.01	0.108	0.029	0.066
ZFG	0.062***	0.006	10.51	0.000	0.050	0.073
EDU	1.185*	0.093	12.69	0.075	1.002	1.368
SCI	0.069	0.084	0.82	0.132	−0.096	0.234
LDM	−0.085***	0.027	−3.15	0.000	−0.137	−0.032
STR	−12.220	1.424	−8.58	0.170	−15.010	−9.429
Constant	0.280***	0.008	34.31	0.000	0.264	0.296
Mean dependent var		0.273		SD dependent var		0.070
Overallr-squared		0.718		Number of obs		1191.000
Chi-square		1366.438		Prob>chi2		0.000
R-squared within		0.105		R-squared between		0.814

注：*** 表示在 1% 的显著性水平下显著，** 表示在 5% 的显著性水平下显著，* 表示在 10% 的显著性水平下显著。

表 6-15　2012 年时间安慰剂检验

变量	估计值	标准差	T 值	P 值	置信上限	置信下限
TIME×EPL	−0.027	0.003	−9.07	0.362	−0.033	−0.021
EPL	0.035*	0.004	8.00	0.088	0.026	0.044
TIME	0.052	0.011	4.92	0.201	0.031	0.073
ZFG	0.068*	0.006	11.05	0.071	0.056	0.080
EDU	1.198*	0.097	12.40	0.075	1.009	1.388
SCI	−0.063	0.087	−0.73	0.467	−0.234	0.107
LDM	−0.099**	0.032	−3.13	0.030	−0.161	−0.037
STR	−12.478	1.549	−8.06	0.120	−15.513	−9.442
Constant	0.279***	0.009	32.01	0.000	0.262	0.296
Mean dependent var		0.278		SD dependent var		0.077
Overallr-squared		0.740		Number of obs		1048
Chi-square		1472.643		Prob>chi2		0.000
R-squared within		0.094		R-squared between		0.827

注：*** 表示在 1% 的显著性水平下显著，** 表示在 5% 的显著性水平下显著，* 表示在 10% 的显著性水平下显著。

环境信息披露由国务院于 1998 年正式提出，我们可以构造虚假的环境信息披露政策开始实施时间来进行时间安慰剂检验。本书借鉴盛丹等的做法，分别假设 2010 年、2011 年和 2012 年为环境信息披露开始实施年份，并相应调整虚拟变量 TIME 的取值，如果基于这三个虚构的政策实施年份进行回归时交互项 EML×TIME 的系数不显著，说明抑制经济发展质量提升的确是环境信息披露政策，而非其他政策。根据表 6-15 的回归结果，无论虚构的政策实施年份是 2010 年、2011 年还是 2012 年，其对应的交互项系数均不显著，证实了本书基准回归结果的稳健性。

（二）平行趋势检验

采用 DID 方法的唯一前提就是平行趋势假定，即处理组和对照组在接受处理前因变量的各年度经济高发展质量趋势应该一致。当实验组全部样本的事件发生时间点相同时，平行趋势检验的做法是在模型中加入处理前各年度虚拟变量和处理变量的交互项。当实验组时间发生时间点存在差异时，参照 Autor 对于政策发生在不同时期的多期 DID 平行趋势检验方法，构建式（6-20）：

$$Q_{i,t} = \sum_{n=-9}^{9,\ n \neq 0} \beta_n D_{i,n} + \sum_j \beta_i C + \gamma_t + \mu_i + \varepsilon_{i,t} \tag{6-20}$$

式中，n = -1 表示环境信息披露的前一年，即 Pre_i；n = 1 表示环境信息披露开始的第一年，记为 current；$D_{i,n}$ 表示时间虚拟变量和二元处理变量的交互项。

说明 DID 结果的合理性，我们对两组 DID 模型分别进行了平行趋势检验。首先构建了衡量"环境信息披露"前后时间差的虚拟变量 TIME。其中 Pre_i 代表样本当年与进入环境信息披露的时间差；$post_i$ 代表进入环境信息披露后与当年的时间差。current 代表进入环境信息披露的年份，如果 DID 检验结果是稳健的，那么在 tp0 之前的时间差不应该显著抑制经济发展质量，而 current 后的（包括 current）时间差应显著为负，代表进入城市开始环境信息披露后确实抑制了经济发展质量提升。

从图 6-3 的平行趋势检验中也能够直观地看出，城市开始环境信息披露后，样本的发展质量被有效抑制，说明环境信息披露政策效力相对显著，本书的研究结论是稳健的。tp0 的回归系数在 -0.1 左右，结果在 1% 的水平上显著；post1 的回归系数为下降到 0.3 左右，结果在 10% 的水平上显著。该结果说明城市在开始环境信息披露后的当年和次年，经济发展质量很快得到抑制。然而从图 6-3 的平行趋势检验中却能够清晰地看出，环境信息披露的第二年抑制效果却呈显著的上升趋势，然后盘整，环境信息披露实施后的第三年，抑制作用大幅减弱，负相关系数接近 0，接下来依然呈现整体震荡加剧态势。以上结果说明环境信息披露的实施对于经济发展质量还在抑制中，抑制程度呈现上升、下降更迭的震荡变化。

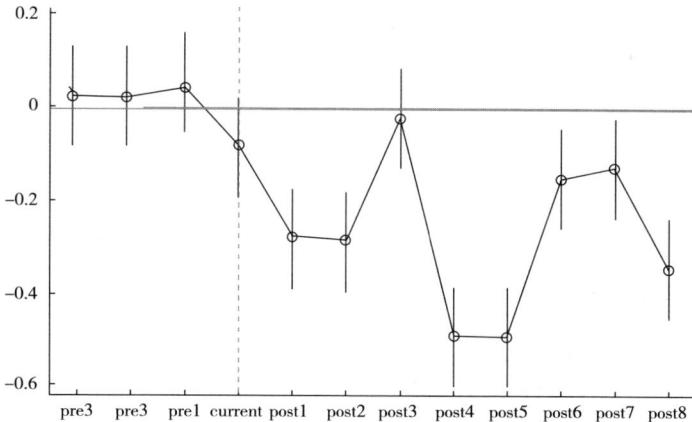

图 6-3　平行趋势检验

（三）地区安慰剂

与时间安慰剂检验的思路类似，我们可以构造虚假的环境信息披露实施城市来进行地区安慰剂检验，并相应调整虚拟变量 EML 的取值，如果基于虚假的环境信息披露城市进行回归时交互项 EML×TIME 的系数不显著，则可证实基准回归结果的稳健性。由于在选定的样本中，其中属于处理组的城市共有 109 个，因此地区安慰剂检验将随机选定的处理组城市也设定为 109 个，然后利用 Stata 中生成随机数的命令得到 100 组不同的城市组合，分别将其设定为处理组，其他未被选择的城市作为控制组，进行 PSM-DID 估计可得到 200 次回归的交互项系数与概率，其概率密度图如图 6-4 所示。

根据随机数据产生过程所产生的处理组和控制组进行的 200 次回归的交互项系数的均值为 0.01，而本书的真实基准回归系数为-0.03，其值落在标准正态分布图的右半部，接近尾端。因此，以地区改变为基础的安慰剂检验结果表明，在虚假的处理组情况下，环境信息披露政策并没有显著影响城市经济发展，进一步证实基准回归的稳健性。

（四）调整样本期检验

在基准回归中，我们选定的样本期为 2005～2017 年，将样本期调整为 2005～2012 年，然后重新对 PSM-DID 进行估计，结果见表 6-16。从 DID 估计

安慰剂检验

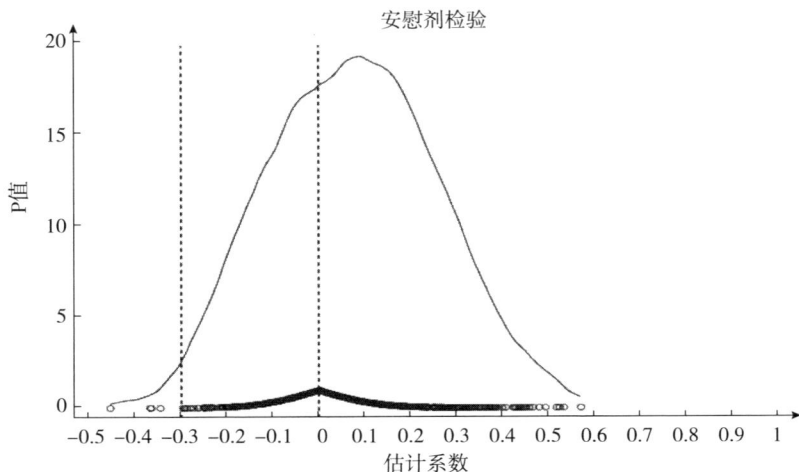

图 6-4　地区安慰剂检验交互系数概率密度图

结果可以看出，估计系数为-0.029且在10%的显著性水平上显著，与选定考察期2005~2017年的样本估计结果接近，环境信息披露仍然对城市经济发展质量具有显著的抑制作用，可以认定与基准回归结论一致。

表 6-16　2005~2012 年调整样本期检验

变量	估计值*	标准差	T值	P值	置信上限	置信下限
TIME×EPL	-0. 029*	0. 002	-10. 29	0. 081	-0. 027	-0. 019
EPL	0. 028**	0. 005	6. 07	0. 023	0. 019	0. 037
TIME	0. 025**	0. 012	2. 01	0. 046	0. 001	0. 049
ZFG	0. 047***	0. 007	6. 86	0. 000	0. 034	0. 061
EDU	0. 972*	0. 142	6. 86	0. 067	0. 694	1. 249
SCI	0. 982	0. 140	7. 02	0. 405	0. 708	1. 256
LDM	12. 444***	1. 451	8. 57	0. 001	9. 600	15. 289
STR	-9. 911	1. 873	-5. 29	0. 311	-13. 581	-6. 240
Constant	0. 267	0. 011	24. 55	0. 000	0. 246	0. 289
Mean dependent var	0. 271			SD dependent var		0. 077
Overallr-squared	0. 831			Number of obs		1494. 000
Chi-square	1258. 219			Prob>chi2		0. 000
R-squared within	0. 177			R-squared between		0. 854

注：*** 表示在1%的显著性水平下显著，** 表示在5%的显著性水平下显著，* 表示在10%的显著性水平下显著。

本章小结

环境规制对经济发展质量的影响，环境规制和区域经济作为门槛变量，存在双重门槛效应，环境规制对城市经济发展质量的影响不是简单的促进或制约关系。环境规制与中国经济发展质量的影响呈现"U"型特征，影响程度随着经济发展水平呈现先降低后增加的演进态势；随着环境规制强度增加，环境规制对经济发展质量的影响由积极促进作用转为抑制作用，边际效应降低。控制变量自然环境（EN）与经济发展质量正相关，政府干预在两个模型中的回归结果表现不同。

经济系统是具有特定功能的有机整体，经济高质量发展是要整体把握，不可顾此失彼。那么，城市经济发展质量如何呢？公众参与型的环境信息披露工具如何影响城市经济发展质量呢？本书给予了如下三点现实回答：①中国地市级及以上城市整体经济发展质量综合指数的平均值为 0.255，尚存在较大的改进空间，整体呈现震荡上升态势，且区域差异显著。②环境信息披露显著抑制城市经济高质量发展，且通过时间、地区安慰剂检验和平衡趋势检验、调整样本周期检验，这一发现符合"污染天堂假说"的理论逻辑。③环境信息披露对经济发展质量的影响区域异质性显著，东部、中部和东北部三大经济区环境信息披露与经济发展质量显著负相关，西部的影响是不显著的。经济特区环境信息披露显著抑制经济发展质量，对经济发展质量影响最大，大幅高于四大经济区的影响。

上述环境信息披露对经济发展质量影响的研究结果蕴含着相应的政策含义。首先，政府要注重信息披露前的辅导和引导工作，鼓励企业开展环境管理，建立规范的企业环保制度，引导企业加强对相关管理人员的环保培训，并安排专项资金用于生态环境保护工作，而不是依靠出了问题就披露，被通报了就处分去进行约束。政府要鼓励和培养企业和社会自愿、主动地接受公众监督，从而使企业不会只顾短期利益而面临较大的经营风险。其次，深化环境信息披露制度，不断完善披露机制，随着社会对于环境保护的关注度不断上升，上市公司的环境信息披露也就显得格外重要。但是，目前的环境信息披露规定，对于企业环境合规，尤其是违规信息的披露仍较模糊，未能进一步细化披露程度规则。最后，环境信息披露的影响存在显著的区域异质性，制定环境信息披露政策不要"一刀切"，要考虑区域特点从长远利益入手和命令型环境规制工具、市场激励型规制工具协同使用。此外，建议政府支持和培育提供环境信息分析的中介机构，强化对环境信息披露的评价、监督、引导和激励作用。本书对环境信息披露影响经济发展质量的研究建议，期望为当前完善环境规制工具驱动地方经济高质量发展提供一定的决策参考。

第七章 环境规制对城市经济发展的创新驱动效应

第六章首先采用传统门槛面板模型考察环境规制对经济发展质量的非线性复杂影响，信息披露作为一种公众参与型非正式环境规制工具，其对经济各方面的影响显著。那么，环境信息披露如何影响绿色创新发展呢？本章从地市级城市宏观和企业微观双视角考察验证。

第一节 环境规制对省区 R&D 创新效率双重效应

近年来，环境突发事件和环境公害在中国屡见不鲜，环境库兹涅茨曲线正效应还没有整体呈现，伴随着经济快速发展的是环境质量日益衰退，2018 年 EPI（年度全球环境绩效指数）报告显示，作为新兴经济体的中国，在 132 个国家中排名仅居第 120 位，位次持续降低，反映出经济快速增长给环境带来的压力，促进绿色经济发展、加强环境规制的社会呼声也日趋高涨。作为国民经济中主要组成部分的工业部门，其担负的社会责任愈发沉重，然而技术创新在工业发展的地位显而易见，环境规制政策一方面需要考虑到污染治理问题，另一方面又会影响工业技术创新的扩散深度和速度，技术创新则是实现环境保护和经济持续发展的核心环节。

一、R&D 创新效率影响研究基础

政府通过一系列的政策控制企业生产活动中产生的废水、废气等污染物的排放，不管是通过改进污染控制技术还是严格执行相关环境规制的措施，要求企业必须降低污染物的排放，这便让污染治理成本提高。客观而言，环境规制对技术创新具备双重效应，即"补偿效应"与"抵消效应"。首先，企业追求利润最大化，在面临政府环境规制时必然要承担相应的社会责任，为了控制成本减少污染排放，企业往往会采用如下两种方式：一是通过吸收国内外先进的

绿色生产加工工艺，提高产品的生产效率，企业通过技术创新提高治理污染水平或者改变"粗放型"生产模式，减缩由于环境规制而导致的环境成本，称之为环境规制的"补偿效应"；二是企业通过抽取有限的内部资金，甚至在必要时会挤出部分 R&D 资金出来控制污染治理，"抵消效应"便会呈现出来。其次，政府虽然采取环境规制的法规和政策对企业的经济活动进行适当调节，目的是经济发展和环境资源能够协调发展。工业污染防治又是重中之重。目前，中国环境规制的方向已从简单的企业治理层面转向发展循环经济、清洁生产以及调整产业结构，朝着"结构红利"假说而努力，势必会在产业政策和投资政策上对企业的 R&D 创新给予支持鼓励。严苛的环境规制政策致使工业企业投资选择环境规制政策相对宽松的国家，这样一来无形中减少企业的 R&D 资金来源，但环境规制的实施为了国家的长久发展还是有必要的。

有关环境规制对于技术创新的话题一直以来都是学者们的研究热点，可以将其观点归纳为以下三种：①"补偿效应"不及"抵消效应"。主要观点是认为环境规制产生的成本上升不利于技术创新。②"抵消效应"不及"补偿效应"。主张环境规制对于技术创新具有正向溢出效应。③"抵消效应"和"补偿效应"不确定。环境规制对技术创新的影响产生以上不同见解的原因在于研究的样本、视角和方法存在不同，致使研究结果呈现迥异。

国内专家关于环境规制对技术创新的影响的研究起步较晚，大多数文献是基于行业和企业层面研究环境规制对技术创新效率的影响：姚西龙（2015）利用方差分析，发现环境规制对我国工业绿色创新效率产生正向影响；吴明琴和周诗敏（2017）采用倍差分析法对 1998 年实施的"酸雨控制区与二氧化硫污染控制区"政策进行实证研究，研究发现"两控区"政策的出台明显改善了工业二氧化硫污染治理效果。曹霞（2015）采用 2005~2011 年 30 个省级面板数据实证分析，检验出环境规制与创新效率呈现"U"型关系；而李勃昕（2013）却提出相反的意见，采用超越对数随机前沿模型，研究指出环境规制对清洁型产业创新效率呈现倒"U"型的促进作用；李婧（2013）也指出环境规制与创新效率呈现倒"U"型关系；刘锐（2017）对省级工业企业面板数据进行分析，认为环境规制促进工业企业创新效率提升；余淑均（2017）研究认为环境规制促进长江经济带的创新效率提升；冯志军（2013）实证研究指出环境规制对广东工业企业绿色增长绩效有显著的促进作用；宋文飞（2014）对 2004~2011 年中国工业 33 个细分行业的面板数据进行分析，分析表明环境规制对 R&D 双环节效率具有显著的门槛效应；杨秋月（2017）对中国 30 个省份 2006~2016 的面板数据进行实证研究，指出环境规制对工业企业绿色创新效率的影响存在区域差异，对全国及其东部地区的影响呈现

"U"型关系，对中西部地区的影响不显著。

国内外学者针对环境规制和技术创新之间的关系已取得丰硕的成果，然而环境规制与创新效率的关系，还缺乏从动态视角，精确反映两者关系的研究，本书拟将在以下方面对现有文献进行拓展：立足技术效率的视角，考察环境规制对工业 R&D 创新效率溢出效应；在度量工业 R&D 创新效率的方法上运用非径向、非角度的 Super-SBM 模型，有效避免投入产出松弛问题；技术创新和环境规制都是一个长期、持续的过程，从动态的视角去评判两者的关系更为真实，以往的文献中没有考虑到解释变量的"内生性"而产生的估计偏误，本书采用动态 SYS-GMM 模型进行分析；同时进一步运用分位数面板回归更为精确地反映环境规制对 R&D 创新效率的影响条件分布。

二、工业 R&D 创新效率测评

（一）研究方法

本书基于松弛变量的超效率模型（Super-SBM）测算中国各省份的工业 R&D 创新效率。DEA 是由美国学者 Cooper、Charnes 等提出的一种度量决策单元（DMU）相对效率的非参数客观评价方法。传统的 DEA 方法包含 BCC 模型和 CCR 模型两种，BCC 模型考虑决策单元存在生产规模收益可变性，后者则假定在规模效益不变的前提下进行效率测定。

传统 DEA 模型其本质是属于角度和径向的 DEA 方法，会形成投入要素的"松弛"或者"拥挤"问题，当存在产出或者投入的"非零松弛"的情况时，容易高估决策单元的效率值。由于传统 DEA 模型的缺点，2001 年，Tone 研究提出非角度、非径向的 SBM 模型。假定有 n 个 DMU，每个 DMU 有 m 个投入要素和 s 个产出要素，其投入导向 SBM 模型如式（7-1）所示。Tone 于 2002 年又提出超效率 Super-SBM 模型，其模型如式（7-2）所示。

$$
\begin{aligned}
&\min \rho = 1 - (1/m) \sum_{i=1}^{m} \frac{s_i^-}{x_{i0}} \\
&\text{s. t.} \quad x_0 = X\lambda + s^- \\
&\qquad y_0 = Y\lambda - s^+ \\
&\qquad \lambda \geq 0; \ s^- \geq 0; \ s^+ \geq 0
\end{aligned}
\tag{7-1}
$$

$$\min \rho^* = 1 - （1/m） \sum_{i=1}^{m} \frac{s_i^-}{x_{i0}}$$

$$\text{s. t.} \quad x_0 \geqslant X\lambda + s^-$$

$$y_0 = Y\lambda - s^+$$

$$\lambda \geqslant 0；s^- \geqslant 0；s^+ \geqslant 0$$

（7-2）

式（7-1）中 s^+ 和 s^- 分别表示产出不足和投入过剩的松弛变量；λ 是权重向量；ρ 是目标效率值。式（7-2）中 ρ^* 是超效率，其他变量含义与式（7-1）同，区别在于决策单元的效率值不局限于 0~1，实现传统 SBM 模型度量的多个效率有效决策单元的排序；同时考虑并有效解决了投入产出变量的松弛性问题。

（二）变量选择与数据来源

本书研究对象是基于中国 30 个省级行政地区[①]的 2007~2016 年工业企业 R&D 创新活动的效率。所有数据主要来源于 2007~2016 年《中国统计年鉴》《中国工业经济统计年鉴》《中国科技统计年鉴》。工业 R&D 创新活动的投入产出指标具体说明如下：

工业 R&D 创新研发投入指标包括 R&D 人员全时当量、科学家和工程师、工业 R&D 资金支出、工业 R&D 资本存量等，依据本书的研究思路和参照已有相关文献，在工业研发创新阶段投入指标主要包含资金投入和人员投入。R&D 人力投入选取 R&D 活动人员折合全时当量。资金投入采用其他技术经费和 R&D 经费两项指标，其他技术经费支出鉴于受到价格水平的影响采用实际值，以 2006 年为基期对其进行调整[②]；R&D 经费指标，采用永续盘存法估算 R&D 资本存量，其基本形式如式（7-3）所示：

$$RD_{it} = （1-\nu）\times RD_{i(t-1)} + \pi_{it} \text{[③]}$$

（7-3）

进一步估计基期资本存量的公式如式（7-4）所示：

$$RD_{i0} = \pi_{i0} / （g+\nu）$$

（7-4）

其中，式（7-3）中的 ν 为折旧率，取值为 15%；RD_{i0} 为基期研发资本存量，π_{it} 是基期研发经费支出，g 为考察样本期内实际研发经费支出的平均增长率。

---

① 西藏由于数据缺失较多，在后续的分析中暂时不予考虑。

② 通过其名义指标除以各省份当年的消费物价指数（2006 年 = 100）进行平减而得。

③ 式中，RD_{it}、$RD_{i(t-1)}$ 分别代表第 i 个省份的工业企业第 t 年和 t-1 年的研发资本存量。π_{it} 是第 i 省份的工业企业第 t 年的实际研发经费支出。

工业技术创新的过程可划分为两个阶段：第一阶段是应用研发资源形成的新技术和新知识阶段，另一阶段是使新技术和新知识成果转向体现商业价值阶段。因此，R&D 创新产出也从经济产出和知识产出两方面进行设定，采用专利申请数量代表知识产出；新产品产值代表经济产出。

（三）工业 R&D 创新效率值时序变化

依据上文的省级工业企业 R&D 创新投入产出面板数据，基于 Super-SBM 模型，对中国 2007~2016 年 30 个省份的工业企业 R&D 创新效率进行测算，结果如表 7-1 所示。中国各省份工业 R&D 创新效率值总体不高，均值仅为 0.5742，尚存在较大改善空间。所有省份均出现上升和下降交替显现的不稳定的变化特征，升降的幅度不尽相同。各省工业 R&D 创新效率均值显示，前五位的省份依次是北京、海南、江苏、浙江、上海，效率值均大于或等于 1，是推动工业 R&D 创新效率提升的主要省份，排在后五位的省份是内蒙古、山西、河北、江西、黑龙江。观察全部样本所构造的生产前沿面（表现为效率值等于或者大于 1），有九个省份移动前沿面高于 1 次，其中，湖南（6 次）、重庆（4 次）、吉林（4 次）、山东（2 次）等这些省份工业 R&D 创新效率表现最佳。从经济区域来看，生产前沿面主要由经济相对发达的东部沿海地区确定，今后的工业发展中，这些省份应该持续运用研发创新推动全国工业"又快又好"地发展。

表 7-1 中国工业 R&D 创新效率测算结果（2007~2016 年）

省份	2007 年	2009 年	2011 年	2013 年	2015 年	2016 年	均值
北京	1.1394	1.1518	1.1345	1.3225	1.3782	1.5157	1.2449
天津	0.5737	0.4249	0.5643	0.8101	0.5201	0.5126	0.5443
河北	0.4381	0.1566	0.3130	0.3069	0.3509	0.3491	0.3136
山西	0.2837	0.1317	0.2913	0.3005	0.3069	0.3433	0.2715
内蒙古	0.2883	0.1180	0.1915	0.1606	0.1565	0.1503	0.1772
辽宁	0.5148	0.2876	0.5819	0.5213	0.3647	0.3588	0.4464
吉林	1.1183	0.6444	1.1362	0.3567	0.4956	1.0622	0.7855
黑龙江	0.4029	0.1093	0.3974	0.4953	0.5063	0.4374	0.3590
上海	1.5579	1.0037	1.1109	1.0471	1.0000	1.0242	1.1230
江苏	1.0281	1.1342	1.4739	1.3749	1.1054	1.0063	1.2233

省份	2007 年	2009 年	2011 年	2013 年	2015 年	2016 年	均值
浙江	1.1216	1.1307	1.1243	1.2230	1.2594	1.2473	1.1771
安徽	0.3526	0.2284	0.7686	0.7546	0.7369	0.7461	0.5639
福建	0.5579	0.2118	0.4786	0.4643	0.5136	0.5553	0.4457
江西	0.3071	0.1131	0.3383	0.3848	0.5083	0.6715	0.3452
山东	0.6602	0.5992	0.5991	1.0219	0.7091	0.6634	0.7177
河南	0.4878	0.2002	0.4084	0.4369	0.4804	0.4683	0.4059
湖北	0.5997	0.2427	0.4678	0.4391	0.4821	0.4756	0.4473
湖南	0.5204	1.3849	0.4497	1.0226	1.0307	1.0130	0.8132
广东	1.2619	0.8718	0.6879	0.6811	0.9484	1.0810	0.8618
广西	0.5744	0.2942	0.3849	1.0043	1.0885	1.1210	0.5673
海南	1.0000	1.0000	1.0000	2.5747	1.0024	1.4998	1.1886
重庆	0.7329	0.4715	1.0512	1.0084	1.0691	1.0377	0.8609
四川	0.9101	1.0491	1.0396	0.8765	0.8008	0.6958	0.9260
贵州	0.5246	0.1545	0.6307	1.0051	0.7046	0.5853	0.5650
云南	0.8576	0.4514	0.5690	0.5764	0.5169	0.4614	0.5632
陕西	0.4765	0.2114	0.5195	0.5147	0.5118	0.5073	0.4447
甘肃	0.3507	0.1652	0.5111	0.5742	0.5231	0.4372	0.4169
青海	0.4824	0.2785	0.1288	1.0000	1.0000	1.0000	0.5495
宁夏	0.3021	0.1985	0.2987	0.5056	0.4892	0.4029	0.3695
新疆	0.5323	0.1491	0.5200	0.8472	0.7967	0.6642	0.5581
东部	0.9339	0.7685	0.8486	1.0826	0.8787	0.9455	0.8840
中部	0.4252	0.3835	0.4540	0.5564	0.5909	0.6196	0.4745
西部	0.5483	0.3219	0.5314	0.7339	0.6961	0.6421	0.5453
东北	0.6786	0.3471	0.7052	0.4577	0.4555	0.6194	0.5303
均值	0.5944	0.3479	0.5530	0.6761	0.6421	0.6516	0.5742

注：由于数据缺失，不含西藏、中国香港、澳门和台湾，表中均值指算术平均值，由于篇幅限制，未列出所有年份的工业企业 R&D 创新效率值。

资料来源：笔者计算整理。

（四）工业 R&D 创新效率的动态演进

上述的分析是考察工业 R&D 创新效率时间序列变化特征以及平均发展态势，不易洞察样本省份的工业 R&D 创新效率的动态分布特征，为了进一步细致、直观地刻画工业 R&D 创新效率随时间推移而变化的动态演进过程，采用核密度进行估计，其原理如下：设 p 维随机向量 X 的密度函数为 f（x）= f（x_1，…，x_n），从中随机抽取一组 X_1，X_2，…，X_n 独立同分布的样本，则 f（x）的核估计如式（7-5）所示：

$$\hat{f_n}(x) = \frac{1}{nh^p} \sum_{i=1}^{n} K\left[\frac{x-X_i}{h}\right] \tag{7-5}$$

其中，h 为带宽，K（·）为核密度函数，本书选用常用的 Silverman 为最佳带宽与 Epanechnikov 核函数。图 7-1 分别为 2007 年、2010 年、2013 年、2015 年和 2016 年的工业 R&D 创新效率的核密度曲线。

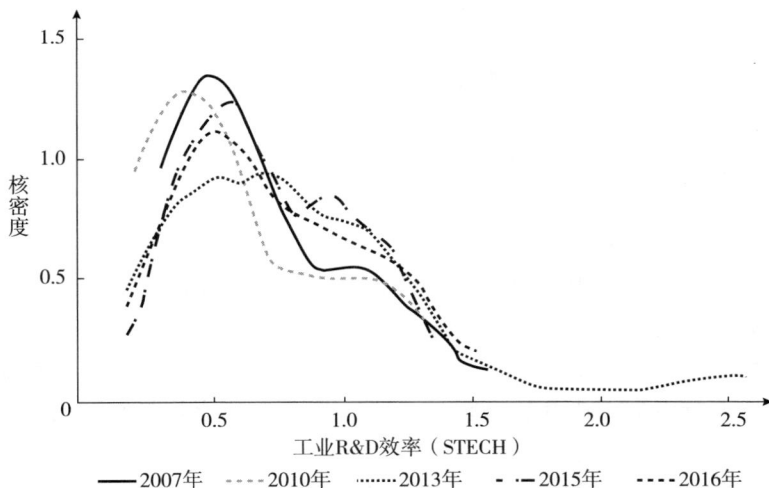

图 7-1　各省份工业 R&D 创新效率核密度估计分布

资料来源：笔者自制。

图 7-1 中，分布图中的横轴表示工业 R&D 创新效率水平，纵轴表示核密度。第一，从核密度分布图的曲线形状可以看出，工业 R&D 创新效率表现为明显的非正态分布，经历了由"单峰""双峰""单峰"的交替演进，随着时间推移，我国整体工业 R&D 创新效率提升过程中各省之间距离有拉大的趋势。但具体而言，2013 年肥大的右尾沿长度亦大幅缩短，从 2013 年就开始可以观察到显著的"双峰"特征，这种特征一直持续到 2015 年，在 2016 年又恢复到

"单峰"特征。表明在 2007~2016 年中国各省份工业 R&D 创新效率呈现两极分化的现象，处于中上等和较差水平的工业 R&D 创新效率的省份提升速度相对加快，工业 R&D 创新效率较高的省份提升速度显著减弱，这段时间，工业 R&D 效率值高的省份和效率值低的省份分别在较高水平和较低水平两个均衡点收敛。第二，从密度分布图位置平移情况可以看出，2007~2016 年我国各省份工业 R&D 创新效率表现为震荡上升而后平稳的趋势，2007~2010 年密度分布图左移，工业 R&D 创新效率下降，2010~2013 年密度分布图向右移动，较为直观地看出我国各省份工业 R&D 创新效率增长的势头，2013 年后，创新效率保持平缓上升势头。第三，从密度分布图的波峰变化可以看出，各省份的工业 R&D 创新效率 2007~2016 年出现由"尖峰"形状转向"宽峰"形状，各省份工业 R&D 创新效率两极分化态势显著。

为了更为清晰地描述中国工业 R&D 创新效率影响因素的变化状况，尤其是环境规制对省级工业 R&D 创新效率的作用效果，接下来，本书结合动态面板 GMM 模型和面板分位数回归进行研究。

三、动态面板 GMM 估计

（一）模型设定

动态面板 GMM 模型估计通过采用工具变量和差分来控制未观察到的个体效应和时间效应，并使用之后的被解释变量和前期的解释变量为工具变量进而实现克服内生性问题。动态面板数据的一阶差分 GMM 估计，其基本思路是求差分，然后利用一组滞后的解释变量作为差分方程中相应变量的工具变量。就本书而言，充分考虑工业 R&D 创新效率的复杂影响因素选择解释变量，采用的基本模型如式（7-6）所示：

$$STECH_{it} = \alpha_0 + STECH_{it-1} + \xi X_{it} + \delta_i + \gamma_{it} \tag{7-6}$$

式中，t 和 i 分别表示年份和省份，$STECH_{it}$ 和 $STECH_{it-1}$ 分别表示省份 i 在 t 和 t-1 年份的工业 R&D 创新效率。X_{it} 为自变量；γ_{it}、δ_i 分别表示地区残差和效应。为消除省份固定效应 δ_i 的影响，将式（7-6）进行差分转换，如式（7-7）所示：

$$\Delta STECH_{it} = \Delta STECH_{it-1} + \Delta \xi X_{it} + \Delta \gamma_{it} \tag{7-7}$$

动态面板采用工具变量，即以滞后项 $\Delta STECH_{it-1}$ 为工具变量，解决由滞后被解释变量的 $\Delta STECH_{it}$ 与 $\Delta \gamma_{it}$ 存在较强的相关性所导致的内生性问题，通过矩约束条件来获得参数估计，得式（7-8）：

$$E（STECH_{it-k}，\Delta\gamma_{it}）= 0 \tag{7-8}$$

由于差分 GMM 模型估计得差分项内生变量与滞后项的工具变量两者之间的相关性不强，往往导致弱外生工具变量，系统 GMM 相比差分 GMM 更有效。因此，本书拟采用系统 GMM 估计环境规制对 R&D 创新效率的影响。鉴于固定效应估计通常会低估滞后项的系数，混合面板 OLS 估计时常高估滞后项的系数，为了比较分析，本书将固定效应估计和混合面板 OLS 的估计结果也一并报告，若 GMM 估计值介于固定效应估计值与 OLS 估计值之间，则是有效可靠的。本书在模型中融入动态变量，从而可以更好地考察环境规制与工业 R&D 创新效率的关系，基本模型如式（7-9）所示：

$$lnSTECH_{it} = \alpha + \phi_1 STECH_{it-1} + \beta_1 lnER_{it} + \beta_2 lnSIZE_{it}\beta_2 lnSIZE_{it} +$$
$$\beta_3 lnFDI_{it} + \beta_4 lnHUM_{it} + \beta_5 lnSOE_{it} + \tag{7-9}$$
$$\beta_6 lnPGOV_{it} + \beta_7 lnEM_{it} + \beta_8 lnIM_{it} + \gamma_{it}$$

核心变量 STECH 代表利用 Super-sbm 度量的工业 R&D 创新效率值；环境规制运用工业污染治理投资额占工业总产值之比表示。在其他控制变量上，主要考虑加入能体现地区特征的变量，主要包括：将贸易开放细分为出口贸易和进口贸易，IM 和 EX 代表各省按经营单位所在地分货物进口和出口总额，然后用平均货币汇率转换成为人民币，再以 2006 年为基期的消费价格指数平减；人力资本（HUM），采用 6 岁以及以上人口受教育平均年数来衡量[①]；企业规模（SIZE）采用大中型工业企业产值占工业企业总产值比例表示；产权因素（SOE）采用国有大中型工业企业产值占大中型工业企业产值比例表示；政府扶持（PGOV）用工业企业科技经费筹集中政府资金比例表示；外商直接投资（FDI）采用各省份实际利用外商直接投资金额，数据处理方式与对外贸易一致。以上数据来源于相应年份的《中国统计年鉴》《中国教育统计年鉴》《中国人口统计年鉴》《中国工业经济年鉴》《中国科技统计年鉴》。

（二）结果解析

系统 GMM 估计结果合理性可以通过观察 Sargan 统计量对应的 P 值以及解释变量滞后项的系数来判定。从表 7-2 中可以发现，系统 GMM 估计的结果介于固定效应估计和混合 OLS 估计值之间，这就表示系统 GMM 估计没有因为弱工具问题产生偏差；Sargan 检验对应的 P 值为 0.9993 和 0.9988，这结果强烈接

---

① 设定文盲半文盲、小学、初中、高中、大专以上教育程度的居民平均教育年数分别为 0、6、9、12 和 16，计算公式为：HUM = prim×6+midd×9+high×12+univ×16，其中 prim、midd、high 和 univ 分别为小学、初中、高中和大专以上教育程度居民占地区 6 岁及以上人口的比重。

受"所有工具变量都有效"的原假设;一般而言,P 值越大,越表示采用的工具变量是有效的;残差自相关检验 AR 伴随 P 值分别为 0.4431、0.4037,结果显示可以接受扰动项无自相关的原假设。为了作对比,本书分别报告对外贸易中的出口贸易和进口贸易控制变量对 R&D 创新效率的 GMM 估计结果,让其逐步进入模型之中。在下文具体的分析中我们以 SYS2-1 模型回归结果为主。

关注环境规制与 R&D 创新效率的影响结果。ER 的系数为 0.540,且在 10% 的水平上显著,表示环境规制显著有利于工业 R&D 创新效率提升,"波特假说"得到佐证,处于技术创新与环境规制的"双赢"局面,甚是可喜。从回归系数来看,第 t-1 期的 R&D 创新效率显著促进第 t 期的 R&D 创新效率,这可能表示"积聚效应"的存在。我国逐年加大环境规制的力度,较之其他发达国家仍旧存在差距,统计显示,国家用于环境污染治理的投资总额也保持震荡上升的趋势,2014 年,我国环境污染治理投资达到了 9575.50 亿元的高点,2015 年有所下降,达到了 8806.30 亿元,2016 年为 9219.80 亿元,2007~2016 年年均复合增长率达到了 13.17%。环境规制对工业创新的促进作用是一个中长期的过程,随着环境规制力度逐年加大,污染密集型的中小型企业由于无法承受环境规制产生的成本,逐渐退出竞争市场,促使另外一部分企业改变单纯的消极应对满足环境规划基本要求的态度,继而转向积极参与自主创新研发,提高市场占有率,寻求增强盈利能力来抵消实施污染治理成本,产生环境规制对工业 R&D 创新的"补偿效应"。

环境规制的二次项系数显著为负,不难看出,环境规制与工业 R&D 创新效率存在"倒 U 型"关系,表明随着环境规制力度增强,对工业 R&D 创新效率的影响是先提高后降低。这是由于当环境规制力度强大时,工业企业为了满足政府环境规制要求和追逐高额利润,会抽出部分研发资金用来处理由于生产而排放的污染物,进而产生显著的"抵消"效应,不适应规制强度的工业企业会逐步被淘汰,促使被规制企业实现资源的优化配置和资源的集中,有利于 R&D 创新效率提高。然而,如果环境规制力度继续加大,在过于苛刻的环境规制前提下,企业通过 R&D 创新活动收获的利润不足以用来治理其污染成本时,反而抑制工业 R&D 创新效率水平。

贸易开放和外商直接投资是本书关注的控制变量。出口和进口贸易对创新效率的作用效果相同吗?出口贸易 EX 的系数为 -0.147,通过 5% 的显著性水平检验,表明出口贸易由于受到我国工业在技术水平、人才和资金等方面发展限制,所带来的技术溢出效应和学习效应并没有获得创新能力和技术进步。从生产率的视角分析,出口工业企业往往在创新能力方面有先天的优势,其他工业尤其是内资企业的生产率比它弱很多,因此随着出口贸易的提升,这些出口企业给其他企业带来的无形竞争压力大，这种压力对于许多创新能力不足的中小工业企业是致命的；另外，我国大量出口工业企业均为劳动密集型企业，与国外先进企业相比，在技术能力、企业规模、生产率、自主创新等方面都有一定的差距，大量的企业仅仅以贴牌或者代工的方式参与全球价值链分工，这样的出口生产模式根本没有刺激到企业提升创新效率的欲望。IM 的系数为 0.156，且在 1% 的水平上显著，表明进口贸易有助于提升工业 R&D 创新效率。进口贸易所传导的国外先进技术可以有效促进本地工业企业的技术进步，进口更多发达国家的产品和器械设备，通过模仿进口产品中先进的技术，加以吸收、利用，然后再创新，进而促进本地工业 R&D 创新。这里需要说明的是，虽然进口贸易是技术溢出的渠道，但欠发达国家通过贸易来增强技术创新能力尚存在很大局限性，这是因为技术溢出的效果不单取决于技术本身溢出，人力资本才是技术吸收并创新的关键，样本数据分析显示人力资本的相关系数为 −0.552，表明我国人力资本素养亟须提升，否则在较大程度上会影响对外贸易对工业 R&D 创新效率产生的作用效果。

FDI 系数显著为正（0.0526），说明外资的注入有益于工业 R&D 创新效率，外资引进可以带来国外先进的技术，还会通过竞争效应、模仿效应以及示范效应等技术溢出效应促进地区的技术水平，印证了李政等（2017）对中国工业企业创新效率提升有显著的促进作用；国有产权比重负面影响工业 R&D 创新效率，这可能是因为委托代理关系在国有企业普遍存在，导致 R&D 生产活动中效率不高；企业规模越大，创新效率越高，肖仁桥（2015）研究指出企业规模对科技成果的转化效率有显著促进作用，政府支持对两者有显著负作用；关于政府科技资助对工业 R&D 创新的影响，陈明明等（2017）认为，政府补贴促进了企业创新，冯宗宪（2011）研究表明政府 R&D 补贴对工业创新产出的激励作用并不显著，然而，本书认同李平（2017）和肖文等（2014）的观点，政府的直接和间接支持并不利于企业技术创新效率提升，研究显示政府科技资金不利于企业创新效率提升，造成这样的原因是地方政府趋向于投资地方国有企业，而这些国有企业由于政府为科技成本买单，缺乏创新的压力和动力，使得较多资助的项目无疾而终，从而降低 R&D 创新效率。

表 7-2　环境规制对创新效率的影响：GMM 估计

变量	POLS-1	FE-1	SYS1-1	POLS-2	FE-2	SYS2-1
L. lnSTECH	0.604 ***	0.301 ***	0.367 ***	0.603 ***	0.305 ***	0.377 ***
	(0.0411)	(0.0523)	(0.0186)	(0.0417)	(0.0523)	(0.0192)

续表

变量	POLS-1	FE-1	SYS1-1	POLS-2	FE-2	SYS2-1
lnER	0.305 *	0.724 **	0.546 *	0.299	0.720 **	0.540 *
	(0.146)	(0.274)	(0.218)	(0.153)	(0.273)	(0.247)
lnER²	−0.0355	−0.0619 **	−0.0350 **	−0.0315	−0.0640 **	−0.0204 ***
	(0.0223)	(0.0243)	(0.0212)	(0.0229)	(0.0248)	(0.0198)
lnFDI	−0.00967	0.0668	0.0641 ***	−0.00952	0.0613	0.0526 *
	(0.0363)	(0.0495)	(0.0186)	(0.0364)	(0.0495)	(0.0259)
lnSIZE	0.165	0.151	0.161 *	0.169	0.124	0.184 *
	(0.0849)	(0.148)	(0.0759)	(0.0894)	(0.149)	(0.0772)
lnHUM	0.318	−1.122	−0.242	0.316	−1.304	−0.552 *
	(0.306)	(0.802)	(0.253)	(0.307)	(0.809)	(0.243)
lnSOE	−0.373 **	−0.51	−0.505 *	−0.370 **	−0.475	−0.463 **
	(0.141)	(0.270)	(0.224)	(0.143)	(0.272)	(0.279)
lnPGOV	−0.00387	−0.00667	0.000386	−0.00387	−0.0112	−0.00219 *
	(0.0326)	0.0376	0.0128	0.0326	0.0377	0.0153
lnIM	0.0362	0.00806	0.0138	−0.00713	0.0874	0.156 ***
	(0.0263)	(0.0338)	(0.0103)	(0.0485)	(0.0567)	(0.0427)
lnEX	—	—	—	0.0426	−0.0714	−0.147 **
	—	—	—	(0.0508)	(0.0616)	(0.0461)
_cons	−2.36	−3.130 ***	−2.809 ***	−2.209	−2.297 ***	−2.396 ***
	(1.333)	(0.778)	(0.378)	(1.333)	(0.643)	(0.320)
Hausman	—	66.94 ***	—	—	68.73 ***	—
年度虚拟变量	是	是	是	是	是	是
AR (1)	—	—	0.0001	—	—	0.0001
AR (2)	—	—	0.4431	—	—	0.4037
Sargan	—	—	0.9993	—	—	0.9988

注：括号内为稳健标准误，*** 、 ** 、 * 分别表示在1%、5%和10%的水平上显著。FE-1、FE-2 表示固定效应；POLS-1、POLS-2 表示混合面板最小二乘法估计；SYS1-1、SYS2-1 表示系统 GMM 估计。①

资料来源：笔者计算整理。

　　总而言之，环境规制、进口贸易、企业规模等对工业 R&D 创新效率增长有显著的正向作用，而出口贸易、政府扶持等对工业 R&D 创新效率的增长有着明显的抑制作用，为了更为精准地探寻环境规制对工业 R&D 创新效率产生何种效应，接下来将利用面板数据分位数回归做进一步的检验。

四、面板分位数回归

　　1978 年由 Bassett 和 Koenker 提出的分位数回归，能精确地描述自变量对于因变量的条件分布形状和变化范围。面板数据分位数回归可以更好地反映在控制个体差异的基础之上，分析因变量条件分布的不同分位点上变量之间的作用效果（肖丁丁，2013）。分位数回归是利用加权误差绝对值总和最小从而对参数进行估计。Koenker 将分位数回归分析拓展至面板数据模型的参数估计中，提出面板数据分位数回归的模型（叶明确，2013），如式（7-10）所示：

$$Q_{y_{ij}}(\tau \mid x_{ij}) = \alpha_i + x_{ij}'\beta(\tau), \quad j=1, \cdots, m_i, \quad i=1, \cdots, n \quad (7-10)$$

求解下述最小化问题便可以对参数进行估计，如式（7-11）所示：

$$\min_{(\alpha, \beta)} \sum_{k=1}^{q} \sum_{j=1}^{n} \sum_{i=1}^{m} w_k \rho_{\tau_k}(y_{ij} - \alpha_i - x_{ij}'\beta(\tau_k)) \quad (7-11)$$

本次设定分析的回归模型如式（7-12）所示，涉及的变量同上文所述，选取 5 个具有代表性的分位点为 0.1、0.25、0.50、0.75、0.90，利用面板分位数的方法进行分析，估计结果见表 7-3。

$$lnSTECH = \omega_0 + \omega_1 lnER + \omega_2 lnSIZE + \omega_3 lnFDI + \omega_4 lnHUM + \omega_5 lnSOE +$$

$$\omega_6 lnPGOV + \omega_7 lnEM + \omega_8 lnIM + \varepsilon$$

$$(7-12)$$

　　从表 7-3 面板数据的分位数回归结果来看，在分位点 0.1、0.25、0.50 和 0.75 时，环境规制的系数均为正且通过显著性水平检验，由于企业需要满足环境规制的要求，使得污染治理成本占企业总成本的比重不断飙升，势必会出现创新资金挤出效应，将有限的资金投入到产品的生产领域中，企业用于 R&D 创新资金来源会大打折扣，导致"抵消效应"的出现，但随着环境规制强度的由弱变强形成的"倒逼机制"，迫使企业会通过 R&D 创新增加产出，获得高额利润来获得"补偿效应"。从各个分位点的回归系数可以看出，回归系数在 [0.184, 1.339] 区间浮动，回归系数随着分位点的提高而逐渐下降，0.9 分位点比 0.1 分位点的回归系数低 1.155，表明环境规制对创新效率的促进作用随创新效率值的增加而减弱，具体而言，在控制环境规制的力度前提下，对于工业创新效率不高的省份，规制的边际收益较高，当环境规制强度使其获得"补偿效应"时，低 R&D 创新效率的省份可以收益更多。当工业 R&D 效率值较高时，由于省份已处于生产前沿面，环境规制对其影响的效果并不明显。只有当工业 R&D 活动投入产出水平与环境规制力度相契合时，环境规制才会对 R&D 效率增长产生显著的促进作用。据此，环境规制效果的展示不仅取决于规制力度是否合适，而且也取决于工业 R&D 创新效率水平，需要两者配合默契才能推迟倒"U"型曲线拐点的到来。

表 7-3　面板分位数回归估计结果

变量	分位数回归模型				
	Q = 0.1	Q = 0.25	Q = 0.50	Q = 0.75	Q = 0.90
lnER	1.339 ***	1.200 ***	0.976 ***	0.785 ***	0.184
	(0.260)	(0.172)	(0.228)	(0.170)	(0.249)
lnSIZE	0.0430	0.127	0.274 *	0.312 ***	0.240
	(0.156)	(0.102)	(0.124)	(0.0911)	(0.130)
lnFDI	0.0586	0.109 *	0.0201	−0.0367	−0.0436
	(0.0570)	(0.0444)	(0.0564)	(0.0402)	(0.0596)
lnHUM	−0.534	−0.363	0.463	0.980 **	1.502 **
	(0.500)	(0.382)	(0.467)	(0.314)	(0.469)
lnSOE	−0.836 ***	−1.007 ***	−1.102 ***	−1.025 ***	−0.435
	(0.237)	(0.168)	(0.218)	(0.159)	(0.239)
lnPGOV	−0.0673	−0.00500 *	0.0675	0.0704	0.0591
	(0.0523)	(0.0404)	(0.0498)	(0.0351)	(0.0464)
lnIM	0.0913	0.108	0.150 *	0.353 ***	0.318 **
	(0.0859)	(0.0582)	(0.0739)	(0.0545)	(0.0971)
lnEX	0.0746	0.0469	0.0236	−0.210 ***	−0.227 **
	(0.0876)	(0.0591)	(0.0728)	(0.0540)	(0.0852)
_cons	−8.311 ***	−7.178 ***	−6.588 ***	−5.396 ***	−4.243 ***
	(0.984)	(0.851)	(0.945)	(0.584)	(0.844)
N	360	360	360	360	360

注：括号内为稳健标准误。***、**、*分别表示在 1%、5% 和 10% 的水平上显著。
资料来源：笔者计算整理。

虽然随着分位点的提高 FDI 回归系数由正变为负，但仅在分位点 0.25 时才在 10% 的水平下显著且为正值，其他分位点上均不显著，说明 FDI 的影响随着

R&D 创新效率提高不再显著作用的效果甚至是负向，这是因为 FDI 溢出效应诱使企业关注短期内将 R&D 技术成果转化为经济利润，外资提供先进技术和 R&D 资金来满足企业的利润动机；从长远的发展来看，正如"污染避难所假说"等理论所说，大量学者的研究认为环境规制对企业投资的区位选择的影响显著，对于 R&D 创新效率较高的省份来说，FDI 的流入并没有带来预期的技术溢出效果，相反，它不利于 R&D 创新效率提升。依据上文得有关于工业 R&D 创新效率省份评价中不难发现，R&D 创新效率值较高的省份集中在我国东部沿海地区，这些地区恰巧是环境规制力度较大的省份，2016 年各省工业污染治理投资情况显示，虽然山东、浙江和江苏工业污染治理投资额分别高达 126.6 亿元、60.2 亿元和 74.8 亿元，但占工业总产值比重较大的北京、上海、江苏、浙江和山东也仅仅超过 0.25%，湖南、四川和重庆等省份在 0.1% 左右。同时从侧面佐证国内学者认为的环境规制力度大的省份对 FDI 技术溢出效应产生抑制作用。

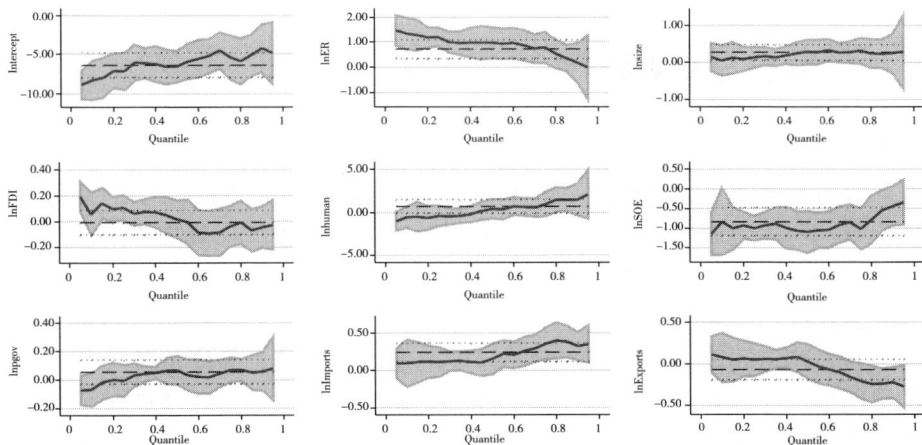

图 7-2　工业 R&D 创新效率的影响因素分位数回归系数的变化

资料来源：笔者自制。

进口贸易在 0.5 分位点以上时对 R&D 创新效率产生正向影响，且随着分位点提高呈现倒 "U" 型变化，意味着增加进口贸易对较高的 R&D 创新效率的省份影响高于中低 R&D 创新效率的省份；而出口贸易在 0.75 分位点以上时对 R&D 创新效率产生负向影响，且随着分位点提高影响增大，这表明出口贸易的提高抑制 R&D 创新效率值较高省份工业研发活动。

图 7-2 展示相应的不同分位数下各系数估计的波动情况，可以较为直观地看出环境规制和企业规模、进口贸易的系数基本在 0 以上波动，表明这三个因

素对 R&D 创新效率正向作用是相对显著且稳定的，而产权因素和政府扶持的估计系数基本都在 0 以下，而且对 R&D 创新效率有显著负向作用。企业规模也只有在中间部位 0.50、0.75 分位点对工业 R&D 创新效率产生显著正向作用，而且回归系数随着分位点的提高呈现先升高后降低趋势；产权因素在 0.90 分位点以下时显著影响 R&D 创新效率，但影响是负向的，回归系数呈 "U" 型分布，"结构红利假说" 在此并没有出现；政府科技资金在 0.25 分位点时，抑制 R&D 创新效率提升；人力资本在 0.75 分位点以下时对 R&D 创新效率没有显著的影响，在 0.75 分位点以上时产生显著提升作用，回归系数随着分位点提高而变大，表明人力资本只有对 R&D 效率较高的省份产生显著的正向影响，对于 R&D 创新效率较低的省份影响较弱。

第二节　环境信息披露的绿色创新发展效应

一、引言与文献综述

改革开放 40 多年来，我国城市经济高速发展，在创新引领、生态文明、转型升级等方面取得了显著成绩，然而，多年来粗放式高速增长与 GDP 锦标赛的传统思维，也导致城市经济发展出现了诸如资源要素依赖、效率不高、环境污染严重等一系列问题，严重制约了城市经济高质量可持续发展。最佳的环境规制，甚至仅仅使用碳税或利润税/研究补贴的次优政策，都足以改变技术变革的方向，减少环境问题。在清洁产业和污染产业的投入具有高度可替代性的经验性的情况下，立即和果断的干预确实是必要的。如果不进行环境政策干预，那么经济在发展的同时将迅速走向环境灾难，特别是因为市场规模效应和污染产业投入的初始生产力优势将把创新和生产引向该部门，导致环境恶化。正如斯特恩或绿色和平组织所认为的那样，延迟环境政策干预的成本是巨大的，不仅是因为直接的环境破坏，而且也因为延迟增加了清洁和污染部门之间的技术差距，它将需要更大强度的干预，在未来需要一个更长期的经济减速期。反之，一旦清洁技术足够先进，就可以在不需要政府进一步干预的情况下对这些技术进行研究，环境目标可以在不进行永久性干预和不牺牲经济长期增长的情况下实现。解决环境问题的有效手段，长期来看主要依靠技术进步，尤其是以绿色技术为导向的创新，在自由市场经济环境中，传统非清洁技术领域的产品和技术研发存在利润优势，绿色技术创新活动后发劣势显著，仅凭借市场本身难以实现技术进步超绿色方向转变，如何通过合理的环境政策激励绿色技术创新成为亟须解决的问题。

有关环境规制对于技术创新的话题一直以来是学者们的研究热点。Stokey（1998）的研究表明，环境约束可以对增长造成内生限制，而 Aghion 和 Howitt（1998）则表明，在允许"环境友好型"创新的情况下，情况可能并非如此。Jones（2009）研究了环境和其他增长成本将超过其收益的条件。Bovenberg 和 Smulders（1995，1996）以及 Goulder 和 Schneider（1999）的早期工作研究了减排技术的内生创新。Vander Zwaan 等（2002）以"边做边学"的模式研究环境政策对技术的影响。Popp（2004）介绍了能源部门的定向创新，并提出了一项校准工作，表明忽略定向技术变革的模型可能夸大了环境监管的成本。Gerlagh、Kverndokk 和 Rosendahl（2009）也指出，使用研究补贴可以降低碳税。学者们各抒己见，总体可以将其观点归纳为以下三种：① "补偿效应"不及"抵消效应"。主要观点是环境规制产生的成本上升不利于技术创新（Moconnell，1990；Wilcoxen and Jorgenson，1990；Gray，1987；Gollop and Robert，1983；Denison，1981。② "抵消效应"不及"补偿效应"。主张环境规制对于技术创新具有正向溢出效应（Bui and Berman，2001；Brunner and Cohen，2003；Jaffe and Palmer，1997；Michaelporter，1995）。③ "抵消效应"和"补偿效应"不确定（Alpay，2002；Lanoie，2001；Conrad and Wast，1990）。产生以上不同见解的原因在于研究的样本、视角和方法存在不同，致使环境规制对技术创新的影响也呈现迥异。国内学者对环境规制与技术创新之间的研究起步较晚，

对于环境规制的认识，国际学术界经历了一个不断深入的过程。最初，学者们将环境规制的含义界定为政府的直接规制，Pargal 和 Wheeler（1995）指出环境规制还包括基于市场的激励型环境规制和自愿性协议等非正式规制（Pargal & wheeler，1995；Kathuria & Sterner，2006；Kathuria，2007）。中国非政府环保组织数量较少，环境规制主要定位于正式环境规制，如史贝贝等（2017）、傅京燕和李丽莎（2010）等。张红凤和张细松（2012）构建了环境规制需求与供给理论。原毅军和谢荣辉（2014）、王俊豪和王岭（2010）、肖兴志和张伟广（2018）、戚聿东和李颖（2018）等研究了规制理论及中国规制经济学发展轨迹、特征及热点。但是新时代发展背景下，环境规制的内涵有了新的时代特色，市场型、信息披露型等非正式规制手段在解决环境问题中的作用也逐渐凸显。

国内外学者的相关文献研究为本书提供了理论支持和方法借鉴，本书采用 DID 和 DDD 的方法研究环境规制政策驱动中国城市经济绿色创新发展的净效应，主要边际贡献体现在以下三个方面：①采用信息流动对绿色技术进步影响的相关研究提供新的证据和有益补充，选取环境信息披露这一非正式环境规制

的外生冲击，可更准确地捕捉与识别信息对绿色技术进步影响作用的"净效应"，从某种程度上破解"信息"因素难以衡量与较强内生性的难题，同时以该问题作为研究导向的中国城市经济分析与实证经验数据也并不多，本书在这一方面作出了一定的边际创新；②从环境经济学的视角看，环境规制对技术创新的影响研究已汗牛充栋，但以信息披露视角来重新审度环境规制对技术创新的政策效应研究却相对较少，因此本书从这一角度出发，一定程度上对现有环境政策对技术创新影响的相关研究作出了有益补充；③分别考察了环境信息披露对污染型企业和清洁型企业的异质影响，创新性地探讨了环境规制对技术创新的结构优化与配置作用，并利用 DID 和 DDD 的方法估计了这一影响的净效应，很大程度上避免了内生性问题，同时通过对中国地市级城市和企业层面的微观数据进行实证研究，从而获得了更准确的因果推断。

二、政策背景及理论模型

（一）政策背景

环境问题依然成为制约人类生存的重大命题，如何进行有效的环境治理是研究者目前集中探讨的热点议题之一，那么，绿色创新型城市经济发展模式势必成为环境治理与经济发展"双赢"的关键所在。为了实现"双赢"的城市经济可持续发展，中国政府制定了一系列环境规制政策并取得了一定成效（Cai et al.，2016）。2007 年 2 月生态环境部（原国家环保总局）下发了试行的《环境信息公开办法》，针对地方政府与企业两方的环境信息披露作出规范性要求，旨在推动地方环境信息披露制度的建设。

（二）理论模型

我们考虑一个由工人、企业家和科学家组成的连续家庭所居住的无限世界离散时间经济。我们假设所有家庭都有偏好（或经济允许有偏好的代表性家庭），如式（7-13）所示：

$$\sum_{t=0}^{\infty} \frac{1}{(1+\rho)^t} \mu(C_t + S_t) \qquad (7-13)$$

式中，C_t是时间 t 时唯一最终货物的消耗量，S_t表示时间 t 时的环境质量，而 $\rho > 0$ 是贴现率。假设 $S_t \in [0, \bar{S}]$，其中 $\bar{S}$ 是环境质量的初始水平，即 $S_0 = \bar{S}$。瞬时效用函数 u（C，S）在 C 和 S 中都是增加的。

最终，产品部门总产能 Y_t 采用固定替代弹性的 CES 生产函数可以表示为式（7-14）：

$$Y_t = (Y_{ct}^{\frac{\varepsilon-1}{\varepsilon}} + Y_{dt}^{\frac{\varepsilon-1}{\varepsilon}})^{\frac{\varepsilon}{\varepsilon-1}} \tag{7-14}$$

式中，Y_{ct} 和 Y_{dt} 分别表示 a 地区和 b 地区的经济产出，替代弹性 ε 表示 a 地区和 b 地区产品之间的替代特征。

$$Y_{ct} = L_{ct}^{1-\alpha} \int_0^1 A_{cit}^{1-\alpha} x_{cit}^{\alpha} di \qquad Y_{dt} = R_t^{\alpha_2} L_{dt}^{1-\alpha} \int_0^1 A_{dit}^{1-\alpha_1} x_{dit}^{\alpha_1} di \tag{7-15}$$

式中，α，α_1，$\alpha_2 \in$（0，1），A_{jit} 是时间 t 时在扇区 $j \in \{c, d\}$ 时刻使用的类型 i 机器的质量，x_{jit} 是该机器的数量，R_t 是时间 t 时可耗竭资源的流量消耗。那么，a 地区和 b 地区采用各自的劳动和资本品以及先进技术进行生产，其生产过程满足式（7-16）：

$$Y_{jt} = R_t^{\alpha_w} L_{jt}^{1-\alpha} \int_0^1 A_{jit}^{1-\alpha} m_{jit}^{\alpha} di \tag{7-16}$$

地区 j 产品生产过程中所产生的副产品即污染产出 e（Y_{jt}）为式（7-17）：

$$e（Y_{jt}）=（1-\varphi（A_{jt}））R_t^{\alpha_w} L_{jt}^{1-\alpha} \int_0^1 A_{jit}^{1-\alpha} m_{jit}^{\alpha} di \tag{7-17}$$

式中，α 为机器设备的产出弹性，$j \in \{c, d\}$ 为地区角标。Y_{jt} 为地区 j 的经济产出，L_{jt} 代表地区 j 的劳动力投入量，其中一国劳动力在 a 地区和 b 地区进行分配；m_{jit} 为地区 j 使用的第 i 种资本量的数量，可用产品生产过程中使用的机器设备数量表示；A_{jit} 代表地区 j 使用的第 i 种机器的质量，代表 j 地区的技术水平；φ 为绿色技术的减排能力，其值受制于地区绿色技术水平本身，且满足 $\frac{\partial（A_{jt}）}{\partial A_{jt}} > 0$，随着 A_{jt} 的提高而增强，从式（7-17）可以看出绿色技术的提升可以提高地区产出，又可以降低地区污染物排放强度，污染物排放水平取决于绿色技术增产能力及减排能力的净效应。

当 A_{jit} 为 j 地区第 i 类机器设备 m_{jit} 的质量时，假设机器设备 m_{jit} 的质量在 t 时刻被改进为 γ 水平的概率为 ρ_{jit}，则没有被改进的概率为 $1-\rho_{jit}$，其中 $\gamma > 1$。借鉴易信和刘凤良的参数设计思路，将研发投入设定为人为研究投入以规避研发规模效应，同时，考虑伴随技术进步和技术水平的提升，技术创新往往愈发困难，将研发概率函数设定为：$\rho_{jit} = \tau_j \left(\frac{R_{jit}}{L_{jt} A_{jit}} \right)^{\omega}$。

式中，R_{jit} 为 t 时刻 j 地区第 i 类机器的研发投入量，τ_j 为研发率参数，ω 为研发投入的产出弹性，$0 < \omega < 1$。那么，$1-\rho_{jit}$ 为 j 地区生产提供机器设备技术创新失败概率。

故而，Δt 期后 j 地区第 i 类机器设备的质量可以表示为式（7-18）：

$$A_{jit+\Delta t} = \rho_{jit} \gamma A_{jit} \Delta t + (1-\rho_{jit}\Delta t) A_{jit} \qquad (7-18)$$

进一步可得到 j 地区第 i 类机器设备在第 t 期的增量满足式（7-19）：

$$A_{jit}^* = \rho_{jit} \gamma A_{jit} - \rho_{jit} A_{jit} = (\gamma-1) \rho_{jit} A_{jit} \qquad (7-19)$$

假设研发市场出清时专利的价格等于单位技术所带来的研发利润，S_{jit} 为 j 地区第 i 类设备生产商的最大利润，那么，设定 j 地区第 i 类机器设备的价格 $Q_{A_{jit}}$ 为式（7-20）：

$$Q_{A_{jit}} = \frac{S_{jit}}{A_{jit}} = \alpha (1-\alpha) \gamma^{\frac{\alpha}{\alpha-1}} Q_{jt}^{\frac{1}{1-\alpha}} [1-\vartheta A_{jt} (1-\varphi (A_{jt}))]^{\frac{1}{1-\alpha}} L_{jt} \qquad (7-20)$$

研发利润最大化满足研发产出的成本等于技术提升所带来的效益 max $[Q_{A_{jit}} A_{jit-}^* R_{jit}]$，求解目标函数可以得到 j 地区第 i 类机器设备的足有研发投入 R_{jit} 满足式（7-21）：

$$R_{jit} = (\gamma-1)^{\frac{1}{1-\omega}} \rho_j^{\frac{1}{1-\omega}} \omega^{\frac{1}{1-\omega}} \alpha^{\frac{1}{1-\omega}} (1-\alpha)^{\frac{1}{1-\omega}} z_j^{\frac{\alpha}{(\alpha-1)(1-\omega)}}$$
$$Q_j^{\frac{1}{(1-\alpha)(1-\omega)}} [1-\vartheta A_{jt} (1-\varphi (A_{jt}))]^{\frac{1}{(1-\alpha)(1-\omega)}} L_{jt} A_{jit} \qquad (7-21)$$

进而得到技术改进的最优成功率，有式（7-22）：

$$\rho_{jit} = (\gamma-1)^{\frac{\omega}{1-\omega}} \rho_j^{\frac{1}{1-\omega}} \omega^{\frac{\omega}{1-\omega}} \alpha^{\frac{\omega}{1-\omega}} (1-\alpha)^{\frac{\omega}{1-\omega}} z_j^{\frac{\alpha\omega}{(\alpha-1)(1-\omega)}}$$
$$[1-\vartheta A_{jt} (1-\varphi (A_{jt}))]^{\frac{\omega}{(1-\alpha)(1-\omega)}} \qquad (7-22)$$

创新成功率取决于机器设备的研发效率提出、研发产出弹性 ω，进而求得技术水平函数为式（7-23）：

$$A_t = \gamma A_{jt-1} \rho_{jt} + A_{jt-1} (1-\rho_{jt}) \qquad (7-23)$$

结合式（7-23）求得技术进步效率，两边对污染征收税率求偏导，可得绿色技术进步效率与环境规制 π_{jt} 的关系为式（7-24）：

$$\frac{\partial G}{\partial \pi_{jt}} = -(\frac{\omega}{(1-\alpha)(1-\omega)}-1) G [1-\pi_{jt} (1-\vartheta (A_{jt}))]^{-1}$$
$$[(1-Q (A_{jt})) -\pi_{jt} \frac{\partial \vartheta (A_{jt})}{\partial \pi_{jt}}] \qquad (7-24)$$

式中，环境规制 π_{jt} 对绿色技术进步效率 G 的影响取决于机器设备产出弹性、研发产出特性以及绿色技术减排能力 $\vartheta (A_{jt})$ 的影响。一个简单的政策干预，将技术变革"转向"环境友好型技术，可以帮助预防环境问题。延迟干预可能会付出相当大的代价，不仅因为它会进一步损害环境，而且还因为它扩大了肮脏技术和清洁技术之间的差距，从而导致更长时间的追赶，而增长速度会放缓。

三、研究设计与数据选取

（一）研究设计与计量模型

为检验信息披露对城市经济绿色创新发展的影响，本书以 2008 年开始由公众环境研究中心和美国自然资源保护委员会联合公示中国 113 个城市的污染源监管信息公开指数（PITI）作为准自然实验，并采取 DID 方法进行因果识别。其中，干预组为信息披露的城市，未进行信息披露的城市为控制组，通过干预组和控制组内样本城市的对比来评估环境信息披露的"净效应"。将 DID 回归方程设定为如式（7-25）所示：

$$CMI_{it} = \alpha_0 + \alpha_1 \, PITI_{it} + \sum x_{it} + \tau_i + \delta_t + \varepsilon_{it} \tag{7-25}$$

式中，CMI_{it} 表示各城市的绿色创新发展效率，采用绿色全要素生产率来衡量；$PITI_{it}$ 表示城市 i 在第 t 年是否公开环境信息，干预组取值 1，控制组取值为 0；x_{it} 为一组影响绿色创新发展的其他变量；τ_i、δ_t 分别表示个体和时间固定效应；ε_{it} 为随机因素。

为了更深入地从微观企业层面来考察环境信息披露对绿色发展效率的影响，根据净效应模型建立清洁型和污染型企业双重差分模型如式（7-26）所示：

$$EMI_{ijt} = \beta_0 + \beta_1 \, EI_{ij} \times T_t + \sum x_{jt} + \tau_j + \delta_t + \varepsilon_{ijt} \tag{7-26}$$

式中，EMI_{ijt} 表示城市 i 中的企业 j 在第 t 年的绿色剔除全要素生产率；EI_{ij} 表示城市 i 是否公开环境信息，干预组取值为 1，控制组取值为 0；T_t 为时间哑变量，如果年份在 2013 年以后取值 1，反之取 0；x_{jt} 表示影响企业绿色创新效率的一组控制变量；τ_j、δ_t 分别表示企业和时间固定效应。考虑到行业因素的干扰，采用三重差分（DDD）来分析剔出行业因素后环境信息披露对企业绿色创新发展的影响，构建三重差分模型如式（7-27）所示：

$$EMI_{ijt} = \gamma_0 + EI_{ij} \times T_t \times poll_j + \gamma_2 \, EI_{ij} * T_t + \gamma_{31} T_t \times poll_j + \sum x_{jt} + \tau_j + \delta_t + \varepsilon_{ijt} \tag{7-27}$$

式中，$poll_j$ 为企业 j 是否属于清洁行业，是则取值 1，否则取 0；其余变量的解释与双重差分模型一致。γ_1 是重点，表示剔除行业因素后环境信息披露对企业绿色创新发展的影响。

（二）研究变量设定与数据来源

被解释变量分别是城市经济创新发展（CMI）和企业创新发展（EMI）。

城市经济创新发展：多年来，创新一直是学者研究的热点问题，技术创新的度量大致可以分为两种：一种是常用衡量技术创新时直接采用技术投入或技术产出来度量。"专利申请数""专利申请授权数""技术市场成交额""地方财政科学技术支出"等指标常常用来度量区域技术创新水平。另一种是采用全要素生产率衡量区域技术创新水平，如张成等（2011）、Chung（1997）等。往往使用非参数 DEA 方法，从生产率中分解出技术进步，或采用索洛余值法，用回归残差表征技术进步、（Malmquist-Luenberger Index，MI 指数）计算方法，测算得出绿色创新发展全要素生产率指数。在绿色要素投入与产出难以从一般生产中区分出来的情况下，这两种方法直接用于测算绿色技术进步，会形成较大的测算偏误，因此本书选取绿色技术发明专利授权数来表征各城市绿色创新水平。根据世界知识产权组织（WIPO）提供的绿色专利清单中列示的绿色专利国际专利分类（IPC）编码，通过设置专利类型、IPC 分类编码及发明单位（个人）地址，从国家知识产权局中国专利公布公告网分别获取不同城市层面的专利数据。

企业创新能力指标衡量，Roberts（1999）、杨惠军（2015）和王保利（2020）对企业技术创新水平进行考察，采用问卷调查的方式，包括"重视技术创新，R&D 投入增加""不断改善产品生产技术"和"探索引入新产品理念"等题项设计。企业绿色创新发展指数采用人均新产品产值、资本生产率和劳动生产率熵值法求得，并细分为清洁型企业和污染型企业绿色创新发展指数。与研发支出相比，创新产出更直观地体现了企业的创新水平（吴延兵，2007）。基于此，本书以新产品来衡量企业技术创新，这也是国内外众多学者的主要做法（Aschhoff et al.，2009；吕铁等，2015；林志帆等，2017；Saastamoinen et al.，2018）。

核心解释变量：2008 年以后，我国城市是否实施了环境信息披露（PITI）。研究以 2008 年发布的 113 个城市的"污染源监管信息公开指数"（PITI）为准自然实验，如果属于环境信息披露城市，取值 1，反之取 0。企业是否属于清洁行业（POLL），属于取值 1，反之取值 0，反之参照史贝贝等（2018）的划分标准，16 种污染型行业如表 7-4 所示，污染型行业以外的其他行业为清洁型行业。

表 7-4　16 种污染型行业

序号	行业	序号	行业
1	金属制品业	4	非金属矿物制品业
2	有色金属冶炼及压延加工业	5	有色金属矿采选业
3	化学纤维制造业	6	化学原料及化学制品制造业

序号	行业	序号	行业
7	石油加工炼焦及核燃料加工业	12	黑色金属冶炼及压延加工业
8	黑色金属矿采选业	13	木材加工及木竹藤棕草制品业
9	燃气生产和供应业	14	煤炭开采和洗选业
10	其他制造业	15	造纸及纸制品业
11	电力、热力的生产和供应业	16	橡胶和塑料制品业

控制变量：（1）宏观层面。参考相关理论及文献，选取政府规模、对外贸易、科技投入、人力资本、产业结构、城市绿化环境六个控制变量。①政府规模（ZFG）借鉴刘瑞明等的做法，采用城市全年财政支出占比 GDP 的比重来衡量。②对外贸易（FDI）采用城市外商直接投资占比 GDP 的比重度量。③科技投入（SCI）采用各城市财政科学技术支出占比 GDP 来衡量。④人力资本（EDV）用白俊红使用的每十万人口中高等院校在校人数来表示劳动者素质的指标变量。⑤产业结构（STR）拟用第三产业总值占国内生产总值比重作为代理变量。⑥城市绿化环境（GRE）采用人均绿化面积来度量。

（2）微观企业层面。采用企业控股情况（KG）、成立时间（KYS）、从业人员（CYR）、主营业务收入（ZYS）、负债情况（FZ）、工业企业总产值（GC）六个变量作为控制变量。

本节以环境信息披露作为准自然实验来考察环境信息披露对城市经济技术进步的影响，不同于历史文献太多侧重于分析省域宏观层面的不足，采用地区层面面板数据与微观企业数据相结合，进一步深化分析环境信息披露对技术进步的总体以及不同类型企业的异质性，具体资料来源如下：以中国 286 个地市级城市为研究对象，资料来源于《中国城市统计年鉴》。"准自然实验"的视角来分析环境信息披露对技术进步的影响，数据选取 2008 年开始实施的《污染源监管信息公开指数（PITI）》，公布环境信息的城市作为干预组，反之为控制组，为了深化已有研究，进一步研究环境信息披露对不同类型技术进步的异样性作用，选取中国工业企业数据库中企业数据，对企业所属的四分位行业进行划分，将其分为清洁型行业和污染型行业，并分别定义为清洁型企业和污染型企业。本书参考已有文献的做法，对数据做如下处理：参照许和连等（2017）的做法剔除企业边贸缺失、企业成立年份错误的异常样本，同时提出各个指标所缺失的样本；依据谭语嫣（2017）所采用的一般公认会计准则，在此提出总资产合计、固定资产合计、固定资产净值、流动资产合计以及就业人数小于 0 的样本；根据李坤网等（2014）所使用的"三年判断标准"，并结合所研究的问题，选取 2008～2018 年持续经营的企业用于分析，该做法一方面尽可能在考察期内保留较多且持续存在的样本，另一方面可以避免影响企业进入和退出市场的因素对本书评估结果所造成的损失。

另外，为了使研究更加细致和翔实，考虑到评估结果潜在地受内生性的影响而导致有偏估计，笔者手动搜集 387 个各地市级城市所主办的报纸作为环境信息披露的工具变量，该数据来自《中国重要报纸全文数据库》。同时，为了排除考察期内的其他国家政策的干扰，本书分别在政府网站搜寻了"五省八市"的碳试点政策、国家环保总局对部分地区实施的"区域限批"和"流域限批"政策以及北京、上海、重庆、天津、深圳、广东以及湖北实施的碳交易试点政策。由于政策的实施可能会潜在地影响本书所评估的结果，故而在后续实证分析中对政策干扰城市进行一一提出，以此来解决不同政策下的交叉影响，进而得出净效应。

四、实证结果与分析

（一）匹配平衡性检验

匹配平衡性假设要求具有相同 PS 值的观测变量，变量具有类似的分布特征，并且是可观测的，政策的实施是随机的。简而言之，实验组和非实验组的匹配变量匹配后，不存在显著性差异，则满足匹配平衡假设。假如匹配变量匹配后具有显著差异，则意味着匹配方法选择不当，或者匹配变量的欠妥。因此，笔者研究环境信息披露对创新的影响，首先进行了匹配平衡性检验，结果如表 7-5 所示。

表 7-5　匹配平衡性检验结果

变量	处理	试点组	对照组	标准偏差（%）	标准偏差减少幅度（%）	t 统计量	t 相伴概率 p>1
ZFG	匹配前	0.15272	0.20656	−28.1	92.3	−6.76	0.000 ***
	匹配后	0.41156	0.40850	0.5		−1.60	0.110
EDU	匹配前	305.38	103.55	85.2	87.6	25.7	0.000 ***
	匹配后	305.38	280.30	10.6		1.98	0.148
SCI	匹配前	30.44	19.61	34.1	63.5	8.89	0.000 ***
	匹配后	39.44	34.389	−6.4		−1.51	0.120

变量	处理	试点组	对照组	标准偏差（%）	标准偏差减少幅度（%）	t统计量	t相伴概率p>1
LDM	匹配前	118.95	158.13	-5.8	3.5	-1.46	0.145
	匹配后	118.95	156.77	-5.6		-1.44	0.149
STR	匹配前	50.538	48.338	21.9	37.5	5.81	0.000***
	匹配后	50.338	51.914	-6.7		-3.02	0.103

注：*** 表示在1%的显著性水平下显著，** 表示在5%的显著性水平下显著，* 表示在10%的显著性水平下显著。

匹配平衡性检验通常可以由匹配前后标准偏差和相伴概率两个指标来反映。其中，标准偏差的绝对值越小匹配效果越好。参照 Rosenbaum 和 Rubin（1985）的观点匹配偏差，在匹配后其绝对值小于5%，则认为提出效果较好。就各变量具体匹配标准偏差来看，政府规模匹配后的标准偏差绝对值小于5%，环境绿化、人口素质、科技投入和产业结构四个变量匹配后的标准差均略大于5%。另外，从检验结果可以看出，在匹配前，t相伴概率差异显著，除了环境绿化外其他各变量相伴概率均小于0.1；匹配后，t相伴概率差异不再显著，其相伴概率也均出现大于0.1的特征。因此，标准偏差匹配后绝对值总体满足在5%左右，t相伴概率匹配后不再显著，说明各匹配变量满足匹配平衡性检验，在匹配后不具有显著差异，判定可以采取倍差法进行回归分析。

（二）环境信息披露对城市绿色创新的影响：DID 基准回归

采用 PSM-DID 方法进行的回归结果显示，城市环境信息披露实施对城市经济绿色创新发展具有积极的促进作用，根据核匹配方法进行 PSM-DID 回归的结果如表7-6所示。由表中可以看出，交互项 EI×T 的系数显著为正，说明城市环境信息披露的实施促进了城市绿色创新发展。这一结论与历史文献的研究基本一致，如郭捷和杨立成（2020）、刘祎等（2020）和李阳等（2014）。环境信息披露交互项 EI×T 的系数为7.347，标准差为0.688，T值为10.670，通过1%显著性水平检验。

其他控制变量方面，人口素质和科技投入与城市经济绿色创新发展正相关，城市绿地面积占比、产业结构和政府规模与经济创新发展质量负相关。其中，政府规模对经济发展质量的影响显著，在1%显著性水平下显著，回归系数为-7.365，说明政府规模抑制了城市经济绿色创新发展，政府规模对经济绿色创新发展的作用受到政府治理水平的影响。印证了左晶晶等（2016）理顺政府与市场的关系，减轻农民税费负担、减少政府对企业干预、减轻企业税外负担，有助于推动中国企业进行研发创新。究其原因可能是随着政府规模扩大，政府对经济的干预并未促使资源更有效配置或者导致政府的干预不适度，从而对生产率带来消极影响。人口素质、科技投入对城市绿色创新发展均存在积极的促进作用，均通过1%显著性水平检验，其中科技投入对经济创新发展的影响更大，科技投入每提高一个单位，经济发展质量提高0.059个单位，综观历史研究文献，多数研究学者的结论也表明，科技投入无论是对经济增长、创新效率提升，还是对开放发展、绿色发展均具有积极的促进作用，说明我国科技投入尚待提升，这将会在很大程度上影响环境规制对经济创新发展的作用效果。回归结果显示，人口素质对城市经济创新发展的估计系数为0.012，这一结论和王学军和陈武的研究一致，提升智力资本可以有效提升创新能力。这可能与科技投入一方面提高生产技术促进区域创新发展，从而提高生产率，另一方面科技投入也会影响区域经济绿色发展，尤其是对绿色创新的精准投入。第二产业比重与区域经济绿色创新负相关，这可能是由于第二产业是环境污染的主要来源，较大程度影响城市绿色创新发展，且影响显著，没有通过1%显著水平检验。环境绿化与绿色创新发展负相关，通过5%显著水平检验，但影响程度较小，这也从一个侧面验证了"资源魔咒"的观点。

表 7-6　环境信息披露对城市经济绿色创新发展的影响：基准回归

变量	估计值	标准差	T 值	P 值	置信上限	置信下限
EI×T	7.347***	0.688	10.670	0.000	5.967	8.340
ZFG	−7.365***	0.926	−7.960	0.000	−9.180	−5.550
EDU	0.012***	0.003	4.590	0.000	0.007	0.017
SCI	0.059***	0.006	9.520	0.000	0.047	0.071
LDM	−0.001**	0.000	−2.270	0.023	−0.001	0.000
STR	−0.265***	0.033	−8.020	0.000	9.509	16.077
常数项	12.793	1.675	7.640	0.000	0.258	0.286
R²	0.297		N 值		3222	

注：*** 表示在 1% 的显著性水平下显著，** 表示在 5% 的显著性水平下显著，* 表示在 10% 的显著性水平下显著。

信息披露政策对绿色创新的影响可能与城市的个体特征有关，如地理位置和城市等级。为保持实证结果的一致性，我们仍采用 PSM-DID 的方法对此进行异质性检验。研究各大经济区域环境信息披露对绿色创新发展的影响，经济区域划分形式多样，笔者参考中部地区崛起、西部大开发实施意见以及党的十六大报告精神的经济区域划分标准，分为东部、中部、西部和东北四大地区。在进行 PSM 的基础上考虑样本城市分为东、中和西部、东北部城市，引入区域虚拟变量，它在不同的回归方程中取值不同：属于东部城市时取值 1，其余取值 0；属于中部城市时取值 1，其余取值 0；属于西部城市时取值 1，其余取值 0；属于东北部城市时取值 1，其余取值 0；属于经济特区时取值 1，考察中国四大经济区和经济特区环境信息披露对绿色创新发展的影响，检验的实证结果如表 7-7 所示。

表 7-7　环境信息披露对不同经济区创新发展的影响：PSM-DID 估计

变量	东部	中部	西部	东北部	经济特区
TIME×EPL	17.081 ***	-2.796 **	-2.790 **	-3.479 **	30.999 ***
常数项	7.439 ***	15.374 ***	14.946 ***	15.436 ***	14.612 ***
控制变量	YES	YES	YES	YES	YES
R^2	0.358	0.272	0.272	0.271	0.303
N 值	3222	3222	3222	3222	3222

注：*** 表示在 1% 的显著性水平下显著，** 表示在 5% 的显著性水平下显著，* 表示在 10% 的显著性水平下显著。

从 DID 估计结果可以看出，四大经济区和经济特区环境信息披露对绿色创新发展影响区域差异显著，按照影响程度排序为：经济特区、东部、东北部、中部和西部，其中经济特区影响程度最大，西部经济区影响程度最小。东部经济区和经济特区对绿色创新发展的影响显著为正，通过 1% 显著性水平检验，影响系数分别为 17.081 和 30.999，其中经济特区环境信息披露对绿色创新发展的影响程度最大，这可能与经济特区是以减免关税等优惠措施为手段有关，通过创造良好的投资环境，鼓励外商投资，引进先进技术和科学管理方法，以达到促进特区所在国经济技术发展的目的，所以环境信息的披露对经济特区的创新发展的影响可能会更大。中部、西部和东北部经济区环境信息披露抑制绿色创新发展，且均通过 5% 显著性水平检验，估计系数分别为 -2.796、-2.790 和 -3.479，三大经济区影响程度差别不大，均在三个单位左右。

（三）环境信息披露对企业创新的影响：DID 估计

以上分析已经证实环境信息披露对创新发展具有抑制作用。那么，困惑的问题有：环境治理和创新如何取舍？环境信息披露对清洁型和污染型企业创新发展的影响是一致的吗？因此采用式（7-26），使用 2005~2015 年中国工业企业数据库中的企业数据继续进行深入挖掘两者之间的关系，结果见表7-8。

表 7-8　环境信息披露对清洁型和污染型企业绿色创新发展的影响

变量	清洁型企业创新				污染型企业创新			
	估计值	标准差	T值	P值	估计值	标准差	T值	P值
EI×T	3.610***	0.726	4.970	0.000	−5.510***	1.6972	−3.250	0.001
KG	0.228**	0.113	2.020	0.043	0.410*	0.218	1.880	0.061
KYS	0.065	0.045	1.420	0.155	0.104	0.112	0.920	0.357
CYR	34.997***	5.168	6.770	0.000	70.113***	7.506	9.340	0.000
ZYS	−0.015**	0.007	−2.060	0.040	−0.289***	0.005	−55.730	0.000
FZ	−0.227***	0.012	−19.040	0.000	0.080***	0.007	10.790	0.000
GC	0.232***	0.007	31.630	0.000	0.692***	0.005	132.210	0.000
常数项	−128	906	−1.410	0.158	−216	224	−0.960	0.335
R^2	0.286				0.550			
N值	6348				22508			

注：*** 表示在 1% 的显著性水平下显著，** 表示在 5% 的显著性水平下显著，* 表示在 10% 的显著性水平下显著。

从估计结果可以看出，环境信息披露促进了清洁型企业绿色创新发展，估计系数为 3.610，并且该作用通过 1% 置信水平检验。与之不同的是，环境信息披露抑制了污染型企业绿色创新发展，且影响显著，仍然通过了 1% 显著性水平检验，估计系数为 −5.510，相比对清洁型企业绿色创新发展的影响，影响程度也略大。

(四) 环境信息披露对企业创新的影响：DDD 估计

环境信息披露影响绿色创新发展的微观基础，采用模型（7-27）三重差分法，剔除行业因素后分别从整体和分区域探析环境信息披露对企业创新的影响。

表 7-9　环境信息披露对绿色创新发展的 DDD 估计结果

变量	整体	东部	中部	西部	东北部
EI×T×POLL	5.650	6.210	−5.200	−2.038	−11.400
EI×T	0.868	0.732	−2.160	−1.670	−1.380
T×POLL	2.910	2.773	−0.311	0.199	0.506
常数项	−130.000	−134.000	−137.000	−131.000	−130.000

变量	整体	东部	中部	西部	东北部
控制变量	YES	YES	YES	YES	YES
R^2	0.529	0.529	0.612	0.611	0.611
N 值	28856	28856	28856	28856	28856

注：*** 表示在1%的显著性水平下显著，** 表示在5%的显著性水平下显著，* 表示在10%的显著性水平下显著。

微观企业角度估计结果充分证明，整体而言，环境信息披露促进绿色创新发展，估计系数为5.650，且通过1%显著性水平检验。其中，东部经济区环境信息披露也对区域绿色创新发展具有积极的促进作用，而中部、西部和东北部经济发展环境信息披露对经济发展具有阻碍作用，之所以产生如此不理想的负面影响，原因在于信息披露所引发的环境资源约束将提高企业的生产成本，迫使企业减少创新投资。东部经济区由于经济发展水平相对较高，资金相对充裕，环境信息披露较难影响其创新投资成本，此时，创新"补偿效应"大于成本"抵消效应"，环境信息披露促进企业绿色创新发展。与之相反的是，中、西部和东北部经济区却会因为环境信息披露引发的资源约束提高生产成本，对创新影响产生"挤占效应"，形成了"创新补偿效应"不及"抵消效应"的影响特征，另外也可能存在中部、西部和东北部由于人才、资源和经济发展水平等区位特点创新能力不强，尚且不能通过创新来改善企业状况，综合形成了环境信息披露抑制绿色创新发展的局面。

本章小结

信息披露作为一种公众参与型非正式环境规制工具，其对经济各方面的影响正悄然显著。那么，环境信息披露如何影响绿色创新发展呢？本章从地市级城市宏观和企业微观双视角考察验证了其影响，给予了如下三点现实回答：①城市环境信息披露的实施促进了城市绿色创新发展，符合环境规制的创新"补偿效应"理论逻辑。四大经济区和经济特区环境信息披露对绿色创新发展影响区域差异显著，按照影响程度排序为：经济特区、东部、东北部、中部和西部，其中经济特区影响程度最大，西部经济区影响程度最小。②环境信息披露显著促进了清洁型企业绿色创新发展，而环境信息披露显著抑制了污染型企业绿色创新发展，相比对清洁型企业绿色创新发展的影响，影响程度略大。

③微观企业层面验证了环境信息披露显著促进企业绿色创新发展，区域差异显著，东部经济区创新"补偿效应"大于成本"抵消效应"，环境信息披露促进企业绿色创新发展；与之相反的是，中部、西部和东北部可能由于其对创新成本产生的"挤占效应"和区位劣势导致创新能力不足，环境信息披露对创新发展更具有阻碍作用。

本书研究结论进一步补充了环境规制的创新补偿效应观点，为中国制定环境规制政策驱动绿色创新发展有一定的启发作用。基于上文研究发现，针对环境规制的方式和力度提出如下建议：首先，政府对环境治理要从长远利益着眼，坚持以生态环境为门槛来实现区域经济高质量发展，而不可片面地认为环境信息披露会阻碍本地的创新发展，积极引导和鼓励企业进行环境信息披露，鼓励企业开展环境管理，建立规范的企业环保制度，引导企业加强对相关管理人员的环保培训，并安排专项资金用于生态环境保护工作，倒逼企业改进生产技术提高创新能力。其次，不断优化环境规制政策组合，伴随着公众参与热度的提升，环境信息披露的功效也更加显著，建议政府不再仅仅依靠命令控制型环境规制工具，而要打好"命令控制型-市场激励型-公众参与型"环境规制工具组合拳，充分发挥各种类型规制工具的优势，协调实施有力促进经济绿色创新发展。最后，环境信息披露的影响存在显著的区域异质性，制定环境信息披露政策不要"一刀切"，建议政府支持和培育提供环境信息分析的中介机构，强化对环境信息披露的评价、监督、引导和激励作用，实现准确把握不同区域、不同行业环境规制对绿色创新发展的影响。

本节利用中国 2007～2016 年省级工业企业面板数据，从技术效率角度，通过控制 FDI、贸易开放、产权结构等因素对创新效率的作用，考察环境规制对工业 R&D 创新生产活动的影响机制。首先，利用非角度、非径向的考虑投入产出松弛变量的 Super-SBM 模型测评我国工业 R&D 创新效率，结果显示中国省际之间的工业 R&D 创新效率存在差异，东部地区处于领先地位，中部、西部和东北部地区与之差距较大，各年份的生产前沿面大多由东部沿海省份构建。通过核密度分布图展示出工业 R&D 创新效率呈现"单峰""双峰""单峰"动态演进过程，随着时间的推移，工业 R&D 创新效率整体提升趋势明显。

更为重要的结论是：通过动态 GMM 估计显示环境规制与工业 R&D 创新效率的影响存在倒"U"型作用机制，对其产生的"补偿效应"足以弥补"抵消效应"；尤其关注的控制变量 FDI 和进口贸易溢出效应对于工业 R&D 创新效率是正面的，而出口贸易溢出效应由于受我国自身条件限制并没有得到展现。进一步通过分位数面板回归考察发现，环境规制对工业 R&D 创新效率水平的不同而作用效果大相径庭，随着工业 R&D 创新效率的降低（由高分点向低分位点转移），环境规制对工业 R&D 创新效率的影响作用在递减，产生效果最好的是在 0.75 分位点的工业 R&D 创新效率；FDI 对工业 R&D 创新效率的正向影响随着创新效率水平提高作用逐渐减弱，当工业 R&D 创新效率达到 0.75 分位点以上时，作用的效果甚至是负向的；进口贸易对工业 R&D 创新效率的影响存在倒"U"型特征，作用的力度和强度在分位点 0.75 之前逐渐增大，至 0.90 分位点回归系数小幅下降，而出口贸易对 0.5 分位点以下的工业 R&D 创新效率具有促进作用，可惜均没有通过显著性检验，影响并不明显，而对 0.75 分位点以上的工业 R&D 创新效率具有明显的抑制作用。

由于环境规制在不同水平的工业 R&D 创新效率的影响存在差异性，具体而言，"波特假说"并非适用于中国所有工业企业，因此需要清醒地领会环境规制与工业 R&D 创新效率关系的个性和共性，有针对地实施环境规制措施才能获得事半功倍的效果，政府应该依据各省的环境污染程度并考虑工业企业 R&D 创新活动的投入产出现实状况，区别制定环境规制措施，依据本书的结论针对工业 R&D 创新效率不高的省份，采取"灵活性"的环境规制工具，重视企业差异，因地制宜，避免僵化规制，处于不同 R&D 发展阶段的企业如何让其产生的"补偿效应"发挥极致；至于工业 R&D 创新效率水平较高的省份，尽量弥补环境规制所带来的"抵消效应"，政府给予技术创新更多的政策扶持和资金支持，延迟倒"U"型曲线拐点的到来。

第八章 长三角城市群经济发展质量的影响特征分析

近年来，中国经济高速增长，区域经济正逐渐由传统的"带状经济"和省域经济向城市群经济转变。长三角城市群作为高经济密度、高发展潜力的城市集群，是我国经济发展城市集群的重要阵地，目前也是我国城市体系发展最好的城市群之一。但城市人口集聚、空间急剧扩张和经济高速增长，伴随而来的是资源短缺、环境恶化等问题的困扰，在资源约束趋紧、环境生态保护压力的形势下，如何实现环境生态质量和经济发展质量的双赢是亟须探讨与解决的现实问题。因此，本章研究长三角城市群环境规制与技术创新、经济发展质量的非线性相关关系及技术创新的传导效应，对探索加强长三角城市群环境协同治理、培育创新动能具有一定的参考价值，以及对实现长三角城市群生态优先和经济高质量发展的道路具有重要的现实指导意义。

第一节 区域特征研究基础

能否实现环境质量与经济增长的"双赢"一直是学者和各级政府共同关注的热点问题。最早研究环境污染与经济增长关系的是 Grossman 和 Krueger（1991），他们用人均收入变化的三类效应进行解释库兹涅茨曲线出现的缘由。"波特假说"主张认为适度的环境规制强度可以激发企业创新，形成"创新补偿效应"，从而实现对经济增长具有积极的促进作用（Porter，1991；Rubashkina，2015；涂正革和谌仁俊，2015；史贝贝等，2017；Roland Kube et al.，2018）。"遵循成本说"认为环境规制会造成生产要素价格的上涨并对"生产性"投资产生"挤出效应"（Barbera and Mcconnell，1990；Jaffe and Palmer，1997；Ederington and Minier，2003），从而抑制经济增长。

不难发现，实现环境质量和经济发展质量"双赢"的关键在于"创新补偿"效应的大小，关于环境规制与创新关系是长期以来争论的焦点，学者们各抒己见、众说纷纭，总体大致归纳为三种：第一种观点是"补偿效应"小于"抵消效应"，认为环境规制产生的治理成本等上升会挤占部分创新成本投入，不利于组织进行技术创新（Moconnell，1990；Gray，1987；Gollop and Robert，1983；Denison，1981）。第二种主流观点是"补偿效应"高于"抵消效应"，环境规制对技术创新具有积极促进作用（Brunner and Cohen，2003）。第三种观点认为环境与创新关系的观点是"抵消效应"和"补偿效应"大小关系并不确定（Alpay，2002；Conrad and Wast，1990）。究其原因可能是研究的样本、视角和方法迥然不同，国外学者对环境规制与创新关系的结论呈现差异。国内学者对环境规制与技术创新之间的研究起步较晚，郭捷和杨立成（2020）、刘祎等（2020）和李阳等（2014）认为环境规制对创新具有显著促进作用，也有较多学者认为环境规制对技术创新的影响并非简单的线性关系，金刚沈和坤荣（2018）认为地理相邻城市间形成以邻为壑的生产率增长模式，董直庆和王辉（2019）认为环境规制并非一定能激励本地绿色技术进步，主要表现为先抑后扬的门槛特征，蒋伏心等（2013）、刘金林和冉茂盛（2015）等均认为环境规制呈现出显著的"U"型或倒"U"型关系，齐亚伟和陶长琪（2014）研究发现当期环境规制政策不利于区域创新能力的提高，而滞后期环境规制对区域创新能力的激励作用正在凸显，超过了环境成本负效应。

总而言之，前沿文献对环境与经济、创新的研究已鳞次栉比，为本书提供了理论支持和方法借鉴。针对如何合理使用环境规制工具驱动经济高质量发展，本书采用面板平滑转移模型和系统 GMM 模型研究长三角城市群环境规制、技术创新对经济发展的影响，将对现有文献进行拓展。首先采用面板平滑转移模型考察长三角城市群环境规制对技术创新、经济高质量发展的非线性影响机制，不仅可以更好地刻画界面异质性，而且随转换变量的变化允许进行连续平滑的非线性转变。其次将环境规制、技术创新和经济发展质量纳入同一研究框架，综合考察其非线性影响关系及传导效应。本书针对历史文献有待拓展的内容，考察环境规制对技术创新、经济发展治理的复杂影响，进一步探寻环境规制对长三角城市经济高质量发展影响的技术创新传导效应，并提出驱动长三角城市群经济高质量发展的环境规制建议。

第二节　作用机理分析

一、环境规制对长三角城市群技术创新的作用机理

环境规制与技术创新的关系是促进还是制约存在很大的不确定性。一方面，

当政府采取实施环境规制政策或公众热度参与环境问题举报或披露时，企业采用的应对方式往往是消极回应或者积极应对两种形式。采取消极回应的部分企业组织，要么被动缴纳污染税或因违反环境规制政策受到处罚等，要么采取降低生产规模减少污染排放、购买环保生产设备、支付寻求"污染避难所"费用等，这样企业的研发成本会受到挤压甚至全部转移到其他紧迫需求方面，势必会影响企业创新活动开展。另一方面，随着环境规制强度增加，企业组织还可能因为污染问题承担道德风险和组织品牌形象下降，存在组织生存风险等，发展到高风险阶段，企业组织更可能会无暇顾及创新或者是倒逼企业组织进行创新活动，通过改进生产工艺、提高产品质量、优化生产流程降低污染物排放等创新活动实施，来满足社会和政府的环境规制要求。应对政府和社会的环境规制，另外一种可能的方式是企业组织采用积极的态度，主动引进或学习新技术，采取不断改进生产方法、优化生产工艺、优化生产流程，并追求产品设计到生产全流程的绿色创新，这可能会占用企业组织大量的生产成本，但同时积极应对的态度可以满足社会和政府的环境规制要求，还会有利于品牌形象的提升。针对是采取积极创新的"破茧而出"的态度还是采用"被动维持"的方式都存在较多的不确定性，不同的企业可能会有不同的决策，同一家企业组织在企业不同的发展时期可能选择也不同，不同的企业资金环境下选择积极还是消极的态度更是可能不会相同。环境规制对技术创新的影响从整体城市而言，城市经济发展水平存在差距、产业组成结构不同、创新文化意识不同等更多的异质性，环境规制对城市技术创新的影响势必存在更大的不确定性，绝非是简单的促进或者制约作用，基于以上分析，提出以下假设。

假设 1：长三角城市群环境规制与技术创新呈现非线性相关关系

二、环境规制、技术创新对经济发展的影响机理

技术创新可以促进经济发展是众多学者一致的观点。一般而言，技术创新会通过产品创新及生产工艺、方法、流程创新等方面对经济发展产生积极的影响。通过技术创新而生产的新产品可以给客户提供更多的选择，更好地提高客户满意度，从而提高企业的市场竞争力，企业也就可以获得更多的价值，这必然会促进区域经济的发展；生产工艺、生产方法、生产流程的创新一方面可以提高产品质量，另一方面会降低企业生产成本，实现更大的利润空间，为企业的健康可持续发展带来更多可能。

环境规制会非线性影响技术创新，技术创新又影响经济发展，那么环境与经济的关系如何呢？适度的环境规制强度可以有效激发组织技术创新，从而通

过"创新补偿效应"有效促进区域经济增长，过度的环境规制会对"生产性"投资产生"挤出效应"，抑制经济增长，由此看来环境对经济的作用是抑制还是促进既受环境规制强度的影响，又会受到创新补偿效应与成本挤出效应的影响，存在着很大的不确定性。环境规制一方面会通过创新补偿效应影响经济发展，另一方面又会挤占部分生产成本和研发成本。原因在于政府通过提高环境规制标准来减少企业的环境污染，这往往导致企业的生产成本提高，主要表现为环境污染治理方面的成本增加。随着环境规制的约束越来越强，环境成本相应增加，从而加大企业的额外负担，企业的利润降低，对经济产生不利影响。基于以上分析，提出以下假设。

假设 2：环境规制与长三角城市群经济发展呈现非线性相关关系

假设 3：环境规制通过技术创新的传导路径影响长三角城市群经济发展质量

根据环境规制、技术创新与长三角城市群经济发展之间的影响机理，刻画环境规制影响长三角经济发展质量的作用路径，如图 8-1 所示。

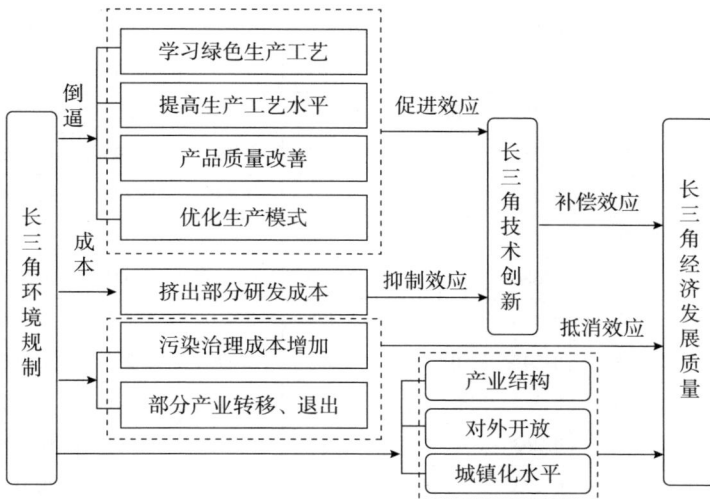

图 8-1　环境规制影响经济发展质量的作用路径

由于熵权法指标的权重完全由数据本身的关系决定，因此评价结果具有很强的客观性，本书采用熵值法计算各评价指标的权重，然后测度得出的经济高质量发展综合指数如表 8-1 所示。

表 8-1　长三角城市群经济发展质量综合指数测度结果

城市	2005 年	2008 年	2011 年	2012 年	2015 年	2016 年	2017 年	均值
安庆市	0.251	0.243	0.217	0.243	0.252	0.263	0.246	0.236
蚌埠市	0.243	0.243	0.224	0.246	0.270	0.286	0.263	0.243
池州市	0.223	0.232	0.207	0.230	0.245	0.258	0.219	0.222
合肥市	0.277	0.306	0.301	0.323	0.340	0.347	0.338	0.305
马鞍山市	0.233	0.235	0.193	0.235	0.239	0.251	0.236	0.222
铜陵市	0.238	0.155	0.144	0.201	0.247	0.186	0.236	0.201
芜湖市	0.234	0.248	0.231	0.264	0.277	0.285	0.264	0.247
宣城市	0.233	0.226	0.205	0.235	0.251	0.267	0.240	0.226
安徽均值	0.241	0.236	0.215	0.247	0.265	0.268	0.255	0.238
常州市	0.260	0.281	0.277	0.311	0.312	0.324	0.287	0.283
南京市	0.322	0.366	0.379	0.403	0.426	0.416	0.398	0.374
南通市	0.264	0.282	0.273	0.309	0.323	0.327	0.300	0.286
苏州市	0.341	0.393	0.392	0.441	0.408	0.405	0.369	0.387
泰州市	0.244	0.251	0.250	0.279	0.287	0.292	0.266	0.256
无锡市	0.303	0.342	0.330	0.364	0.340	0.351	0.322	0.331
盐城市	0.249	0.255	0.258	0.313	0.294	0.295	0.259	0.262
扬州市	0.250	0.258	0.250	0.279	0.288	0.295	0.266	0.259
镇江市	0.246	0.252	0.242	0.277	0.284	0.286	0.264	0.255
江苏均值	0.276	0.298	0.295	0.330	0.329	0.332	0.303	0.299
上海市	0.658	0.680	0.661	0.715	0.664	0.671	0.621	0.658
杭州市	0.337	0.383	0.377	0.408	0.430	0.446	0.361	0.380
湖州市	0.239	0.245	0.236	0.260	0.270	0.283	0.258	0.245
嘉兴市	0.249	0.255	0.243	0.269	0.271	0.276	0.266	0.252
金华市	0.260	0.263	0.255	0.287	0.290	0.297	0.279	0.267
宁波市	0.289	0.273	0.269	0.318	0.341	0.328	0.316	0.299
绍兴市	0.258	0.258	0.252	0.284	0.286	0.289	0.271	0.266
台州市	0.263	0.259	0.249	0.277	0.290	0.301	0.276	0.267
舟山市	0.250	0.246	0.228	0.251	0.270	0.294	0.265	0.244
浙江均值	0.268	0.273	0.264	0.294	0.306	0.314	0.287	0.278
长三角均值	0.277	0.286	0.275	0.308	0.315	0.320	0.296	0.288

注：由于篇幅限制，未列出所有年份的长三角城市经济发展质量综合指数。

从表 8-1 不难看出，长三角城市群经济发展质量综合指数年均值为 0.288，考察期内整体呈上升态势。经济发展质量四大区域排名分别为上海、江苏、浙江和安徽，上海为四大省市中经济发展质量最好的，综合指数为 0.658，排在第二、第三的江苏和浙江，经济发展质量指数相差不大，分别为 0.299、0.278，安徽经济发展质量相对较低，综合指数仅为 0.238。

第三节　长三角经济发展质量的非线性效应分析

一、面板平滑转移模型设定

研究环境规制、技术创新与经济发展的影响学者多采用 Hansen 提出的门槛模型（简称 PTR 模型）研究其非线性门槛效应。为了更好地刻画面板数据的截面异质性特征，本节选用面板平滑转移模型（简称 PSTR 模型），进行探析环境规制对长三角技术创新、城市经济发展质量的影响，PSTR 模型是 PTR 模型的深化拓展，门槛模型的离散示性函数被连续的转移函数进行了替代。相比 PTR 模型刻画截面异质性可以更好地被刻画，另外参数允许随转换变量变化进行连续平滑的非线性转变。本节采用 Andrés 等（2017）提出的面板平滑转换模型，考察长三角城市群环境规制对技术创新及经济高质量发展的非线性影响机制，并且考虑技术创新和经济发展质量的滞后效应，纳入滞后一期的技术创新和经济发展质量构建的面板平滑转换模型如式（8-1）、式（8-2）所示：

$$GI_{i,t} = \mu_i + \alpha GI_{i,t-1} + \beta_1 X_{i,t} + (\alpha GI_{i,t-1} + \beta_1 X_{i,t}) \ G \ (q_{i,t}; \ \gamma; \ \tau) + \varepsilon_{i,t} \quad (8-1)$$

$$TC_{i,t} = \mu_i + \alpha TC_{i,t-1} + \beta_1 X_{i,t} + (\alpha TC_{i,t-1} + \beta_1 X_{i,t}) \ G \ (q_{i,t}; \ \gamma; \ \tau) + \varepsilon_{i,t} \quad (8-2)$$

式中，$X_{i,t}$ 为一组控制变量，包括人力资本（EDU）、产业结构（STR）、对外开放（FDI）以及政府干预程度（GOV）。转换函数 $G \ (q_{i,t}; \ \gamma; \ \tau)$ 是一个连续有界的逻辑函数，在 0 和 1 之间连续变换，当转换函数值等于 0 时，模型处于低区制，等于 1 时，模型处于高区制；转换函数值 $G \ (q_{i,t}; \ \gamma; \ \tau)$ 在 0~1 之间平滑转换，通过式（8-1）、式（8-2）才可以进行高区制、低区制的平滑转换。目前 PSTR 模型的转换函数多采用 Logistic 函数或指数函数，Andrés 等的转移函数方式设置如式（8-3）所示：

$$G \ (q_{i,t}; \ \gamma_j; \ \tau_j) = [1 + \exp \ (-\gamma_j \ (q_{it} - \tau_j)) \ ]^{-1} \quad (8-3)$$

式中，$q_{i,t}$ 值决定了转换函数状态，本节选取环境规制为转换变量；γ 为平滑参数，表征转换函数 G（$q_{i,t}$；γ；τ）机制转换的速度，意味着转换函数 G（$q_{i,t}$；γ；τ）调整的平滑性，γ 值越大转换函数斜率越大，表示转换速度越快，转移函数图形展示也会越陡峭。τ 为转换门槛值或位置参数，是转换函数状态转换的临界值。μ_i、ε_{it} 分别为截面固定效应和干扰项。面板平滑转移模型嵌套了线性模型和门限回归模型，因此在模型有效估计前要进行模型变量间异质性验证。借鉴 González 等的方法，将转移函数在 γ 等于 0 处进行一阶泰勒展开并替换原方程，采用 LM、LMF 和 LRT 统计量共计三种方法，对原假设线性模型是否成立进行检验，其检验结果更具说服力。若拒绝线性假设则模型存在非线性关系，适宜采用面板平滑转移模型估计方法进行估计。

二、变量选取及数据来源

核心被解释变量城市经济高质量发展指数（MI）是采用乔美华（2020）城市经济高质量发展指数测度的结果。借鉴陈钊（2018）的做法，核心解释变量环境规制（ER）通过手工搜集整理各地级市政府工作报告，整理出 2005～2017 年长三角城市地级市环境规制、环保词频占比数据。相关地级市工作报告，均通过手工搜集补齐，样本量相对较全。技术创新（TC）采用《中国绿色专利统计报告》的长三角各样本城市专利数量来度量技术创新水平。

参考相关研究文献，选取的控制变量包括：人力资本（EDU）、政府干预（GOV）、产业结构（STR）和外商直接投资（FDI）。目前的研究中，人力资本（EDU）经常使用"知识禀赋""受教育程度""经验积累"和"在校人数"等来区分劳动者素质差异，本书采用每十万人口中高等院校在校人数来表示人力资本的指标变量。学者对政府规模与经济发展的关系众说纷纭，无论正相关、负相关还是非线性相关，政府干预（GOV）无疑都对经济发展存在影响，本书考察环境规制对经济发展质量的影响，借用刘瑞明等（2015）的做法，选择各城市全年财政支出占城市 GDP 的比重来度量。考虑第二产业是国民经济发展的重要组成部分，产业结构（STR）又是环境规制针对的重点，本书采用第二产业占比国民生产总值衡量第二产业比重，作为控制变量来研究环境规制影响经济发展质量中的作用。外商直接投资（FDI）采用各省份实际利用外商直接投资金额。

由于数据缺失，最终考察样本包含长三角 27 个地市级及以上城市，考察期为 2005～2018 年。以上涉及的资料来源于《中国绿色专利统计报告》《中国城市统计年鉴》及相关城市的统计公报数据和政府工作报告。

三、实证检验及估计结果分析

使用面板平滑转移模型进行分析主要包括非线性检验、参数估计和模型评估三部分。

1. 非线性检验

面板平滑转移模型分析首先进行非线性关系检验，针对环境规制对技术创新、城市经济高质量发展的影响，逐一采用 LM、LMF 和 LRT 三种检验统计量对式（8-1）、式（8-2）进行检验，结果如表 8-2 所示。从表 8-2 非线性检验结果来看，在 H_0：$\gamma=0$；H_0：$\gamma=1$ 时，两个模型均在 1% 的显著水平拒绝原假设，说明模型（1）、模型（2）均存至少有一个位置参数的非线性模型，因此，可以选择面板平滑转移对模型（1）、模型（2）进行估计，同时也表明环境规制设为阈值变量时，环境规制对经济发展质量和技术创新均存在显著的非线性特征。在 H_0：$\gamma=1$；H_0：$\gamma=2$ 时，模型（1）、模型（2）均在 10% 显著水平接受原假设，表明两个模型最优转移函数均至少存在一个，两个模型均可以采用 PSTR 模型估计。

表 8-2　面板平滑转移模型非线性检验结果

模型	非线性检验			剩余非线性检验		
	LM	LMF	LRT	LM	LMF	LRT
模型（1）	19.169 ***	3.055 ***	19.783 ***	0.966	0.139	0.968
	(0.004)	(0.007)	(0.003)	(0.987)	(0.991)	(0.987)
模型（2）	35.694 ***	2.950 ***	37.906 ***	2.555	0.180	2.565
	(0.000)	(0.001)	(0.000)	(0.998)	(0.999)	(0.998)

注：***、**、* 分别表示在 1%、5%、10% 显著水平上显著，括号内数值为统计量对应的 P 值（下表同）。

2. 估计结果分析

通过非线性检验可知，环境规制与经济发展质量、技术创新存在非线性关系，存在一个门槛值，环境规制对长三角城市群经济发展质量、技术创新的影响均被分为两个区间，不同区间的作用机制影响程度不同。经过非线性检验和门槛进行参数确定后，采用网格点搜索法进行参数估计。选取去均值方法消除固定效应，并得到使考察模型的残差平方和最小时相对应的参数 τ 和 γ，运用非线性最小二乘法对模型进行估计，结果如表 8-3 所示，并绘制了环境规制对经济发展质量、技术创新的平滑转移函数图，如图 8-2、图 8-3 所示。从 环境规制对经济发展质量平滑转移函数图不难看出，模型门槛值在 0.0539 附近时，环境规制对经济发展质量的影响模型呈现平滑转移状态，转移函数曲线呈现陡峭特征，具体表现如图 8-2 所示。当环境规制强度小于 0.0539 时，模型（1）转移函数 G（$q_{i,t}$；γ；τ）= 0，模型（1）处于低区制，当环境规制强度大于 0.0539 时，模型（1）转移函数 G（$q_{i,t}$；γ；τ）= 1，模型（1）处于高区制，转移速度为 133.340，转移函数在门槛值 0.0539 附近逐渐发生变化，平滑转移模型也就逐渐变为面板门限回归模型。环境规制对技术创新的影响，门槛值与对经济发展质量影响的门槛值相当，其值为 0.0526 时，小于门槛值 0.0526 时，模型（2）处于低区制，反之，处于高区制，区别是处于高区制时转移速度较大，高达 985.189，转移函数曲线陡峭特征更显著，转移函数值在门槛值 0.0526 附近发生突变，平滑转换模型迅速突变为面板门限回归模型，环境规制对技术创新的影响转移函数曲线具体表现如图 8-3 所示。

表 8-3　环境规制对经济发展质量、技术创新的非线性参数估计结果

变量	经济发展质量		技术创新	
	低区制	高区制	低区制	高区制
LQI/LTC	2.2016 ***	− 1.6491 ***	0.4037 ***	− 0.8075 ***
	(8.7222)	(− 5.2305)	(5.5121)	(− 5.5122)
ER	− 0.7714 ***	0.3328 ***	− 26.9590 ***	79.7607 ***
	(− 5.5170)	(5.3962)	(− 5.5557)	(5.5560)
GOV	0.0092 ***	0.0353	− 0.0044	0.0088
	(2.4105)	(0.8898)	(− 0.6493)	(0.5940)
EDU	− 0.0001 ***	0.0001 ***	0.0015 ***	0.0005
	(− 2.5275)	(3.0272)	(3.8291)	(0.1014)
FDI	− 0.0022 ***	0.0030 ***	− 0.0642 ***	0.0395
	(− 2.4273)	(2.9642)	(− 2.0470)	(0.9328)
STR	0.0010	− 0.0017	0.0171	0.0355
	(1.2452)	(− 1.6550)	(0.3575)	(0.5856)
转移速度 γ	133.340		985.189	
位置参数 τ	0.0539		0.0526	

注：*** 代表在 1% 显著水平下显著。

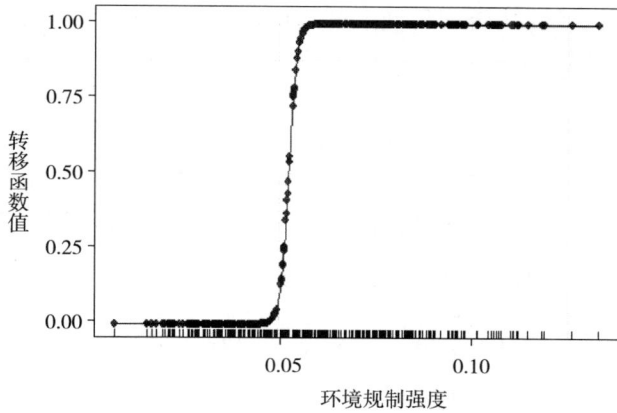

图 8-2 环境规制——长三角城市群经济发展质量

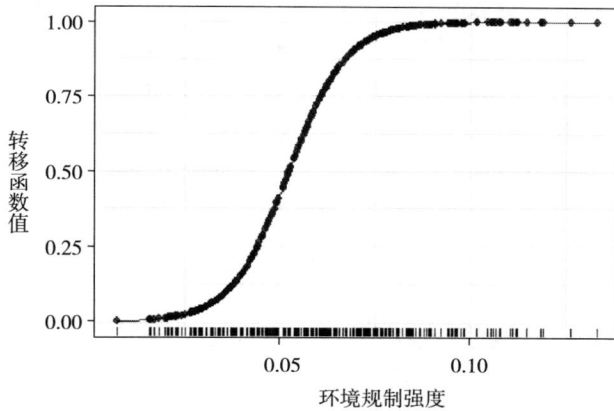

图 8-3 环境规制——长三角城市群技术创新

　　使表 8-3 是环境规制对经济发展质量、技术创新的非线性参数估计系数，不难发现，环境规制对长三角经济发展质量、技术创新的影响呈现复杂的非线性关系，这一结论使假设 1、假设 2 得到验证。环境规制强度位于高区制、低区制，其影响系数是不同的。环境规制对长三角经济发展质量的影响，当环境规制强度小于门槛值 0.0539 时，模型处于低区制，环境规制对长三角城市群经济发展质量的影响显著，具有抑制作用，回归系数为 -0.7714。随着环境规制强度加大，跨过门槛值 0.0539 时，环境规制强度平滑转到高区制，环境规制与长三角经济发展质量的相关关系由负变正，意味着环境规制强度超过门槛值，环境规制对经济发展质量影响转为促进作用，促进长三角经济高质量发展，回归系数为 0.3328，且促进作用显著，在 1% 显著性水平显著，这与范庆泉（2020）

的研究结论基本一致。从长三角城市群环境规制对技术创新的非线性估计结果可以看出，当门槛值小于0.0526时，模型处于低区制，环境规制对长三角城市群技术创新具有制约作用，且影响显著，通过1%显著性水平，回归系数为—26.9590。当环境规制强度大于0.0526时，进入高区制，环境规制对长三角城市群技术创新具有积极的促进作用，且促进作用较大，回归系数为79.7607。究其原因，可能是由于长三角城市群渐进递增的环保税和渐进递减的政府补贴率的环境规制政策组合，促使企业不断提高劳动技能水平，对经济发展的影响由初期的抑制逐渐变为积极促进。

控制变量方面，对外开放和人口素质分别对长三角经济发展质量呈现显著的非线性相关关系，环境规制强度不断增加，跨过门槛值，由低区制平滑转移到高区制时，对外开放水平和人口素质对长三角经济发展质量的影响也从抑制作用转变为积极的促进作用，这也要求我们在提高经济发展质量时要注重人口素质的提高，并提升外商投资的技术溢出效应。无论在高区制还是低区制，政府干预程度对长三角经济发展质量都具有积极的促进作用，不同的是低区制其影响是显著的，通过1%显著性水平检验，而转换到高区制时，政府干预程度对经济发展质量的影响不再显著。无论是低区制还是高区制，产业结构对长三角城市群经济发展质量的影响均不显著。人口素质和产业结构对长三角技术创新的影响分别呈现线性相关，呈现积极的促进作用，遗憾的是产业结构对技术创新的影响不显著；处于低区制时，人口素质的提高对长三角技术创新的影响具有显著的促进作用，当环境规制强度平滑转移到高区制时，人口素质对长三角技术创新的影响也不再显著。政府干预程度对长三角技术创新的影响是非线性的，当环境规制强度低区制转移到高区制时，政府干预的影响也从抑制转变为积极的促进作用，遗憾的是，其影响并不显著。对外贸易水平对长三角技术创新的影响呈现非线性特征：低区制时，对外贸易与技术创新水平负相关，且影响显著，表明在较低环境规制强度下，对外贸易水平没有促进本地技术创新水平提升，反而具有显著的制约作用；平滑转移到高区制时，对外贸易对技术创新水平的影响转变为积极的促进作用，但不显著。

四、区域异质性分析

尽管长三角城市群经济发展水平具有一定的相似性，但是各省份城市群环境规制强度及经济发展水平又存在一定的区域差异性，因此本节分别对安徽、江苏、浙江和上海城市群的面板数据进行分析，考虑到上海只有一个城市，实证分析样本数量过少的情况，将上海纳入浙江城市样本群考察环境规制对经济发展质量、技术创新的影响。环境规制对长三角各区域城市群技术创新、经济发展质量的影响估计结果如表 8-4、表 8-5 所示，限于篇幅，只展示了核心变量的估计结果。

表 8-4　环境规制对技术创新非线性影响：区域异质性

核心变量	安徽		江苏		浙江和上海	
	低区制	高区制	低区制	高区制	低区制	高区制
ER	10.753 ***	238.105 ***	−5.4243	117.749 ***	−172.802 **	99.2564 *
	(2.0830)	(4.7484)	(−1.6104)	(2.2660)	(−1.9762)	(1.7989)
γ	1155.89		936.401		82.6476	
τ	0.0787		0.0793		0.0605	

从表 8-4 估计结果不难发现，长三角城市群环境规制对技术创新的影响，江苏、浙江和上海的估计结果基本一致，均表现为非线性特征，低区制时，环境规制抑制区域技术创新水平的提高；高区制时，对区域技术创新水平提升具有积极的促进作用。就江苏而言，环境规制强度未跨过门槛值（0.0793），转移到高区制时，环境规制对技术创新具有抑制作用，庆幸的是影响并不显著，估计系数相对较小。一旦跨过门槛转移到高区制，环境规制对江苏城市群技术创新的影响变得显著起来，且显著水平通过 1% 显著性水平检验，影响程度也远高于低区制时，估计系数从 −5.4243 提高到 117.749。浙江和上海城市群环境规制与技术创新呈现非线性相关，与江苏总体特征相近，表现为低区制负相关和高区制正相关。浙江和上海城市群又有自己的特点，具体而言，低区制时环境规制的抑制作用相对较大，且影响显著，通过 5% 显著性水平检验，当环境规制强度平滑转移到高区制时，环境规制对浙江和上海城市群技术创新的影响也随之转变为积极的促进作用，虽然影响程度和显著程度均略有降低，但仍然通过了 10% 显著性水平检验，估计系数为 99.2564，降低幅度并不大。江苏、浙江和上海城市群环境规制对技术创新的非线性关系基本同长三角总体特征一致，这在一定程度上也进一步验证了模型估计的稳健性。

安徽城市群环境规制的影响结果不同于其他两个区域，无论环境规制强度在低区制还是转移到高区制，环境规制对安徽城市群技术创新的影响均表现为积极的促进作用，并且随环境规制强度提高，其积极的促进作用加剧，低区制时估计系数为 10.753，高区制时估计系数升高到 238.105，提高 20 倍以上，促进作用均显著，均通过 1% 显著性水平检验，这可能与安徽技术创新水平较低，江苏、上海和浙江每万人专利授权数考察期均值在 25 以上，而安徽年均城市绿色创新每万人专利授权数为 7.39，环境规制强度的提高，倒逼生产企业提高生产工艺、提高生产效率，从而促进区域技术创新水平提高。

表 8-5　环境规制对经济发展质量非线性影响：区域异质性

核心变量	安徽		江苏		上海和浙江	
	低区制	高区制	低区制	高区制	低区制	高区制
ER	0.0527	0.2355	-0.9472 **	0.2987 ***	-0.5222 **	1.2809 ***
	(0.2467)	(0.1122)	(-1.9934)	(2.5350)	(-1.9886)	(3.1855)
γ	155.625		126.75		256.977	
τ	0.0863		0.0604		0.0838	

从表 8-5 估计结果可以看出，长三角城市群环境规制对经济发展质量的影响三个区域表现不同。总体而言，安徽环境规制与经济发展质量正相关，但影响不显著，江苏区域、浙江和上海区域环境规制对经济发展质量的影响不是简单的促进或制约，而是复杂的非线性关系，三个区域环境规制对经济发展质量的影响转换速度上海和浙江最快，江苏和安徽转换速度略小，环境规制门槛位置安徽与上海和浙江相近，江苏门槛位置参数较小。从安徽区域来看，当环境规制强度没有跨过门槛值（0.0863）时，对经济发展质量影响的估计系数为0.0527，具有积极的促进作用，当跨过门槛转移到高区制时，促进作用系数迅速增大，转换速度为 155.625，相关系数增大到 0.2355，但无论是高区制还是低区制，其促进作用均不显著，均未通过 10% 显著性水平检验，这一现象不同于长三角城市群总体特征。江苏区域环境规制对经济发展质量的影响呈现非线性相关关系，低区制时，环境规制抑制了江苏经济高质量发展，当环境规制强度转移到高区制时，即环境规制强度超过门槛值 0.0604 时，其影响力即反转为积极的促进作用，且影响显著，通过 1% 显著性水平检验，影响程度降低，影响系数从 -0.9472 到 0.2987。上海和浙江区域环境规制对经济发展质量的影响具有自己独有的特点，低区制时，其影响系数为 -0.5222，具有显著的抑制作用，且通过 5% 显著性水平检验；当以速度 $\gamma = 256.977$ 转移到高区制时，环境规制对经济发展质量的影响大幅增加，且从显著的抑制作用逆转为积极的促进作用，显著性也更强。

第四节　长三角经济发展质量的中介效应分析

一、中介效应 GMM 模型设计

本节构建中介效应模型，将技术创新作为中介变量纳入 GMM 模型，考察其在环境规制对长三角城市群经济发展质量影响的中介传导作用。首先考察环境规制对经济发展质量的影响，其次考察技术创新、环境规制对长三角城市群经济发展质量的影响，最后分析环境规制对长三角城市群技术创新的影响。考虑长三角城市群技术创新和经济发展可能存在一定的滞后效应，纳入滞后一期的技术创新和经济发展质量构建包含中介效应的三个动态面板系统 GMM 模型如下：

$$GI_{i,t} = \beta_0 + \alpha GI_{i,t-1} + \beta_1 ER_{i,t} + \beta_2 URB_{i,t} + \beta_3 FDI_{i,t} + \beta_4 EDU_{i,t} + \beta_5 STR_{i,t} + \varepsilon_{i,t} \quad (8-4)$$

$$GI_{i,t} = \beta_0 + \alpha GI_{i,t-1} + \beta TC_{i,t} + \beta_1 ER_{i,t} + \beta_2 URB_{i,t} + \beta_3 FDI_{i,t} + \beta_4 EDU_{i,t} + \\ \beta_5 STR_{i,t} + \varepsilon_{i,t} \quad (8-5)$$

$$TC_{i,t} = \beta_0 + \alpha TC_{i,t-1} + \beta_1 ER_{i,t} + \beta_2 URB_{i,t} + \beta_3 FDI_{i,t} + \beta_4 EDU_{i,t} + \beta_5 STR_{i,t} + \varepsilon_{i,t} \\ (8-6)$$

变量解释同面板平滑转移模型，β_0、ε_{it} 分别为固定效应和干扰项。考虑到 GMM 估计可以更好地解决被解释变量纳入解释变量而产生的内生性问题，相比差分 GMM 和两阶段最小二乘法，系统 GMM 估计可以有效利用更多的样本信息，因此本节选取系统 GMM 模型估计环境规制对经济发展和技术创新的影响。

二、中介效应估计结果分析

采用动态面板系统 GMM 模型（4）、模型（5）和模型（6），考察环境规制对长三角经济发展质量的影响，结果如表 8-6 所示。判断动态面板系统 GMM 估计结果是否合理，Sargan 统计量对应的 P 值越大，通常意味着工具变量越有效，三个模型 Sargan 统计量的 P 值分别为 0.9479、0.9350 和 0.8413，表示接受原假设"所有工具变量都有效"；三个模型 AR 残差自相关检验对应的 P 值均在 10% 以上，表示接受扰动项无自相关。由此可见，中介效应面板系统 GMM 模型的工具变量设置相对合理。

表8-6 环境规制对长三角城市群经济发展质量的影响：GMM 估计结果

变量	模型（4）	模型（5）	模型（6）
	总效应	直接效应	间接效应
LQI	0.573 ***	0.430 ***	
	(28.9977)	(20.7670)	
LTC			0.874 ***
			(53.4396)
ER	0.116 ***	0.0525 ***	7.158 ***
	(7.4050)	(5.1104)	(2.7558)
TC		0.00215 **	
		(2.0980)	
EDU	0.0000372 ***	0.0000376 ***	0.000215
	(5.6279)	(21.9312)	(0.1921)
FDI	0.000911 ***	0.00111 ***	0.0628 ***
	(3.6196)	(11.2390)	(3.6336)
GOV	-0.00365	-0.0151 ***	2.823 ***
	(-0.5941)	(-3.6528)	(4.0495)
STR	-0.000667	-0.00122 ***	0.491 ***
	(-1.3977)	(-6.4372)	(10.4764)
_cons	0.127 ***	0.200 ***	-24.81 ***
	(5.1596)	(15.3304)	(-10.8202)
AR（1）	-2.3669	-2.2669	-2.3664
	(0.0179)	(0.0234)	(0.0180)
AR（2）	-0.25958	0.3789	-0.31888
	(0.7952)	(0.7048)	(0.7498)
Sargan	25.43573	25.71141	23.2135
	(0.9479)	(0.9350)	(0.8413)

首先，关注模型（4）环境规制对长三角城市群经济发展质量影响的总效应，结果显示环境规制显著促进了经济高质量发展，滞后一期的经济发展质量对自身也有积极的促进作用，且影响是显著的。这一结果意味着在控制了政府干预、产业结构、人口素质等变量后，环境规制总体对长三角城市群经济发展质量具有积极的正面影响，这也从另一个侧面证实了平滑转移模型的估计结果。其次，观察模型（5）环境规制对长三角城市群经济发展质量的直接效应结果，

不难发现，环境规制、技术创新均对长三角城市群经济发展质量有显著的正向影响，均在1%显著水平，滞后一期经济发展质量对自身的影响情况同模型（5）的结果基本一致，均表现为积极的促进作用，同样通过1%显著性水平检验，不同的是，估计系数为0.430略低于总效应模型估计系数。最后，分析模型（6）估计结果可以发现，环境规制对技术创新具有促进作用，且影响显著，影响程度也较大，估计系数为7.158，滞后一期的技术创新对自身的影响也是正向的，影响系数为0.874。

总体而言，三个模型中的核心解释变量环境规制对被解释变量经济发展质量的影响均为正，且显著，通过1%显著水平检验。参考温忠麟等（2004）的研究发现，此处可以判定环境规制对经济发展质量的影响存在中介效应。另外，从直接效应模型中环境规制水平的显著系数回归结果也可以认定存在部分中介效应，这一结论验证了假设3，并进一步计算其中介效应占比为13.23%。

本章小结

本节在长三角城市群各城市经济发展质量的测度基础上，采用面板平滑转移模型考察环境规制对长三角城市群技术创新、经济发展质量的非线性影响关系，并基于系统GMM模型深入分析长三角城市群环境规制对经济发展质量影响的技术创新传导效应，研究发现：①环境规制与长三角城市群技术创新、经济发展质量存在非线性关系，当长三角城市群环境规制强度较弱，低于门槛值时，对长三角城市群技术创新、经济发展质量具有抑制作用，当长三角城市群环境规制强度加大，跨过门槛值时，其影响转为促进作用。②环境规制对长三角城市群三大区域技术创新的影响，江苏、浙江和上海的估计结果相似，低区制时，环境规制抑制区域技术创新水平提高，高区制时，对区域技术创新水平提升具有积极的促进作用，安徽均表现为积极的促进作用；环境规制对长三角城市群经济发展质量的影响三大区域趋异，环境规制与安徽经济发展质量正相关，江苏区域、浙江和上海区域其影响不是简单的促进或制约，而是复杂的非线相关关系。③环境规制总体对长三角城市群经济发展质量的影响存在技术创新中介效应，技术创新中介效应占比为13.23%。

本章结论进一步补充了环境规制的创新补偿效应观点，对制定环境规制驱动经济高质量发展有一定的启发作用。基于本章研究发现，针对环境规制的方式和力度提出如下建议：第一，环境规制可以促进经济高质量发展，要充分考虑经济发展质量的非均质性和空间集聚现象，采取"灵活性"的环境规制工具组合，因地制宜协调好不同省份城市群经济发展质量提升的环境规制政策。第二，根据不同区域城市群经济发展特征实施区域差异化环境规制强度，安徽区域城市群低区制、高区制环境规制均有效促进经济高质量发展，可以进一步深化实施环境规制政策；江苏、浙江和上海城市群环境规制对经济发展质量的影响表现为先抑制后促进，所以建议政府坚持绿色发展路线不放松，熬过高速经济发展下的环境规制"阵痛期"，即使短时期对经济发展会有一定的不利影响，也要坚决抵制"灰色经济"卷土重来。第三，建议各省份城市群从自身实际情况出发，参考经济发展质量和技术创新影响因素的分析研究，思考人力资本、对外开放、产业结构调整、政府干预等外部环境对其经济发展质量的影响，创造出有利于经济高质量发展的良好外部环境。

第九章 质量文化与中国经济高质量发展

改革开放40多年来，中国经济高速增长，在创新引领、生态文明、转型升级等方面取得了显著成绩，然而多年来粗放式高速增长与GDP锦标赛的传统思维，也导致经济发展出现了诸如资源要素依赖、效率不高、处于全球价值链"低端锁定"困境等一系列问题，严重制约了中国经济高质量可持续发展。质量管理大师朱兰指出"21世纪是质量世纪"，党的十九大报告指出，"没有高度的文化自信，没有文化的繁荣兴盛，就没有中华民族伟大复兴"。质量文化是组织在长期的质量活动中形成的文化方式的总和，是文化的重要组成部分，是驱动经济高质量发展的重要手段。中华民族是一个富有创造性的民族，劳动人民在长期的生产生活中也积淀了深厚的质量文化，然而目前我国经济发展质量还不能满足人民群众的需求，质量文化水平与主要发达国家相比还有一定差距，质量文化建设相对滞后于经济发展，质量文化缺失或不够成熟的现象还比较普遍，并且省域之间质量文化水平差异也较大。为此，本书在测度质量文化和经济发展质量的基础上，探析质量文化对经济发展质量的影响，并提出驱动经济高质量发展的质量文化建设建议，为新时期我国如何推动经济高质量发展提供相关的决策参考。

第一节 质量文化与高质量发展文献回顾

质量文化概念体现着20世纪以来工业文明的特征，质量文化是当代文化学研究的最新课题，也是国家或地区借助于文化力量振兴其经济竞争力的强大武器。质量文化作为一种与现代工业文明密切相关的文化现象，有其自身独特的结构化特征。对质量文化的定量化研究逐步成为企业界和学术界广泛关注的前沿性研究课题。习近平总书记在党的十九大报告中指出，经济建设要在继续推动发展的基础上，更好满足人民在经济、政治、文化、社会、生态等方面日益增长的需要。人民对美好生活的向往包含了对产品质量的更高追求，质量文化在提升制造业品质、促进产业转型升级和满足人民日益增长的美好生活需要等方面发挥着至关重要的作用。根据经济发展理论，经济发展就是各个子系统的综合协调发展过程。

从国外研究现状来看，质量文化评价主流分两大类：一类评价质量意识和行为模式等文化的无形方面；另一类是美国质量学会的质量文化成熟度评价框架。国内学者关于质量文化的研究主要集中在企业质量文化和高校教育质量文化方面。企业质量文化的研究较少，如程虹和陈文津（2017）指出满足需求型质量文化对企业利润的影响尤为显著；设立质量文化对企业的质量投入和质量产出均具有显著的正向影响，从而提升企业的盈利水平。容秀英（2015）借鉴日本企业质量文化的形成经验，提出我国企业质量文化构建的具体路径。高校教育质量文化的研究较多，如倪建文（2012）、齐艳杰（2016）、唐松林（2008）等。张忠华和陈林（2010）提出高校的教学质量文化形成的路径建议。部分学者探析了文化资本和经济发展的关系，如姜琪（2016）研究发现文化资本作为非正式制度的主要内容，能显著提高经济增长数量。万君宝和汤超义（2011）等考察了质量文化的培育。

国内外学者的相关文献研究为本书提供了理论支持和方法借鉴，但是新时代发展背景下，质量文化与经济发展质量的内涵都有了新的时代特色，经济发展从高速增长向高质量发展演进，质量文化在推动经济高质量发展中的作用也逐渐凸显。本章拟从以下几个方面进行拓展：①以往研究多集中在企业质量文化和高校教育质量文化方面，本章构建区域质量文化评价体系，并实证测度质量文化指数；②以往研究测度经济高质量发展，多采用全要素生产率或构建综合指数评价指标体系，本章在测度绿色全要素生产率、经济发展质量综合得分的基础上，对两种测度结果进行比较分析，并考察其时空演进特征；③历史文献多研究创新、金融、产业等对高质量发展的影响，鲜有研究质量文化对经济高质量发展的影响。本章针对历史文献有待拓展的内容，考察质量文化与经济发展质量的耦合协调关系，并探寻质量文化驱动经济高质量发展的机制与路径，提出相应的质量文化建设建议。

第二节　质量文化与经济高质量发展测度分析

一、指标体系构建和数据来源

（一）质量文化指标体系设计

质量文化是企业主体和社会群体以及政府力量在长期相互作用下的一种比较稳定的关于产品好坏和产品服务的普遍认知、态度、行为准则和价值取向的总构成。质量文化具有显著的民族性和地域性。区域质量文化是一个区域与其他区域相比所具有的，在长期的社会生产活动中，不同区域由于文化心理、宗教信仰以及教育理念和生产方式的不同，是以质量理念为基础，提高产品质量为目的，是质量经营战略的文化体现，是质量在制度层面及物质层面上形成的文化体现，它可以通过构建一系列的指标来进行衡量。遵循可比性、可行性和可测性的原则，采用各省域的标准研制贡献指数、质量损失率、规模以上检验检测机构数、质量管理体系认证率、产品质量合格率、产品质量优等品率六项指标测度区域质量文化水平综合得分。标准贡献指数是一个国家（地区）的综合"软实力"，积极参与标准研制体现出一个地区、单位和个人对标准化工作的实质贡献，也反映软实力水平，本节采用中国标准化院梳理的"标准研制贡献指数"，衡量质量损失率是一定时期内组织内外部质量损失成本之和占同期工业总产值的比重，是表征质量经济性的指标，采用规模以上检验检测机构数、质量管理体系认证率反映区域的质量需求状况。产品质量合格率、产品质量优等品率反映区域的产品质量水平，是质量文化水平的结果表现。数据来源于相应年份的《中国科技统计年鉴》、《中国统计年鉴》和中国标准化研究院、中国合格评定国家认可委员会统计公报等。

（二）全要素生产率投入产出指标选择

本书选取 2008~2017 年中国 31 个省份的相关数据为样本，选取能量消耗（E）、资本（K）和劳动力（L）作为经济发展全要素生产率测算投入指标，选择区域国民经济生产总值（GDP）为期望产出，碳排放量为非期望产出。资料来源于《中国统计年鉴》及相关统计公报数据，指标及其数据计算说明如下：

资本（K）采用各区域的固定资产存量指标，选取资产折旧率为 10%，为消除价格干扰因素，计算资本储量前用固定资产投资指数对投资额进行平减。劳动力（L）指标选取各省域从业人员，单位为万人。能量消耗（E）选取各省域终端消费量折算标准煤，单位为万吨标准煤。非期望产出（碳排放）估算主要有实测法、物料衡算法和模型法三种方法。模型法是利用综合评价模型或系统模型对 CO_2 排放进行预测和估算，估算结果受到模型中选取的关键参数和模型设定的影响较大，常见于碳减排政策评估和宏观碳排放预测。实测法需要科学采样和持续检测，适用于污染物排放连续、稳定的排放口，此方法评估工业碳排放存在可靠性差、控制难、范围有限、成本高等一系列问题，实际工作中难以推广使用。物料衡算法是基于碳质量守恒定律，IPCC（政府间气候变化专门委员会）正是基于物料衡算法编制温室气体排放清单，旨在估算化石能源燃烧的碳排放，统计不同地区、不同含碳能源消耗情况，汇总得到 CO_2 排放总量，数据容易获取，操作简单，有效避免由于能源消费燃料所导致的重复计算，在 CO_2 排放数据估算中得到广泛应用。相比较而言，本书使用各省的终端能源消费量来估算 CO_2 排放，更显合理，具体公式如式（9-1）所示：

$$CO_2 = \sum_{i=1}^{n} (CO_2)_i = \sum_{i=1}^{n} E_i \times CF_i \times CC_i \times COF_i \times \left(\frac{44}{12}\right) \quad (9-1)$$

式中，涉及的变量 COF_i 是碳氧化因子，CC_i 为能源的碳含量，CF_i 为各类一次能源的平均低位发热量，i 表示化石能源的消耗类别。以上涉及的资料来源于《中国能源统计年鉴》和《中国统计年鉴》。

二、研究方法设计

（一）熵值法

采用熵值法确定指标权重，由于指标的权重完全由数据本身的关系决定，因此评价结果具有很强的客观性。本书采用熵值法着重计算各评价指标的权重，然后测度得出经济高质量发展和质量文化的关键指标因素，在此基础上，对各区域质量文化和经济发展质量的水平进行排序、分析。

（二）DEA-Malmquist 模型

传统的 DEA 模型其本质是属于角度和径向的 DEA 度量方法，在评价决策单元效率时，期望决策单元的产出越高越好，投入则越小越好，这便是通常所认为的期望投入产出。这种方法会形成投入要素的"松弛"或者"拥挤"问题，当存在产出或者投入的"非零松弛"情况时，容易高估决策单元的效率

值。为克服角度和径向 DEA 模型的缺点，考虑到生产活动中涉及期望产出和非
期望产出，Tone 提出的非角度、非径向的 SBM 模型构成如下：

假设生产系统有 n 个决策单元，每个决策单元均有投入 X、期望产出 Y^g 和
非期望产出 Y^b 三个向量，这三个向量分别为 $x \in R^m$、$y^g \in R^{s_1}$、$y^b \in R^{s_2}$，可定义
矩阵 X、Y^g、Y^b，如式（9-2）所示：

$$
\begin{aligned}
X &= [x_1, \cdots, x_n] \in R^{m \times n} > 0 \\
Y^g &= [y_1^g, \cdots, y_2^g] \in R^{s_1 \times n} > 0 \\
Y^b &= [y_1^b, \cdots, y_2^b] \in R^{s_2 \times n} > 0
\end{aligned}
\tag{9-2}
$$

但经济活动过程会存在非期望产出，并且当若干决策单元经济活动效率会
同时处于 DEA 效率前沿面时，则无法进一步有效地区分决策单元，因此，本书
在评价我国经济全要素生产率中采用考虑非期望产出的 Super-SBM 模型。参照
Tone 等的做法，排除决策单元的有限生产可能性即为式（9-3）：

$$
P \setminus (x_0, y_0) = \left\{ (x, \bar{y}^g, \bar{y}^b) \mid \bar{x} \geq \sum_{j=1}^n \lambda_j x_j, \ \bar{y}^g \leq \sum_{j=1}^n \lambda_j y_j^g, \right.
$$
$$
\left. \bar{y}^b \geq \sum_{j=1}^n \lambda_j y_j^b, \ \bar{y}^g \geq 0, \ \lambda \geq 0 \right\}
\tag{9-3}
$$

考虑非期望产出的 Super-SBM 模型的分式规划形式为式（9-4）：

$$
\rho^* = \min \frac{\dfrac{1}{m} \sum_{i=1}^m \dfrac{\bar{x_i}}{x_{i0}}}{\dfrac{1}{s_1 + s_2} \left(\sum_{r=1}^{s_1} \dfrac{\bar{y}_r^g}{y_{r0}^g} + \sum_{l=1}^{s_2} \dfrac{\bar{y}_1^b}{y_{10}^g} \right)}
\tag{9-4}
$$

$$
\text{s. t. } \bar{x} \geq \sum_{j=1, \neq 0}^n \lambda_j x_j, \ \bar{y}^g \leq \sum_{j=1, \neq 0}^n \lambda_j y_j^g
$$
$$
\bar{y}^b \leq \sum_{j=1, \neq 0}^n \lambda_j y_j^b, \ \bar{x} \geq x_0, \ \bar{y}^g \leq y_0^g, \ \bar{y}^b \leq y_0^b;
\tag{9-5}
$$
$$
\sum_{j=1, \neq 0}^n \lambda_j = 1, \ \bar{y}^g \geq 0, \ \lambda \geq 0
$$

式中，ρ^* 是目标效率，其他变量含义同式（9-2）。超效率 SBM 模型具有
以下两点优势：一是决策单元的效率值不会局限于 0~1，可以对多个效率有效
的决策单元进行排序；二是充分考虑并且可以有效解决投入、产出变量的松弛
性问题。

根据 Chung 等（1997）定义融入非期望产出的全要素生产率指数（Malmquist-
Luenberger Index，MI 指数）计算方法，构建我国省域经济全要素生产率评价模

型，其 Malmquist 生产率指数如式（9-6）所示：

$$ML_t^{t+1} = \left[\frac{(1+\overrightarrow{D}_0^t~(x^t,~y^t,~b^t;~y^t,~-b^t)~)}{(1+\overrightarrow{D}_0^t~(x^{t+1},~y^{t+1},~b^{t+1};~y^{t+1},~-b^{t+1})~)}\right.$$

$$\left.\frac{(1+\overrightarrow{D}_0^{t+1}~(x^t,~y^t,~b^t;~y^t,~-b^t)~)}{(1+\overrightarrow{D}_0^{t+1}~(x^{t+1},~y^{t+1},~b^{t+1};~y^{t+1},~-b^{t+1})~)}\right]^{1/2} \qquad (9-6)$$

（三）核密度估计

采用核密度估计刻画经济高质量发展和质量文化、全要素生产率的动态演进特征，核密度估计是一种非参数检验方法，由 Rosenblatt 等提出，Rupper 进一步基于数据集密度函数聚类算法进行修订。随机变量 X 的密度函数 f(x)，核密度函数估计如式（9-7）、式（9-8）所示：

$$f_n(x) = \frac{1}{nh}\sum_{x=1}^n K(\frac{x-X_i}{h}) \qquad (9-7)$$

$$K(X) = \frac{1}{\sqrt{2\pi}}exp(-\frac{X^2}{2}) \qquad (9-8)$$

式（9-7）中，n 为样本个数，h 为带宽，用来控制密度曲线的平滑程度，本书选取 Silverman 为最佳带宽。X_1，X_2，…，X_n 为样本观察值，X 为样本观察值的均值。K（·）为核函数。本书对经济高质量发展和质量文化、全要素生产率进行估计选取高斯核密度函数，核密度函数如式（9-8）所示，核密度非参数估计用核密度图 9-1、图 9-3 和图 9-5 来表示，进而分析省域经济发展质量和质量文化、全要素生产率的动态演进特征。

三、质量文化时空演化特征分析

根据熵值法计算的各指标权重，对各个指标的标准化值进行加权计算折算为百分制，得到 31 个省份的质量文化综合得分。发现，2008~2017 年我国各省份质量文化综合得分均值为 81.87 分，质量文化水平呈现"N"型震荡上升特征，2008~2012 年小幅提升，2014 年、2016 年震荡回落，2017 年质量文化水平大幅提高，区域差异显著。将八大经济区相比，质量文化水平较高的区域分别为东部沿海和北部沿海地区，质量文化综合得分均值分别为 86.56 分和 85.79 分，质量文化水平较低的区域为大西南和大西北地区，质量文化综合得分不足 80 分，居于中游的经济区依次分别为长江中游、南部沿海、黄河中游和东北地区，其中长江中游质量文化水平最高，综合得分均值为 83.76 分。省域层面，质量文化水平居于前五位的分别是北京、贵州、上海、浙江和江苏，大西北地区的贵州质量文化水平得分较高，主要得益于 2010 年和 2012 年质量损失率为 0 的情况。质量文化水平居于后五位的依次分别是陕西、黑龙江、青海、新疆和云南，质量文化得分均在 80 分以下，建议这些省区下大力气，长期不懈地抓好并逐步完善区域质量文化建设，从而更好地驱动经济高质量发展，并刻画质量文化核密度分布图考察其动态演进特征（见图 9-1）。

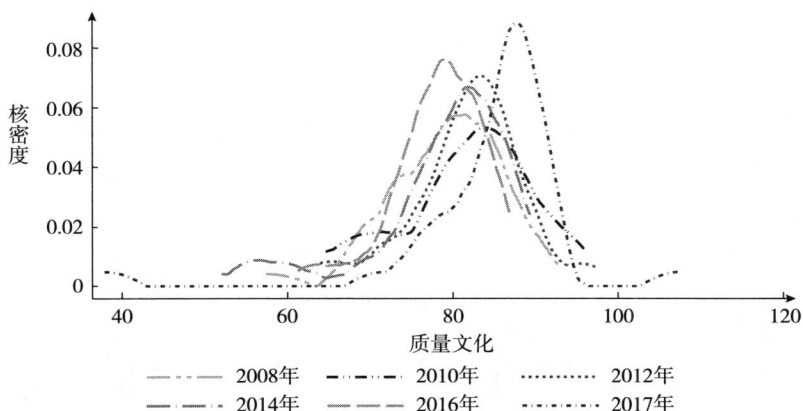

图 9-1　2008~2017 年质量文化核密度分布图

　　图 9-1 是质量文化核密度分布图，横坐标表示质量文化，纵坐标表示核密度估计。总体而言，2008~2017 年考察期间，质量文化核密度分布图呈"单峰"型特征，"双峰"特征不显著，说明我国质量文化两极分化的不显著。从各年份质量文化核密度曲线主峰变换总体情况来看，核密度曲线"主峰"呈现"宽峰"向"尖峰"发展的演进态势，意味着我国质量文化省级之间的差异逐渐加剧；核密度曲线位置呈现"右移"→"左移"→"右移"的更迭变化特征，表明质量文化呈现先上升又下降，然后又上升的"N"型发展特征。具体来看，2008 年，我国质量文化呈现"单峰"分布，核密度的极值点在左右分布，各省之间质量文化差异不大，2012 年，"单峰"分布特征基本不变，但波峰对应的核密度逐渐增大，并且由"宽峰"型逐步转变为"尖峰"型，各省域的质量文化指数趋于集中，2017 年，质量文化核密度曲线"尖峰"特征加剧，质量文化省域之间两极分化趋势显著。

四、高质量发展综合得分时空演化特征分析

根据熵值法计算的各级指标权重对各个指标的标准化值进行加权计算，发现，2008~2017 年我国经济发展质量综合得分均值为 37.57 分，经济发展质量呈现倒"W"型特征，2008~2010 年小幅下降，2010~2013 呈现稳步提升的良好态势，2013~2015 年小幅震荡回落，2015~2017 年又盘整回升，区域差异显著。绘制 31 个省份部分年份的经济发展质量综合得分如图 9-2 所示，并刻画核密度分布如图 9-3 所示。

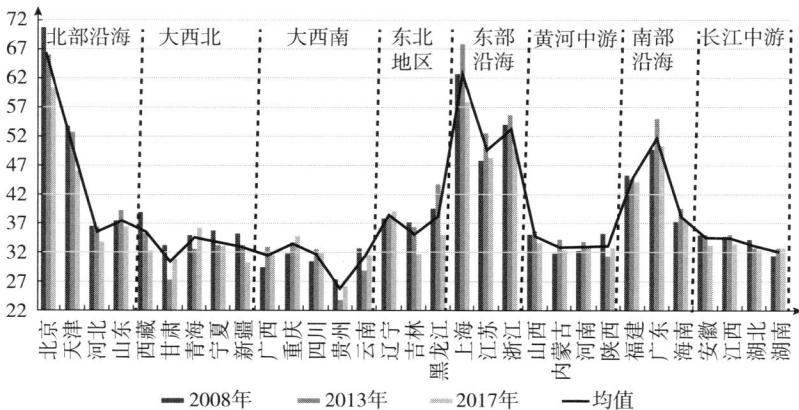

图 9-2　2008~2017 年中国经济发展质量综合得分静态图

图 9-2 列出了 2008 年、2013 年、2017 年各省份经济高质量发展的综合得分和 2008~2017 年均值。从图 9-2 可以看出，2008~2017 年经济发展质量水平由东部沿海、北部沿海和南部沿海三大沿海区域向东北地区、大西北、黄河中游等地区依次递减，沿海区域经济发展质量综合得分均在 40 分以上，东部沿海最高，综合指数得分为 55.05 分，东北地区和大西北经济区居中，经济发展质量综合得分均值在 35 分左右波动，长江中游、大西南经济发展质量水平较低，仅仅在 30 分左右浮动，黄河中游与长江中游、大西北经济区相比略好，但仍然存在较大的改进空间。中国八大经济区的经济发展质量水平变化趋势差异较大，与区位优势密切相关，三大沿海经济区经济较为发达，资源集约化投入，教育与科技发展优势显著，高速发展的同时关注绿色、协调和共享发展，经济发展质量水平较高；中西部经济区，以农业经济或重工业经济为主，经济发展效率较低或者污染程度较高，受经济发展水平或技术力量的影响，污染物排放量较

大，而经济发展质量水平不高。

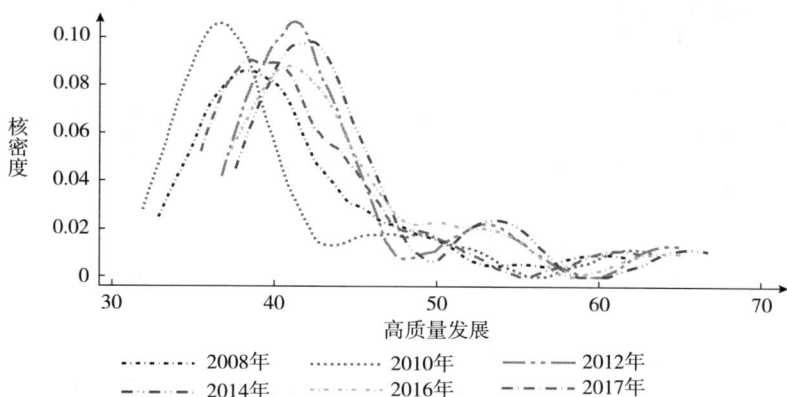

图 9-3　2008~2017 年中国经济高质量发展综合得分核密度分布图

　　图 9-3 为中国 2008~2017 年经济高质量综合得分核密度分布图，横坐标为经济高质量发展指数，纵坐标为核密度估计。从经济高质量发展指数核密度分布图的曲线形状来看，中国经济高质量发展呈现明显的偏态分布，"双峰"特征显著，随着时间推移，经济发展质量核密度曲线先左移后大幅度右移，然后小幅左移，表明考察期内我国经济发展质量呈现"下降→大幅提高→小幅震荡"的发展特征，具体而言，2008~2010 年，经济发展质量略有下降，2010~2014 年，我国经济发展质量大幅度提升，2014~2017 年又小幅回落。从经济发展质量核密度曲线峰度变化情况可以看出，核密度分布图由"单峰"型向"双峰"型和"多峰"型演进，意味着我国经济发展质量逐渐呈现两极分化的态势，曲线主峰变换特征表现为"峰高"上升，然后又下降的态势，核密度曲线呈现由"宽峰"→"窄峰"→"宽峰"分布的更迭变化态势，说明我国经济发展质量省际之间的差异呈现先扩大后缩小的特征。具体来看，2008 年核密度曲线呈"单峰"分布，本年度我国经济发展质量省际差异较小，2010 年，"单峰"分布特征基本不变，但波峰对应的核密度逐渐增大，并且由"宽峰型"逐步转变为"尖峰型"，经济发展质量趋于集中，2012 年，"单峰"分布逐渐向"双峰"转化，区域经济发展质量逐步呈现两极分化的态势，2014 年，核密度曲线"双峰"特征显著，区域经济发展质量两极分化趋势显著，并逐渐向两个均衡点靠拢。2014~2017 年，核密度曲线持续左移，"双峰"特征减弱，"宽峰"特征显著，经济发展质量省际差异两极分化减弱。

五、全要素生产率时空演化特征分析

根据 DEA-Malmquist 计算的各省绿色全要素生产率，得到 31 个省份的绿色全要素生产率漫奎斯特指数如图 9-4 所示，为了更好地反映绿色全要素生产率的动态演进特征，刻画核密度分布如图 9-5 所示。

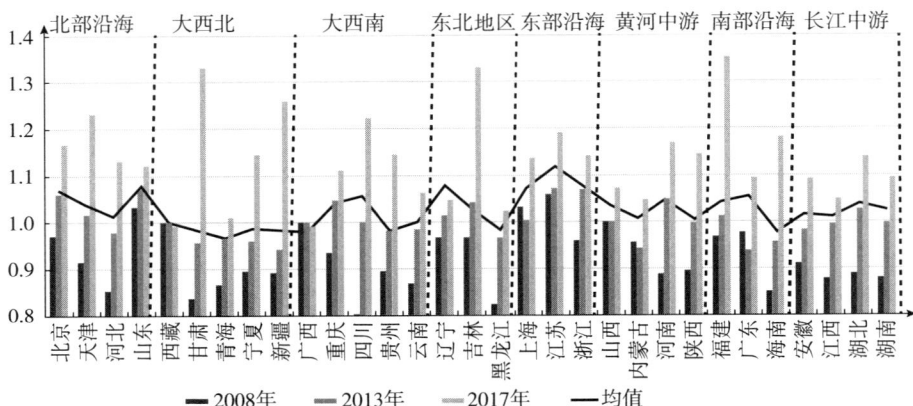

图 9-4　2008～2017 年中国经济绿色全要素生产率静态图

从图 9-4 可以看出中国经济绿色全要素生产率水平呈现大幅增长的良好态势，这与已有文献的研究结论基本相同。八大经济区绿色全要素生产率水平区域差异不大，东部沿海和北部沿海略高，大西北地区和长江中游地区略低。省域层面来看，绿色全要素生产率水平最高的为东部沿海的江苏，其次为北部沿海的北京和山东，绿色全要素生产率水平较低的地区为青海、广西、贵州、黑龙江、陕西和海南，绿色全要素生产率均值在 1 以下。

图 9-5 中，横轴表示全要素生产率水平，纵轴表示核密度。从核密度分布图的曲线形状来看，中国经济全要素生产率"偏态"特征逐渐显著，经历了由"单峰""双峰""单峰"的交替演进。具体而言，2009～2014 年核密度曲线呈现对称分布，2016 年"偏态"特征显著，2017 年，核密度右翼延长肥大的右尾，2012 年开始出现显著的"双峰"特征，然后"双峰""单峰"交替演进。从分布图位置平移情况来看，逐年整体向右移动，较为直观地看出我国各省经济绿色全要素生产率增长的势头，绿色全要素生产率密度分布图的波峰变化显示，2009～2017 年分布图由"尖峰""宽峰"演变，且变化显著，随着时间推移峰度愈发平缓，2017 年又出现大幅度右拖尾，表明省份绿色全要素生产率趋异。

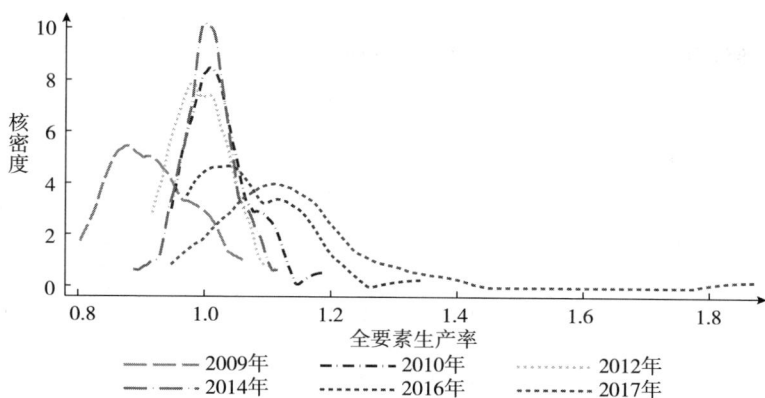

图 9-5　2009~2017 年中国经济全要素生产率核密度分布图

为了更为清晰地观察经济发展质量的综合得分和全要素生产率评价，按照经济发展质量综合得分，大致将 31 个省份为三类：40 分以上的省份为高质量发展型，33~40 分为中等质量发展型，33 分以下（不含 33 分）为低质量发展型；按照全要素生产率水平将 31 个省份分为三类：绿色全要素生产率值 1.05（含 1.05）以上的省份为高绿色效率型，1.00~1.05 为中等绿色效率型，1.00以下（不含 1.00）为低绿色效率型。接下来，对比分析各省的综合得分和全要素生产率水平如表 9-1 所示。

表 9-1　2008~2017 年发展质量综合得分与全要素生产率对比（均值排名）

地区	经济发展质量综合得分	排名 1	经济发展质量水平	绿色全要素生产率	排名 2	生产率水平
北京	64.92	1	高质量	1.069	6	高效率
上海	63.19	2	高质量	1.071	5	高效率
浙江	52.36	3	高质量	1.076	4	高效率
天津	51.88	4	高质量	1.037	13	中等效率
广东	50.63	5	高质量	1.056	8	高效率
江苏	49.60	6	高质量	1.119	1	高效率
福建	43.87	7	高质量	1.040	11	中等效率
辽宁	37.48	8	中等质量	1.080	2	高效率
黑龙江	37.42	9	中等质量	0.984	27	低效率
海南	37.21	10	中等质量	0.978	30	低效率
山东	36.74	11	中等质量	1.079	3	高效率

地区	经济发展质量综合得分	排名1	经济发展质量水平	绿色全要素生产率	排名2	生产率水平
西藏	35.55	12	中等质量	1.000	22	中等效率
河北	35.32	13	中等质量	1.013	18	中等效率
新疆	34.58	14	中等质量	0.985	26	低效率
吉林	34.12	15	中等质量	1.028	15	中等效率
山西	34.11	16	中等质量	1.034	14	中等效率
青海	33.83	17	中等质量	0.966	31	低效率
江西	33.21	18	中等质量	1.011	19	中等效率
安徽	32.88	19	低质量	1.017	17	中等效率
宁夏	32.85	20	低质量	0.989	24	低效率
重庆	32.42	21	低质量	1.042	10	中等效率
陕西	31.89	22	低质量	1.005	21	中等效率
湖北	31.80	23	低质量	1.039	12	中等效率
内蒙古	31.78	24	低质量	1.007	20	中等效率
河南	31.52	25	低质量	1.050	9	高效率
湖南	30.93	26	低质量	1.026	16	中等效率
四川	30.17	27	低质量	1.057	7	高效率
广西	30.00	28	低质量	0.981	29	低效率
云南	29.54	29	低质量	0.998	23	低效率
甘肃	28.51	30	低质量	0.986	25	低效率
贵州	24.40	31	低质量	0.984	28	低效率

从表9-1发展质量综合得分与全要素生产率对比可以看出，高质量发展型为北京、上海、浙江、天津、广东、江苏和福建7个省份，中等发展质量的为辽宁、黑龙江、海南和山东等共计11个省份，发展质量较低的为安徽、宁夏、重庆、陕西和湖北等13个省份。绿色全要素生产率高效率型为江苏、辽宁、山东、浙江、上海、北京、四川和广东共8个省份，中等效率型为河南、重庆、福建、湖北和天津等13个省份，低绿色效率型为云南、宁夏、甘肃、新疆和黑龙江等9个省份。7个高质量发展型省份中上海、北京、广东、江苏和浙江均为高效率型，天津和福建虽然绿色全要素生产率水平中等，但经济发展的协调、共享和开放三个方面得分较高，也进入了高质量发展型省份；11个中等发展质量省份包含2个高效率省份、4个低效率型、5个中等效率型，辽宁和山东在绿

色和创新方面做得较好，绿色全要素生产率水平较高，但在协调、开放和共享方面还需要改善，海南、黑龙江、青海、宁夏和新疆全要素生产率水平较低，但在协调、共享和绿色方面得分较高，成为中等经济发展型省份。13 个低质量发展型省份包含 6 个中等效率型省份和 5 个低效率型省份，四川和河南两个高效率型省份由于绿色发展不够或者创新、开放水平较低进入了低质量发展类型，重庆、安徽、山西等 6 个省份绿色全要素生产率水平中等，但开放、协调、共享等方面还有待提升，制约了经济发展质量综合得分。经济发展质量综合得分更能全面反映经济发展质量水平，而绿色全要素生产率多反映区域创新和绿色方面的特征，故而本章建议在不同的评价需求下，采用不同的评价方法。

第三节　质量文化与经济高质量发展的耦合协调分析

一、系统耦合模型构建

耦合的实证思路能够全面综合分析变量系统之间的协同关系，本节采用灰色关联分析法计算质量文化和经济发展质量两个系统之间的关联系数，并进行耦合度计算。首先计算质量文化与经济发展质量两个系统的关联系数，方法如式（9-9）所示。

$$\xi_{ab}(k) = \frac{\min\limits_{a}\min\limits_{b}|N_a(k) - K_b(k)| + \beta\max\limits_{a}\max\limits_{b}|N_a(k) - K_b(k)|}{|N_a(k) - K_b(k)| + \beta\max\limits_{a}\max\limits_{b}|N_a(k) - K_b(k)|}$$

$$(9-9)$$

式中，$N_a(k)$ 为第 k 个省份质量文化系统 N 中的第 a 个指标值（$a=1$，2，…，m），$K_b(k)$ 为第 k 个省份经济高质量发展系统 K 中的第 b 个指标值（$b=1$，2，…，n），$\xi_{ab}(k)$ 为二者之间的关联系数；其中 β 为分辨系数，通常取值为 0.5。

耦合度反映了系统或要素之间相互作用的影响程度，采用式（9-10）计算各省质量文化与经济高质量发展系统相互关联耦合度 C_k，进而测度质量文化与经济发展质量之间的耦合协调关系。

$$C_k = \frac{1}{mn}\sum_{a=1}^{m}\sum_{b=1}^{n}\xi_{ab}(k)$$

$$(9-10)$$

　　耦合关联度 C_k 取值范围在 $0~1$，取值不同，质量文化系统与经济发展质量系统指标关联性和耦合作用不同，一般情况下，C_k 取值越大，表示两者变化趋势越近似，单个指标间耦合作用显著，取值越小，表明耦合作用越弱，本书借鉴物理学常用的协调类型分类，将质量文化系统与经济发展质量系统耦合类型分为十类（见表9-2）。

表 9-2　耦合阶段和协调等级划分

耦合值	耦合阶段	协调等级
0~0.09	最小耦合	极度失调
0.10~0.19	低水平耦合	严重失调
0.20~0.29	低水平耦合	中度失调
0.30~0.39	拮抗耦合	轻度失调
0.40~0.49	拮抗耦合	濒临失调
0.50~0.59	磨合耦合	勉强协调
0.60~0.69	磨合耦合	初级协调
0.70~0.79	磨合耦合	中级协调
0.80~0.89	高水平耦合	良好协调
0.90~1.00	最大耦合	优质协调

二、耦合协调度分析

　　基于区域质量文化及经济发展质量两个子系统的基本特征，运用耦合模型测度两者耦合度 C，进一步考察分析质量文化与经济发展质量两个子系统的耦合协调关系，计算结果如表9-3所示。

表 9-3　质量文化与经济高质量发展耦合系统耦合度

地区	2008	2010	2012	2014	2016	2017	均值
北京	0.642	0.633	0.689	0.652	0.772	0.674	0.677
天津	0.701	0.653	0.661	0.658	0.759	0.704	0.689
河北	0.702	0.677	0.751	0.677	0.728	0.670	0.701
山东	0.695	0.632	0.713	0.684	0.742	0.668	0.689
北部沿海	0.685	0.649	0.704	0.668	0.750	0.679	0.689
甘肃	0.669	0.740	0.764	0.751	0.752	0.672	0.725
青海	0.731	0.731	0.741	0.777	0.752	0.681	0.736

地区	2008	2010	2012	2014	2016	2017	均值
宁夏	0.771	0.641	0.720	0.651	0.730	0.693	0.701
新疆	0.689	0.755	0.735	0.717	0.781	0.702	0.730
西藏	0.746	0.723	0.748	0.711	0.771	0.705	0.744
大西北	0.717	0.712	0.734	0.714	0.752	0.684	0.719
广西	0.735	0.669	0.741	0.706	0.736	0.665	0.709
重庆	0.775	0.686	0.694	0.690	0.745	0.686	0.713
四川	0.678	0.695	0.705	0.653	0.736	0.692	0.693
贵州	0.689	0.616	0.619	0.632	0.740	0.675	0.662
云南	0.791	0.735	0.744	0.748	0.732	0.687	0.740
大西南	0.734	0.680	0.701	0.686	0.738	0.681	0.703
辽宁	0.681	0.665	0.672	0.665	0.749	0.671	0.684
吉林	0.740	0.691	0.691	0.672	0.733	0.674	0.700
黑龙江	0.786	0.764	0.693	0.770	0.753	0.673	0.740
东北地区	0.736	0.707	0.685	0.702	0.745	0.673	0.708
上海	0.707	0.634	0.643	0.651	0.749	0.686	0.678
江苏	0.695	0.658	0.708	0.690	0.746	0.689	0.698
浙江	0.701	0.678	0.686	0.692	0.733	0.662	0.692
东部沿海	0.701	0.657	0.679	0.677	0.742	0.679	0.689
山西	0.802	0.727	0.705	0.665	0.727	0.669	0.716
内蒙古	0.676	0.686	0.693	0.688	0.748	0.685	0.696
河南	0.729	0.695	0.681	0.669	0.735	0.670	0.697
陕西	0.785	0.771	0.784	0.648	0.738	0.679	0.734
黄河中游	0.748	0.720	0.716	0.668	0.737	0.676	0.711
福建	0.707	0.647	0.677	0.663	0.772	0.675	0.690
广东	0.675	0.804	0.724	0.668	0.744	0.668	0.714
海南	0.652	0.663	0.657	0.651	0.763	0.669	0.676
南部沿海	0.678	0.705	0.686	0.661	0.760	0.671	0.693
安徽	0.730	0.691	0.671	0.703	0.729	0.664	0.698
江西	0.643	0.753	0.708	0.632	0.747	0.662	0.691
湖北	0.706	0.663	0.717	0.680	0.737	0.669	0.695
湖南	0.699	0.666	0.662	0.650	0.733	0.659	0.678
长江中游	0.695	0.693	0.690	0.666	0.737	0.663	0.691
几何均值	0.713	0.691	0.702	0.682	0.745	0.677	0.702

全国总体耦合度均值为 0.702，根据表 9-3 判断标准可知，我国质量文化与经济发展质量的协调度处于磨合耦合阶段，达到中级协调发展的标准，与高水平协调发展还有差距，尚存在较大的改进空间。考察期内质量文化与经济发展系统耦合度呈现"下降""上升"的交错更迭式的变化特征，2008~2014 年呈现震荡小幅下降趋势，耦合度从 0.713 下降到 2014 年的 0.682，降幅为4.3%，2014 年至 2016 年耦合度呈现大幅上升态势，从 0.682 上升到 2016 年的0.745，增幅近 10 个百分点。2010 年、2014 年和 2017 年三个年份的耦合协调度低于 0.7 处于初级协调阶段，其他七个年度均高于 0.7 处于中级协调阶段。

八大经济区。八大经济区质量文化与经济发展质量的耦合度与全国层面的耦合度变动遵循着几乎一致的变化规律，即下降和上升的交错变化，八大经济区耦合度均值均在 0.7 左右，均处于初级或中级协调阶段，其中大西北、大西南、东北和黄河中游四大经济区，质量文化与经济发展质量处于中级耦合阶段，东、南、北三大沿海经济区和黄河中游经济区四大经济区耦合值均不足 0.7，处于磨合耦合阶段的初级协调等级，质量文化不能满足经济高质量发展的需要。

从省域层面来看，耦合值达到 0.7 及以上，处于中级协调发展的省份有黑龙江、云南、青海、陕西、新疆、甘肃、山西、广东、重庆、广西、宁夏、河北、吉林和西藏 14 个省份，其余 17 个省份均处于初级协调发展阶段，其中北京、天津、江苏和山东等沿海经济发达省份质量文化与经济发展仍处于初级协调阶段，究其原因，该部分省份经济高质量发展处于高水平，且一直保持较快增长，而质量文化积淀却滞后于经济发展质量水平提升，导致两系统之间的作用差距不断加大。

第四节　质量文化对全要素生产率的门槛效应分析

一、研究方法

本书以区域经济 GDP 和质量文化 QC 为门槛，采用 Hansen 的门槛面板模型考察质量文化对区域经济绿色全要素生产率的复杂影响关系，将区域经济和质量文化纳入门槛面板模型之中，实证检验相应的门槛值，考察质量文化对绿色全要素生产率影响的"门槛效应"。首先构建无门槛效应面板模型，如式（9-11）所示：

$$\ln MI_{it} = \mu_i + \theta \ln X_{it} + \beta_1 \ln QC_{it} + \varepsilon_{it} \qquad (9-11)$$

其中，i代表省份，t代表年份，$\ln MI_{it}$代表全要素生产率，$\ln X_{it}$代表一组对全要素生产率有影响的控制变量，$\ln QC_{it}$代表质量文化对数值，μ_i代表区域个体效应，ε_{it}代表干扰项。构建单一门槛面板模型如式（9-12）所示：

$$\ln MI_{it} = \mu_i + \theta \ln X_{it} + \beta_1 \ln QC_{it} I \ (GNP_{it} \leqslant \gamma) + \beta_2 \ln QC_{it} I \ (GNP_{it} > \gamma) + \varepsilon_{it}$$

$$\ln MI_{it} = \mu_i + \theta \ln X_{it} + \beta_1 \ln QC_{it} I \ (QC_{it} \leqslant \delta) + \beta_2 \ln QC_{it} I \ (QC_{it} > \delta) + \varepsilon_{it}$$

$$(9-12)$$

其中，I（·）表示指示函数，γ和δ表示未知门槛值，满足括号中的条件，则I=1，反之，I=0。那么，双重门槛如式（9-13）所示，三重门槛模型、多重门槛模型依次类推。

$$\ln MI_{it} = \mu_i + \theta \ln X_{it} + \beta_1 \ln QC_{it} I \ (GNP_{it} \leqslant \gamma_1) + \beta_2 \ln QC_{it} I \ (r_1 < GNP_{it} \leqslant r_2) +$$
$$\beta_3 \ln QC_{it} I \ (GNP_{it} > r_2) + \varepsilon_{it}$$

$$\ln MI_{it} = \mu_i + \theta \ln X_{it} + \beta_1 \ln QC_{it} I \ (QC_{it} \leqslant \delta_1) + \beta_2 \ln QC_{it} I \ (\delta_1 < QC_{it} \leqslant \delta_2) +$$
$$\beta_3 \ln QC_{it} I \ (QC_{it} > \delta_2) + \varepsilon_{it}$$

$$(9-13)$$

被解释变量：经济全要素生产率（MI），即上文中通过超效率 SBM - Malmquist 模型测算的全要素生产率结果值。

门槛变量与门槛依赖变量：在不同区域经济的发展水平下，质量文化是如何影响区域经济全要素生产率的？质量文化与经济全要素生产率仅仅是线性相关吗？本节分别选取区域经济、质量文化为门槛变量，质量文化为门槛依赖变量，考察在不同的区域经济发展水平和不同的质量文化水平下，质量文化对经济全要素生产率的复杂影响关系。质量文化 QC 采用上文计算质量文化综合得分，区域经济（GNP）用人均地区生产总值表示，单位为万元。

控制变量：经济发展质量不但受到质量文化水平的影响，而且受其所处的区域环境因素（劳动者素质和对外贸易环境等）的影响，同时政府部门的科技投入有关政策方针引导都会对经济发展质量产生影响。因此，本节设定的影响经济全要素生产率的控制变量如下：劳动者素质（HUM），李习保认为劳动者素质与省份创新能力关系是正相关关系。对于经济发展而言，所在省份教育水平越高，员工消化吸收先进的创新理念和相应的技术创新能力越强。目前的研究中，经常使用"知识禀赋""受教育程度""经验积累"和"在校人数"等来区分劳动者素质差异。本书采用平均受教育年限表示劳动者素质的指标变量。对外贸易（IN），一是采用每年流入各地区的实际外商投资额；二是采用地区 FDI 的净流入占该地区 GDP 的比重；三是采用各省份进出口总额与当年该省份的国内生产总值的比率，本书拟采用最后一种变量指标作为对外贸易的代理变量。科技投入（SCI），科技水平是经济发展的重要影响因素之一，科技进步也为经济发展效率提供支持。本节选择科技投入作为控制变量，采用各省份人均科技投入作为科技水平的表征值。政府干预程度（DG），本节拟采用各地区财政支出与GDP的比值来衡量。产业结构高级化（TS）采用产业结构高级化来度量，指标计算为第三产业产值与第二产业产值的比值，其值越大，经济服务化的程度越高。产业结构合理化（TL）指标核算借鉴于春晖（2011）的做法，构造产业结构的泰尔指数来测度，测算方法如式（9-14）所示：

$$TL = \sum_{i=1}^{n}\left(\frac{Y_i}{Y}\right)\ln\left(\frac{Y_i}{L_i}\bigg/\frac{Y}{L}\right), \ i = 1, 2, 3, \cdots \tag{9-14}$$

式中，Y表示产业产值，L和i分别表示就业人数、产业，Y_i/Y、Y/L分别表示产业产出结构、产业劳动生产率，当产业结构处于均衡合理的理想状态时，$TL=0$，三大产业的劳动生产率相等，反之，TL值也就越大，经济结构偏离程度越大，产业结构就越不合理。数据采集于2009~2018年的《中国统计年鉴》《中国人口统计年鉴》等以及各省统计年鉴和统计公报。

二、门槛检验

采用Hansen等的模型估计以及检验确定门槛的个数，采用自抽样法得出接受原假设的P值和临界值的结果如表9-4所示。质量文化和区域经济作为门槛变量，单一门槛、双重门槛均分别通过5%、1%显著性水平检验，三重门槛即使在10%显著水平也不显著，因此选择双重门槛效应分析讨论。

表9-4　门槛存在性自抽样法检验结果

门槛变量	检验模型	F值	P值	BS次数	临界值		
					1%	5%	10%
QC	单一门槛	7.486 **	0.017	300	8.645	3.739	2.473
	双重门槛	27.773 ***	0.010	300	27.355	15.143	8.987
	三重门槛	7.949	0.101	200	16.801	9.253	7.436
GNP	单一门槛	14.988 **	0.050	300	27.55	15.176	10.249
	双重门槛	103.645 ***	0.000	300	77.077	7.849	4.241
	三重门槛	6.128	0.135	200	37.811	16.084	7.756

从表9-5门槛估计结果和95%的置信区间可以看出，单一门槛和双重门槛模型的门槛估计值以及95%的置信区间，质量文化水平对区域经济发展质量的

影响，人均GDP的第一门槛估计值为5.065（万元/人），它的95％的置信区间为［1.300，7.507］，第二门槛估计值为7.281（万元/人），它的95％的置信区间为［7.057，11.458］，门槛估计值均是显著的。质量文化得分作为门槛依赖变量时，单一门槛水平显著，门槛值为77.076，95％的置信区间分别为［53.618，97.402］，第二门槛、第三门槛值不显著。

表9-5　门槛值和95％置信区间

门槛变量	门槛值	估计值	95％的置信区间
GNP	门槛值 γ_1	5.065	［1.300，7.507］
	门槛值 γ_2	7.281	［7.057，11.458］
QC	门槛值 δ_1	77.076	［53.618，97.402］

三、门槛效应分析

利用门槛面板模型分析质量文化对区域经济全要素生产率的影响，回归估计结果如表9-6所示，直观可以看出，质量文化对全要素生产率的影响不仅仅是简单的线性关系。

表9-6　门槛面板模型的估计结果

门槛变量	变量	估计值	标准差	t	P	置信下限	置信上限
QC	DG	−0.751 ***	0.172	−4.370	0.000	−1.088	−0.413
	TS	−0.033 **	0.015	−2.220	0.027	−0.062	−0.004
	TL	0.086 **	0.042	2.070	0.039	0.004	0.168
	IN	−0.020	0.040	0.510	0.609	−0.058	0.099
	HUM	0.047 ***	0.123	0.380	0.007	0.089	0.195
	SCI	−0.945	0.576	1.640	0.102	−0.189	2.079
	QC_1	0.341 ***	0.084	3.500	0.001	0.129	0.460
	QC_2	0.409 ***	0.073	3.570	0.000	0.116	0.402
	_cons	0.711	0.095	7.470	0.000	0.524	0.899

续表

门槛变量	变量	估计值	标准差	t	P	置信下限	置信上限
GNP	DG	−0.658 ***	0.157	−4.180	0.000	−0.097	−0.348
	TS	−0.055 ***	0.013	−4.100	0.000	−0.081	−0.028
	TL	0.0142 *	0.038	0.490	0.070	0.002	0.088
	IN	−0.009	0.035	−0.260	0.794	−0.079	0.061
	HUM	0.114 ***	0.168	0.680	0.003	−0.215	0.445
	SCI	0.982	0.579	0.020	0.986	−1.151	1.131
	GNP_1	0.152 ***	0.051	3.040	0.003	0.054	0.254
	GNP_2	0.359 ***	0.072	4.920	0.000	−0.102	0.415
	GNP_3	0.166 ***	0.054	3.060	0.002	0.059	0.273
	_cons	0.912	0.879	10.370	0.000	0.738	1.085

注明：①GNP_1、GNP_2、GNP_3分别代表低、中、高的区域经济发展水平，质量文化对经济发展质量的影响系数。②QC_1、QC_2分别代表低、高的质量文化水平，质量文化对经济发展质量的影响系数。

从表9-6可以看出，质量文化水平对绿色发展效率的影响不是简单的促进或制约关系。当一个省份区域经济发展水平低于第一门槛值5.065时，即相对应的省份经济相对落后，质量文化对经济发展质量的边际影响系数为0.152，且通过1%显著性水平检验，质量文化显著促进经济发展质量提升，质量文化水平提高一个单位，经济发展质量提高0.152个单位；当区域经济进一步提升跨过第一门槛值，介于5.065~7.281时，质量文化对经济发展质量的影响加剧，影响系数增加到0.359，影响作用显著，并通过1%显著性水平检验；当区域经济发展水平高于第二门槛7.281时，质量文化对经济发展质量的促进效应减弱，边际影响系数从0.359降低到0.166，显著性通过1%显著性水平检验。由此可见，质量文化与中国经济发展质量的影响呈现倒"U"型特征，影响程度随着经济发展水平呈现先增加后降低的演进态势。质量文化水平居于较低水平，综合得分没有跨越门槛值77.076时，质量文化与经济发展质量显著正相关，边际回归系数为0.341，影响程度较大，质量文化对经济发展质量的提升具有较大的积极促进作用，当质量文化综合得分超越门槛值77.076时，质量文化依然对经济发展质量绿色全要素生产率的提升仍然具有促进作用，但影响程度有所提高，溢出效应增加，质量文化水平每提高一个单位，经济发展绿色全要素生产率提高0.409个单位，显著性通过1%显著性检验。其他控制变量影响经济绿色全要素生产率的视角，两个门槛面板模型的估计基本一致。产业结构合理化、人口素质与绿色全要素生产率正相关，对外开放、政府干预、产业结构高级化与绿色全要素生产率均负相关，科技投入在两个模型中的回归结果表现不同，区域经济门槛模型估计结果、科技投入与绿色全要素生产率正相关，质量文化自身作为门槛变量的模型估计结果显示科技投入与绿色全要素生产率负相关。

本章小结

　　本章在测度经济发展质量、质量文化综合得分的基础上，探析时空演进特征，并实证分析了质量文化系统与经济发展质量系统之间耦合协调的特征，然后，通过控制人口素质、政府干预、科技投入等六种因素对绿色全要素生产率的作用，考察质量文化对绿色全要素生产率水平的影响机制。测度质量文化和经济发展质量综合得分，并利用 DEA-Malmquist 模型测评我国经济发展绿色全要素生产率，对比分析绿色全要素生产率水平和经济发展质量得分结果。研究发现：①八大经济区经济发展质量综合得分区域差异显著，北部、南部和东部三大沿海地区处于领先地位，各年份的生产前沿面大多由东部沿海省份构建，三大沿海区域向东北地区、大西北、黄河中游等地区依次递减，这一结论与魏敏、李书昊的观点基本一致。质量文化水平呈现"N"型震荡上升特征，区域差异显著。②通过核密度分布图展示出质量文化水平省际之间的差异逐渐加剧；经济发展质量呈现"下降→大幅提高→小幅震荡"的动态演进发展特征；全要素生产率"偏态"特征逐渐显著，经历了由"单峰""双峰""单峰"的交替演进，我国整体全要素生产率提升过程中各省份之间距离有缩小的趋势。

　　更重要的结论是：运用耦合模型计算两系统的耦合度，进一步考察二者耦合协调关系发现，全国总体耦合度均值为 0.702，质量文化与经济发展质量的协调度处于磨合耦合阶段，达到中级协调发展的标准，与高水平协调发展还有差距，尚存在较大的改进空间；质量文化与经济发展系统耦合度呈现"下降""上升"的交错更迭式的变化特征。八大经济区质量文化与经济发展质量的耦合度与全国层面的耦合度变动遵循着几乎一致的变化规律，大西北、大西南、东北和黄河中游四大经济区，质量文化与经济发展质量处于中级耦合阶段，东、南、北三大沿海经济区和黄河中游经济区处于磨合耦合阶段的初级协调等级，质量文化水平不能满足经济高质量发展的需要。两者之间不相适应的现状也反映了质量文化在一定程度上成为我国经济发展的瓶颈。利用门槛面板模型分析质量文化对区域经济全要素生产率的影响发现，质量文化对全要素生产率的影响并不是简单的抑制或促进作用，质量文化与中国经济发展质量的影响呈现倒

"U"型特征，影响程度随着经济发展水平呈现先增加后降低的演进态势。质量文化对绿色全要素生产率的促进作用，随着质量文化水平的提高，溢出效应增加。控制变量产业结构合理化、人口素质与绿色全要素生产率正相关，对外开放、政府干预、产业结构高级化与绿色全要素生产率均负相关，科技投入在两个模型中的回归结果表现不同。

立足于我国质量文化水平现状，结合质量文化系统与经济发展质量耦合协调分析结论，并考虑质量文化对绿色全要素生产率的门槛溢出效应，从企业、政府两个角度提出培育质量文化、推动我国经济高质量发展的对策建议。第一，各区域政府要因地制宜培育区域质量文化。质量文化与经济发展质量的协调度处于磨合耦合阶段，仅达到中级协调发展的标准，质量文化水平与美、日两国质量文化水平还有差距，建议政府大力推动国家质量技术基础建设，制定培育质量文化的战略规划和推进机制，健全质量法律、法规和政策规范市场经济，为质量文化建设创造良好的环境。另外，要积极推进先进质量文化建设，提升全面质量意识，打造政府重视质量、社会崇尚质量的良好氛围，提升区域质量文化软实力，尤其是质量文化滞后于经济发展质量要求的区域，更要加速提升质量文化水平促进区域经济高质量发展。第二，我国企业质量文化建设还处于初级阶段，质量文化水平滞后于经济发展质量，建议践行"大质量"理念，将企业质量文化融入企业战略，合理定位企业质量文化、构建组织建构和推进机制、实施动态和闭环管理，进行比较法分析与评价，持续改进企业质量文化水平，通过文化的渗透，规范员工的行为和质量价值观，提升企业发展质量。另外，各省依据本省的实际情况，针对本章对经济发展质量的分析研究，思考政府干预、产业集聚、人力资本等外部环境对其经济高质量发展的影响，努力创造出有利于经济高质量发展的外部环境。

第十章 经济高质量发展的国际环境规制经验

本章整理分析欧盟、日本和美国环境规制政策特点及发展趋势，并思考中国环境规制政策，为后续提出促进中国城市经济高质量发展的环境规制政策建议提供经验借鉴。

第一节 欧盟环境规制政策及发展趋势

一、欧盟环境政策特点

1. 欧盟环境政策发展历程

根据欧盟环境政策不同时期的主要特征，欧盟环境政策的演变总体上可分为以下四个阶段：

（1）欧盟环境政策的萌芽（1958～1972 年）。欧洲共同体（以下简称欧共体）的环境政策尚处于萌芽期，此时尚未形成正式的环境治理相关立法及政策体系，也可以称之为环境治理政策的准备阶段。当时欧洲的环境问题主要表现为工业污染问题。当时包括欧共体在内的西方发达国家针对环境污染问题主要采取"末端治理"，其含义是在生产过程的最后环节，针对产生的污染物开发并实施有效的治理技术。作为传统环境政策，它的缺点显而易见，不能从根本上避免污染发生，随着污染物减少而成本越来越高，易造成环境与发展以及环境治理内部各领域间的隔阂。20 世纪 60 年代，随着公害事件的频发和人们环保意识的增强，各成员国政府都加强了其国内的环境管理。1967 年欧共体颁布《有关危险制品的分类、包装和标签的指令》，1970 年颁布的《有关机动车允许噪声升级和排气系统的指令》进一步将政策范围扩展到噪声污染领域。这些法令在一定程度上改善了环境质量，起到了保护环境的作用，这一阶段也为日后环境治理政策的发展完善奠定了基础。

（2）欧盟环境政策形成与发展阶段（1972～1986年）。这是欧盟环境治理演变历程的又一关键时期，1972年6月，第一次联合国人类大会在瑞典斯德哥尔摩的召开及《人类环境宣言》的发表标志着民众环境意识的觉醒，欧盟环境政策开始走向历史舞台。1972年，欧共体巴黎峰会首次提出在共同体内部建立共同环境保护政策框架，为共同环境政策的形成和发展奠定了基础。从1973～1976年的《欧共体第一个环境行动规划》，到1977～1981年的《欧共体第二个环境行动规划》，再到1982～1986年的《欧共体第三个环境行动规划》，欧共体环境政策的目标和部分原则得以初步确立并在实践中不断改进、补充，此阶段的环境政策重在污染后的被动治理。大概在14年的环境行动规划下，欧盟的环境法也涵盖了诸多的环境保护领域，包括水法、空气法、废物法、化学物品法、噪声法、自然保护法及一般措施等具体内容。

（3）欧盟环境政策充分发展（1987～1992年）。本阶段从1987年《单一欧洲法》生效之日起至1992年《欧洲联盟条约》缔结之日止。该阶段总共颁布了100多项环境政策法令，使欧盟环境政策得到了充分发展。《单一欧洲法》的生效是欧盟环境政策的关键转折点，该法令第一次将环境保护问题纳入基本法范畴，并规定了环境政策的目标，为欧盟进一步的环境政策和立法提供了明确的依据。1987年12月，欧共体以决议的方式通过了《欧共体第四个环境行动规划》，该规划将环境政策与其他政策的一体化融合提升到了环境政策总方向的高度，强调将环境保护要求纳入到如农业政策、工业政策、交通政策、旅游政策等其他欧共体政策中。对于这个阶段，还有另一种解读，称之为"初步建立阶段"（1987～2000年）。1987年《单一欧洲法》出台，欧共体形成了统一的环境政策，将环境问题进一步纳入欧共体的重要议题中。1992年出台的《马斯特里赫特条约》又在《单一欧洲法》的立法基础上，使环境政策在欧盟的法律地位得到进一步的巩固。在1993年起实施的《第五环境行动规划》中，欧盟的经济模式发生转变，由"传统模式"变为"循环经济模式"；可持续发展的理念也被首次提出，并于1999年出台的《阿姆斯特丹条约》中进一步明确。

（4）欧盟环境政策逐渐成熟（1993年至今）。1973～1993年，欧盟实施了四个环境行动规划，颁布了两百多个环境法令，其环境政策可以说取得了较为显著的成果，但是总体上环境状况还是在不断恶化。欧盟寻其原因，认为要把环境问题和经济、政治、社会等更大范围的问题更加紧密地联系起来。1991年，欧共体12国通过了《欧洲联盟条约》（《马约》），欧共体发展成为欧盟。《马约》进一步提升了环境保护在欧盟法律政策体系中的地位。1993年，欧盟通过了名为《迈向可持续发展》的第五个环境行动规划，标志着欧盟环境政策国际化的真正开始。1997年生效的《阿姆斯特丹条约》把促进经济增长、社会发展、环境保护相互协调的可持续发展列为欧盟的目标，环境保护的战略高度自此得以确立。2002 年，欧盟通过了题为《环境 2010：我们的未来、我们的选择》（2002—2012）的《第六个环境行动规划》，规划指出要在考虑辅助性原则和地区差异性的基础上实现高水平的保护，使经济发展脱离环境的压力。2011 年底，欧盟还推出了其生态创新行动计划（ECOAP），旨在加速各成员国生态创新进程。2012 年 12 月，欧盟出台了《在星球的极限之内生活得更好》（2012—2020）的欧盟《第七个环境行动规划草案》，该草案就一些新的全球性问题如人口动态的变化、城市化、传染病、日渐加速的技术改革以及非持续的经济发展等提出了 2020 年以前欧盟环境政策的九个具体目标，并重申了污染者付费、防备、预防、源头控制四个重要原则。随着环境政策的不断发展，欧盟的环境观念也在进步，在国际环境保护方面，欧盟协助解决了一些实际环境治理问题，在损耗臭氧物质的削减、越境污染转移的控制等方面都取得了成果。欧盟环境政策最新发展的主要代表是"国家能源和气候计划（NECPS）""2030 计划"以及"2050 计划"。"2030 计划"主要指出 2030 年欧盟全域环境主要目标涵盖温室气体排放削减量、可再生能源占比份额、能源效率 3 大方面。2018 年 11 月 28 日，欧盟委员会提出到 2050 年实现繁荣、现代化、竞争、气候与经济协调发展的长期战略愿景。在该战略愿景下，欧盟委员会积极邀请所有的欧盟机构、国家议会、商业部门、非政府组织、社区以及公民个体等多元主体共同参与环境治理。

2. 欧盟环境政策的主要特点

伴随欧盟一体化进程的不断推进，欧盟的环境规制政策也有了一系列变化，从各自为政的到公众环境保护意识的日益提高，欧盟的环境管制政策从早期的各国各自为政到欧盟一体化环境规制政策，环境管理也前置，从早期的污染治理转变为污染事前预防的环境管理战略，公众参与热度也在不断提高。欧盟成员国不断增加，由 6 国积聚扩张到 27 个成员国。

欧盟环境管理体制方面体现了可持续发展理念特点。欧盟的环境管理体制体现了经济社会和环境双赢的可持续发展理念，环境与经济社会的发展紧密相连，欧盟委员会认为环境保护和经济发展密不可分，环境因素全面纳入经济社会发展相关政策极为必要，如 2000 年的《尼斯条约》中，将与环境有关的贸易政策谈判权交由欧盟委员会负责，意味着欧盟委员会享有一定的环境决策权；欧盟《宪法条约》中规定，欧盟的宗旨是实现全欧洲的可持续发展。总而言之，欧盟的环境政策坚持全欧洲绿色可持续发展，并关注全球气候、公害等环境问题，欧盟自身环境政策充分体现了先进的国际大环保理念。随着欧盟一体化不断深化，欧盟成员国之间在环境领域的合作也在逐步推进。早期，欧盟环境保护还停留在呼吁阶段，并未形成统一的欧盟环境政策。伴随环境问题的日益突出，成员国意识到自然环境的保护不是孤立的，任何国家都难以独善其身，才开始制定欧盟环境政策法规。经过几十年的发展，欧盟的环境政策从各成员国各自为政到欧盟统一环境政策，从被动治理到主动预防。欧盟的环境计划多包含内部和外部环境政策，欧盟内部环境政策旨在保护欧盟本土环境，对外环境政策则旨在进行世界范围的环境保护，内外协同促进欧盟经济社会和环境的双赢。

欧盟的环境政策强调公司和个人的环境保护责任，理论依据越来越科学，管制手段也在不断地健全和完善，从欧盟的"污染者负担"理论、押金制、征收排污费等市场机制的环境规制工具可以看出，欧盟环境政策不断推进市场激励型规制，政府命令控制型环境规制工具的比重越来越小。此外，欧盟不断推进体系内环保事业的发展。制定了减排限额标准并政策资金支持鼓励企业投资节能环保项目，引导传统能源企业转型升级；利用价格信号引导全社会消费者购买绿色环境友好型产品。鼓励民众参与环境保护和监督，在利用公众众筹建立城市地标和公共基础设施，使广大民众更便于参与环保活动，充分发挥民众监督作用。

二、欧盟环境政策变化趋势

近年来，欧盟致力于环境治理政策的完备工作，工作重心倾向于未来10年环境治理重点计划及未来30年的战略规划，最新政策主要包括"国家能源和气候计划""2030计划"和"2050计划"。

2018年12月24日国家能源和气候计划（以下简称NECPs）生效，规定欧盟成员国在2021~2030年实施综合的国家能源和气候计划，且该计划规定欧盟成员国每两年一次报告其进展，欧盟委员会进行监督。计划中强调了公众参与和区域合作的重要性，且计划中指出建立欧盟能源联盟，旨在为整个欧盟生产者和消费者提供长期可持续能源，通过欧洲能源系统的根本转变不断推动新能源的创新和研究。通过欧盟一体化协调行动，将欧盟各成员国之间和成员国本土的立法以及激励性规制、公众参与性规制工具结合起来，才能实现欧盟环境规制计划的落地。2019年2月，欧盟委员会制定"2030计划"报告，指出未来十年的欧盟环境政策计划及目标。欧盟全域环境主要目标包括能源效率、温室气体排放、再生资源利用3大方面。减少温室气体排放，提升再生能源使用份额，不断提高能源效率，不断健全欧盟统一治理体系与长期战略是欧盟环境政策未来十年的工作重点。欧盟"2050计划"于2018年11月发布，指出"气候中和经济"的愿景，激励和引导各界环境治理的不断创新，促进欧盟循环经济的发展，走 2050 欧盟低碳发展路线，呼吁建立"气候中立"的欧洲和"全民清洁"的地球。

税收是治理环境的主要手段，环境税作为一种相当成熟的经济工具，盛行于当代欧盟各国。欧盟国家实施环境税的基本情况。欧盟认为，环境税具有下列优势：首先，环境税与"污染者付费原则"紧密相关。"污染者付费原则"是欧盟环境政策的基本原则，根据相关定理，环境税可以将外部成本内部化，因此被认为是实施"污染者付费原则"比较合适的工具之一。引入经济手段体现了"谁污染，谁付费""污染大，花钱多"的原则，使企业在制定发展战略时将环境保护置于其成本中，从而达到自愿减少污染的目的。其次，环境税具有持续刺激作用。许多排污者，尤其是那些污染削减费用低的排污者，在采取了所有合理的费用削减措施后，经常还要为残余污染纳税。然而，支付税收产生了一种持续刺激，使污染者不断地寻求减少污染的新方法，不同于一般制度，一旦达到相关标准，就不再产生刺激。税收的强力刺激可以把污染控制费用降到最低程度，并鼓励了创新。再次，环境税为政府提供了有关污染活动及其责任者的信息。环境税的价格信号和操作空间为市场主体更有效地配置资源提供了激励，比"一刀切"的命令与控制手段更为市场化。最后，环境税能提高一个国家的竞争力，能激励企业进行产业结构调整，转变发展方式，一份报告显示，丹麦、挪威和荷兰是执行环境标准最严格的三个国家，也是最具竞争力的三个国家。

欧盟国家环境税的发展进程。在 20 世纪八九十年代，环境税在欧洲得到了较快发展，现存的环境税收体系已经历多次修改并被不断优化。20 世纪 90 年代后半期，欧盟国家引入了许多新的环境税种。例如，意大利、挪威、瑞典和加泰罗尼亚引入了垃圾填埋税；奥地利和意大利引入了对电池的征税。随着气候变化的影响越来越严重，德国、意大利等国引入了新的能源税或二氧化碳税。2000 年之后，环境税得到了更为广泛的传播。新能源税或与气候变化有关的税收在爱沙尼亚、爱尔兰、波兰、英国等欧盟十多个国家引入。总体而言，欧盟各国已经走过了"经济增长中心主义"的阶段，非常重视环境和人类生活的质量，通过多种环境税的开征，来保护大自然、保护人类生存的环境。欧盟国家现行主要环境税种有二氧化碳税和空气污染税（对排放废气所征收的税）。二氧化碳税费多是对"能源载体"征税的附加税，一般不会根据碳排放而差异化征税，而且有很多获免。

三、欧盟环境政策启示

欧盟环境治理政策体系及制度设计可以为我国的环境治理，特别是对跨域环境治理提供有效借鉴，具体而言，有以下四个方面：

（1）完善环境指标体系，实现环境考核的量化。数据统计表明，我国每年由于环境污染造成的损失总价值占当年 GNP 的 3% 以上。产生这种状况的一个原因是环境监测指标体系不完善，不能对特定行业或者地区实现更严格、更高要求的有效监测，从而不能有效地预防与控制环境污染。欧盟在环境治理方面的政策法规体系建设始终走在世界前列，如针对空气污染防治制定的法规，目前针对气体和粉尘排放共通过近 20 个法规和指令，并且对涉及的活动或者生产工艺的设备技术标准、燃料的物质含量标准、对一些有害物质的排放总量限制指标都做了详细的监测指标。

（2）采取多种政策手段，促进制度工具创新。面对全球环境趋势的复杂化，我们应该弱化过去那种偏重控制与命令的方式，开始采用多种环境政策手段与新的制度工具。欧盟从第五个环境行动纲领开始就采取了灵活的政策手段，如立法手段、财政手段、市场手段、自愿协议等措施，使环境政策执行更有弹性与张力，增强了管理力度与范围，降低了实施成本。

（3）加强环保法规、政策和标准的法制性和约束力。我国的环境法规在执行过程中缺乏强制性与约束力，主要原因就是没有明确环境相关法规、行动指令或者计划的法律地位。像欧盟第七个环境行动纲领里涉及的《2020 年的生物多样性总体战略》，其相关的指令《外来侵入性物种管理指令》《鸟类管理指令》《生境保护指令》等都是以欧盟层面的法令来明确其法律地位，从而保证该计划实施的强制性与法制性。

（4）欧盟循环经济战略的实践经验。在生产方面，中国比较注重生产过程管理，强调循环经济对污染防控的作用，通过企业循环式生产、产业循环式组合、园区循环式改造，降低单位产出物质消耗和废物排放。但产品生态设计方面的要求有待加强。欧盟在此方面立法工作比较完善，它通过修订"生态设计指令"，提出一系列具体措施推进产品可修复性、可升级性、耐用性和可回收性等，值得中国学习。废物管理方面，中国提出建立城镇循环发展目标，推动城市典型废弃物资源化利用、生活垃圾分类和再生资源回收有效衔接。但目前城市生活垃圾分类和再生资源利用水平还比较有限，特别是城市低值废弃物的资源化利用很低。欧盟在废物管理方面的立法工作已开展多年，垃圾分类工作也取得一些成就，但依然通过立法修订，不断提高回收率设定目标，并与减少垃圾填埋、禁止填埋分类垃圾等目标结合在一起，促进废弃物的回收和再利用。此外，欧盟关于废物的定义、回收率计算方法、再生产品标准，以及环保产品的资金激励机制和促进垃圾减量经济手段等方面的研究与实践都值得关注。相对生产环节，中国循环经济在消费领域还有较大提升空间。目前，中国消费者的能动性尚未充分调动起来，向消费者提供有效信息能帮助消费者选择对环境有利的产品和服务，欧盟建立和实施绿色标签制度等方法值得中国借鉴。开拓新型经营模式，找到变废为宝的商业解决方案在中国还没有得到充分重视。欧盟及其成员国在循环经济经营模式方面的探索值得关注。欧盟重视延长产品使用寿命，激励企业提供维修和再利用服务，强化产品维修和升级，实现物尽其用；通过数字化手段建立消费平台，实现产品共享，使消费者更加方便地利用闲置产品；采取产品即服务的经营模式，消费者租借产品或只需为产品的使用买单。这些新兴的消费模式不仅能摆脱对自然资源的依赖，还能带来收入，标志着一个更高水平的循环经济发展形态，而不再使用循环经济局限于废物转化资源这一过程。埃森哲公司曾对 120 多家公司 2013~2014 年的经营情况进行详尽调查，研究表明，循环经济各种经营模式的可行性越来越高，向循环经济转型正在被越来越多的企业付诸实践。中国循环经济发展也要瞄准这个方向，着眼企业未来竞争力。

第二节　美国环境规制政策及发展趋势

美国环境管制政策不断演进，伴随经济社会发展的特征不断更新迭代，且具有鲜明的时代发展特征。自 1891 年国会审议通过《森林保护法》，在美国开启了环境管制政策立法的篇章。此后，美国的环境政策不断优化组合，当前美国已形成了环境法和其他环境规制政策组合的完善立法体系，其范围覆盖了自然资源保护、污染物和废弃物排放等方面。尽管不同的政治时期，美国的环境规制政策实施的力度不尽相同，但总体而言，对环境质量的改善还是发挥了积极的作用。此外，公众参与型环境运动也对美国环境规制政策的发展具有较强的促进作用。早期，环保运动通过各式各样的示威活动进行抗议，在一定程度上也影响着政府的环境规制政策制定和实施。

一、美国环境政策特点

1. 美国环境政策发展进程

20 世纪 60 年代，美国总统肯尼迪就要求美国科研机构加强对气候变化的监控与研究，并积极探索环境治理的国际合作模式。尽管肯尼迪政府作出了一定的努力，但成效不大。1961～1963 年，肯尼迪发布了 19 条有关保护环境的行政命令。其中有 3 条涉及放射性现象，4 条是有关公共土地使用；9 条有关国家森林和公园，剩下 3 条涉及普通的环境问题。1965 年美国联邦政府专门发布了《机动车空气污染管理法》，该法对新生产的汽车设置了一定标准，并规定了认证制度、检测制度和减排配件应用制度等。

1970 年 1 月 1 日，尼克松总统签署美国《国家环境政策法》（NEPA），同年生效并实施，其主要内容包括：国家环境政策及其法律地位、国家环境保护目标、环境影响评价制度及环境质量委员会等。NEPA 第 102 条规定"对于显著影响人类生存环境质量的主要联邦行动，都要编写详细的环境影响报告书"，明确了环境影响评价制度。环境影响评价制度的主要过程包括种类排除、环境评估（EAS）、证明没有明显的环境影响以及起草环境影响报告书（EIS）。EIS 需要说明当前环境状况，拟议采取行动可能产生的环境影响、替代方案以及减缓措施。环境质量委员会要求，一年内完成 EIS，EIS 在 150 页以内。1970 年，环境质量委员会（CEQ）颁布实施 NEPA 指南，1973 年对该指南进行修订。

小布什执政时期，在环境政策方面渐趋保守，由于美国国内既得利益集团的干预，政治精英阶层以保护美国经济为由拒绝实施量化减排，小布什政府在 2001 年退出了《京都议定书》，不仅大大削弱了全球气候治理的信度和效度，还为其他发达国家消极应对气候问题提供借口，成为全球气候治理的重大障碍。尽管 2005 年的"卡特里娜"飓风使得美国政府重新认识到应对全球气候变化的重要性，并在 2008 年八国峰会上同意到 2050 年实现减排 50% 的目标。但是客观而言，小布什在执政期间环境政策的保守性对全球多边环境治理体系还是造成了一定的破坏。

到了 2009 年，奥巴马上台后，其明确表示接受全球气候变暖的事实，并制定系列低碳政策和环境治理措施。奥巴马利用美国行政体系的灵活性和自主性，积极推动了《巴黎协定》的达成。在其连任成功后，国务卿克里带领的外交团队更加强调气候议题，国家安全事务助理托马·多尼隆提出气候安全的理念，指出气候变化对国家安全的影响源自其对世界各国环境日益严重的影响。然而，自气候变化进入美国政治议程以来，来自两党的议员分别或者联合试图推进美国气候立法，以期在全国范围内实施有法可依的气候政策与行动，但均以失败告终。奥巴马政府曾试图积极推进相关的气候立法，然而最终无所斩获。最具代表性的是《2009年美国清洁能源与安全法议案》。从提案的数量来看，奥巴马任期内相关提案数量繁多，内容丰富。如111届（2009-2010）国会提出的气候变化提案多达200多项，创历史新高。内容包括设定减排目标、科学研究、用经济手段限排、部门减排等。112届（2011-2012）国会提起的113个提案中，57项法案要求支持气候行动。113届国会（2013-2014）提起的131项气候变化提案中，有81项提案支持气候行动。自112届国会以来，国会议员们逐渐淡化"减排"内容，110届国会开始注重"适应"。具体内容主要有联邦政府出台鼓励清洁能源和技术的经济激励，依据《清洁空气法》颁布的各种规章制度开展活动，还包括能间接影响气候变化的国会清洁能源或能效立法。奥巴马主政时期，美国扩大与主要新兴经济体的双边合作。中美印作为当今世界的前三大碳排放国，对全球气候治理具有重要作用，奥巴马政府力图将气候变化塑造为这些重要双边关系的核心议题之一。

2. 美国环境政策主要特点

从管理体制来看，美国环境管理实行联邦政府、区域管理和州政府三级管理，并且分工和职责明确。联邦政府制定环境管理法规、政策，州政府进行具体的政策落地实施。此外，将全美划分为10个大区设立区域环境办公室，进行区域环境协同管理，区域环境办公室隶属国家环境保护局，其主要职责是负责执行联邦政府环境保护局的各种项目管理，并监督、协调各个州的环境管理工作。各州设置环境管理机构，隶属各州政府，接受区域环境管理办公室和联邦政府环境保护的监督。

从环境规制工具来看，早期美国环境管制政策手段以命令型为主，近年来以经济激励型为主。命令型环境规制被称为"命令—控制"型环境管制，"命令—控制"型政策的管制采用的是基于技术和绩效的标准进行强制性管理，其特点是管制手段不够灵活，缺乏减排完成好的企业的奖励，不能较好地激励企业通过技术创新主动进行环境保护。当前，美国环境管制政策手段更多倾向于运用排污费制度、交易许可证制度等市场化手段激励企业实现环境管理。市场激励型环境政策，企业通过使用更为先进的污染控制技术中可以获取收益，市场激励性管制政策能持续激发企业的绿色技术创新，促进绿色技术的创新和使用，环境管理执行成本相对较低。此外，美国环境管理中公众参与对环境管理发挥着较强的作用，对美国环境保护的法治化也具有积极的推动作用。早在1970年，在《清洁空气法》中就对公众参与环境保护工作进行明确的法律规定，允许公众受害者对企业的环境违法和环境执法部门的不作为进行诉讼。《清洁水法》等十几部联邦环境法律，均规定了相关公民诉讼条款。历时 40 多年，公众参与制度和法规不断健全，环境公益诉讼制度已成为公众参与制度的重要内容，对环境管理、执法部门监督等方面具有重要作用。此外，美国建立了完善的环境信息披露制度，并利用发达的信息技术和先进的管理方法支撑环境信息披露制度实施。各级环境管理机构均通过相关网站等及时地向公众发布环境信息。环境信息披露一方面有助于公众了解环境质量状况，另一方面也有助于发挥公众参与环境监督。

二、美国环境政策变化趋势

近年来，美国在特朗普执政后，在坚持"美国优先"原则的前提下，政府宣布退出《巴黎协定》，对全球温室气体排放产生巨大的负面冲击。随后，美国又修订和颁布了一系列环境政策，大幅削减国家环境保护局环境管理预算，并降低国际环境基金组织的捐款额度，由全球环境治理的领导者转变为"逆全球化"的推动者。2020 年初，美国修订了反补贴法下的"发展中国家名单"，更新后的名单中，包括中国、印度等在内的 25 个经济体没有被列入，这就意味着降低对这些国家或地区进行贸易反补贴调查的门槛。此外，美国修订并改革《国家环境政策法》的一些程序性条例，新冠肺炎疫情防控期间，美国又通过了几项有争议的政策，修订了排放政策，放宽了部分污染物排放标准。美国这些环境管理政策的调整将对全球产生不良的示范效应和溢出效应。这些举措会影响全球国际环境公约履行进程，加大中国申请全球环境基金和多边基金等的难度，也将对 2021 年《生物多样性公约》第 15 次缔约方大会和《联合国气候变化框架公约》第 26 次缔约方大会造成巨大压力。

（1）泡泡政策。"泡泡政策"是美国联邦环保署于 20 世纪 70 年代末酝酿和制定的一种排污交易政策，此概念设想整个工厂处在一个巨大的"泡泡"之中，将"泡泡"之内的整体作为一个单独的"固定污染源"来计算其排污量。较之前的命令—控制模式具有更大程度的灵活性和更强的市场性，有助于降低污染治理的阻力。1974 年，联邦环保署试图将"泡泡概念"引入到《防止空气质量显著恶化条例》中，该条例的主要目的是防止空气清洁地区的空气质量免于遭受任何程度的恶化。"泡泡政策"自 1979 年底由美国联邦环保署正式颁布之后，各方围绕"泡泡政策"的合法性等问题展开的争论并未随该项政策的实施而终止，分歧主要是以下两个方面：首先，如何界定"固定污染源"依然是各方争论的焦点；其次，"泡泡政策"能否有效改善未达标区域的空气质量问题。针对如何定义"固定污染源"的问题，美国工业利益集团表示，取消联邦环保署在界定"固定污染源"中的各项限制性规定符合联邦政府环境的根本宗旨；在立法有相关争议时，给予环境监管者适当程度上的裁量权是符合法律与道德约束的。而针对"泡泡政策"能否改善未达标区域空气质量的问题，工业利益集团表示，上诉法院仅根据"美国熔炼公司诉环保署案"和"美国阿拉巴马电力公司诉科斯特勒案"的判决结果就对"泡泡政策"的适用条件进行区分的做法不够客观，在法律没有明确规定的情况下不能对这一标准做严格区分。鉴于对各方面利益的考量，美联邦最高法院于 1984 年 6 月 25 日作出判定，承认"泡泡政策"的合法性。

　　根据调查得出，截至 1985 年 1 月 10 日，美国联邦环保署批准设立了 40 个"泡泡"，同时又提议另外设立 7 个。相较于传统的污染控制方法，"泡泡"政策的实施为监管对象节省了大约 3 亿美元的成本，各个州也开始学联邦推行"泡泡政策"，有 29 个州先后提议和设立了 20 个"泡泡"，由这些"泡泡"的实施节约的治理成本总共超过了 8 亿美元。在污染治理方面，以率先推行"泡泡政策"的美国杜邦公司为例，在其对公司的 119 个污染源实施"泡泡政策"的调控模式后，其年均污染排放量从 2769 吨降至 438 吨，降幅高达 84%。1979~1998 年六种设有国家环境空气质量标准的污染物的室外浓度均呈下降趋势，总体空气质量有明显改善。另外，"泡泡政策"适应了 20 世纪 80 年代美国经济发展的现实需要。1979 年 4 月美国爆发了新的经济危机，在这样的宏观背景下，以"泡泡政策"为代表的这种既能够避免环境恶化、又能给企业一定自主权的市场调控模式的环境政策便应运而生。

　　（2）"条块"系统。美国环境决策的科学化主要受得益于其完善的环境政策决策咨询机制。美国环境管理体系以环境为核心，由"条块"系统共同组成，其中"块块"系统主要由联邦政府、国会和联邦法院等决策机构组成；在"条条"系统中，除环境决策机构外，还有为数众多的环境管理咨询机构，它们致力于环境决策的科学化和民主化，"条条"与"块块"的结合构成了美国完整的环境政策决策体系。联邦政府是美国的环境保护政策的制定者，国会是美国的立法机构，由参议院和众议院组成，司法系统的主要职责是解释相关环境法律。美国环境政策决策的"块块"结构中均有相应的咨询机构，为环境决策提供政策意见，如环境质量委员会、国会研究服务部等。但这些机构比较分散，无法发挥系统作用。加上某些时代因素，联邦行政机构的环境政策制定、地方环境政策、非政府环境政策等方式逐渐取代环境政策立法，这意味着"条条"结构主体在环境政策决策中的话语权日益加强。美国环境政策决策的"条条"系统与其他国家既有区别也有联系，一般根据州地域面积及人口数量采用两种建制：一是州环保部门对所在州的环境直接进行管理，其下不设任何环境机构；二是州环保机构也设置派出机构对地方环境进行监督管理。

三、美国环境政策启示

第一，制定相关法律，推动环境决策咨询的法治化。法律是制度化的前提，美国高效运作的决策咨询离不开完善的法律体系。从法律基础这个层面上来说，我国应完善相关的法律制度，明确规定环境咨询委员会的成立条件，咨询委员会在环境政策决策中的职责与角色等。

第二，完善我国环境咨询委员会体系。我国虽然设立了国家环境咨询委员会，发挥了一定的咨询作用。但从组织机构上来说，我国并没有形成完整的环境决策咨询体系。借鉴美国的经验，我国可从以下两方面来健全环境咨询委员会体系：一是按照管理对象发展环境咨询委员会的下属机构，壮大咨询机构队伍；二是丰富成员的来源渠道，增加产业界、利益集团的代表数量。

第三，建立健全环境决策咨询的运行机制。美国"条条"系统中的咨询机构除了"科学法庭"和"非正式协商性规则制定"两种运行模式外，在委员会的运行上还特别关注成员的选择，注重成员来源的广泛性，以保证环境决策中知识的平衡。结合我国的国情，我们要在不断培养环境政策决策咨询文化的基础上，合理安排委员会成员比例，规范决策咨询的程序，最终实现环境决策咨询委员会的科学化运作。

第三节　日本环境规制政策及发展趋势

日本资源相对匮乏，市场狭小，经济发展对外依赖性强。明治维新后，跻身世界经济强国，也开始了扩张掠夺之路。"二战"后日本惨败，经济退后战前几十年，又转而开始着力进行经济恢复，伴随经济发展，环境管理政策也在不断变化，环境管制理念经历了从消极应对环境公害向积极进行环境预防转变，从 20 世纪 70 年代起，日本开始注重环境治理问题，颁布了一系列环境政府和法规，使日本摆脱了"公害列岛"的国际形象，成为环境治理的前列国家。

一、日本环境政策特点

1. 日本环境政策发展历程

日本是世界上环境问题最严苛的国家之一，到现在成为环境治理的先进国家，其环境政策的发展历程可以分为下述三个阶段。

防治公害阶段。20世纪，由于日本对环境的轻视还有对经济发展的盲目追求，导致了环境问题的爆发，至20世纪60年代末，日本在国际上已经有公害大国的称谓。"四大公害"（水俣病、第二水俣病、四日市哮喘及痛痛病）的出现严重影响了社会稳定，对日本经济发展也产生了负面影响，人民开始考虑经济发展与环境保护的密切关系，再加上关于环境问题的法律诉讼越来越多，致使政府不得不开始重视公害问题。其实从20世纪60年代起，在强压之下，日本政府就开始着手研究并解决所面临的严重公害问题，也是在那个时候开始关注环境问题，并于1965年设立公害审议会，随后通过的《公害对策基本法》明确了7大公害，也规定了生态环境治理的基本原则。这项立法是日本环境政策有效措施的开端，此后，日本相继制定出一系列有利于公害治理的法律法规，还特别成立了公害对策本部。为有效控制公害，1970年7月，日本成立了由首相直接领导的公害防治总部。1971年，为促进对自然环境的保护，日本环境厅正式成立。

环境保护阶段。1972年6月，人类环境会议第一次会议在瑞典首都斯德哥尔摩召开。会上通过的《人类环境宣言》和行动计划，为各国环境保护治理活动指明了方向。此次会议过后，日本随即转变环境政策，意识到单纯地进行公害防治已经不能扭转环境破坏的局面，因此开始从公害防治阶段进入真正的环境保护阶段。为此，日本政府制定了《自然环境保护法》，环境政策的行政管理方面也由地域性的环境管理向全国环境保护转变，这一打破地域局限的环境管理的转变，有利于日本环境政策的制定及其在全国的推行。1977年，联合国环境规划署委派各国代表对日本生态环境进行了全面考察，最后形成了关于"日本环境政策评价"的报告，客观评价了日本关于防治公害、保护环境问题所采取的一系列行动，高度评价了日本"公害对策基本法"取得的成果。

环境政策全球化阶段。20世纪80年代末，国内外开始统一加强对地球环境问题的认识，加大防止气候变化等国际环境问题的管理力度，开展国际间合作以及综合性环保工作。1987年，世界环境发展和改革委员会发表了《我们共同的未来》的报告，首次提出了可持续发展的理念，指明经济发展不应以破坏生态环境为代价，必须协同环境保护和经济发展，争取功在当代，利在千秋，实现社会的可持续发展。日本对国际上环境保护的号召的态度非常积极。主要表现在以下四个方面，第一，企业联合建立日本国内的环境认证机构，严格规范企业的行为，成为亚洲第一个执行严格环境标准的国家。第二，加大国家在环境政策科研方面的投入，鼓励管理者与科学工作者联合，研究制定科学有效的环境政策，缓解生态危机。第三，日本特别重视环境外交，通过外交，将本国有效的环境政策被他国知晓，方便在国际环境会议上制定对本国有利的政策法规，最大限度地求得本国利益。第四，关注全球性环境问题，对发展中国家特别是周边国家进行环境技术援助，协助其治理环境问题。虽然日本的这些政策和行为有谋求大国地位的嫌疑。2001 年 1 月 6 日，日本正式成立了"环境省"。除了中央、地方环保机构外，还设有大量的环境科学研究机构、派出行政机构等，国土交通省、厚生劳动省、经济产业省、农林水产省、外务省等部门也都赋予了部分环境监管职能。

2. 日本环境政策的主要特点

日本曾经是世界上环境问题最严重的国家之一，近几十年来，日本环境管理投入很大，政府也越来越重视，跃升为环境治理推动国家之一。环境法律体系方面，日本的污染预防和治理法律体系比较健全、完善。日本除制定了《环境基本法》外，还有污染法、自然环境法等环境管理法，内容涉及领域广。此外，日本的环境法律体系中还有一些与国际环境公约等接轨的法律，如有关臭氧层和温室气体等法律法规。更值得关注的是，日本除对环境保护预防进行立法外，还对污染治理的责任部门和费用等实施细节进行了立法规定，为各项政策措施的落实到位提供了制度保障。

环境管理体制方面，日本经历了一个从无到有并不断完善、不断健全的发展过程。1963 年以前，日本为二战后的环境公害问题的高发期，环境管理工作基本没有开展，环境保护工作由内阁各省自由管理，没有统一组织、没有统一监督。1963 年后，首次设立了"公害对策推进联络协议会"，总体协调各省的环境管理工作。1970 年 7 月，成立公害防治总部，1971 年环境厅正式成立。20世纪 80 年代末，全球逐渐强烈地认识到人类生存地球环境问题的重要性，为加强防止全球气候变化等国际环境问题的管理，2001 年日本成立了"环境省"，设立了各级环保管理部门，成立了诸多环境科学研究机构，并且对国土交通省农林水产省、外务省等十几个部门也都赋予了部分环境管理监管职能。

环境保护公众参与方面，日本民众参与环境保护意愿强烈，这也在一定程度上推动了日本环境政策的快速发展。20 世纪 50 年代的环境公害事件极大地激发了公众参与环境保护的积极性，公害发生地迅速发展了大量的民间环保组织，涌现了大批环境保护倡导者。同时，政府和学者的积极协助为民众参与提供了引导和支撑。民众环保组织通过向地方政府建言献策和公众呼吁等方式，大大地推动了日本环保政策的制定和实施，成为环境保护政策推进的重要社会力量。此外，日本政府通过提高能源价格、发展循环经济等市场管理杠杆来调节企业的污染预防及治理，并培育了日本民众节能环保的生活方式。如 1998 年以来日本开始在家电、汽车等电器行业推行能源"领跑者制度"，不断激励企业降低能耗标准，引导企业进行绿色技术创新和应用。此外，为了激发民众环境保护，要求民众生活垃圾分类管理，引导民众没有"废品"的理念，因为几乎所有垃圾经过分类管理和回收利用都可以转化为经济效益。

二、日本环境规制政策变化趋势

随着日本经济不断发展，经济和环境的共赢也越来越困难，日本政府也针对时代变化调整了环境政策，力图兼顾环境和经济实现长期可持续发展，概括为四个方面，一是倡导建设循环型社会，二是加强环境教育的发展，三是鼓励环保企业的发展，四是持续密切关注全球环境问题。具体介绍如下：①倡导循环型社会方面。日本将 21 世纪规划为"环境世纪"并修改了国家环境计划，将循环型经济发展视为通向"环境世纪"的捷径，制定了一系列环境管理政策和措施，如《推进循环型社会形成基本法》，同时还制定了汽车再利用法和建筑再利用法，这些有关资源废物循环再利用的法律条例，将社会生活全方位纳入一个循环体系里，形成良性循环，有利于可持续发展。②加强环境教育方面。日本自 20 世纪 70 年代开始设置环境类专业，近半个世纪的不断发展，专业培养都形成了自己的特色，形成了环境教育完整的培养体系。21 世纪开始将环境教育拓展到全球，倡导国际性合作。如今，日本环境教育已经融入日本社会发展计划，并与日本循环型社会建设有机结合。③鼓励环保产业发展方面。多年来，日本在国际环境保护舞台上扮演着环保先行者角色，针对本国的环境保护治理政策和国际环保行动计划，都能机敏地行动，这与日本政府层面的努力是密不可分的。关于环境问题的治理，日本政府在经济上给予财政支持。日本政府宏观调控市场的劳动力资源配置，辅助有关环保的市场规模发展，提供更多的环保产业就业机会，2020 年，环保产业依然是日本经济增长的重要支柱产业之一。④持续密切关注全球环境问题方面。日本作为全球环境保护的先验国，积累了大量的环境管理的经验方法，近年来日本更加密切关注全球气候变暖的环境问题，并采取了一系列措施。

（1）废弃物处理政策。自 20 世纪 50 年代起，快速的经济增长和城市化发展导致日本城市垃圾的剧增。垃圾被倾倒于河川和海洋中，或堆放于野外，由此产生大量的蚊蝇，也导致了传染病的蔓延等问题。1954 年，日本制定了《清扫法》，该法除延续之前由市镇村负责垃圾的收集和处置的做法，还增加了国家和都道府县应给予财政和技术支持、居民有义务配合市镇村进行收集和处置等内容。在处置方式上，由于垃圾的剧增导致传统的人力收集能力明显不足，且路边倒装造成垃圾飞散，收集工作开始走向机械化，并促进各城市引进垃圾焚烧设施。20 世纪 60 年代，日本进入经济高速增长时期，城市垃圾增加的速度进一步加快，也愈加多样化。日本以往各个工业行业排放的废弃物也由市镇村进行处理，但随着生产活动的不断扩大，产生的多种废弃物被非法丢弃。另外，随着城市的开发，产生了大量的渣土砖瓦类的建筑废材，有些被非法倾倒于空地、道路、河岸等。此外还发生了工厂排放的废弃物中含有重金属等危险有害物质，以及塑料焚烧产生有毒废气等问题。这个时期，日本不仅废弃物污染加剧，大气和水污染也日趋严重，公害问题亟待解决。为此，1970 年 11 月，日本召开了被称为公害国会的临时国会（第 64 次国会），通过了 14 部公害相关法令。在公害国会上，日本全面修订了《清扫法》，制定了《废弃物处理法》。1991 年，日本《废弃物处理法》得到修订，在法律的目的中追加了控制排放、资源再利用回收的相关内容。同年，在通商产业省主导下制定了《有关促进资源有效利用的法律》（资源有效利用促进法），规定了产品的设计和制造环节应注重环境保护，以推动企业废弃物的自主回收及再生利用等。各种各样的再利用法规也相继制定，1995 年和 1998 年相继出台了《容器及包装物回收利用法》《家电回收利用法》等，单项产品的回收利用处理法的建设不断完善，由此也促进了资源垃圾的分类收集，并完善了二噁英类对策指导方针及特别措施法，环境效益逐步显现。1997～2011 年，日本废弃物焚烧设施的二噁英排放量减少了 99%。2000 年，日本制定《循环型社会形成推进法》以建设循环型社会为目标，明确社会全体成员的责任和义务，依法推进废弃物的正确处理和环境再生，以期达到全生命周期的资源循环。

（2）垃圾分类政策。日本环境优美、街道整洁，很大程度上得益于在垃圾处理方面取得的成功，尤其是垃圾分类制度的有效实施。日本的垃圾处理的特点是分类细致严谨、处理方法复杂烦琐、国民积极性高，以及强有力的法律基础和监管措施。①细化垃圾分类。编制指导手册，一般分为可燃垃圾、不可燃垃圾、资源垃圾、大件垃圾、有害垃圾五大类，五大类下又做了更为细致的分类，有些地方在五大类下分有 70 个小类。设立专门收集时间及地点，根据回收垃圾的性质按时间进行分类、集中回收，不同性质垃圾必须按规定时间投放到指定收集处，避免垃圾混装。这种强制性措施的长期实施和坚持，促使日本国民形成了根深蒂固的垃圾分类意识。②民众参与度高。一方面，从中小学环境教育入手，把垃圾问题写进小学生社会课本，从小从早抓起。另一方面，在分类组织实施上，让民众知晓分类知识、定时定点投放规矩，融入大众生活的方方面面。③法律体系完备。日本的垃圾分类，无疑是全世界最复杂、最细致的一套系统，从 1954 年颁布《清扫法》开始，经过 60 多年的发展，形成了以基本法、综合性法、专项法为依托的垃圾分类、回收、减量化处理的法律体系。

三、日本环境政策启示

1. 转变环保观念

环保观念的正确与否，会影响环境政策的制定和执行，甚至起决定作用。我们应该转变环保观念，给予环境问题应有的重视和地位。与此同时，也应该转变公众的环保观念，提高公众的环保意识，通过国家的环保运动和专项计划吸引公众广泛参与。

2. 完善环境立法

日本具有完备的环境法律体系，从而保障了日本环境政策能有效执行。国家应该成为环境保护的主导力量，完善环保立法，积极听取各方实情、各方建议，制定科学合理的环境政策，构建完善的环保体系，我们在制定环境保护法律法规时，需要做到以下三点：一是坚持自然保护与污染防治并重的原则，不能因为发展经济忽视了环境污染的治理，不能走西方资本主义国家"先污染，后治理"的老路；二是坚持把环境治理与环境监督执法紧密结合起来的原则，建立和完善社会主义市场经济条件下的环境保护法律法规完整体系，同时也应将环境损害赔偿制度和环境保护责任追究制度贯彻到底；三是我国的环保立法要与时俱进，环境问题的层出不穷就需要环境治理法律的及时跟进，这样才能保证行政人员在处理环境新问题时有法可依。

3. 加强行政管理

日本环保机构遍布全国，形成了全方位环保管理监督体系，行政机构的完善高效也为各项环境法律法规的贯彻执行提供了保证。我们的环保部门体系完整，但是现实效果不是很好，主要需要从以下四个方面做出改进：首先，源头防污比过程治污更有效。其次，政府部门行政管理要有力度。凡是环境破坏行为，一律从严治理，不能再将经济发展置于环境保护之上。再次，鉴于市场对于环境投资的失灵，国家要发挥好宏观调控作用，通过财政、税收、建立激励机制等，调控环境投资的方向和内容。最后，在政策实施过程中，要注重发挥群众的力量，对人民群众进行环境教育，发动多方积极投身环境保护治理活动当中，增强人们的环保意识，将环保行为贯穿人们生活日常。

第四节　全球环境政策启示

一、碳中和研究

气候变化是当今人类面临的重大全球性挑战，积极应对气候变化是我国实现可持续发展的内在要求，是加强生态文明建设、实现美丽中国目标的重要抓手，是我国履行负责任大国责任、推动构建人类命运共同体的重大历史担当。2021 年 3 月 5 日上午，中共十三届全国人大四次会议开幕，大会审查了国民经济和社会发展《第十四个五年规划》和《2035 年远景目标纲要（草案）》（以下简称《纲要》），在生态文明建设方面，《纲要》指出，"十四五"时期，我国生态文明建设要实现新进步。单位国内生产总值能源消耗和二氧化碳排放分别降低 13.5%、18%，主要污染物排放总量持续减少，森林覆盖率提高到24.1%，生态环境持续改善，生态安全屏障更加牢固，城乡人居环境明显改善。扎实做好"碳达峰、碳中和"各项工作首次写入政府工作报告，也成为代表委员们讨论的"热词"。习近平主席于 3 月 15 日下午主持召开中央财经委员会第九次会议，研究促进实现碳达峰、碳中和等的基本思路和主要措施。习近平在会上发表重要讲话强调，我国平台经济发展正处在关键时期，要着眼长远、兼顾当前，补齐短板、强化弱项，营造创新环境，解决突出矛盾和问题，推动平台经济规范健康持续发展；实现碳达峰、碳中和是一场广泛而深刻的经济社会系统性变革，要把碳达峰、碳中和纳入生态文明建设整体布局，拿出抓铁有痕的劲头，如期实现 2030 年前碳达峰、2060 年前碳中和的目标。习近平总书记在第七十五届联合国大会一般性辩论上宣布我国力争为 2030 年前二氧化碳排放达到峰值的目标而努力，争取于 2060 年前实现碳中和的愿景，并在气候雄心峰会上进一步宣布国家自主贡献最新举措。主要目标有："十四五"期间，应对气候变化与生态环境保护相关工作统筹融合的格局总体形成，协同优化高效的工作体系基本建立，在统一政策规划标准制定、统一监测评估、统一监督执法、统一督察问责等方面取得关键进展，气候治理能力明显提升。到 2030 年前，应对气候变化与生态环境保护相关工作整体合力充分发挥，生态环境治理体系和治理能力稳步提升，为实现二氧化碳排放达峰目标与碳中和愿景提供支撑，助力美丽中国建设。

　　欧盟国家 20 世纪七八十年代就实现了碳达峰，美国大概在 2005 年实现了碳达峰。发达国家多数已完成工业化，可以保证碳达峰后排放量持续下降。从目前宣布碳中和目标时间的国家来看，瑞典、冰岛、芬兰等北欧国家走在最前列，它们将早于 2050 年实现这一目标，包括欧盟、美国、日本、加拿大等国家和地区均宣布会在 2050 年实现碳中和。欧盟领导人同意将欧盟的短期减排目标从 40% 提高到 2030 年的 55%。欧洲拥有全球顶层设计完善的碳中和规划体系，管理体制按碳排放类型划分欧洲是全球碳中和行动起步最早、法律体系最完善的经济体，计划在 2050 年实现碳中和，2030 年前每年新增 2600 亿欧元投资。欧盟将温室气体分为两类：一类是欧盟碳排放交易系统（ETS）的交易标的，主要交易能源、工业和航空行业产生的碳排放，本类产业的排碳量主要以欧盟碳排放交易系统为载体开展监管，不严格区分国别，对欧盟各个成员国内的对应产业都实行一致性的管理措施，占欧盟总碳排放量的 40%，要求到 2030 年减排 43%。另一类是交通、建筑和农业等不在欧盟 ETS 中流通的产业排碳，对于这类产业的监管欧盟仅对各成员国的排放量设定总量约束，但对各国的具体管理手段和具体行业的减排规划不施加硬性约束，占欧盟总碳排放量的 60%，要求到 2030 年减排 30%。美国州政府的碳中和规划强于联邦层面，交易体系较为发达，美国节能减排规划起步较早，但联邦层面受制于两党理念差异立法推进不力，拜登上任后以行政命令形式明确 2050 年的碳中和目标，并计划未来 4 年增加 2 万亿元绿色投资（尚未立法）。美国州政府层面有着比联邦层面更为完善的碳中和约束，典型案例是加州政府。加州早在 2006 年便通过州层面的《全球变暖解决方案法》，明确 2050 年的减排目标，2018 年以行政命令明确 2045 年实现碳中和；加州主要通过碳交易制度下的额度上限管理实现减排目标，该制度覆盖的碳排放量占排放总额的 85%。交易体制较为完备，在整体减排进程、交易对象、不同行业的配额分配以及价格调控都有完整的管理体系。此外，美国还有多个洲际节能减排体制。全球范围内可能逐步建立国际碳中和交易市场，根据欧美经验，我国建立全国或跨区域的碳权交易所是实现碳中和的重要条件。未来可能会建立全球化的碳权交易市场，从而进一步促进碳权在全球范围内的合理定价与分配。

碳中和最新发展进展：2021 年 5 月 28 日，工业和信息化部电子第五研究所计量检测中心发布《中国数字基建的脱碳之路：数据中心与 5G 减碳潜力与挑战（2020-2035）报告》（以下简称《报告》），对中国数据中心与 5G 等数字基础设施的能耗与碳排放趋势做出预测。《报告》指出，在中国 2030 年全面实现碳达峰值后，数字基础设施的碳排放仍将继续增长，已成为能源消耗与碳排放的新增长点，数字基础设施作为数字经济发展的重要基座，如何实现绿色低碳的高质量发展将影响中国的碳中和进程。《报告》指出，一方面，数字化技术能够与电力、交通、工业制造与农业等重点排放行业实现深度融合，有效提升能源与资源的使用效率，实现生产效率与碳效率的双提升；另一方面，中国数据中心、5G 等产业近年来加速发展，其能耗与碳排放问题愈发凸显。《报告》预测，到 2035 年，中国数据中心和 5G 总用电量是 2020 年的 2.5~3 倍，将达 6951 亿~7820 亿千瓦时，将占中国全社会用电量的 5%~7%。同时，2035 年中国数据中心和 5G 的碳排放总量将达 2.3 亿~3.1 亿吨，约占中国碳排放量的 2%~4%，相当于目前两个北京市的二氧化碳排放量。为促进数字基础设施产业向碳中和与 100% 可再生能源转型，《报告》建议相关部门从四个方面着手：一是加强顶层设计，强化数字基础设施的绿色低碳导向，出台针对数字基础设施产业的"碳达峰、碳中和"路线图；二是完善数字基础设施产业使用可再生能源的考核体系，将双控目标与新建数据中心的审批政策挂钩，并将数据中心可再生能源使用比例作为考核指标之一；三是进一步完善数字基础设施产业使用可再生能源的市场机制，促进产业与可再生能源的协同发展，扩大产业参与可再生能源市场化交易的范围，并完善绿色电力证书机制；四是健全促进数字基础设施产业使用可再生能源的激励机制，引导资本流向，并发挥公共资金对于绿色低碳数字基础设施的撬动作用。

二、循环经济新战略

循环经济的基本理念在于，通过创新商业模式使经济发展与资源消耗相分离。其目的在于通过高效工艺、防止废弃物的产生、再利用、修补、再制造与循环回收来降低资源消耗量。

1. 欧盟循环经济战略

欧盟循环经济政策框架及其具体行动计划始终围绕这四个环节展开。

（1）生产环节：设计和生产易于回收再利用产品。产品设计和产品生产阶段都有机会节约资源、避免低效的后期垃圾管理，同时创造新的商业机会。

（2）消费环节：帮助消费者选择可持续的产品和服务。消费者的选择主要由消费者获得的信息、产品价格及波动幅度、产品的规章制度共同决定，这些环节对家庭垃圾也会产生起关键作用。因此，循环经济行动需要帮助消费者进行选择。

（3）废物管理环节：为废物管理设定明确目标和手段。废物管理是循环经济的核心内容，对欧盟获得资源、减少温室气体排放、促进经济增长、增加就业都有重要意义。

（4）变废物为资源：振兴再生资源市场。再循环经济中，废弃物可通过拆解回收，从处于生命周期结束时的产品中提取出来，重新注入产品生命周期开端，进而变为再生资源。再生资源可像初级原生资源那样在市场中流通，同时降低环境影响和生产成本。为落实循环经济四项核心内容，欧盟委员会不仅在其循环经济行动方案的附件中确定了清晰的行动时间表，还设立了优先发展领域和可操作的监控框架，同时作出相应财政支持安排，突出创新的作用。除了从欧盟"地平线2020"研发资金项目中安排6.5亿欧元，结构性资金中安排55亿欧元，还有各国在循环经济领域的相应投资等。

2. 中国循环经济战略

双碳目标提出后，"十四五"规划则将发展循环经济作为政策工作布局的重要一环。2021年初，国务院发布《关于加快建立健全绿色低碳循环发展经济体系的指导意见》（以下简称《意见》），从健全绿色低碳循环发展的生产体系、流通体系、消费体系，加快基础设施绿色升级，构建市场导向的绿色技术创新体系，完善法律法规政策基本方面，对绿色转型全方位作出部署和安排。值得一提的是，在2020年中国对全世界作出"碳达峰""碳中和"的承诺之后，《意见》是首个国家层面上系统性的文件，在2月22日晚间，国家发改委官方微信号发布了对这一文件的官方解读。解读称，《意见》明确了四条基本原则：一是坚持重点突破。以节能环保、清洁生产、清洁能源等为重点率先突破，做好与农业、制造业、服务业和信息技术的融合发展，全面带动第一、第二、第三产业和基础设施绿色升级。二是坚持创新引领。深入推动技术创新、模式创新、管理创新，加快构建市场导向的绿色技术创新体系，推行新型商业模式，构筑有力有效的政策支持体系。三是坚持稳中求进。做好绿色转型与经济发展、技术进步、产业接续、稳岗就业、民生改善的有机结合，积极稳妥、韧性持久地加以推进。四是坚持市场导向。在绿色转型中充分发挥市场的导向性作用、企业的主体作用、各类市场交易机制的作用，为绿色发展注入强大动力。不仅明确了未来一段时间政策的原则，而且也提出了相应的目标。预计到2025年，产业结构、能源结构、运输结构明显优化，绿色产业比重显著提升，基础设施绿色化水平不断提高，清洁生产水平持续提高，生产生活方式绿色转型成效显著，能源资源配置更加合理、利用效率大幅提升。同时，主要污染物排放总量持续减少，碳排放强度明显降低，生态环境持续改善，市场导向的绿色技术创新体系更加完善，法律法规政策体系更加有效，绿色低碳循环发展的生产体系、流通体系、消费体系初步形成。预计到2035年，绿色发展内生动力显著增强，绿色产业规模迈上新台阶，重点行业、重点产品能源资源利用效率达到国际先进水平，广泛形成绿色生产生活方式，碳排放达峰后稳中有降，生态环境根本好转，美丽中国建设目标基本实现。

发展循环经济是中国生态文明和绿色发展的重要内容，闽江学院吴飞美教授在多年研究积累的基础上，出版了著作《省域循环经济生态效益综合评价及发展对策研究——基于博弈论的视角》。该书以中国省域循环经济为研究对象，就循环经济理论和实践中存在的一些主要问题开展了有针对性、有系统性、有创新性的研究。其指出省域循环经济要得到良好发展，离不开各级政府、行业企业、社会公众的共同努力。该书基于利益的相关者理论，突破原有的"经济、社会、资源与环境"之对策范畴，构筑了"人—经济—社会—生态"四位一体的循环经济发展系统，强调"人"这个博弈主体在循环经济发展中的重要作用，强调循环经济要与合作治理相结合，拓宽了循环经济的研究视野，完善了循环经济的发展对策。与国外循环经济的理论与实践通常聚焦在企业和园区等点的层面不同，中国循环经济的理论与实践层面上的城市循环经济和省域循环经济方面富有特色。该书沿着以上特色，扣住省域循环经济这个重要层面上问题，以我国省域循环经济实践为出发点和落脚点，探索了适合中国国情的省域循环经济发展模式。

自 2015 年 12 月提出循环经济"一揽子"行动计划以来，欧盟在生产、消费、废物管理和再生资源市场循环经济产业四个环节同时发力，不仅在在线商品销售、有机肥料、创新项目制度保证、生态设计、食物浪费等重点领域取得进展，还采取技术指导、绿色采购、消费者信息传播、资金支持等手段，将循环经济相关主体动员起来。2016 年 8 月，欧盟委员会建立了欧盟食物损失与浪费平台，广泛集合了食物价值链各环节的利益相关者，共同致力于食物浪费的预防、计量方法、食物捐赠等有利于可持续发展目标的各项行动。2016 年 11 月，欧盟委员会提出生态设计工作方案（2016–2019），强调按照能源和原材料节约的潜力将产品分组，强化监管的可操作性，并扩展对产品能效的要求。该行动方案从源头上极大推动欧盟循环经济的各种实践，进一步加大政策执行力度。2017 年初，欧盟一连推出三项后续行动方案，凸显新一年度循环经济重要行动。第一，建立循环经济融资支持平台，主要有项目协调、联合提供专家咨询和提供资金支持三项功能。该平台把欧盟的各种创新基金紧密联合，加强了欧盟委员会与欧洲投资银行等金融机构的联系，创新商业模式和融资模式，激发循环经济的投资机会，牵线投资者和创新者共同促进循环经济创新实践。第二，向成员国发布废物转化能源的指导原则。从能源政策的角度看，该原则虽在国家能源政策中占比很小，但创新机会非常多，它有利于各成员国正确把握废物管理的优先顺序，实现预防、回收、转化能源和废物管理的平衡。第三，在立法层面，限制电器和电子废物中有害物质的立法修正案提出有害物质的替代原则，使电子配件的回收更加安全和有利可图。同时鼓励产品的再出售和维修延长产品寿命，使昂贵的医疗设备得以再利用。

三、环境政策的启示

综上所述，环境政策的启示主要有以下四方面：

（1）寻求环境与经济之间的契合点，实现环境与经济的均衡发展。将欧盟的环境政策系统地融合到其他各项政策中，将环保要求纳入诸如农业、工业、交通、能源、渔业等经济政策领域及可持续发展战略的指导原则之中，同时贯穿于环境行动计划的全部内容，从实践来看均卓有成效。我国在党的十八大前后围绕着建设生态文明、构建美丽中国的主题，密集出台了一系列的环保政策措施，我们应该坚持可持续发展战略，大力发展循环经济，加大对环保产业、清洁能源等既能产生经济效益又能减少环境污染的节约型、友好型产业的支持。

（2）加大政策支持与资金投入。根据欧盟的经验，任何一个层面的环境政策都离不开政府的政策支持和资金投入。我们应当继续加大对环境保护的政策支持和资金投入，综合利用多种手段深化环境政策改革，如经济、法律、教育及必要的行政手段，既发挥政府力量又利用市场机制。

（3）优化环境考核机制，细化考评标准。由于欧盟各成员国之间的差异性及相对独立性，欧盟向来注重在环境政策中细化考评标准，就我国而言，目前的环境考核机制并不完善，鉴于各地区之间经济发展水平差异较大，尤其是中西部地区各项指标数据难以获得，因此有必要"因地制宜"，根据各地区的经济发展水平建立详尽的考评标准，并制定对应的奖惩措施，带动各地区的环保积极性，推动环境政策的响应与落实工作。

（4）加强公众参与，提高政策执行力度。从欧盟环境政策的发展历程可以看出，公众的参与是环境政策制定和实行的根本保障。因此我国的环境政策更要加强公众参与力度并提高政策的执行力度，不断增强社会团体和个体在环境政策中的作用，积极扶持、指导民间环保力量，充分保障公民享有的环境权益及救济措施，携手广大民众为我国的环保事业而努力。

本章小结

本章首先梳理欧盟、美国和日本的环境规制发展历程和特点，并分析其发展趋势和动态；其次分析"碳中和"和"碳达峰"政策趋势，进一步思考中国环境政策的启示，为下一章提出环境规制政策建议提供经验借鉴。

第十一章　经济高质量发展的环境规制路径建议

参考国内外研究成果，依据经济发展基础理论分析，通过本书第三章至第十章的经济高质量发展的测度评价、环境规制对经济高质量发展的线性和非线性影响关系，并借鉴发达国家和我国高质量发展的发展经验，提出驱动中国城市经济高质量发展的环境规制路径建议。

第一节　高质量发展的环境规制总体思路建议

2020年，全面建成小康社会胜利完成，中共十九届五中全会处在重要时间节点上，这次会议提出了到2035年基本实现社会主义现代化远景目标，将要开启建设社会主义现代化国家新征程。为实现"十四五"规划的远景目标，要清晰认识新发展阶段、牢牢把握新发展理念、积极构建新发展格局，要做到思想与行动上的高度统一，要制定切实规划，实现产业链、供应链的优化升级，为实现中华民族的伟大复兴奠定坚实基础。

1. 坚持可持续发展与环境保护战略

半个多世纪以来，世界的生态资源不断遭到严重破坏，震惊世界的公害事件频发，环境危机逐渐制约经济发展和影响社会稳定，甚至威胁到人类生存，人类开始意识到这些威胁，重新审视人与环境的关系，开始清醒地意识到以牺牲环境求发展多带来的生态环境破坏，并力图对高投入、高消耗的高速增长传统发展方式进行改进。1992年6月，在巴西里约热内卢举办联合国环境与发展大会，郑重宣告"促进可持续发展是我们的责任"。可持续发展成了时代的最强音，人类理智地选择了可持续发展，这是人类文明进步的历史性转折，是人类诀别传统发展模式和开辟现代文明的一个重要里程碑。2012年6月，联合国可持续发展大会在巴西里约热内卢召开，进一步发展和完善了可持续发展理论和全球战略。目前全世界可持续发展面临新挑战，人与自然关系不和谐，主要表现为全球资源短缺风险日益加剧，实现资源消耗"零增长"目标任重道远；

环境污染程度持续加重，处于环境保护与经济发展的"两难"境地；全球生态服务功能持续下降，"生态赤字"加速上升。

我国进入新发展阶段，是历史发展进程的大跨越。2020 年胜利完成全面建成小康社会的第一个百年目标，将正式进入基本实现社会主义现代化和建设社会主义现代化强国的新阶段。然而，当前我国社会发展仍然处于重要战略机遇期，要紧紧抓住机遇期，作出新论断，要坚持"创新、协调、绿色、开放、共享"新发展理念。坚持创新是中国经济发展的首要驱动力，协调追求资源公开、公正，坚持协调发展才能实现可持续性的发展，坚持环境保护和经济社会可持续发展，发展绿色就是创造生产力、发展生产力，不断推动中国经济长期可持续高质量发展。

中国将坚持可持续发展和环境保护战略，推进可持续发展战略的重要着力点放在建设资源节约型、环境友好型社会上，切实制定和执行最严格的土地使用制度和水资源管理制度，不断大力发展循环经济，倡导清洁生产，全面推进节约各类资源，多措并举提高资源能源利用效率，加快推进能源资源生产方式和消费模式转变；以解决饮用水不安全和空气、土壤污染等损害群众健康的突出环境问题为重点，加强环境保护；健全体制机制和政策体系，综合运用优化产业结构和能源结构、节约能源和提高能效、增加碳汇等多种手段，降低温室气体排放强度，积极应对气候变化。建立长效的绿色科技创新投入机制，全面提升可持续发展能力，夯实推进中国经济可持续发展战略的基础保障，注重科技创新人才的培养与引进，建立健全创新创业的政策支撑体系，推进有利于可持续发展的科技成果转化与推广，提升中国绿色科技创新水平。

2. 保障环境规制政策与经济发展阶段适应

从环境规制工具发展进程上来看，西方发达国家从最初的第一阶段单独采用命令控制型规制工具开始，经历了第二阶段利用市场激励规制工具后，现阶段已普遍进入公众参与型规制工具协同使用的第三个阶段，即引入环境信息披露政策进行环境治理。现阶段我国经济发展水平与发达国家仍存在一定差距，直至发展到当前的环境政策工具创新发展阶段，环境规制工具还是命令控制型规制工具，排污权交易政策出台与实施与我国发展阶段是否匹配还需要充分论证，市场激励型环境规制排污权交易政策大规模实施与我国发展阶段是否适应还需要探索。环境信息披露非正式环境规制对经济发展质量的实证结果显示，环境信息披露显著抑制城市经济高质量发展，经济发展水平越高的区域影响越显著，在高速发展转向高质量发展的时间节点，尽管环境披露等公众参与型规制手段作用逐渐显著，但也要适当控制命令控制型—市场激励型—公众参与型三类规制工具的比重。

信息管理和相关环保配套制度仍存在不健全、不完善的问题，市场激励型和公众参与型环境规制并不能充分刺激企业层面内生创新降低污染。当前，环境污染仍处于存量较大，范围较广，程度较深的阶段，命令控制型环境规制政策可以实现在短时间内改善环境质量并倒逼企业技术创新，降低污染，促进经济高质量发展。因此，在我国尚未进入高收入阶段和达到环境库兹涅茨曲线拐点之前，环境规制政策应以命令控制型为主导，以市场激励型和公众参与型环境规制政策为辅，在不断完善信息披露机制、市场机制与相关配套制度前提下，稳步推动实施，避免强制全面推行。

3. 不断推进环境规制系统协调

环境系统是相互依存的，是一个相互作用的复杂网络。环境规制要使得环境系统良性循环，其规制自身要实现体系、系统的协调，不仅要实现区域间协调、行业产业间协调，还要统筹部门间协调治理及当下和未来的规制协调。环境系统是大系统，关乎当下经济发展及未来可持续发展的大系统，环境规制要不断推进大系统协调。区域间要协调，因为污染物是通过环境系统使地区间相互联系的，环境系统出现危机，任何区域都难独善其身。环境规制政策必须考虑这些环境介质，以及污染物之间的相互依赖关系。因此建议设置部门、区域"无边界"的环境管理协调机构，以协调部门间、区域间、产业间、企业间有关环保的各种规制及利益关系，统筹规划协调经济发展、环保的短期目标与中长期目标之间的矛盾与冲突。

制定环保与经济发展相协调的环境规制政策，促进环境与经济均衡发展中各部门和区域间的协同作用。进一步完善流域综合管理手段，改善水资源和水质管理，更加有效地提供与环境有关的服务，鼓励利益相关方的参与。截至2017年3月底，中国已形成长江三角洲城市群、京津冀城市群等国家级城市群和八大经济区，但目前国家和地方政府更关注城市群和经济区的形成，通过区域间资源、信息和技术共享，实现经济协同发展，区域间联防联控进行环境污染协同治理还较少。经济发展质量和环境规制存在显著的空间自相关，在空间分布不是随机的，存在空间集聚效应，表现出"高—高"集聚和"低—低"集聚的"以邻为壑"或"以邻为伴"的现象，环境规制可以促进经济高质量发展，政府要充分考虑经济发展质量的非均质性和空间集聚现象，认识到环境规制对经济发展质量的空间外溢效应，协调好不同省份和八大经济区经济发展质量提升的环境规制政策，不断推进环境协调机制，有效推动城市群和经济区内环境污染协同治理，实现中国经济高质量可持续发展。

4. 不断推进环境规制决策的精准化和智能化

环境资源监督管理的技术保障主要包括环境标准、环境监测、环境标志和环境认证。为了能更有效地实施环境规制，环境标准是重要评价依据，因此要不断优化各级环境标准体系。同时，现在的社会是一个高速发展的社会，科技发达，信息流通，人们之间的交流越来越密切，生活也越来越方便，大数据就是这个高科技时代的产物。大数据时代已经来临，它将在众多领域掀起变革的巨浪，也将为环境规制强度的选择提供智能决策依据，有助于政府在环境保护和经济高质量发展间找到那个微妙的平衡点，作出更智能化的环境规制决策。由于环境规制制度在季节、生态环境、气候条件和人口规模等方面存在更多不确定的风险因素，决策适度环境规制过程中会产生大量的不确定、不完整的信息，这就给环境规制强度选择带来了一定的难度，因此有必要引入大数据处理方法来智能度量不同区域不同条件下的适宜环境规制强度。建议运用深度学习等大数据处理方法，训练协调水平较高城市的环境规制与经济高质量发展协调特征，获得协调度较低城市应采取的最优环境规制强度。

5. 增强环境规制的创新传导效应

环境规制与工业 R&D 创新效率的影响存在倒"U"型作用机制，影响产品市场、要素市场以及消费市场，对其产生的"补偿效应"足以弥补"抵消效应"，最终影响经济发展的质量。"波特假说"并非适用于中国所有工业企业，因此需要清醒地领会环境规制与工业 R&D 创新效率关系的个性和共性，有针对性地实施环境规制措施才能获得事半功倍的效果，政府应该依据各省的环境污染程度并考虑工业企业 R&D 创新活动的投入产出现实状况，区别制定环境规制措施。信息披露作为一种公众参与型非正式环境规制工具，其对经济各方面的影响正悄然显著。城市环境信息披露的实施促进了城市绿色创新发展，符合环境规制的创新"补偿效应"理论逻辑。因此，政府对环境规制和治理要从长远利益着眼，坚持以生态环境为门槛来实现区域经济高质量发展，不可片面地认为环境信息披露会阻碍本地的创新发展，积极引导和鼓励企业进行环境信息披露，鼓励企业开展环境管理，建立规范的企业环保制度，引导企业加强对相关管理人员的环保培训，并安排专项资金用于生态环境保护工作，倒逼企业进行改进生产技术提高创新能力。因此，要提升环境规制对城市经济发展质量的促进作用，建议技术创新传导途径如下：一是建立技术创新引导激励机制。技术创新的初期，会在一定程度上挤占企业生产性投资，降低企业利润。此时，就需要地方政府对企业的技术创新行为加以引导和激励，可以通过优惠政策、税收返还和财政补贴等方式加以实现，以刺激企业的技术创新行为，避免"走过场""搞形式""半途而废"等现象的出现。技术创新的中后期，企业可以从技术创新中获得明显的利润，此时，应通过人才吸引政策、创新激励政策等方式为企业技术创新提供良好的外部环境，促进技术创新的进一步进行。二是进一步推进制度创新。地方政府在制定政策时应坚持问题导向，通过化繁为简、精简流程等方式简化办事程序，严厉打击"吃、拿、卡、要"、卡点堵点现象的存在，提升政府的服务水平和效率，为企业技术创新提供良好的制度保障。三是尝试建立技术创新保险制度。技术创新并不是一蹴而就、一劳永逸的，它存在一定的风险性，需要长期投资，且其创新结果还具有一定的不确定性。所以，如果一个企业家是风险规避者，其进行技术创新的概率就较小。而技术创新保险制度的建立，可以在一定程度上降低技术创新的风险性，提升企业进行技术创新的积极性。

6. 加强培育质量文化

立足于我国质量文化水平现状，结合质量文化系统与经济发展质量耦合协调分析结论，并考虑质量文化对绿色全要素生产率的门槛溢出效应，从企业、政府两个角度提出培育质量文化、推动我国经济高质量发展的对策建议。第一，各区域政府要因地制宜培育区域质量文化。质量文化与经济发展质量的协调度处于磨合耦合阶段，仅达到中级协调发展的标准，质量文化水平与美、日两国质量文化水平还有差距，建议政府大力推动国家质量技术基础建设，制定培育质量文化的战略规划和推进机制，健全质量法律、法规和政策规范市场经济，为质量文化建设创造良好的环境。另外，要积极推进先进质量文化建设，提升全面质量意识，打造政府重视质量、社会崇尚质量的良好氛围，提升区域质量文化软实力，尤其是质量文化滞后于经济发展质量要求的区域，更要加速提升质量文化水平，促进区域经济高质量发展。第二，我国企业质量文化建设还处于初级阶段，质量文化水平滞后于经济发展质量，建议践行"大质量"理念，将企业质量文化融入企业战略，合理定位企业质量文化、构建组织建构和推进机制、实施动态和闭环管理，进行比较法分析与评价，持续改进企业质量文化水平，通过文化的渗透，规范员工的行为和质量价值观，提升企业发展质量。

第二节　坚持环境规制基本原则

环境资源使用应遵守的具体原则，学术界存在一定的争议，尚未达成一致意见，其中部分具有共识的主要包含以下两种：首先，社会经济发展要与环境资源保护协调原则。其次，经济社会发展过程中要坚持预防为主、损害者负担及公众参与原则等。中国经济社会发展坚持环境资源使用的基本原则，才能实现经济社会长期可持续高质量发展，并且协调原则、预防为主等这些基本原则之间相互关联、相互制约，并不是彼此孤立的，中国在坚持环境资源使用基本原则的过程中，要系统思考、统筹规划，不可顾此失彼。

1. 经济社会发展和环境资源协调原则

经济社会和环境资源协调原则强调合理协调发展与环境之间的关系，指经济社会发展能够与环境资源保护进行统筹兼顾，尤其是经济发展过程中不能忽略环境资源保护，实现环境和经济的双赢，才能实现中国经济高质量可持续发展。

我国环境规制与城市经济发展质量总体耦合度还在较低水平上，协调度处于磨合耦合阶段，仅仅达到中级协调发展的标准，与高水平协调发展还有差距，尚存在较大的改进空间。从八大经济区来看，东部沿海和南部沿海耦合协调水平相对较好，大西北经济区、黄河中游经济区和北部沿海经济区，经济发展和环境保护的协调水平还较差。环境规划与城市经济发展质量耦合协调度四大经济板块相比，区域差异显著，最好的是东北部板块，其次是东部板块，耦合协调度接近东北板块，都位于高水平耦合阶段，达到良好协调等级水平，排名后两位的板块分别为西部板块和中部板块，分别位于中级、初级协调水平，环境规制滞后于经济发展质量，需要注重环境保护治理。经济社会发展过程中不同区域的环境规制强度又会影响产业发展，污染密集产业的企业倾向于建立在环境标准相对较低区域。因此，经济和社会发展与环境资源保护相协调原则的实质在于协调不同的利益，包括国内范围内的利益协调和全球各国之间的利益协调，也包括代际之间的协调，又称"代际公平"，要求当下经济和社会发展与环境资源保护相协调的同时，还要统筹协调当代人利益与后代利益。当代人不能过度开发自然资源、牺牲生态环境来实现经济增长，应当考虑后代的利益，实现经济社会长期可持续发展。

2. 预防为主原则

我国经济社会发展过程中进行适度环境规制，要坚持预防为主的原则，预防为主原则又称"预防为主、防治结合、综合治理原则"。预防为主原则强调环境与资源保护的重点在于事先的预防，环境规制要从源头上减少环境污染和资源破坏，甚至控制和杜绝经济社会发展中环境资源问题，并采用有效措施对发展中产生的环境资源问题进行积极的解决。主要是由以下三点环境资源的特殊性质决定的，首先，部分环境污染和资源破坏一旦发生将难以消除和恢复，如土壤污染、地下水污染及自然资源过度开发等，不可逆的特质势必要求我们在经济社会发展中要坚持预防原则。其次，从经济效率的角度而言，有些环境污染和资源破坏所需要花费治理代价更大。最后，有些环境资源损害不易做到有效的事后救济，政府对环境规制和治理要从长远利益着眼，坚持以生态环境为门槛来实现区域经济高质量发展，而不可片面地认为环境规制会阻碍经济发展，应当坚持预防为主的原则，积极引导和鼓励企业进行环境信息披露、开展环境管理，建立规范的企业环保制度，引导企业加强对相关管理人员的环保培训，并安排专项资金用于生态环境保护工作。

3. 损害者负担原则

环境规制在坚持协调、预防为主原则的基础上，还要坚持损害者负担的原则。损害者负担原则又称为"受益者负担原则""环境责任原则"或"开发者养护、污染者治理原则"等。损害者负担原则强调由环境与资源的具体使用损害者承担恢复环境与资源的责任。国际社会也多采用 1972 年经济合作与发展组织（OECD）提出"污染者负担"原则。生产者所产生环境问题带来的损害若要社会承担，牺牲环境寻求发展对于生产企业而言就是利用外部成本获取收益，不会增加自身的生产成本，也就不愿自我约束，只有采取措施将牺牲环境的外部成本转化成生产企业自己的成本，才能形成污染者真正的自我约束力。损害者负担原则就是用以矫正这种生产成本的"外部性"。坚持损害者负担原则，可以通过使恢复环境损害的成本由损害者承担，来实现整体社会公平；也可以激励排污者采取有效的措施从而防止或减少污染，实现绿色发展。有效坚持损害者负担原则，是解决环境资源问题的关键，在经济学上，"外部性"的解决方式有庇古理论、科斯的理论两种理论模式。庇古的理论模式认为"外部性"是市场机制失灵，需要用政府的强制手段来解决，如排污收费、环境资源税等。科斯的理论模式认为"外部性"问题是因为存在交易成本问题，可以通过降低交易成本来解决，如排污权交易等。

4. 公众参与原则

公众参与原则又称为"环境民主原则""公民参与原则"等，其强调在国家对环境与资源的管理过程中所赋予公众参与的具体途径，鼓励公众参与社会环境与资源保护事务，来保护公众合法利益及监督权利。因为环境资源属于公共物品，是社会共同财产，社会公众共享，政府应当对公众负责，公众对政府的管理行为有权进行监督。环境资源问题一般影响面较大，也是影响公共利益的社会问题，政府保障监管措施的落实，政府监管需要耗费一定的人力、财力、物力，也会出现权力寻租或监管不到位等问题，导致监督存在局限性。因此，环境资源保护不能单一依赖政府监管，还需坚持引入公众参与原则。中共中央办公厅、国务院办公厅印发的《关于构建现代环境治理体系的指导意见》指出要提高市场主体和公众参与的积极性，形成导向清晰、激励有效、多元参与、良性互动的环境治理体系。公众作为环境资源受用者，具有较强的利益诉求形成内在动力推动环境资源保护。环境资源保护坚持公众参与原则，可以发挥更广泛的社会公众监督力量，弥补政府监管的不足。

第三节 高质量发展的环境规制工具优化建议

环境规制工具是环境规制的具体表现形式，规定了规制的具体实施方式和操作规范；同时又是在环境规制的指导和要求下，实现最终规制目标的重要手段。因此，经济高质量发展的环境规制实施过程，在某种程度上而言也可以视为不同类型环境规制工具的优化组合过程。

1. 命令控制型工具的优化

在我国目前主要实施的环境规制工具中，命令控制型工具占有主导地位。虽然这些工具在污染治理和环境保护中发挥了积极作用，但由于其自身固有的局限性及在我国具体应用时的设计缺陷，极大地影响了实施效果，因此仍需要进一步改进和加强。环境影响评价政策方面，要加强对未能及时参加环评的相关部门的制裁和处罚，对于审批未能通过的项目严格勒令停止或取缔；赋予各级地方环保部门对违法环评机构的处罚权，加强环评技术机构的法律责任；完善针对环评报告的追踪调查制度。排污许可政策方面，要在现有污水排放许可和大气排污许可的基础上，扩大许可证的发放范围和种类；在现有的《环境保护法》中，加强对排污许可制度的说明和具体规定，提升其法律效力。在限期治理政策方面，要在相关法律法规中明确限期治理对象的判断标准、主要治理形式、具体程序规定以及治理期限内企业应承担的义务等，规范违规企业的治理行为；将限期治理决定权由各级人民政府转至各级环保部门，保证这一制度的合理实施。

2. 基于市场型工具的优化

我国从 20 世纪 80 年代开始基于市场型环境规制工具的应用，先后试点、实施了十多种以经济激励为主的环境政策，但仅有少数能真正在全国范围内发挥作用。这一现象主要源于我国的市场机制还没有完全建立，特别是不完全、不充分的市场信息难以有效引导市场，进而导致社会总费用的增加以及环境规制效率的降低。这就需要从以下两方面入手，为基于市场型工具营造适宜的实施氛围。一是明晰环境资源产权制度。改变传统的"一元化"产权制度安排，使其与市场经济的运作方式相一致，鼓励多元化的所有权主体参与环境资源的产权分配中；二是减少对市场行为的行政干预。逐步完善市场准入机制、竞争机制和交易机制，最大限度发挥市场在配置资源方面的基础性作用，营造公平的竞争环境，提高企业在环境治理上的积极性和主动性。同时，我国基于市场型工具在制度设计上缺乏合理性，亟须及时调整和完善。如对于排污收费政策，要进一步扩大收费范围，增加对生活污水排放、城市生活垃圾等方面的环境收费。实行差异化排污收费标准，对于高污染、高能耗的企业提高收费额度，加大违规处罚力度。对于主要污染物，统一实行排污费与超标排污费并收以及浓度收费与总量收费并存，增强排污收费的经济激励作用。另外，还要注重各类市场型工具之间的协调性和配合度，使其形成一个相互补充、彼此关联的有机整体。

3. 信息传递型工具的优化

信息传递型工具的实施在于公众参与环境保护的力度，特别是在设计、监督、实施等环境管理环节，公众所赋予的参与权和决策权。我国由于经济发展、管理体制、环保意识等原因，一方面导致相关环境信息不够公开、透明，公众获取环境信息成本较大；另一方面导致公众参与环境管理的积极性不高，环保民间组织的地位有待提升。我国信息传递型工具的改进内容包括以下三点：一要推进环境信息公开化。加强各级环保部门在环境保护规划、环境质量状况、污染物排放等方面的信息统计和及时公布；全面推进涉及民生、社会关注度高以及重特大突发事件的环境信息公开；对于涉及公众切身利益的重大项目，扩大公示范围，广泛听取社会意见。二要提高公众环境保护意识。做好环境形势、发展方向以及环保成效的宣传，让公众了解环保现状与困难，调动公众参与环保的自觉性和积极性；加大环保新闻发言人的舆论引导力度，依托各类环境保护活动，将环保宣传教育覆盖全社会的各个层面。三要大力发展环保社会组织。完善现行民间组织登记注册和管理制度，研究制定有利于公众参与、公益捐助等政策鼓励措施，保证环保社会组织的健康发展；优化配置环境公共资源，为环保社会组织创造有利的物质条件和发展空间；积极开展国际民间环境组织的交流合作，强化其业务能力和专业化水平。

4. 优化环境规制工具组合

任何环境规制工具都具有其优越性与局限性，推动绿色创新发展的某一最优规制政策并不存在。因此，为了加强环境规制对不同企业的绿色创新激励效果，构建适宜且灵活的规制工具组合是非常必要的。例如，为了减少温室气体排放，欧美国家和部分发展中国家就采用了集标准和管制政策、财政政策（政府预算拨款、税收减免与补贴、优惠贷款、政府采购等）、自愿协议（与财政政策相结合）、信息工具（能效标识、宣传教育等）、技术研发政策等于一体的政策集合。角色分配上，命令控制型仍是规制实施的基础，基于市场型工具发挥着主导作用，并辅以相关的信息传递型工具。同时，这一政策"工具包"有效与否，还与政策实施环境密切相关。如从国际实践来看，温室气体减排政策会受到气体排放总量的变动趋势，以及政策所处的制度与技术背景等方面的多重影响。就我国现阶段发展特征而言，以标准和管制为代表的命令控制型仍是最有效的环境规制工具。但从长期来看，随着市场化改革的不断深入、市场环境的不断优化以及环境监管能力的不断提高，可探索建立并逐步完善如环境税收、排放权交易等经济激励工具，以更多发挥市场机制作用。而自愿或非自愿协议、网络构建、环境标识等信息传递型工具兼具强制性和鼓励性，可作为一种政策补充。如针对企业排污绩效，设计兼具双向激励效果（奖罚并重）的环境规制政策；进一步扩大环保信用制度的适用领域和适用范围；加强不同环节的环境税费的征收与减免等。此外，要逐步减少工具应用过程中的"部门利益化"障碍，实现对各类规制工具的统筹协调和统一管理。

第四节　健全环境规制执行的保障制度

中国城市经济高质量发展要牢固树立绿色发展理念，强化政府主导作用，深化企业主体作用，更深更广地动员社会组织和公众共同参与环境资源保护，经济社会发展与环境资源保护共赢要政府治理和社会调节、企业自治良性互动，不断创新完善体制机制，环境规制强化源头治理，为保障生态环境根本好转、中国城市经济高质量发展提供有力制度保障。

1. 不断健全环境规制监督机制

目前，我国已经建立起国家、省、市、县四级环境执法体系，环境执法能力得以不断提升，但一些地区仍然存在环境违法行为，需要在以下四个方面加强：提高基层环境管理人员的业务能力和综合素质，赋予环境行政部门查封、冻结及扣押等必要的强制执行权力，严格按照法律法规进行环境监察和处理。第一，建立健全环境监察制度，提高环境执法的权威性和严肃性，加大排污企业的环境执法力度，实行行政问责与刑事问责的污染双向问责制度。建立第三方监管制度体系，推进环境服务的外部化和专业化，加强环境监管的及时性、科学性和全面性。第二，完善监管体制。整合相关部门污染防治和生态环境保护执法职责、队伍，统一实行生态环境保护执法。全面完成省以下生态环境机构监测监察执法垂直管理制度改革。推动跨区域跨流域污染防治联防联控。第三，加强司法保障。建立生态环境保护综合行政执法机关、公安机关、检察机关、审判机关信息共享、案情通报、案件移送制度。强化对破坏生态环境违法犯罪行为的查处侦办，加大对破坏生态环境案件起诉力度，加强检察机关提起生态环境公益诉讼工作。在高级人民法院和具备条件的中基层人民法院调整设立专门的环境审判机构，统一涉及生态环境案件的受案范围、审理程序等。探索建立"恢复性司法实践+社会化综合治理"审判结果执行机制。第四,强化监测能力建设。加快构建陆海统筹、天地一体、上下协同、信息共享的生态环境监测网络,实现环境质量、污染源和生态状况监测全覆盖。实行"谁考核、谁监测",不断完善生态环境监测技术体系,全面提高监测自动化、标准化、信息化水平,推动实现环境质量预报预警,确保监测数据"真、准、全"。推进信息化建设,形成生态环境数据一本台账、一张网络、一个窗口。加大监测技术装备研发与应用力度,推动监测装备精准、快速、便携化发展。

2. 不断完善环境规制效果评价制度

环境规制执行效果的好坏,不仅受相关政策影响,还受到规制部门和机构执行力度的制约。为了监督环境规制政策的执行效果,应建立环境规制考评制度,系统地对环境规制部门或机构的执行程序、形式、标准、强度等方面进行监督,以提升环境规制的执行效果。一是建立符合中国实际的环境规制考评制度,不能盲目地照搬照抄,应在结合自身特点的基础上,通过移动终端、互联网等高技术的应用,降低系统规制考评的复杂性,简化考评程序和环节,加大考评制度的可操作性和有效性。二是循序渐进地推进环境规制考评体系。环境规制考评体系可先在某些有条件的地区进行试点,待其成熟后再向其他地区推广,做到以点带面。三是建立规制部门、机构以及社会公众一体的环境规制联合考评体系。环境资源是属于社会每一个人的,保护环境不仅是规制部门和机构的职责,也是企业和个人的义务,因此环境规制部门和机构应将相关规制流程、规制结果、执行力度等信息对社会公众进行公开,社会公众应对环境规制部门和机构进行监督,并将监督结果通过反馈机制返回到相关部门,形成一个良性循环机制。

3. 健全环境规制协同执行机制

构建环境规制的联合治理协调制度,成立区域和行业联合协调治理机构,加大区域和行业协同治理力度,建设环境规制的政策执行协同制度,降低地方政府在环境规制政策执行过程中的自由裁量权,提升相邻区域或者不同地区的环境规制执行效率,消除地方政府环境规制标准中"逐底竞争"和"标尺竞争"的现象。同时,通过环境税、研发补贴和排污权交易等政策的协同执行,加大区域环境规制标准的协同力度,因地制宜地制定适合当地发展的环境规制政策,而不是"一刀切"地借鉴和引用其他区域的环境规制手段。扣减环境规制的污染治理合作机制,相邻地区间环境规制与污染排放存在交互作用和空间溢出,意味着仅仅依靠本地区的环境规制政策实施只能取得污染减排的短期效果。并且,邻近地区污染排放的空间扩散与"涓滴效应",会使得本地区陷入环境规制"低水平"均衡,需要区域间不同行业、不同企业的通力协作,从宏观和微观等多个层面构建联合控污和治污的共同行动计划。

加强组织协调，设置跨部门、跨区域的环境管理协调机构，以协调部门间、行业间、地区间、企业与社会之间的有关利益关系。采用刚性和柔性相结合的组织形式，建立协调机构来保障环境规制政策实施，通过区域联席会议、环境论坛等形式促进了解、加强交流。在地区层面建立环境规制综合协调部门，重点面向污染密集型和资源开发型企业，并负责重大环境污染事件的处理，实现资源与环境的统一化管理，重点解决跨行政区的环境污染问题和生态补偿问题，不断提高环境规制效率。

4. 不断健全环境规制信用机制

不断加强政务诚信建设。建立健全环境治理政务失信记录，将地方各级政府和公职人员在环境保护工作中因违法违规、失信违约被处罚或问责的信息纳入政务失信记录，依托官方网站及新闻媒体等依法依规逐步公开。健全企业环保信用建设。完善企业信用评价制度，将企业环保等指标纳入信用评价体系，对企业进行信用评价，根据评价结果进行分级，有针对性地进行引导和监管。建立排污企业黑名单制度，将环境违法企业依法依规纳入失信名单，将其违法信息记入信用记录，并按照相关规定纳入相关信用平台向社会公开。中国要建立完善上市公司和发债企业强制性环境治理信息披露制度，并支持和培育提供环境信息分析的中介机构，强化对企业环境信息披露的评价、引导和激励作用。

5. 不断健全环境规制法律法规政策体系

完善法律法规。制定修订固体废物污染防治、长江保护、海洋环境保护、生态环境监测、环境影响评价、清洁生产、循环经济等方面的法律法规。鼓励有条件的地方在环境治理领域先于国家进行立法。严格执法，对造成生态环境损害的，依法依规追究赔偿责任；对构成犯罪者依法追究刑事责任；完善环境保护标准。立足国情实际和生态环境状况，制定修订环境质量标准、污染物排放（控制）标准以及环境监测标准等。推动完善产品环保强制性国家标准。做好生态环境保护规划、环境保护标准与产业政策的衔接配套，健全标准实施信息反馈和评估机制；鼓励开展各类涉及环境治理的绿色认证制度；加强财税支持。建立健全常态化、稳定的中央和地方环境治理财政资金投入机制。健全生态保护补偿机制；制定出台有利于推进产业结构、能源结构、运输结构和用地结构调整优化的相关政策；严格执行环境保护税法，促进企业降低大气污染物、水污染物排放浓度，提高固体废物综合利用率。贯彻落实好现行促进环境保护和污染防治的税收优惠政策；完善金融扶持。设立国家绿色发展基金。推动环境污染责任保险发展，在环境高风险领域研究建立环境污染强制责任保险制度；开展排污权交易，研究探索对排污权交易进行抵质押融资。鼓励发展重大环保装备融资租赁。加快建立省级土壤污染防治基金。

本章小结

根据本书第三章至第十章相关研究结论，借鉴国内外环境规制经验，思考如何从环境规制视角促进城市经济高质量发展，并从总体思路、基本原则、环境规制工具优化和保障制度四个方面提出促进中国城市经济高质量发展的环境规制建议。

第十二章 结论与展望

本书的结论总体上可以归纳为两部分：第一部分回答的是中国城市经济发展质量如何，受到哪些因素的影响，环境规制如何影响中国城市经济发展质量；第二部分回答的是如何进行环境规制驱动中国城市经济高质量发展。

第一节 主要研究结论

环境保护与经济发展的关系一直是学者关注的焦点问题之一。伴随着中国经济向高质量发展转型，如何实现环境与经济发展质量的双赢成为亟须解决的问题。基于此背景，笔者首先测度了城市经济发展的全要素生产率、发展质量综合指数，在考察其时空演进特征的基础上，实证检验环境规制对城市经济发展质量的门槛效应、空间溢出效应、差分效应及创新传导效应；其次将环境规制、技术创新和城市经济发展质量纳入一个整体的研究框架中，以长三角城市群为例进行了深入探讨其作用机制；最后考察了质量文化对经济发展质量的影响。基于以上研究，本书的结论有以下六个方面：

（1）2005~2017年中国286个地市级及以上城市数据测度其技术效率、技术进步及全要素生产率方面。发现多数年份中国城市经济全要素生产率在1以上，全要素生产率多数年份保持增长，其中城市技术效率变化呈现"马鞍"型双峰演进态势，30个技术效率增幅超过5个百分点的城市多数分布在东部和西部经济区，技术进步呈现持续增长的态势，与技术效率相比，技术进步是驱动城市经济全要素生产率增长的主要动力。构建了经济高质量发展评价指标体系，选取熵值法测度各指标数据，对比分析了国内286地市的经济发展综合情况和区域异质性。中国地级及以上城市整体经济发展质量综合指数的平均值为0.255，整体呈现震荡上升态势。四大经济区经济发展质量综合指数年均值都在0.2~0.3，经济发展质量最好的是东部经济区，其次是东北部经济区，西部和中部经济区经济发展质量综合指数暂时落后。

（2）环境规制对经济发展质量的影响方面。首先，中国省域面板数据分析环境规制与经济发展质量的耦合协调关系，表明环境规制与经济发展质量总体耦合度均值为 0.735，环境规制与经济发展质量的协调度处于磨合耦合阶段，达到中级协调发展的标准，与高水平协调发展还有差距，尚存在较大的改进空间。除三大沿海经济区相对平稳外，其余五大经济区的耦合变动规律基本遵循震荡上升的态势。省份环境规制与经济发展质量耦合协调度差异较大。其次，环境规制如何影响省域经济发展质量呢？中国各省经济发展质量总体不高，尚存在较大改善空间。经济发展质量整体呈现"下降→上升→下降"的小幅震荡态势，八大经济区的经济发展质量区域异质性显著；经济发展质量和环境规制存在显著的空间自相关，在空间分布不是随机的，存在空间集聚效应，表现出高—高集聚和低—低集聚的"以邻为壑"并"以邻为伴"的现象；环境规制对区域经济发展质量的直接效应、间接效应和总效应均表现为促进经济发展质量的提升。环境规制对经济发展质量的影响，环境规制和区域经济作为门槛变量，均存在双重门槛效应，环境规制对城市经济发展质量的影响不是简单的促进或制约。环境规制与中国经济发展质量的影响呈现"U"型特征，影响程度随着经济发展水平呈现先降低后增加的演进态势；随着环境规制强度增加，环境规制对经济发展质量的影响由积极促进作用转为抑制作用，边际效应降低。最后，环境信息披露对城市经济发展质量的影响，中国地市级及以上城市整体经济发展质量综合指数尚存在较大的改进空间，整体呈现震荡上升态势，且区域差异显著；环境信息披露显著抑制城市经济高质量发展，发现符合"污染天堂假说"的理论逻辑；环境信息披露对经济发展质量的影响区域异质性显著，东部、中部和东北部三大经济区环境信息披露与经济发展质量显著负相关，西部的影响是不显著的。经济特区环境信息披露显著抑制经济发展质量，对经济发展质量影响最大，大幅高于四大经济区的影响。

（3）环境规制的技术创新效应方面。首先，地市级城市宏观和企业微观双视角考察验证了其影响，城市环境信息披露的实施促进了城市绿色创新发展，符合环境规制的创新"补偿效应"理论逻辑。四大经济区和经济特区环境信息披露对绿色创新发展影响区域差异显著，环境信息披露显著促进了清洁型企业绿色创新发展，而环境信息披露显著抑制了污染型企业绿色创新发展，相比对清洁型企业绿色创新发展的影响，影响程度略大；微观企业层面验证了环境信息披露显著促进企业绿色创新发展，区域差异显著，东部经济区创新"补偿效应"大于成本"抵消效应"，环境信息披露促进企业绿色创新发展；与之相反的是，中部、西部和东北部可能由于其对创新成本产生的"挤占效应"和区位劣势导致创新能力不足，环境信息披露对创新发展更具有阻碍作用。其次，基于中国 2007~2016 年省级工业企业面板数据，从技术效率角度来看，通过控制

FDI、贸易开放、产权结构等因素对创新效率的作用，考察环境规制对工业R&D 创新生产活动的影响机制。结论显示中国的省际之间的工业 R&D 创新效率存在差异，东部地区处于领先地位，中部、西部和东北地区与之差距较大，各年份的生产前沿面大多由东部沿海省份构建。工业 R&D 创新效率呈现"单峰—双峰—单峰"动态演进过程，随着时间的推移，工业 R&D 创新效率整体提升趋势明显，环境规制与工业 R&D 创新效率的影响存在倒"U"型作用机制，对其产生的"补偿效应"足以弥补"抵消效应"。

（4）长三角城市群环境规制与经济发展质量方面。在长三角城市群各城市经济发展质量的测度基础上，采用面板平滑转移模型考察环境规制对长三角城市群技术创新、经济发展质量的非线性影响关系，并基于系统 GMM 模型深入分析长三角城市群环境规制对经济发展质量影响的技术创新传导效应。环境规制与长三角城市群技术创新、经济发展质量存在非线性相关关系，当长三角城市群环境规制强度较弱，低于门槛值时，对长三角城市群技术创新、经济发展质量具有抑制作用，当长三角城市群环境规制强度加大跨过门槛值时，其影响转为促进作用。环境规制对长三角城市群三大趋异技术创新的影响，江苏、浙江和上海的估计结果相似，低区制时，环境规制抑制区域技术创新水平的提高，高区制时，对区域技术创新水平提升具有积极的促进作用，安徽均表现为积极的促进作用；环境规制对长三角城市群经济发展质量的影响三大区域趋异，环境规制与安徽经济发展质量正相关，江苏区域、浙江和上海区域对其影响不是简单的促进或制约，而是复杂的非线性相关关系。环境规制总体对长三角城市群经济发展质量的影响存在技术创新中介效应，技术创新中介效应占比为 13.23%。

（5）质量文化与经济发展质量方面。在测度经济发展质量、质量文化综合得分的基础上，探析时空演进特征，并实证分析了质量文化系统与经济发展质量系统之间耦合协调的特征，考察质量文化对绿色全要素生产率水平的影响机制。具体表现为：质量文化水平呈现"N"型震荡上升特征，区域差异显著。全国总体质量文化与经济发展质量的协调度处于磨合耦合阶段，达到中级协调发展的标准，与高水平协调发展还有差距，尚存在较大的改进空间；质量文化与经济发展系统耦合度呈现"下降""上升"的交错更迭式的变化特征。利用门槛面板模型分析质量文化对区域经济全要素生产率的影响发现，质量文化对全要素生产率的影响并不是简单的抑制或促进作用，质量文化与中国经济发展质量的影响呈现倒"U"型特征，影响程度随着经济发展水平呈现先增加后降低的演进态势。

（6）环境规制建议方面。基于第三章至第十章的相关研究结论，同时借鉴国内外环境规制经验，思考环境规制促进城市经济高质量发展的机制和路径，从环境规制的总体思路、坚持的基本原则、环境规制工具优化和保障制度四个方面提出驱动中国城市经济高质量发展的环境规制建议。

第二节　不足与展望

本书测度了中国城市经济高质量发展综合指数，并考察了环境规制与经济高质量发展的影响关系，取得了些许的研究成果，虽然本书在以上两个方面取得了些许成绩，环境规制和城市经济发展质量均为综合指标，但是测算更为复杂、内涵更为丰富，设计包括哪些指标更为合理、指标数据可取并量化时可能存在一定的不足，加之受研究时限和笔者研究水平所限，使得研究尚存在一定程度的不足。因此，本书还有很多未完善和有待继续研究之处：

（1）在环境规制和城市经济发展质量指标构建中，指标进一步考证，选择范围考虑进一步扩大。例如，环境规制强度测度指标体系中更广泛地纳入非正式环境规制和市场激励型规制工具，经济发展质量指标纳入安全生产指标、动态能力指标等。此外，指标体系构建应是一个动态的过程，考虑根据经济发展不同时期的情况动态地增减、调整指标体系。

（2）虽然笔者从环境规制对城市经济发展质量的影响机理方面进行了理论分析，并实证检验环境规制对城市经济发展质量的复杂影响，包括耦合协调度、门槛效应、空间效应、差分效应等，但是环境规制对城市经济发展质量的影响也是错综复杂的，故在今后的研究中，可进行进一步的探讨和拓展。

（3）环境规制与经济发展质量影响关系的实证检验中，考察期多为2006～2017年，下一步的研究将依据数据的可获取性，适度延长时间跨度。同时，在具体的实证检验分析中，增加更多稳健性检验，更准确地把握环境规制对城市经济发展质量的影响，还将从更多角度进行异质性分析，如经济发展水平、对外贸易水平、人口素质水平等方面，以更加全面详细地阐释环境规制对经济发展质量的影响效应。

参 考 文 献

［1］ Acemoglu D. P. Aghion L. Bursztyn, and D. Hemous. The Environment and Directed Technical Change ［J］. American Economic Review, 2012, 102 (1): 131-166.

［2］ Alpay E, Buccola S, Kerkdie J. Productivity Growth and Environmental Regulation in Mexican and U. S. Food Manufacturing ［J］. American Journal of Agricultural Economics, 2002, 84 (4): 887-901.

［3］ Andés G, Timo T, Dick D, et al. Panel Smooth Transition Regression Models ［R］. 2017.

［4］ Armey. The Freedom Revolution ［M］. Washington: Regnery Publishing Co, 1995.

［5］ Aschhoff B, Sofka W. Innovation on Demand: Can Public Procurement Drive Market Success of Innovations? ［J］. Research Policy, 2009 (8) .

［6］ Bai J. Estimating Multiplea Time ［J］. Econometric Theory, 1997, 13 (3): 315-352.

［7］ Barbera A J, Mcconnel V D. The Impact of Environmental Regulations on Industry Product-ivity: Direct and Indirect Effects ［J］. Journal of Environmental Economics and Managemnet, 1990, 18 (1): 50-65.

［8］ Barro R J. Quality and Quantity of Economic Growth ［R］. Central Bank of Chile, 2002.

［9］ Bergh, Andreas, Martin Karlsson. Government Size and Growth: Accounting for Economic Freedom and Globalization ［J］. Public Choice, 2010, 142 (1-2): 195-213.

［10］ Berman E, Bui L T. Environmenta Regulation and Productivity: Evidence from Oil Refin-eries ［J］. The Review of Economics and Statistic, 2001, 88 (3): 498-510.

［11］ Bruckner M. Economic Growth, Size of the Agricultural Sector, and Urbanization in Africa ［J］. Journal of Urban Economics, 2012, 71 (1): 26.

［12］ Brunner Meier S B, Cohen M A. Determinants of Environmental Innovation in US M-anufacturing Industries [J]. Journal of Environmental Economics and Management, 2003, 45 (2): 278-293.

[13] Bu M L, Liu Z B, Wagner M, Yu X. Corporate Social Responsibility and the Pollution Haven from Multinationals' Investment Decisionm China [J]. Asia-Pacific Journal of Accounting & Economics, 2013, 20 (1): 85-99.

[14] Cameron, David. On the limits of the public economy [J]. Annals of the Academy of Political and Social Science, 1982, 459 (1): 46-62.

[15] Camioto F D C, Mariano E B, and Rebelatto D A D. Efficiency in Brazil's Industrial Sectors in Terms of Energy and Sustainable Development [J]. Environmental Science & Policy, 2014 (37): 50-60.

[16] Conrad K, Wastl D. The Impact of Environmental Regulation on Productivity in German Industries [J]. Empirical Economics, 1995, 20 (4): 615- 633.

[17] Denison E F. Accounting for Slower Economic Growth: The United States in the 1970s [J]. Southern Economic Journal, 1981, 47 (4): 1191-1193.

[18] Elhorst J P. Unconditional Maximum Likelihood Estimation of Linear and Log-Linear Dynamic Models for Spatial Panels [J]. Geographical Analysis, 2004, 37 (1): 85-106.

[19] Fare R, Grcosskopf S. Nonparametric Productivity Analysis with Undesirable Outputs: Comment: Paraetric Malmquist Approach [J]. Journal of Productivity Analysis, 1992 (3): 85-101.

[20] Gollop F M, Robert M J. Environmental Regulations and Productivity Growth: The Case of Fossil Fueled Electric Power Generation [J]. Journal of Political Economy, 1983, 91 (4): 654-665.

[21] González A, Teräsvierta T, Dijk D V. Panel Smooth Transition Regression Models [R]. Research Paper, 2005.

[22] Gray W B. The Cost of Regulation: OSHA, EPA and the Productivity Slowdown [J]. American Economic Review, 1987, 77 (5): 998-1006.

[23] Grossman G M, Krueger A B. Environmental Impacts of a North American Free Trade Agreement [J]. Social Science Electronic Publishing, 1991, 8 (2): 223-250.

[24] Gunnar Alexdersson. The Industrial Structure of American Cities [M]. Beijing: Routledge, 2015.

[25] Hansen B E. Inference in TAR Models [J]. Studies in Nonlinear Dynamics & Econo metrics, 1997, 2 (1): 1-14.

［26］ Hansen B E. Threshold Effects in Non-Dynamic Panels: Estimation, testing, and Inference ［J］. Journal of Econometrics, 1999, 93 （2）: 345-368.

［27］ Hansen B E. Threshold Effects in Non-Dynamic Panels: Estimation, Testing, and Inference ［J］. Journal of Econometrics, 1999 （93）: 345-368.

［28］ Hoffmann R S. The Role of Reproduction and Mortality in Population Fluctuations of Voles ［J］. Ecological Mono-Graphs, 1958: 79-109.

［29］ Jacob B, et al. , Reputational Penalties for Environmental Violations: A Pure and Scientific Replication Study ［J］. International Review of Law and Economics, 2019, 57 （3）: 60-72.

［30］ Jaffe A B, Palmer J K. Environmental Regulation and Innovation: A Panel Data Study ［J］. Review of Economics and Statistics, 1997, 79 （4） : 610-619.

［31］ Jorgenson D J, Wilcoxen P J. Environmental Regulation and U. S Economic Growth ［J］. The RAND Journal of Economics, 1990, 21 （2）: 313-340.

［32］ Kao C. Efficiency Decomposition in Network Data Envelopment Analysis With Slacks-Based Measures ［J］. Omega-International Journal of Management Science, 2014 （45）: 1-6.

［33］ Landau, David. Government Expenditure and Economic Growth: A Cross-country Study ［J］. Southern Economic Journal, 1983, 49 （3） : 783-792.

［34］ Lanoie P, Patry M. Environmental Regulation and Productivity: New Findings on the Porter Hypothesis ［R］. Working Paper, 2001.

［35］ Lesage J, Pace R K. Introduction to Spatial Econometrics ［M］. New York: CRC Press, 2009: 513-514.

［36］ Mlachila M, TapsobaR, Tapsoba S J A. A Quality of Growth Index for Developing Countries : A Proposal ［R］. IMF Working Paper, 2014: 172.

［37］ Porter M E, Linde C. Toward a New Conception of the Environment-Competitiveness Relationship ［J］. Journal of Economic Perspectives, 1995, 9 （4）: 97-118.

［38］ Porter M E. America's Green Strategy ［J］. Scientific American, 1991, 264 （4）: 168.

［39］ Roberts P W . Product Innovation, Product-Market Competition and Persistent Profitability in the U. S. Pharmaceutical Industry ［J］. Strategic Management Journal, 1999, 20 （7）: 655-670.

［40］ Roland Kube, Andreas Löschel. Research Trends in Environmental and Resource Economics: Insights from Four Decades of JEEM ［J］. Journal of Environmental Economics and Management，2018（92）：433-464.

［41］Romero-Avila，Diego，Rolf Strauch. Public Finances and Long-Term Growth in Europe：Evidence from a Pan-el Data Analysis［J］. European Journal of Political Economy，2008，24（1）：172-191.

［42］Rubashkina Y，Galeotti M，Verdolini E. Environmental Regulation and Competitiveness：Empirical Evidence on the Porter Hypothesis from European Manu-facturing Sectors［J］. Energy Policy，2015（83）：288-300.

［43］Saastamoinen J，Reijonen H，Tammi T. Should SMEs Pursue Public Pro-curement to Improve Innovative Performance?［J］. Technovation，2018.

［44］Sharma S，homas V J. Inter-country R&D Efficiency Analysis：An Appli-cation of Data Envelopment Analysis［J］. Scientometrics，2008，76（3）：483-501.

［45］Song M L Wang S H and Liu W. A Two-Stage DEA Approach for Environ-mental Efficiency Measurement Environmental Monitoring and Assessment［J］. Envi-ronmental Monitorring & Assessment，2014，186（5）：3041-3051.

［46］Tone K. Slacks-Based Measure of Efficiency in Data Envelopment Analysis［J］. European Journal of Operational Research，2001（130）：498-5.

［47］Wayne B G. Economic Costs and Consequences of Environmental Regulation［M］. Taylor and Francis，2018.

［48］Wen Jing Yi，Le Le Zou，Jie Guo，Kai Wang，Yi-Ming Wei. How can China Reach Its CO_2 Intensity Reduction Targets by 2020? A Regional Allocation Based on Equityand Developinent［J］. Energy Policy，2011，39（5）：2407-2415.

［49］Xu X D，S X Zeng，and C M Tam. Stock Market's Reaction to Disclosure of Environmental Violations：Evidence from China［J］. Journal of Business Ethics，2012（107）：227-237.

［50］Zhou Y Xing X P Fang K N Liang D P，and Xu C L. Environmental Effi-ciency Analysis of Power Industry in China Based on an Entropy SBM Model［J］. Energy Policy，2013（57）：68-75.

［51］安淑新. 促进经济高质量发展的路径研究：一个文献综述［J］. 当代经济管理，2018，40（9）：11-17.

［52］白嘉，韩先锋，宋文飞. FDI 溢出效应、环境规制与双环节 R&D 创新——基于工业分行业的经验研究［J］. 科学学与科学技术管理，2013（1）：56-66.

［53］白雪洁，宋莹. 环境规制、技术创新与中国火电行业的效率提升［J］. 中国工业经济，2009（8）：68-77.

［54］采峰．质量文化的评价尺度和评价维度研究［J］．世界标准化与质量管理，2008（3）：29-32．

［55］蔡乌赶，李青青．环境规制对企业生态技术创新的双重影响研究［J］．科研管理，2019（10）：87-95．

［56］曾春媛，刘青青，王锦，杨妮娜．科技投入与区域经济发展水平协调性研究［J］．科研管理，2013，34（S1）：203-210．

［57］曾宪奎．我国高质量发展的内在属性与发展战略［J］．马克思主义研究，2019（8）：121-128．

［58］钞小静，惠康．中国经济增长质量的测度［J］．数量经济技术经济研究，2009，26（6）：75-86．

［59］钞小静，任保平．中国经济增长结构与经济增长质量的实证分析［J］．当代经济科学，2011，33（6）：50-56+123-124．

［60］钞小静，薛志欣．新时代中国经济高质量发展的理论逻辑与实践机制［J］．西北大学学报（哲学社会科学版），2018，48（6）：12-22．

［61］陈德铭．经济高质量发展的国际环境和战略机遇［J］．南京大学学报（哲学·人文科学·社会科学版），2018，55（4）：5-9+157．

［62］陈俊萱，王科．最优政府规模与经济增长：理论与证据［J］．现代财经（天津财经大学学报），2015，35（8）：13-22．

［63］陈强，胡雯，鲍悦华．城市发展质量及其测评：以发展观为主导的演进历程［J］．经济社会体制比较，2014（3）：14-23．

［64］陈庆江．政府科技投入能否提高企业技术创新效率？［J］．经济管理，2017，39（2）：6-19．

［65］陈诗一，陈登科．经济周期视角下的中国财政支出乘数研究［J］．中国社会科学，2019（8）：111-129+206-207．

［66］陈诗一，陈登科．雾霾污染、政府治理与经济高质量发展［J］．经济研究，2018，53（2）：20-34．

［67］陈实，王亮，陈平．实证分析不同来源科技投入对经济增长的贡献——基于中国与美国、日本研发数据的对比［J］．科学学研究，2017，35（8）：1143-1155+1231．

［68］陈素梅，何凌云．相对贫困减缓、环境保护与健康保障的协同推进研究［J］．中国工业经济，2020（10）：62-80．

［69］陈小卉，郑文含．基于绿色发展的城市发展质量评价研究——以江苏为例［J］．城市规划学刊，2017（3）：70-77．

［70］陈晓，张壮壮，李美玲．环境规制、产业结构变迁与技术创新能力

[J]．系统工程，2019，37（3）：59-68.

[71] 陈璇，Knut Bjorn Lindkvist．环境绩效与环境信息披露：基于高新技术企业与传统企业的比较［J］．管理评论，2013，25（9）：117-130.

[72] 陈璇，钱薇雯．环境规制与行业异质性对制造业企业技术创新的影响——基于我国沿海与内陆地区的比较［J］．科技管理研究，2019，39（1）：111-117.

[73] 陈长江．江苏高质量发展水平测度与提升策略［J］．南通大学学报（社会科学版），2019，35（3）：35-42.

[74] 陈昭，刘映曼．中国财政支出对经济发展质量的空间溢出效应——基于省级数据时空异质性研究［J］．地方财政研究，2019（12）：86-95.

[75] 程虹，陈文津．企业质量文化异质性与企业利润关联的实证研究［J］．管理学报，2017，14（7）：966-972.

[76] 程启智，马建东．中国西部地区经济发展质量评价：2006-2017年［J］．云南财经大学学报，2019，35（4）：50-58.

[77] 崔大沪．开放经济中的中国产业增长模式转变［J］．世界经济研究，2004（9）：54-60.

[78] 单春霞，仲伟周，耿紫珍，周明学．环境规制、行业异质性对工业行业技术创新的影响研究［J］．经济问题，2019（12）：60-67.

[79] 丁涛，顾金亮．科技创新驱动江苏地区经济高质量发展的路径研究［J］．南通大学学报（社会科学版），2018，34（4）：41-46.

[80] 丁潇君，房雅婷．中国环境规制与绿色创新关系研究——基于元分析方法的实证分析［J］．价格理论与实践，2018（6）：34-37.

[81] 丁绪辉，高素惠，吴凤平．环境规制、FDI集聚与长江经济带用水效率的空间溢出效应研究［J］．中国人口·资源与环境，2019，29（8）：148-155.

[82] 董直庆，王辉．环境规制的"本地—邻地"绿色技术进步效应［J］．中国工业经济，2019（1）：100-118.

[83] 杜爱国．中国经济高质量发展的制度逻辑与前景展望［J］．学习与实践，2018（7）：5-13.

[84] 杜龙政，赵云辉，陶克涛，林伟芬．环境规制、治理转型对绿色竞争力提升的复合效应——基于中国工业的经验证据［J］．经济研究，2019，54（10）：106-12

[85] 范柏乃，段忠贤，江蕾．中国科技投入的经济发展效应区域差异分析［J］．经济地理，2013，33（12）：10-15.

[86] 范金，万伟，袁小慧．长江经济带经济发展质量的演化趋势与对策研

究［J］．数学的实践与认识，2019，49（13）：61-72.

［87］范金，张强，落成．长三角城市群经济发展质量的演化趋势与对策建议［J］．工业技术经济，2018，37（12）：70-77.

［88］范庆泉，储成君，高佳宁．环境规制、产业结构升级对经济高质量发展的影响［J］．中国人口·资源与环境，2020（6）：84-94.

［89］范庆泉．环境规制、收入分配失衡与政府补偿机制［J］．经济研究，2018，53（5）：14-27.

［90］方颖，郭俊杰．中国环境信息披露政策是否有效：基于资本市场反应的研究［J］．经济研究，2018，53（10）：158-174.

［91］傅京燕，李丽莎．环境规制、要素禀赋与产业国际竞争力的实证研究——基于中国制造业的面板数据［J］．管理世界，2010（10）：87-98+187.

［92］傅京燕，吴丽敏．制度和环境政策影响了可再生能源产业出口贸易吗——基于出口深度和广度的视角［J］．国际贸易问题，2015（12）：85-95.

［93］干春晖，郑若谷，余典范．中国产业结构变迁对经济增长和波动的影响［J］．经济研究，2011（3）：4-15.

［94］高艺，杨高升，谢秋皓．省际贸易壁垒、环境规制与绿色全要素生产率——基于空间溢出效应与门槛特征［J］．管理现代化，2019，39（5）：90-94.

［95］高瑜玲．环境规制对工业技术创新的影响——基于行业异质性视角［J］．西南交通大学学报（社会科学版），2018，19（1）：115-122.

［96］郭晨，张卫东．产业结构升级背景下新型城镇化建设对区域经济发展质量的影响——基于PSM-DID经验证据［J］．产业经济研究，2018（5）：78-88.

［97］郭湖斌，邓智团．新常态下长三角区域经济一体化高质量发展研究［J］．经济与管理，2019，33（4）：22-30.

［98］郭捷，杨立成．环境规制、政府研发资助对绿色技术创新的影响——基于宏观视角的实证分析［J］．科技进步与对策，2020，37（10）：37-44.

［99］郭进．环境规制对绿色技术创新的影响——"波特效应"的中国证据［J］．财贸经济，2019，40（3）：147-160.

［100］郭立宏．中国进入高质量发展时代的理论和政策导向——评《超越数量：质量经济学的范式与标准研究》［J］．西北大学学报（哲学社会科学版），2018，48（2）：147-148.

［101］郭淑芬，裴耀琳，任建辉．基于三维变革的资源型地区高质量发展评价体系研究［J］．统计与信息论坛，2019，34（10）：27-35.

［102］郭韬，丁小洲，任雪娇．制度环境、商业模式与创新绩效的关系研

究——基于系统动力学的仿真分析 [J]. 管理评论, 2019, 31 (9): 193-206.

[103] 郭亚军. 综合评价理论、方法及应用 [M]. 北京: 科学出版社, 2008.

[104] 郭英远, 张胜, 张丹萍. 环境规制、政府研发资助与绿色技术创新: 抑制或促进? ——一个研究综述 [J]. 华东经济管理, 2018, 32 (7): 40-47.

[105] 郭志仪, 杨骁. 人力资本结构对西北地区经济增长的影响——基于西北五省面板数据 [J]. 人口学刊, 2010 (6): 3-8.

[106] 郭周明, 张晓磊. 高质量开放型经济发展的内涵与关键任务 [J]. 改革, 2019 (1): 43-53.

[107] 国家发展改革委经济研究所课题组. 推动经济高质量发展研究 [J]. 宏观经济研究, 2019 (2): 5-17+91.

[108] 韩晶. 中国高技术产业创新效率研究: 基于 SFA 方法的实证分析 [J]. 科学学研究, 2010, 28 (3): 467-472

[109] 郝颖, 辛清泉, 刘星. 地区差异、企业投资与经济增长质量 [J]. 经济研究, 2014, 49 (3): 101-114+189.

[110] 何伟. 中国区域经济发展质量综合评价 [J]. 中南财经政法大学学报, 2013 (4): 49-56+160.

[111] 何玉梅, 罗巧. 环境规制、技术创新与工业全要素生产率——对 "强波特假说" 的再检验 [J]. 软科学, 2018, 32 (4): 20-25.

[112] 洪银兴. 改革开放以来发展理念和相应的经济发展理论的演进——兼论高质量发展的理论渊源 [J]. 经济学动态, 2019 (8): 10-20.

[113] 胡永远, 刘智勇. 不同类型人力资本对经济增长的影响分析 [J]. 人口与经济, 2004 (2): 55-58.

[114] 华坚, 胡金昕. 中国区域科技创新与经济高质量发展耦合关系评价 [J]. 科技进步与对策, 2019, 36 (8): 19-27.

[115] 黄清煌, 高明. 环境规制对经济增长的数量和质量效应——基于联立方程的检验 [J]. 经济学家, 2016 (4): 53-62.

[116] 黄庆华, 胡江峰, 陈习定. 环境规制与绿色全要素生产率: 两难还是双赢? [J]. 中国人口·资源与环境, 2018, 28 (11): 140-149.

[117] 黄庆华, 时培豪, 胡江峰. 产业集聚与经济高质量发展: 长江经济带 107 个地级市例证 [J]. 改革, 2020 (1): 87-99.

[118] 黄庆华, 时培豪, 刘晗. 区域经济高质量发展测度研究: 重庆例证 [J]. 重庆社会科学, 2019 (9): 82-92.

[119] 黄贤凤, 武博, 王建华. 中国八大经济区工业企业技术创新效率及

其影响因素研究［J］. 中国科技论坛，2013（8）：90-97

［120］黄燕萍，刘榆，吴一群，李文溥. 中国地区经济增长差异：基于分级教育的效应［J］. 经济研究，2013，48（4）：94-105.

［121］黄永明，姜泽林. 金融结构、产业集聚与经济高质量发展［J］. 科学学研究，2019，37（10）：1775-1785.

［122］江玮滢，高睿璇，宋晓缤. 资本效率、财务风险与经济发展质量评价——2018 中国资金管理智库高峰论坛综述［J］. 财务与会计，2018（23）：81-83.

［123］姜琪. 政府质量、文化资本与地区经济发展——基于数量和质量双重视角的考察［J］. 经济评论，2016（2）：58-73.

［124］蒋伏心，王竹君，白俊红. 环境规制对技术创新影响的双重效应——基于江苏制造业动态面板数据的实证研究［J］. 中国工业经济，2013（7）：44-55.

［125］焦根强. 质量文化建设是质量强国的基础工作［J］. 中国质量，2012（6）：35-37.

［126］金碚. 关于"高质量发展"的经济学研究［J］. 中国工业经济，2018（4）：5-18.

［127］金刚，沈坤荣. 以邻为壑还是以邻为伴？——环境规制执行互动与城市生产率增长［J］. 管理世界，2018，34（12）：43-55.

［128］康志勇，张宁，汤学良，刘馨. "减碳"政策制约了中国企业出口吗［J］. 中国工业经济，2018（9）：117-135.

［129］孔海涛. 环境规制类型与地区经济发展不平衡［J］. 管理现代化，2018，38（3）：48-50.

［130］邝嫦娥，路江林. 环境规制对绿色技术创新的影响研究——来自湖南省的证据［J］. 经济经纬，2019，36（2）：126-132.

［131］邝劲松. 经济发展逻辑的嬗变与创新：从以 GDP 为中心转向以人为中心［J］. 社会科学，2019（9）：51-60.

［132］郎丽华，周明生. 迈向高质量发展与国家治理现代化——第十二届中国经济增长与周期高峰论坛综述［J］. 经济研究，2018，53（9）：204-208.

［133］雷明，虞晓雯. 地方财政支出、环境规制与我国低碳经济转型［J］. 经济科学，2013（5）：47-61.

［134］雷鹏. 基于人力资本、技术进步的经济增长研究［J］. 南京社会科学，2011（3）：37-42.

［135］类骁，韩伯棠. 环境规制、产业集聚与贸易绿色技术溢出门槛效应

研究 [J]. 科技管理研究, 2019, 39 (17): 220-225.

[136] 冷崇总. 构建经济发展质量评价指标体系 [J]. 宏观经济管理, 2008 (4): 43-45.

[137] 黎文勇, 杨上广. 市场一体化、城市功能专业化与经济发展质量——长三角地区的实证研究 [J]. 软科学, 2019, 33 (9): 7-12.

[138] 李冬琴. 环境政策工具组合、环境技术创新与绩效 [J]. 科学学研究, 2018, 36 (12): 2270-2279.

[139] 李广培, 李艳歌, 全佳敏. 环境规制、R&D 投入与企业绿色技术创新能力 [J]. 科学学与科学技术管理, 2018, 39 (11): 61-73.

[140] 李虹, 邹庆. 环境规制、资源禀赋与城市产业转型研究——基于资源型城市与非资源型城市的对比分析 [J]. 经济研究, 2018, 53 (11): 182-198.

[141] 李金叶, 许朝凯. 中亚国家经济发展质量评价体系研究 [J]. 上海经济研究, 2017 (6): 101-109.

[142] 李婧, 谭清美, 白俊红. 中国区域创新生产的空间计量分析——基于静态与动态空间面板模型的实证研究 [J]. 管理世界, 2010 (7): 43-55+65.

[143] 李娟, 王琴梅. 基于效率视角的河南省物流业发展质量研究 [J]. 管理学刊, 2019, 32 (2): 25-35.

[144] 李娟伟, 刚翠翠. 基于面板 SVAR 模型的中国对外贸易与经济发展质量和效益的动态关系研究 [J]. 西安财经学院学报, 2016, 29 (2): 117-124.

[145] 李磊, 张贵祥. 京津冀城市群发展质量评价与空间分析 [J]. 地域研究与开发, 2017, 36 (5): 39-43+56.

[146] 李丽莎. 我国经济发展指标体系的构建与应用研究——基于经济发展的数量与质量角度 [J]. 特区经济, 2011 (6): 295-297.

[147] 李怒云, 高均凯. 全球气候变化谈判中我国林业的立场及对策建议 [J]. 林业经济, 2003 (5): 12-13.

[148] 李鹏, 张俊飚. 森林碳汇与经济增长的长期均衡及短期动态关系研究——基于中国 1998-2010 年省级面板数据 [J]. 自然资源学报, 2013, 28 (11): 1835-1845.

[149] 李瑞琴. 环境规制、制度质量与绿色技术创新 [J]. 现代经济探讨, 2019 (10): 19-27.

[150] 李伟, 余翔, 蔡立胜. 政府科技投入、知识产权保护与企业研发投入 [J]. 科学学研究, 2016, 34 (3): 357-365.

［151］李秀敏．人力资本、人力资本结构与区域协调发展——来自中国省级区域的证据［J］．华中师范大学学报（人文社会科学版），2007（3）：47-56.

［152］李秀珍，唐海燕．环境规制新要求下中国工业部门对外经济政策研究——来自外商投资和贸易开放的经验证据［J］．世界经济研究，2016（5）：125-133+136.

［153］李阳，党兴华，韩先锋，宋文飞．环境规制对技术创新长短期影响的异质性效应——基于价值链视角的两阶段分析［J］．科学学研究，2014，32（6）：937-949.

［154］李勇，任保平．转换成本、晋升激励和经济增长质量［J］．财贸研究，2019，30（3）：1-14.

［155］李豫新，王振宇．"丝绸之路经济带"背景下经济发展质量影响因素分析［J］．统计与决策，2017（21）：126-130.

［156］李豫新，王振宇．丝绸之路经济带背景下经济发展质量评价分析——以新疆为例［J］．生态经济，2017，33（4）：58-63+84.

［157］李园园，李桂华，邵伟，段珅．政府补助、环境规制对技术创新投入的影响［J］．科学学研究，2019，37（9）：1694-1701.

［158］李子联，王爱民．江苏高质量发展：测度评价与推进路径［J］．江苏社会科学，2019（1）：247-256+260.

［159］李佐军．推进中国区域经济发展质量的全面提升［J］．区域经济评论，2018（1）：4-6+2.

［160］梁东黎．我国区域经济发展质量新研究——以居民收入占比为标准的考察［J］．探索与争鸣，2012（4）：59-64.

［161］梁志霞，毕胜．基于城市功能的城市发展质量及其影响因素研究——以京津冀城市群为例［J］．经济问题，2020（1）：103-111.

［162］廖祖君，王理．城市蔓延与区域经济高质量发展——基于 DMSP/OLS 夜间灯光数据的研究［J］．财经科学，2019（6）：106-119.

［163］林志帆，刘诗源．税收负担与企业研发创新——来自世界银行中国企业调查数据的经验证据［J］．财政研究，2017（2）：98-112.

［164］凌江怀，李成，李熙．财政科技投入与经济增长的动态均衡关系研究［J］．宏观经济研究，2012（6）：62-68.

［165］刘方．经济增长与政府最优规模关系探讨［J］．统计与决策，2006（23）：103-104.

［166］刘光富，郭凌军．环境规制、环境责任与绿色创新关系实证研

究——一个调节的中介模型［J］．科学管理研究，2019，37（4）：2-6.

［167］刘国斌，韩宇婷．新时代县域经济实现高质量发展的思路与对策［J］．税务与经济，2019（6）：55-61.

［168］刘国斌，宋瑾泽．中国区域经济高质量发展研究［J］．区域经济评论，2019（2）：55-60.

［169］刘加林，严立冬．环境规制对我国区域技术创新差异性的影响——基于省级面板数据的分析［J］．科技进步与对策，2011（1）：32-36.

［170］刘金林，冉茂盛．环境规制对行业生产技术进步的影响研究［J］．科研管理，2015，36（2）：107-114.

［171］刘津汝，曾先峰，曾倩．环境规制与政府创新补贴对象企业绿色产品创新的影响［J］．经济与管理研究，2019，40（6）：106-118.

［172］刘林，张勇．科技创新投入与区域经济增长的溢出效应分析［J］．华东经济管理，2019，33（1）：62-66.

［173］刘强，李泽锦．全要素生产率与区域产业发展质量不平衡——基于京津冀和长三角的实证分析［J］．统计与信息论坛，2019，34（9）：70-77.

［174］刘瑞明，赵仁杰．国家高新区推动了地区经济发展吗？——基于双重差分方法的验证［J］．管理世界，2015（8）：30-38.

［175］刘思明，张世瑾，朱惠东．国家创新驱动力测度及其经济高质量发展效应研究［J］．数量经济技术经济研究，2019，36（4）：3-23.

［176］刘晓旭．衡量经济发展质量的六个维度［J］．中国党政干部论坛，2017（12）：53-54.

［177］刘燕妮，安立仁，金田林．经济结构失衡背景下的中国经济增长质量［J］．数量经济技术经济研究，2014，31（2）：20-35.

［178］刘祎，杨旭，黄茂兴．环境规制与绿色全要素生产率——基于不同技术进步路径的中介效应分析［J］．当代经济管理，2020，42（6）：16-27.

［179］刘榆，刘忠璐，周杰峰．地区经济增长差异的原因分析——基于人力资本结构视角［J］．厦门大学学报（哲学社会科学版），2015（3）：11-19.

［180］鲁永刚，张凯．资源依赖、政府效率与经济发展质量［J］．经济与管理研究，2019，40（1）：3-13.

［181］罗党论，高妙媛．经济发展、城市质量与民生支出［J］．当代经济管理，2014，36（4）：54-62.

［182］罗宣，周梦娣，王翠翠．长三角地区经济增长质量综合评价［J］．财经问题研究，2018（4）：123-129.

［183］罗艳，陈平．环境规制对中国工业绿色创新效率改善的门槛效应研

究 [J]. 东北大学学报（社会科学版），2018，20（2）：147-154.

[184] 罗植. 中国三大城市群经济发展质量的区域比较——基于全要素生产率及指数的评价分析 [J]. 企业经济，2019，38（11）：135-141.

[185] 吕铁，王海成. 劳动力市场管制对企业技术创新的影响：基于世界银行中国企业调查数据的分析 [J]. 中国人口科学，2015（4）：32-46+127.

[186] 马富萍，郭晓川，茶娜. 环境规制对技术创新绩效影响的研究——基于资源型企业的实证检验 [J]. 科学学与科学技术管理，2011（8）：87-92.

[187] 马海良，黄德春，姚惠泽. 技术创新、产业绩效与环境规制——基于长三角的实证分析 [J]. 软科学，2012（1）：1-5.

[188] 马静，李小帆，张红. 长江中游城市群城市发展质量系统协调性研究 [J]. 经济地理，2016，36（7）：53-61.

[189] 马威. 商贸流通业区域差异性对经济发展影响的实证研究——基于贵州、四川和重庆的经验分析 [J]. 商业经济研究，2019（9）：149-152.

[190] 毛建辉. 政府行为、环境规制与区域技术创新——基于区域异质性和路径机制的分析 [J]. 山西财经大学学报，2019，41（5）：16-27.

[191] 孟祥兰，邢茂源. 供给侧改革背景下湖北高质量发展综合评价研究——基于加权因子分析法的实证研究 [J]. 数理统计与管理，2019，38（4）：675-687.

[192] 倪建文. 质量与企业文化建设——对质量文化的进一步探究 [J]. 江西社会科学，2012，32（4）：232-236.

[193] 聂国卿，郭晓东. 环境规制对中国制造业创新转型发展的影响 [J]. 经济地理，2018，38（7）：110-116.

[194] 欧向军，甄峰，叶磊，杨恒，顾秋芸. 江苏省城市化质量的区域差异时空分析 [J]. 人文地理，2012，27（5）：76-82.

[195] 潘峰，西宝，王琳. 中国地方政府环境规制激励机制研究 [J]. 中国经济问题，2015（6）：26-36.

[196] 彭文斌，文泽宙. 绿色创新与中国经济高质量发展 [J]. 江汉论坛，2019（9）：36-43.

[197] 彭文斌，文泽宙. 雾霾污染影响居民消费吗？——来自城市空间面板数据的证据 [J]. 消费经济，2019，35（4）：62-71.

[198] 戚聿东，李颖. 新经济与规制改革 [J]. 中国工业经济，2018（3）：5-23.

[199] 齐亚伟，陶长琪. 环境约束下要素集聚对区域创新能力的影响——基于 GWR 模型的实证分析 [J]. 科研管理，2014，35（9）：17-24.

［200］齐艳杰．高校质量文化建设现状与改进策略——基于"高等教育第三方评估"个案调研［J］．中国高教研究，2016（3）：22-30.

［201］乔美华．环境规制对 R&D 创新效率影响的双重效应——基于省级工业面板数据经验研究［J］．现代经济探讨，2018（9）：79-89.

［202］任保平，李禹墨．新时代背景下高质量发展新动能的培育［J］．黑龙江社会科学，2018（4）：31-36.

［203］任保平，魏婕，郭晗．中国经济增长质量发展报告［M］．北京：中国经济出版社，2018.

［204］任保平，文丰安．新时代中国高质量发展的判断标准、决定因素与实现途径［J］．改革，2018（4）：5-16.

［205］任保平，张星星．高质量发展对中国发展经济学新境界的开拓［J］．东南学术，2019（6）：127-136+247.

［206］任保平．新时代中国经济从高速增长转向高质量发展：理论阐释与实践取向［J］．学术月刊，2018，50（3）：66-74+86.

［207］任保平．新时代中国经济增长的新变化及其转向高质量发展的路径［J］．社会科学辑刊，2018（5）：35-43.

［208］任正超，朱华忠，张德罡等．俄罗斯布里亚特共和国植被 NPP 对气候变化的时空响应［J］．自然资源学报，2011，26（5）：790-801.

［209］容秀英．我国企业质量文化构建研究——日本的启示与借鉴［J］．科技管理研究，2015，35（12）：237-241.

［210］茹少峰，周子锴．西部大开发20年的政策净效应与西部地区经济高质量发展——基于倾向得分匹配—双重差分方法检验［J］．陕西师范大学学报（哲学社会科学版），2019，48（4）：63-75.

［211］师博，韩雪莹．中国实体经济高质量发展测度与行业比较：2004-2017［J］．西北大学学报（哲学社会科学版），2020，50（1）：57-64.

［212］师博，任保平．中国省级经济高质量发展的测度与分析［J］．经济问题，2018（4）：1-6.

［213］师博，张冰瑶．全国地级以上城市经济高质量发展测度与分析［J］．社会科学研究，2019（3）：19-27.

［214］史贝贝，冯晨，康蓉．环境信息披露与外商直接投资结构优化［J］．中国工业经济，2018（4）：98-116.

［215］史贝贝，冯晨，张妍，杨菲．环境规制红利的边际递增效应［J］．中国工业经济，2017（12）：40-58.

［216］史丹，李鹏．我国经济高质量发展测度与国际比较［J］．东南学术，

2019（5）：169-180.

［217］史丹，李鹏．中国工业70年发展质量演进及其现状评价［J］．中国工业经济，2019（9）：5-23.

［218］宋明顺，张霞，易荣华，朱婷婷．经济发展质量评价体系研究及应用［J］．经济学家，2015（2）：35-43.

［219］宋炜，段连鑫，周勇．有偏技术进步、要素替代与创新溢出效应——2000-2017年中国工业经验分析［J］．科技进步与对策，2020，37（4）：27-34.

［220］宋文飞，李国平，韩先锋．价值链视角下环境规制对R&D创新效率的异质门槛效应——基于工业33个行业2004-2011年的面板数据分析［J］．财经研究，2014（1）：93-104.

［221］宋洋．经济发展质量理论视角下的数字经济与高质量发展［J］．贵州社会科学，2019（11）：102-108.

［222］宋耀辉．陕西省经济发展质量评价［J］．资源开发与市场，2017，33（4）：456-461.

［223］孙国茂，孙同岩．经济增长中的全要素生产率研究——以山东省经验数据为例［J］．东岳论丛，2017，38（11）：137-143.

［224］孙久文．从高速度的经济增长到高质量、平衡的区域发展［J］．区域经济评论，2018（1）：1-4.

［225］孙伟，乌日汗．长三角核心区碳收支平衡及其空间分异［J］．地理研究，2012，31（12）：2220-2228.

［226］汤学良，顾斌贤，康志勇，宗大伟．环境规制与中国企业全要素生产率——基于"节能减碳"政策的检验［J］．研究与发展管理，2019，31（3）：47-58.

［227］唐安宝，刘琦琦．环境污染与经济发展水平关联关系实证研究［J］．生态经济，2018，34（7）：74-78+124.

［228］唐红祥，张祥祯，吴艳，贺正楚．中国制造业发展质量与国际竞争力提升研究［J］．中国软科学，2019（2）：128-142.

［229］唐松林．培育质量文化 建立常态化的质量管理模式［J］．中国高等教育，2008（24）：31-32.

［230］唐雪梅，黎德福．新双层锦标赛：重塑经济高质量发展的新动能［J］．探索与争鸣，2018（10）：72-79+142.

［231］陶长琪，丁煜．双重环境规制促进还是抑制技能溢价？［J］．研究与发展管理，2019，31（5）：114-124.

［232］童纪新，王青青．中国重点城市群的雾霾污染、环境规制与经济高

质量发展 [J]. 管理现代化, 2018, 38 (6): 59-61.

[233] 童健, 武康平, 薛景. 我国环境财税体系的优化配置研究——兼论经济增长和环境治理协调发展的实现途径 [J]. 南开经济研究, 2017 (6): 40-58.

[234] 涂正革, 谌仁俊. 排污权交易机制在中国能否实现波特效应? [J]. 经济研究, 2015, 50 (7): 160-173.

[235] 屠启宇. 国际城市发展报告 [M]. 北京: 社会科学文献出版社, 2018.

[236] 万君宝, 汤超义. 日本质量文化的创新机制研究——兼及日本质量文化的当代困境 [J]. 华中师范大学学报 (人文社会科学版), 2011, 50 (4): 38-48.

[237] 汪发元, 郑军, 周中林, 裴潇, 叶云. 科技创新、金融发展对区域出口贸易技术水平的影响——基于长江经济带 2001-2016 年数据的时空模型 [J]. 科技进步与对策, 2018, 35 (18): 66-73.

[238] 汪宗顺, 郑军, 汪发元. 产业结构、金融规模与经济高质量发展——基于长江经济带 11 省市的实证 [J]. 统计与决策, 2019, 35 (19): 121-124.

[239] 王德利, 王岩. 北京市经济发展质量测度与提升路径 [J]. 城市问题, 2015 (10): 29-35.

[240] 王锋正, 陈方圆. 董事会治理、环境规制与绿色技术创新——基于我国重污染行业上市公司的实证检验 [J]. 科学学研究, 2018, 36 (2): 361-369.

[241] 王锋正, 姜涛, 郭晓川. 政府质量、环境规制与企业绿色技术创新 [J]. 科研管理, 2018, 39 (1): 26-33.

[242] 王洪庆. 外商直接投资如何影响中国工业环境规制 [J]. 中国软科学, 2015 (7): 170-181.

[243] 王军, 李萍. 绿色税收政策对经济增长的数量与质量效应——兼议中国税收制度改革的方向 [J]. 中国人口·资源与环境, 2018, 28 (5): 17-26.

[244] 王俊豪, 王岭. 国内管制经济学的发展、理论前沿与热点问题 [J]. 财经论丛, 2010 (6): 1-9.

[245] 王书平, 戚超, 李立委. 碳税政策、环境质量与经济发展——基于 DSGE 模型的数值模拟研究 [J]. 中国管理科学, 2016, 24 (S1): 938-941.

[246] 王淑英, 李博博, 张水娟. 基于空间计量的环境规制、空间溢出与绿色创新研究 [J]. 地域研究与开发, 2018, 37 (2): 138-144.

［247］王旭，李俊杰，李明宝，张赢丹．人口城镇化与区域经济发展质量对房价的影响研究——以郑州市为例［J］．价格理论与实践，2019（10）：153-156.

［248］王学军，陈武．区域智力资本与区域创新能力的关系——基于湖北省的实证研究［J］．中国工业经济，2008（9）：25-36.

［249］魏博通，王圣云．中部六省经济发展质量的综合评价与比较分析［J］．湖北社会科学，2012（12）：52-55.

［250］魏敏，李书昊．新时代中国经济高质量发展水平的测度研究［J］．数量经济技术经济研究，2018，35（11）：3-20.

［251］魏玮，刘婕．环境规制、金融控制与经济波动［J］．统计与信息论坛，2014，29（5）：31-38.

［252］魏下海，李树培．人力资本、人力资本结构与区域经济增长——基于分位数回归方法的经验研究［J］．财贸研究，2009，20（5）：15-24.

［253］魏下海，余玲铮．人力资本与区域经济增长：只是线性关系吗［J］．财经科学，2009（10）：59-66.

［254］温忠麟．张雷，侯杰泰，刘红云．中介效应检验程序及其应用［J］．心理学报，2004（5）：614-620.

［255］文雁兵．政府规模的扩张偏向与福利效应——理论新假说与实证再检验［J］．中国工业经济，2014（5）：31-43.

［256］吴非，杜金岷，李华民．财政科技投入、地方政府行为与区域创新异质性［J］．财政研究，2017（11）：60-74.

［257］吴红军．环境信息披露、环境绩效与权益资本成本［J］．厦门大学学报（哲学社会科学版），2014（3）：129-138.

［258］吴静．环境规制能否促进工业"创造性破坏"——新熊彼特主义的理论视角［J］．财经科学，2018（5）：67-78.

［259］吴延兵．企业规模、市场力量与创新：一个文献综述［J］．经济研究，2007（5）．

［260］吴芸．政府科技投入对科技创新的影响研究——基于40个国家1982-2010年面板数据的实证检验［J］．科学学与科学技术管理，2014，35（1）：16-22.

［261］伍凤兰．经济发展质量的综合评价研究——以深圳市为例［J］．证券市场导报，2014（2）：42-46.

［262］项俊波．中国经济结构失衡的测度与分析［J］．管理世界，2008（9）：1-11.

［263］肖丁丁，朱桂龙，王静．政府科技投入对企业R&D支出影响的再审

视——基于分位数回归的实证研究 [J]. 研究与发展管理，2013（3）：25-32.

［264］肖兴志，张伟广. 中国规制经济学发展轨迹与特征分析——基于 CSSCI 期刊的文献计量考察 [J]. 财经论丛，2018（11）：104-112.

［265］肖祎平，杨艳琳，宋彦. 中国城市化质量综合评价及其时空特征 [J]. 中国人口·资源与环境，2018，28（9）：112-122.

［266］谢乔昕. 环境规制、规制俘获与企业研发创新 [J]. 科学学研究，2018，36（10）：1879-1888.

［267］谢尚，邓宏兵. 长江中游城市群发展质量评价 [J]. 统计与决策，2018，34（14）：55-58.

［268］邢丽云，俞会新. 环境规制对企业绿色创新的影响——基于绿色动态能力的调节作用 [J]. 华东经济管理，2019，33（10）：20-26.

［269］邢秀凤. 区域环境容量、产业结构与经济发展质量关系研究——以山东济南和青岛两市为例 [J]. 生态经济，2015，31（7）：65-69+90.

［270］徐磊，黄凌云. FDI 技术溢出及其区域创新能力门槛效应研究 [J]. 科研管理，2009（2）：16-25

［271］徐瑞慧. 高质量发展指标及其影响因素 [J]. 金融发展研究，2018（10）：36-45.

［272］徐现祥，李书娟，王贤彬，毕青苗. 中国经济增长目标的选择：以高质量发展终结"崩溃论"[J]. 世界经济，2018，41（10）：3-25.

［273］徐盈之，顾沛. 官员晋升激励、要素市场扭曲与经济高质量发展——基于长江经济带城市的实证研究 [J]. 山西财经大学学报，2020，42（1）：1-15.

［274］徐志向，丁任重. 新时代中国省级经济发展质量的测度、预判与路径选择 [J]. 政治经济学评论，2019，10（1）：172-194.

［275］许慧，李国英. 环境规制对绿色创新效率的影响研究 [J]. 财经问题研究，2018（9）：52-58.

［276］许永兵. 河北省经济发展质量评价——基于经济发展质量指标体系的分析 [J]. 河北经贸大学学报，2013，34（1）：58-65.

［277］薛军民，靳媚. 居民消费升级与经济高质量发展——基于中国省级面板数据的实证 [J]. 商业经济研究，2019（22）：42-46.

［278］闫珍丽，梁上坤，袁淳. 高管纵向兼任、制度环境与企业创新 [J]. 经济管理，2019，41（10）：90-107.

［279］杨朝均，呼若青，冯志军. 环境规制政策、环境执法与工业绿色创新能力提升 [J]. 软科学，2018，32（1）：11-15.

［280］杨丹辉．绿色发展：提升区域发展质量的"胜负手"［J］．区域经济评论，2018（1）：9-11.

［281］杨慧军，杨建君．交易型领导、竞争强度、技术创新选择与企业绩效的关系研究［J］．管理科学，2015（4）：1-10.

［282］杨世迪，韩先锋，宋文飞．对外直接投资影响了中国绿色全要素生产率吗［J］．山西财经大学学报，2017，39（4）：14-26.

［283］杨旭，刘祎，黄茂兴．金融集聚对经济发展绩效与经济发展质量的影响——基于制度环境视角的研究［J］．经济问题，2020（1）：44-53.

［284］杨友才，陈耀文．东中西部经济增长速度与质量水平互动机制研究——基于金融资源配置效率和TFP的关联视角［J］．山东社会科学，2019（5）：118-124.

［285］杨友才，赖敏晖．我国最优政府财政支出规模——基于门槛回归的分析［J］．经济科学，2009（2）：34-44.

［286］杨喆，许清清，徐保昌．环境规制强度与工业结构绿色转型——来自山东省工业企业的经验证据［J］．山东大学学报（哲学社会科学版），2018（6）：112-120.

［287］杨子晖．政府规模、政府支出增长与经济增长关系的非线性研究［J］．数量经济技术经济研究，2011，28（6）：77-92.

［288］姚升保．湖北省经济发展质量的测度与分析［J］．统计与决策，2015（21）：147-149.

［289］叶陈刚，王孜，武剑锋，李惠．外部治理、环境信息披露与股权融资成本［J］．南开管理评论，2015，18（5）：85-96.

［290］叶明确，方莹．出口与我国全要素生产率增长的关系——基于空间杜宾模型［J］．国际贸易问题，2013（5）：19-31

［291］尹秀，刘传明．环境规制、技术进步与中国经济发展——基于DMSP／OLS夜间灯光校正数据的实证研究［J］．财经论丛，2018（9）：106-113.

［292］游达明，蒋瑞琛．我国环境规制工具对技术创新的作用——基于2005-2015年面板数据的实证研究［J］．科技管理研究，2018，38（15）：39-45.

［293］于克信，胡勇强，宋哲．环境规制、政府支持与绿色技术创新——基于资源型企业的实证研究［J］．云南财经大学学报，2019，35（4）：100-112.

［294］余泳泽，刘大勇．我国区域创新效率的空间外溢效应与价值链外溢效应——创新价值链视角下的多维空间面板模型研究［J］．管理世界，2013（7）：6-20+70+187.

［295］余泳泽，杨晓章，张少辉．中国经济由高速增长向高质量发展的时空转换特征研究［J］．数量经济技术经济研究，2019，36（6）：3-21.

［296］俞花美，肖明，吴季秋，葛成军．海南省环境质量与经济发展 DEA 有效性评价［J］．工业安全与环保，2012，38（6）：68-70.

［297］袁晓玲，李彩娟，李朝鹏．中国经济高质量发展研究现状、困惑与展望［J］．西安交通大学学报（社会科学版），2019，39（6）：30-38.

［298］原毅军，陈喆．环境规制、绿色技术创新与中国制造业转型升级［J］．科学学研究，2019，37（10）：1902-1911.

［299］原毅军，谢荣辉．环境规制的产业结构调整效应研究——基于中国省级面板数据的实证检验［J］．中国工业经济，2014（8）：57-69.

［300］岳书敬，刘朝明．人力资本与区域全要素生产率分析［J］．经济研究，2006（4）：90-96+127.

［301］詹新宇，曾傅雯．经济竞争、环境污染与高质量发展：234 个地级市例证［J］．改革，2019（10）：119-129.

［302］张成，陆旸，郭路，于同申．环境规制强度和生产技术进步［J］．经济研究，2011，46（2）：113-124.

［303］张根文，邱硕，张王飞．强化环境规制影响企业研发创新吗——基于新《环境保护法》实施的实证分析［J］．广东财经大学学报，2018，33（6）：80-88+101.

［304］张红．长江经济带经济发展质量测度研究［J］．上海金融，2015（12）：19-24.

［305］张红凤．制约、双赢到不确定性——环境规制与企业竞争力相关性研究的演进与借鉴［J］．财经研究，2008（7）：16-26.

［306］张洪，候利莉．基于 AHP 的旅游经济发展质量评价研究［J］．资源开发与市场，2015，31（10）：1277-1280.

［307］张鸿，刘中，王舒萱．数字经济背景下我国经济高质量发展路径探析［J］．商业经济研究，2019（23）：183-186.

［308］张建清，龚恩泽，孙元元．长江经济带环境规制与制造业全要素生产率［J］．科学学研究，2019，37（9）：1558-1569.

［309］张江雪，朱磊．基于绿色增长的我国各地区工业企业技术创新效率研究［J］．数量经济技术经济研究，2012（2）：113-125

［310］张娟，耿弘，徐功文，陈健．环境规制对绿色技术创新的影响研究［J］．中国人口·资源与环境，2019，29（1）：168-176.

［311］张倩，姚平．波特假说框架下环境规制对企业技术创新路径及动态

演化的影响 [J]. 工业技术经济, 2018, 37 (8): 52-59.

[312] 张胜满, 张继栋. 产品内分工视角下环境规制对出口二元边际的影响——基于两步系统 GMM 动态估计方法的研究 [J]. 世界经济研究, 2016 (1): 76-86+136-137.

[313] 张淑惠, 史玄玄, 文雷. 环境信息披露能提升企业价值吗？——来自中国沪市的经验证据 [J]. 经济社会体制比较, 2011 (6): 166-173.

[314] 张伟, 袁建华, 罗向明. 经济发展差距、环境规制力度与环境污染保险的制度设计 [J]. 金融经济学研究, 2015, 30 (3): 119-128.

[315] 张文菲, 金祥义. 信息披露如何影响企业创新：事实与机制——基于深交所上市公司微观数据分析 [J]. 世界经济文汇, 2018 (6): 102-119.

[316] 张秀敏, 杨连星, 汪瑾. 企业环境信息披露促进了研发创新吗? [J]. 商业研究, 2016 (6): 37-43.

[317] 张翼, 王书蓓. 政府环境规制、研发税收优惠政策与绿色产品创新 [J]. 华东经济管理, 2019, 33 (9): 47-53.

[318] 张颖, 张富祥. 分位数回归的金融风险度量理论及实证 [J]. 数量经济技术经济研究, 2012 (4): 95-109

[319] 张优智. 我国科技投入与经济增长的动态关系研究 [J]. 科研管理, 2014, 35 (9): 58-68.

[320] 张云云, 张新华, 李雪辉. 经济发展质量指标体系构建和综合评价 [J]. 调研世界, 2019 (4): 11-18.

[321] 张震, 刘雪梦. 新时代我国 15 个副省级城市经济高质量发展评价体系构建与测度 [J]. 经济问题探索, 2019 (6): 20-31+70.

[322] 张治栋, 廖常文. 全要素生产率与经济高质量发展——基于政府干预视角 [J]. 软科学, 2019, 33 (12): 29-35.

[323] 张治河, 冯陈澄, 李斌, 华瑛. 科技投入对国家创新能力的提升机制研究 [J]. 科研管理, 2014, 35 (4): 149-160.

[324] 张治河, 郭星, 易兰. 经济高质量发展的创新驱动机制 [J]. 西安交通大学学报 (社会科学版), 2019, 39 (6): 39-46.

[325] 张忠华, 陈林. 营造教学质量文化 唤醒教师育人激情 [J]. 中国高等教育, 2010 (1): 42-44.

[326] 章仁俊. 中国工业企业自主创新效率评价：基于 DEA 方法的研究 [J]. 中国科技论坛, 2010 (5): 52-57

[327] 赵剑波, 史丹, 邓洲. 高质量发展的内涵研究 [J]. 经济与管理研究, 2019, 40 (11): 15-31.

[328] 赵可，徐唐奇，张安录. 城市用地扩张、规模经济与经济增长质量 [J]. 自然资源学报，2016，31（3）：390-401.

[329] 赵丽君，吴福象. 政府研发补贴与经济发展质量研究——基于供给侧结构性改革的视角 [J]. 经济问题探索，2016（12）：33-42.

[330] 赵莉，薛钥，胡逸群. 环境规制强度与技术创新——来自污染密集型制造业的实证 [J]. 科技进步与对策，2019，36（10）：59-65.

[331] 赵玉龙. 金融发展、资本配置效率与经济高质量发展——基于我国城市数据的实证研究 [J]. 金融理论与实践，2019（9）：17-25.

[332] 郑加梅. 环境规制产业结构调整效应与作用机制分析 [J]. 财贸研究，2018，29（3）：21-29.

[333] 中央党校省部级干部进修班课题组. 提升经济发展质量的政策措施 [J]. 经济研究参考，2017（54）：9.

[334] 钟祖昌. 研发投入及其溢出效应对省区经济增长的影响 [J]. 科研管理，2013，34（5）：64-72.

[335] 周吉，吴翠青，黄慧敏，龙强. 基于因子分析的我国省级高质量发展水平评价——兼论江西高质量发展路径 [J]. 价格月刊，2019（5）：82-89.

[336] 周茜，胡慧源. 中国经济发展与环境质量之困——基于产业结构和能源结构视角 [J]. 科技管理研究，2014，34（22）：231-236.

[337] 周小亮. 供给侧结构性改革提升经济发展质量的理论思考 [J]. 当代经济研究，2019（3）：32-40+113.

[338] 朱卫东，周菲，魏泊宁. 新时代中国高质量发展指标体系构建与测度 [J]. 武汉金融，2019（12）：18-26.

[339] 朱子云. 中国经济增长质量的变动趋势与提升动能分析 [J]. 数量经济技术经济研究，2019，36（5）：23-43.

[340] 邹国伟，周振江. 环境规制、政府竞争与工业企业绩效——基于双重差分法的研究 [J]. 中南财经政法大学学报，2018（6）：13-21+158-159.

[341] 左晶晶，唐跃军，季志成. 政府干预、市场化改革与公司研发创新 [J]. 研究与发展管理，2016，28（6）：80-90.

后　记

　　本书是国家社科一般面上项目的结项成果，在本书定稿的时候，对刚刚诞生的新作固然满怀欣喜，但涌上心头、扑面而来的更多是感激。本书的写作过程既是我一段特殊的心路历程，也是一种特别的人生经验。回首过往，我本科毕业后就参加了工作，然后边工作边照顾家庭边求学，一路艰辛，在职读完硕士和博士后转到学校。科研、教学都要从零开始，是学院领导和我的导师一次次鼓励、引领我申报省社科、国家社科项目，终究没辜负领导和导师的信任，没辜负自己的执着和热情，本书是对我的一种尝试和挑战，也是知识和实践方面的再次跨越。然而，这种跨越应当归功于学院院长马中东、博士生导师卞艺杰、硕士导师刘琚及各位同事好友的一路引领与鼓励。当我在键盘上敲下最后一个字符时，我知道，此刻的我终于可以无所顾忌地表达自己的主观感情了，也唯有此时，我才可以无所拘束地表达我的感激之情！

　　当然，最深厚、最诚挚的感激属于我的丈夫李高新和儿子李智博。从2012年读博到现在，每一步都凝聚着他们太多的爱、支持和鼓励。八年来，我一直在读博和完成省社科、国家社科项目的路上努力着，学术的压力和对学术的沉迷使我忽略了对儿子的关心和照顾，他渴盼的眼神常常使我感到愧疚。希望本书能够弥补自己在妻子和母亲双重角色上的遗憾。本书也属于他们两个人！

乔美华

2021 年 8 月